Western
Philosophy
Class

傅佩荣的西方哲学课

全3卷

II

近代

傅佩荣 / 著

人民东方出版传媒
People's Oriental Publishing & Media
东方出版社
The Oriental Press

Part 5　理性发出光芒

第 16 章	16-1　文艺复兴是怎么出现的?	4
文艺复兴	16-2　文艺复兴第一人	9
正式上场	16-3　文艺复兴的丰富内涵	14
	16-4　重新界定人的尊严	19
	16-5　人文主义的发展	24

第 17 章	17-1　《君主论》对宗教与社会的反思	32
宗教改革试图	17-2　宗教法庭的恐怖	38
回归原始理想	17-3　赎罪券的荒谬	44
	17-4　宗教改革的重大意义	48
	17-5　哲学是如何影响科学的?	55

第 18 章	18-1　哲学又贴近了人生——认识蒙田	62
蒙田与培根:	18-2　如何面对死亡?	67
爱智之乐	18-3　回归政治与人性	74
	18-4　知识就是力量	79
	18-5　打破四种假象	85

第 19 章	19-1　笛卡尔为什么要戴上面具?	92
笛卡尔:	19-2　方法实在太重要了	98
我思故我在	19-3　进行我思之前的准备	103
	19-4　我思故我在	110
	19-5　笛卡尔怎么说明上帝的存在?	117

第 20 章	20-1	帕斯卡对哲学的质疑	124
帕斯卡：	20-2	为什么帕斯卡会提出不如放弃哲学？	129
用赌注论证劝人	20-3	赌注论证有效吗？	137
	20-4	被开除教籍的犹太人	144
	20-5	为了哲学而放弃一切	151

第 21 章	21-1	斯宾诺莎的《伦理学》	160
斯宾诺莎与	21-2	从理性走向自由	167
莱布尼茨：	21-3	莱布尼茨居然对《易经》很佩服	174
理性主义	21-4	莱布尼茨的单子论	180
	21-5	莱布尼茨的神义论	187

第 22 章	22-1	别人都是豺狼吗？	194
霍布斯、洛克	22-2	心灵只是白纸	199
与贝克莱：	22-3	洛克的契约理论	204
经验主义	22-4	贝克莱在经验主义中承先启后	209
	22-5	存在即是被知觉	217

Part 6　启蒙必有挣扎

第 23 章	23-1	自我只是一束知觉	226
休谟：	23-2	因果关系只是习惯	231
从经验主义	23-3	怀疑主义如何看待人生？	236
走向怀疑主义	23-4	忏悔中的觉悟	242
	23-5	文明带来罪恶	248

第 24 章	24-1	卢梭的《爱弥儿》	254
卢梭与伏尔泰：	24-2	卢梭的《社会契约论》	262
对启蒙运动的	24-3	启蒙运动的大趋势	268
争议	24-4	启蒙运动的主流思潮	273
	24-5	启蒙运动的舵手伏尔泰	280

第 25 章	25-1 康德面对的挑战	288
康德：先验哲学	25-2 人只能认识现象	294
扭转乾坤	25-3 我应该，所以我能够	300
	25-4 从道德走向宗教	306
	25-5 美是什么？	314
第 26 章	26-1 挺身而出的哲学家——费希特	322
德国唯心论的	26-2 费希特接过康德的棒子	328
鲜明立场	26-3 主观唯心论	333
	26-4 把握哲学的本质	339
	26-5 真与美一致	346
第 27 章	27-1 黑格尔像海绵一样地求知	354
黑格尔：	27-2 绝对者就是精神	361
绝对唯心论	27-3 合理的与现实的	366
	27-4 主人与奴隶	373
	27-5 艺术与宗教	379
第 28 章	28-1 新哲学的转折点	386
悲观主义的解药	28-2 悲观哲学家叔本华	390
	28-3 叔本华如何化解悲观主义？	396
	28-4 席勒“与美游戏”	401
	28-5 歌德的浪漫主义	409
第 29 章	29-1 19 世纪的英法哲学	418
马克思：	29-2 不是上帝造了人，而是人造了上帝	424
共产主义的理想	29-3 哲学要改变世界	431
	29-4 马克思的人文主义	436
	29-5 总结近代哲学的发展	441

Part 7　伦理学的争议

第 30 章 价值观的探讨	30-1　宇宙观是如何形成的？	*450*
	30-2　从宇宙观到人生观	*457*
	30-3　价值主观论在说什么？	*463*
	30-4　价值客观论在说什么？	*469*
	30-5　从价值观到伦理学	*474*
第 31 章 善恶问题难解	31-1　亚当·斯密《道德情操论》	*482*
	31-2　弗洛伊德对于道德的看法	*488*
	31-3　斯金纳的行为主义心理学	*494*
	31-4　伦理学对人生的具体作用	*500*
	31-5　对马克斯·韦伯观念的进一步探讨	*505*
第 32 章 从效益论 到义务论	32-1　西方伦理学简介	*512*
	32-2　效益论的基本原则	*517*
	32-3　是要做快乐的猪， 还是要做痛苦的苏格拉底？	*522*
	32-4　善是什么？	*529*
	32-5　义务论的关键在于善的意志	*539*
第 33 章 从义务论 到德行论	33-1　义务论显示人的尊严	*546*
	33-2　义务论与人文主义原则	*551*
	33-3　德行论在主张什么？	*558*
	33-4　进一步探讨德行与幸福	*563*
	33-5　德行论的现代思考	*571*

理性发出光芒

第 16 章

文艺复兴正式上场

文艺复兴是怎么出现的?

本章的主题是:文艺复兴正式上场。本节的主题是:文艺复兴是怎么出现的?从中世纪过渡到文艺复兴阶段,宇宙观、人生观、价值观方面有哪些明显的改变?

在宇宙观方面,从地心说转成日心说。地球不再是宇宙中心,太阳也不再绕地球转动。这看似贬低地球和人的地位,实则让人能从太阳的角度重新观察宇宙,因而眼界大开,从而推动了科学发展。

在人生观方面,从神本转到人本。在长达1300多年的中世纪里,宗教笼罩一切,掌握了人的生前死后与生死之间的整个过程。现在,生前死后仍由宗教掌管,但是一个人从生到死的过程逐渐独立。宗教逐渐变成人生的背景图案,人文主义开始浮现,人类生命的价值和人格尊严开始受到重视。

在价值观方面,人在求真(追求真理)、审美(品味人生)和行善(有独立自主人格)三个方面逐渐独立,个人生命价值得到肯定。

接着将介绍文艺复兴是如何出现的,内容包括以下三点:

第一,天灾使人觉悟;

第二,人祸使人痛心;

第三,文艺复兴从意大利开始。

（一）天灾使人觉悟

欧洲在 1347 年至 1351 年这四年中发生了大瘟疫，死亡人数超过居民总数的三分之一。世人发现宗教信仰对此无能为力，很多神职人员如主教、神父、修女也染病而死，更不要说一般百姓了。

人口大量死亡后，幸存者的财富自然增加了，他们觉悟到不能只靠信仰，还要发展人的理性，于是便着力开展大学的教育与研究。当时的大学很少，只有意大利的博洛尼亚大学、帕多瓦大学和法国的巴黎大学这几所著名学校。自从天灾之后，各国开始设立新的大学。

（二）人祸使人痛心

人祸是指天主教的腐化。当时的天主教一教独大，从 1378 年至 1417 年短短的 40 年中，竟然有三位教宗同时存在，分别得到不同政治势力的支持。这是个混乱的时代，道德瓦解，为达目的不择手段，以暴力夺取权力。譬如，有枢机主教在参加教宗加冕仪式时，由于害怕被下毒，居然要自己带酒和酒杯。

民间的情况可以从薄伽丘（Giovanni Boccaccio, 1313—1375）的代表作《十日谈》中略知一二：瘟疫爆发之际，很多人从佛罗伦萨（Florence）逃了出来，有三男七女共十人逃到附近的一座农庄里住了下来。因为闲来无事，大家便约定，每个人每天都要讲一段故事。《十日谈》就是由十天共 100 个故事汇编而成，它的中心思想是：要把握当下的欢乐，快乐总是有价值的。

其中有一个故事最为发人深省。当时大多数人都信奉天主教，有个人劝他的犹太人朋友说："你不如改信天主教，这样做生意各方面都比较方便。"这个犹太人说："我可以改信，但我要到天主教的总部梵蒂冈去看一看，再决定要不要信。"梵蒂冈恰好是天主教最腐化的地方，大家都劝他不要去，但他非要去。一个多月后，犹太人回来了，对朋友说他决定信仰天主教。朋友大吃一惊，问他："你去梵蒂冈看到了天主教内部的情况，为什么还要相信呢？"犹太人说："我到梵蒂冈发现天主教确实严重腐化，但即便如此，它居然没有崩溃消失，代表一定有上帝在加持这个宗教。"这显然很反讽，但在《十日谈》中，诸如此类的故事不可计数，说明当时的宗教腐化已经到了几乎无可救药的地步。

（三）文艺复兴从意大利开始

文艺复兴为何会从意大利开始？意大利原是罗马帝国的中心，当时各个城市分别独立，就像小的诸侯国一样。这些城市的人口虽然不多——从两万到十几万人，但其内部有稳定的阶层，各类组织分工合作。各个城市在经济上保持独立，在军事上结成联盟，在政治上勾心斗角。只有少数人受过教育，由他们来开展各种学习及探讨的工作。后世研究文艺复兴的学者一致同意，没有城市就没有文艺复兴。这就是意大利当时的情况。

中世纪与文艺复兴之间并没有明显的断裂。文艺复兴时代依然使用拉丁文，这种文字已经使用了上千年；罗马法律仍然被使用，在数学与天文学方面也都与中世纪一脉相承；天主教仍是大家共同的生活背景。

文艺复兴时代与中世纪的差别在于：世人开始认为古希腊与罗马初期也是有价值并且独立的文明，应该重新去欣赏它。文艺复兴（Renaissance）是由两个法文单词组合而成，一个是重生（renaitre），一个是诞生（naissance）。这意味着要让过去的美好时代得以重生，而真正诞生的是一种人文主义的新思潮，它特别关注人性的价值与人格的尊严。

文艺复兴属于个人主义。它既不是一种信条，也没有特定的哲学体系；它既不代表任何利益集团，也不想组织成为某种运动。它只是以受过教育的少数人为对象，在人数有限的城市中和贵族精英一起来推动。这种松散的组织虽有一些共识，但是根本禁不起有组织的打击。这种打击先是来自于天主教的压力，在宗教改革之后则是来自于基督教（新教）的压力。

文艺复兴首先兴起于意大利，从 14 世纪中叶开始陆续发展，经过将近 100 年才传到欧洲北方的国家。文艺复兴最大的特色是把中世纪当作"黑暗时代"，要恢复古典文明的光荣。下一节将要介绍"文艺复兴第一人"——彼特拉克的做法和基本构想。

收获与启发

1. 文艺复兴出现的背景是欧洲发生了天灾。大瘟疫致使许多人丧命，由此大幅降低宗教信仰的力量，人的理性开始受到重视，欧洲开始广设大学，用理性来研究自然界，包括医学在内的各门学科都得到了长足的发展。

2. 文艺复兴的另一个背景是宗教严重腐化。旷日持久的十字军东征结束还不到 100 年，宗教腐化的情况已经令人忧心忡忡，天主教内部的革新力量在努力呼吁变革，外部则逐渐酝酿为后来的宗教改革运动。

3. 文艺复兴首先在意大利开花结果，成就辉煌。我于 1997 年在荷兰教书，当时正在筹备成立欧盟，为了让最初的发起国增进彼此的了解，于是向百姓发放调查问卷，其中一个问题是：你最崇拜哪一国人？结果荷兰人最崇拜法国人，而法国人最崇拜意大利人，因为文艺复兴首先是在意大利出现的。

你有没有受到某一学科或某一部作品的启发，从而走出沮丧或沉沦的经验？

文艺复兴第一人

本节的主题是：文艺复兴第一人——彼特拉克。前文曾介绍过但丁，但丁开始创作《神曲》之际，彼特拉克诞生了。但丁的《神曲》反映中世纪经院哲学的宇宙观、人生观与价值观；现在，彼特拉克则要开创新的时代风潮。

本节包括以下三个重点：

第一，转向人类；

第二，翻转历史；

第三，肯定古典。

（一）转向人类

彼特拉克（Petrarch, 1304—1374）在 33 岁时第一次参访罗马古城，对于古罗马建筑的遗址大加赞叹。他回顾历史，认为在罗马帝国衰亡后的一千多年里，人性受到压抑而逐渐萎缩，文学与道德水平下降，那是一个黑暗的时代。

他开始思考，希腊、罗马文明有自己的光荣，为何一定要用后来的基督宗教来代表一切文明的成果？他批判当时流行的经院哲学（Scholastic philosophy），认为经院哲学只把重点放在逻辑、形而上学等抽象思维上，脱离了人的现实生活，过于忽略人性。他强调，一个人对自然界和上帝的认识永远无法达到很高的程度，甚至根本不可能有充分的理解；因此，人应该转而探索自身的经验，要关注人的本性、人生目的等与人密切相关的问题。

他写过一本书，探讨250种可能引起绝望或快乐的情况，告诉众人该如何应付生活中的感情危机，这在当时属于创新的手笔。他的做法使我们想到古希腊时代的苏格拉底（Socrates, 469—399 B.C.），他说："我的朋友不再是城外的树木，而是城内的居民。"苏格拉底要转向人的世界，彼特拉克则要把人的关怀从天上拉回到人间。

（二）翻转历史

一千多年以来，西方人普遍相信：自从基督宗教出现之后，世间一片光明，各种非基督宗教的传统都是异教徒，都代表黑暗。这里的"异教"一词，只是用来形容与基督宗教不同的传统，没有任何贬义。

彼特拉克翻转这种说法，他强调罗马共和国与罗马帝国代表一个辉煌的时代，而基督宗教的罗马反而处在黑暗之中。不过，他并没有改革宗教的想法，只是把流行一千多年的基督宗教当作生活的框架与背景来加以批评。

彼特拉克是第一个使用"中世纪"一词，并把"黑暗时代"加诸其上的学者。正因为如此，才需要复兴古典的思想。所谓"古典"是指从古希腊到罗马初期的阶段。

世人通常会把文艺复兴与"人文主义"连在一起。当时所谓的"人文主义"特别是指与古典学问复活有关的新的态度与新的信念。从那时起直至15世纪末期，意大利学生习惯把古典语文老师称为"人文主义者"。

彼特拉克对历史的翻转十分彻底，他写了一本书叫做《名人列传》，书中完全忽略中世纪的圣徒与殉教者，而是从古代的异教英雄中寻找代表。

（三）肯定古典

彼特拉克认为古代经典无需基督宗教的修正或补充，它们本身就有丰富的价值，此刻需要唤起大众对它们的记忆。他除了倡导大家学习荷马与柏拉图（Plato, 427—347 B.C.）之外，对于罗马初期的作家也相当重视。他依序谈到西塞罗（Marcus Tullius Cicero, 106—43 B.C.）、卢克莱修（Titus Lucretius Carus, 约 99 B.C.—55 B.C.）、维吉尔（Virgil, 70 B.C.—19 B.C.）、贺拉斯（Horace, 65 B.C.—8 B.C.）以及李维（Livy, 59 B.C.—17A.D.）等人。这些作家不谈宗教，但他们的人生体验自有其高度与深度，以下每人各举一句话来说明。

西塞罗说："只有等性格与年龄变得成熟而稳定时，才能对友谊做出完整的判断。"

卢克莱修说："想要的东西得不到，那它就比什么都好；想要的东西到了手，那就想要另一样，人的欲望即是如此。"

维吉尔说："大地上的一切生物，像鸟兽虫鱼以及人类，无不扑向爱情之火，任它焚烧。"

贺拉斯说："把照亮你的每一天当作最后一天，赞美它赐给你意外的恩惠与时间。"

李维说："谁若不向污秽屈服，就会成为祭献时的牺牲品。"

彼特拉克非常熟悉这些人的作品，他要对欧洲实行再教育，让人除了理性之外，还要注意到情感与想象。人生中存在着冲突与幻想，因而要重视诗歌、修辞、写作风格、雄辩术等学问。他特别强调文学，认为文学作品所彰显的优美与明亮，反映了灵魂的优美与明亮。他也注意到心理学、人文思潮以及审美的各种表现。

彼特拉克的最高理想是"有学问的虔诚"。"学问"来自于对古典的认识，而"虔诚"就是基督宗教所说的指向上帝。这两者并不矛盾，反而使人生变得更加多元和丰富。他因此被称为"文艺复兴运动第一人"。他要并列希腊、罗马的经典与基督宗教的《圣经》，他认为：西塞罗虽然生于耶稣之前，但他照样肯定上帝是万物唯一的创造者与统治者，并且西塞罗说话的语气和内容，与耶稣的使徒没什么分别。

彼特拉克的思想显示出人文主义的特色，他经常提醒众人要思考。当时有两个问题最常见。

1. 请你比较一下积极活跃的生活与沉思冥想的生活孰优孰劣？譬如，意大利各个城市中有许多商人在忙碌，这是积极活跃的生活；也有许多宗教修行者在修道院里无所事事，过着沉思冥想的生活。你认为这两者哪个更好呢？你要进一步问自己：是否应该把公民对城邦的服务当作至高的美德？这样就出现了人文主义的观念。

2. 如何面对两种力量的冲突？一个是无常的命运，另一个是人拒绝命运的力量。彼特拉克认为人有胆量，可以拒绝命运的安排。从此之后，世人开始对人的个性产生兴趣，个人的自我意识显著提高，涌现出愈来愈多的画像与自画像、传记与自传，成为文艺复兴运动的明显标志。

当时另一位重要的人文学者阿尔伯蒂（Leon Battista Alberti，1404—1472）呼应彼特拉克说："只要不是完全懒惰或头脑迟钝的人，大自然都给他注入了迫切得到赞美与荣耀的愿望。"事实确实如此，那么就让我们把目光拉回到人间吧。

1. 彼特拉克作为文艺复兴第一人，他让我们把注意力的焦点转向人，不要再把哲学当作神学的女仆，也不要在经院哲学里从事思维的游戏，而要转向人的实际生命，注意到人类除了理性之外，还有情感、意愿、想象、感觉等，如此才是完整的人。

2. 他要翻转历史，把此前一千多年基督宗教统治的时代称作"中世纪"，把基督宗教用来描写其他异教民族的"黑暗"一词反过来加在中世纪身上，从而使"人文主义"这一概念有了全新的生命。

3. 他的方法是肯定古典，通过充分探讨古希腊与罗马初期作家的作品，使他们的精神价值得以重新展现。

课后思考

有哪些名人名言对你很有启发，可以让你付诸实践，甚至改善生命的质量？

16-3

文艺复兴的丰富内涵

本节的主题是：文艺复兴的丰富内涵。文艺复兴运动大约从1350年兴起，一直绵延发展到1600年，后期与宗教改革运动相重叠。文艺复兴起源于意大利，经过100年之后才在欧洲北部地区继续发展。

本节要介绍以下三个重点：

第一，对个人看法的改变；

第二，自然科技的进展；

第三，思想界的冲突。

（一）对个人看法的改变

与中世纪相比，文艺复兴时期对于个人的看法有了明显的改变。中世纪以"类型"为主，按共性去认识一个人，譬如一个人是罪人还是正直的人，是俗人还是教会人士。这是用粗糙的分类、刻板的原型去界定一个人，而不是透过一个人的内心生活对其加以认识，没有把一个人视为有机的个体。

中世纪的道德判断也流于表面，只注重外在的标准而完全忽略个人的特点，个人形同木偶，不具备统一的人格，个人内在的复杂性亦被忽略了。当时并没有"自主的个人"这样的观念，个人并非一个主体，只有在社会的集体结构中才能意识到自己的存在。个人好像具有"离心力"，将自我投射到周围世界中，个性则被周围世界所吸收。

中世纪自我肯定的方法是自我贬低与自我否定。如果一个人有个性的话，反而不容易被他人了解。譬如，12世纪初期的法国哲学家阿伯拉尔（Peter Abelard, 1079—1142）就很有个性，他过世之后，朋友们在他的墓碑上刻了一句话："只有他知道自己是什么样的人。"阿伯拉尔很难被归为某一类人，以致无法被准确定位。

文艺复兴时期对个人的看法有了明显的转变，这一时期所有崭露头角的代表人物都显示出他们的个性，个人逐渐具有"向心力"，要把周围的世界拉向自己。

（二）自然科技的进展

15世纪中叶，西方自然科学领域最重要的进展是发明了印刷术，活字印刷术被用于出版《古腾堡圣经》（*Gutenberg Bible*）。当时有四大发明：

1. 指南针

指南针在航海中的应用，使得哥伦布在1492年发现了美洲新大陆。哥伦布原本想找印度，结果歪打正着发现了美洲"新"大陆；其实当地所谓的"少数民族"，早已在美洲居住了千年之久。

2. 火药

火药的发明使封建城堡与传统武力渐趋瓦解，国家主义从此有了发展的机会。

3. 印刷术

除了印制《圣经》以外，许多古代经典与当时的作品也被印刷出版，由此打破神职人员长期垄断学问与教育的格局。

4. 机械钟

它大大改善了人与时间、与自然界、与劳动的关系，使生活更有效率。

然而，当时的科学家无不受到宗教界的巨大压力。以哥白尼（Nicolaus Copernicus, 1473—1543）为例，他是天主教内一位德高望重的神父，后来发现地球并非宇宙的中心，而是围绕太阳转动；他发现这一真相后，过了整整30年，直到临终前才有勇气出版《天体运行论》。

（三）思想界的冲突

文艺复兴时期，思想界的冲突愈来愈明显，主要体现在以下四个方面。

1. 犹太教与希腊文化的对立。这种对立引发当时很多人做深入思考。犹太教是历史悠久的一神论宗教，又是基督宗教的源头，犹太教的《圣经》（《旧约》前五篇）早已广为人知；而古希腊文化从《荷马史诗》开始，也是源远流长的文化传统。这显然是两种不同的文化。

2. 经院哲学与人文主义的对照。经院哲学在13世纪由托马斯·阿奎那（Thomas Aquinas, 1225—1274）发展到顶峰之后，逐渐成为官方哲学；而文艺复兴时期出现的人文主义则要翻转人们对人性的认识。看待"人"有三种不同的角度：一是超自然的角度，把焦点放在上帝身上，人只是受造物之一；二是自然的角度，把人当作自然界的一分子，随着我们对自然界观念的改变而增进对人的了解；三是人文主义的角度，以人的经验为出发点去了解人类自己，进而了解自然界以及上帝。经院哲学与人文主义的对照呈现出紧张的状态。

3. 哲学界柏拉图主义与亚里士多德（Aristotle, 384—322 B.C.）主义的对照。在中世纪后期，亚里士多德主义在经院哲学中取得主导地位，在但丁的《神曲》中，直接用"哲学家"来指称亚里士多德，并说他的身后站着两个人——苏格拉底与柏拉图，亚里士多德在当时的重要地位由此可见一斑。但是，现在柏拉图主义开始复兴，下一节就会谈到这一点。

4. 异教神话与《圣经》启示之间的对立。异教神话具有丰富的内涵，而《圣经》的启示是一个独特的系统，两者之间的对照也愈来愈明显。事实上，文艺复兴时期在艺术方面的表现是兼容并蓄的，很多教堂在设计、绘画与雕刻方面，同时接受《圣经》的启示和异教神话。像上帝创造世界、摩西、大卫王都成为雕塑的题材，而我们熟知的古希腊神话也纷纷成为雕刻与绘画的主题。

收获与启发

1. 文艺复兴具有丰富的内涵，对个人的看法与中世纪分道扬镳。虽然当时的人照样信仰基督宗教，但是已经开始展现不同的眼界，不再以信仰作为人生唯一的要求，或道德方面唯一的指导原则。

2. 自然科学的进展主要包括指南针、火药、印刷术和机械钟的发明，对文艺复兴的全面推展大有帮助。

3. 思想界的冲突始终在潜滋暗长、不断酝酿发展之中。

我们用"离心力"与"向心力"来描写个人生命的特色：离心力是把个人发生的一切推给社会，在社会中寻找个人生命的定位；向心力是把外界的一切拉回自己身上，由自己来决定一切遭遇的价值与意义。这两者在你身上是如何搭配的？是离心力多一些，还是向心力多一些？

补充说明

"离心力"代表用社会上的各种现象来理解自己；"向心力"则是以自己为中心来决定外在事物的意义。在文艺复兴时期，人要从"类型"中走出来，体现个人生命的特色，发展人文主义。我们可以借助"离心力"与"向心力"这两个词，来反思自己的生命。

一个人从小到老的发展过程基本上是两个相反的方向。小时候受教育，就是要让你社会化，将来步入社会时能取得自己的角色，承担自己的责任，使社会继续发展。一旦进入社会，你就要设法个人化，亦即要寻找自我。因此，年轻时离心，年老时向心，这两者要互相配合，不能割裂，很多时候只是比例上或态度上的问题。

印度社会有一个传统观念：年轻时要充分发挥自己的潜能，设法取得各种社会成就，成为一个人物，英文叫做 somebody；年老时，尤其是退休后要返璞归真，设法让自己回到生命的原始状态，成为 nobody。

这是一个大的趋向。如果人活到老，还不能从离心转为向心的状态，不能从社会回归自我、回归大自然或生命的根源，那么他很可能遗忘了生命的核心。就像演员在舞台上演戏，久而久之便忘了那是一个舞台，忘了人还是要回到真实生活，做真正的自己。

重新界定人的尊严

本节的主题是：重新界定人的尊严。如果对西方的文艺复兴稍有认识，就知道它的推手是意大利的彼特拉克。在他的号召之下，当时意大利的贵族和教会都努力搜寻古代学者、哲学家、作家的手稿，然后加以校对、编辑，并翻译成当时可以阅读的拉丁文。这些数据为人文主义提供可靠的基础。

在东方的拜占庭世界，东罗马帝国于1453年灭亡，那里保存了古希腊的众多遗产。在土耳其入侵的威胁下，许多学者纷纷离开君士坦丁堡，来到西方。这些学者都是希腊文专家，对于柏拉图与新柏拉图主义的普罗提诺都做过深入的研究。

在重新界定人的尊严时，有以下两个重点：

第一，柏拉图哲学的复兴；

第二，米兰多拉的宣言。

（一）柏拉图哲学的复兴

柏拉图哲学是如何复兴的？ 15世纪中叶，佛罗伦萨的统治者是美第奇家族（Medici），在这个家族的大力支持之下建立了柏拉图学院，由当时的柏拉图专家费奇诺（M. Ficino, 1433—1499）来负责。费奇诺在 1484 年把《柏拉图全集》翻译成拉丁文，此后柏拉图思想给当时的社会带来很大的启发。

柏拉图的学说为当时的人文主义者提供一种哲学基础，既适合理性思考的习惯，也配合人心的愿望与需要。它本身更具有想象的深度与精神的高度，与经院哲学的形式化、教条化大为不同。在探讨存在本身的问题时，美也是一个基本的成分，想象力与逻辑一样重要；人可以直接认识神圣的领域，如理型世界。此外，柏拉图《对话录》本身就是精致的文学作品，不像亚里士多德与经院哲学那样，都是枯燥的论文表达方式。

柏拉图哲学在柏拉图学院中得到了振兴，他们发现一个不属于基督宗教的精神传统，它在宗教的启发方面与道德的高度方面，并不逊色于基督宗教，并且由此重新提出一套关于人、自然界以及上帝的观念。

此时的柏拉图哲学已经结合了新柏拉图主义，亦即普罗提诺（Plotinus, 204—270）的流衍论。流衍论强调神性渗透于自然界之中，万物都有它神秘的一面，人也有神圣的活力，可以在自己身上发现上帝的形象。

费奇诺强调，人的能力无异于"上帝的代理人"，而人的智力几乎与创造天空者一样具有天才。他还赞扬人的灵魂，"凭着灵魂的理智与意志，就像是柏拉图所说的一双翅膀，人能够在某种程度上成就一切事物，甚至成为一个小的神"。

在历史观方面，他们采用的是希腊与罗马的循环历史观。古希腊的赫拉克利特曾认为会出现周期性的宇宙大火，如今这样的观念再度出现，这与中世纪的犹太教与基督宗教的直线历史观大不相同。中世纪的"末世观"认为历史将会结束；文艺复兴时代的人则认为自己返回辉煌的古代，如今是另一个黄金时代的开端，是继中世纪黑暗时代之后的更新与再生。

　　费奇诺的柏拉图学院培养出众多人才，其中有一位高材生叫做米兰多拉（Mirandola, 1463—1494）。另外，著名艺术家米开朗基罗（Michelangelo, 1475—1564）也是费奇诺的学生。

（二）米兰多拉的宣言

　　米兰多拉是一位意气风发的年轻学者，在 1486 年，他年仅 23 岁时，就计划从希腊文、拉丁文、希伯来文、阿拉伯文的著作中整理出 900 个问题，邀请全欧洲的学者来罗马进行公开辩论。后来天主教的审查小组认为这会给宗教带来威胁，就禁止举办。

　　既然无法开会，米兰多拉就写了本书叫做《论人的尊严》（*Oratio de hominis dignitate*），这本书堪称文艺复兴时期人文主义的宣言。米兰多拉以《旧约·创世纪》与柏拉图的《蒂迈欧篇》（*Timaeus*）作为素材来铺陈自己的观念。

　　我们曾介绍过拉斐尔（Raphael, 1483—1520）的名画《雅典学院》，站在学院门口的是柏拉图与亚里士多德这两位大哲学家，柏拉图一只手指向天空，另一只手握着一本书，那就是《蒂迈欧篇》，讲述了世界创生的过程。

　　米兰多拉在《论人的尊严》中并列《旧约·创世纪》与柏拉图的《蒂迈欧篇》。他写道，上帝创造世界，最后才考虑要造人，此时具有专门能力的原型已经用完了，所以上帝对亚当说：

　　"啊，亚当，没有一个确定的位置，也没有一种形式单独属于你，我也没有赋予你任何特殊的功能；因此，你也许可以按照你的愿望与判断，获得与拥有你要的无论什么位置、形式与功能。其他生物的性质已经被确定，它们被限制于我所规定的范围；你没有被限制，你将依照你自己的自由意志确定你自己的性质。

"我把你放在世界的中心，因此，从那里你可以更容易地审视世界上的任何东西。我既没有使你成为天上的，也没有使你成为地上的生物；既不是注定要死亡的，也不是注定不死的。因此，作为你自己的更自由的与更体面的塑造者，你可以按照你所喜爱的无论何种形式去改变自己。你将能够下降到低级的野兽之间，你也将能由于自己灵魂的判断而再生于高级的、神圣的存在者中间。"

这段话肯定了上帝给人自由选择的机会与自我改造的能力，也肯定了古希腊时代对生而为人的荣耀感，提高人的精神向度与理智能力，且未受到《圣经》中原罪的污染，西方人心中开始涌现出"新的人"这样的观念。

米兰多拉将不同传统的优点巧妙融为一炉，使柏拉图学说变成新的福音书。这样的人文主义给人以新的尊严，给自然以新的意义，给基督宗教以新的视野，使其不再绝对化。

佛罗伦萨美第奇家族由于在政治领域的努力，成功地打进教皇的权力圈，用教会的财力购买大量文艺复兴时代的艺术杰作。此时的教宗也醉心于新的文化运动，由此造成各种矛盾的现象。基督宗教原本是一教独大的思想，它把人当作受造物，人生的目的就是好好信仰上帝，拯救自己，死后设法进入天堂，它认为人间所有的一切都有负面的诱惑。现在，新的观念出现，自然界有它的神性，人也有某种神性，各种重视感官享受的异教多神论纷纷出现，甚至开始肯定多元化的宗教观。这些思潮与基督宗教的思想发生冲突，是激起后来宗教改革的重要因素。

（收获与启发）

1. 纯粹从哲学的角度来看，文艺复兴时代是柏拉图哲学的重振阶段。此时在佛罗伦萨设立了柏拉图学院，《柏拉图全集》被翻译成拉丁文，成为许多人学习、研究的材料。柏拉图哲学的完整系统在此显示出无法抵挡的魅力。

2. 柏拉图学院出现一位天才学者米兰多拉，年仅 31 岁；但他在 23 岁时就有这样的魄力，要汇集当时所能找到的 900 个重要问题，计划邀请欧洲学者进行开辩论，并因而写成《论人的尊严》，成为人文主义的宣言。这种"新的人"的观念在中世纪是难以想象的。

课后思考

意大利的米兰多拉肯定人的尊严，重视人性正面、光明而伟大的潜能，让人印象深刻。请你依照自己的经验，对米兰多拉的人性论提出一些评论或想法。

补充说明

关于人的尊严是什么，在此做一些补充说明。

"人的尊严"这个说法听起来有点抽象，其实它要肯定的是：每个人都有自我，每个人都是平等的，不能把个人当作群体的一员或众人之一，而要肯定每个人都有独立自主的人格，在求知、审美、行善这三个方面，每个人都有自己的自由。

人的尊严有两个方面：消极方面，每个人都不能被当作纯粹的工具来利用；积极方面，每个人都有追求生存的权利，以及选择如何活下去的权利。肯定人的尊严之后，再进一步倡导人的自由。但是，人有了自由要如何选择呢？只有通过良好的教育和正确的舆论，才知道怎样选择既能对得起自己，又能符合社会需要的生活。

从上述角度思考人的尊严会比较完整。

人文主义的发展

本节的主题是：人文主义的发展。欧洲北方各国的文艺复兴运动开始较晚，不久又与宗教改革运动纠缠在一起，变得错综复杂。北方文艺复兴的代表有两位，一位是荷兰的伊拉斯谟（Erasmus, 1466—1536），一位是英国的托马斯·摩尔（Thomas More, 1478—1535）。

本节要介绍以下三点：

第一，托马斯·摩尔的《乌托邦》在说什么？

第二，伊拉斯谟的《愚人颂》主要在表达什么？

第三，人文主义与宗教改革的分裂。

（一）托马斯·摩尔的《乌托邦》在说什么？

伊拉斯谟与托马斯·摩尔两人都鄙视经院哲学，他们希望在天主教内部进行改革，从未想过要从事外在的革命。他们是马丁·路德（Martin Luther, 1483—1546）之前最著名的人文主义学者与思想界领袖，但最后托马斯·摩尔殉道而死，伊拉斯谟抑郁而终。

托马斯·摩尔的代表作《乌托邦》在后世广为流传。书中描述在南太平洋上有一座小岛，岛上一切都安排得很理想；有一个航海者发现了它，在岛上住了五年后返回欧洲，然后根据自己的经历写成了这本书。

《乌托邦》共分为 54 个市政区，居民的生活有何特色呢？一是完全共产，人人平等；二是每个人住的房子都一样，且每十年轮换一次，连服装也是一致的；三是劳动方面完全平等，每人每天工作六小时，午前三小时，午后三小时；四是整个社会采用民主管理，且人人都有信仰。他们的信仰有两个特点：第一是肯定上帝的存在，但上帝就是自然界本身；第二是相信人的灵魂不死，但即使不相信也不会受到惩罚。托马斯·摩尔之所以有乌托邦这样的理想，是因为他年轻时喜欢阅读柏拉图的《理想国》，对其中提到的共产思想深为着迷。

他后来在英国政界发展得很好，成为高官，但他对原则问题绝不妥协。英国国王亨利八世（Henry VIII, 1491—1547）要与王后（西班牙公主）离婚，另娶侍从女官安妮·博林，摩尔对此表示反对，并辞去大法官的职位。当时的天主教不允许离婚，亨利八世于是宣布英国教会脱离罗马教会，独立为英国国教。托马斯·摩尔拒绝签署《至尊法案》，不承认君权胜过教会的神权，并拒绝出席安妮·博林王后的加冕典礼，于是遭到报复，以大逆不道的罪名被判斩首。托马斯·摩尔坚守原则，最后不幸殉道。

他的乌托邦能否实现呢？罗素（Bertrand Russell, 1872—1970）在《西方哲学史》中指出，就算真有这样的乌托邦也是枯燥乏味的，人生的快乐就在于有各种变化的可能。

（二）伊拉斯谟的《愚人颂》主要在表达什么？

伊拉斯谟是当时最博学的人文学者。当时的人文主义者大多仍信仰天主教，他们认为这是理所当然的，并不觉得自己对古典文化的热情与宗教信仰有什么矛盾冲突。

有些人则对此深感困惑。此时有两种选择：一是接受新柏拉图主义的启发，强调和谐平衡是宇宙的根本法则，人应该多做沉思冥想，这与基督宗教比较接近；第二种选择是《圣经》人文主义，伊拉斯谟就采取了这样的路线。

伊拉斯谟把人文主义的治学方法用在《圣经》上，结合宗教训练与古典文字研究。拉丁文是当时的国际语言，伊拉斯谟的希腊文与拉丁文在当时是第一流的，他把许多希腊文、拉丁文的格言汇编成书，劝人多阅读从柏拉图到奥古斯丁（Augustine, 354—430）的著作。他出版希腊文的《新约评注本》和拉丁文的《圣经新译本》。他的翻译使原有拉丁文译本的权威性受到质疑，并为新教的改革家提供重要武器。伊拉斯谟的初衷是希望恢复基督宗教的本来面目，但事与愿违，既得利益阶级不可能接受他的建议。

他的代表作《愚人颂》对天主教的教条主义、形式主义大加批判。这是一本"正言若反"的书，充满了反讽的语气。什么是愚蠢的人？从正面来看，人如果有智慧，就会鄙视金钱，不会为了赚钱而做可耻的事，这种智慧在一般人看来就是愚蠢。如果一个商人在做伪证时犹豫不决，在说谎而被捕时涨红了脸，在盗窃与重利盘剥时觉得尴尬，又怎么能赚大钱？

他接着把焦点转向基督宗教，认为基督宗教就是一种愚蠢与疯狂。一个人信教之后就施舍钱财，被人欺骗，不分敌我，宽恕别人的罪过，弃绝各种快乐，饱尝饥饿、失眠、辛劳与斥责之苦，恶生恋死，对日常生活感觉麻木不仁。这不是愚蠢和疯狂，又是什么？许多教徒不关心身体，视金钱如粪土，不屑一顾，轻视可见之物却重视不可见之物，向往永恒、不可见的精神境界。他说："一个心灵渴望离开身体，不再运用他的器官，追求精神的快乐胜过身体的快乐，以为这样可以品尝未来的幸福。请问，这种宗教信徒在一般人眼中不是愚蠢是什么？不是疯狂又是什么？"伊拉斯谟以反讽的方式写作，目的是要说明：基督徒虽然在别人眼中看起来很愚蠢，但身为基督徒要接受这个事实，坚持自己的信仰。

当时的天主教确实相当腐化。他在书中提到，信徒要定期办告解，神父们可以代表上帝加以赦免。但是神父们从告解中得知了很多秘密，又经常在喝醉酒时不慎泄密，信徒们还以为告解之后罪过都被赦免，从此可以重新做人了。

伊拉斯谟批判了许多问题。譬如，天主教对圣母与圣徒的过度崇拜是没有必要的，"三位一体"或"复活节"的争论没有太大意义。他对耶稣在弥撒里化身为饼和酒一事提出质疑，对于经院哲学更是公开驳斥。

他对天主教的统治阶级（如教宗、枢机主教、主教等）提出各种质疑。他认为教宗应该要向耶稣学习谦虚与贫穷，教宗唯一的武器应该只属于精神方面，要与世俗的政治和权力脱钩。很多教宗对上帝无所畏惧，只是在恶毒地试图蔑视并伤害圣彼得所遗留下来的教产。圣彼得是耶稣第一个门徒、第一位罗马主教，负责掌管天堂的钥匙。

他也批判许多修会组织，说他们心中没有宗教，他们喜欢礼拜仪式只是为了自己的幸福，他们规定各种细节，完全成为形式主义。宗教应该来自于心灵，而不是来自于头脑的思考，所有分析精微的神学观念都是多余的。

（三）人文主义与宗教改革的分裂

由此可见，伊拉斯谟对天主教提出了许多善意的批评，用各种方式来刺激宗教界的人士，但是他无论如何也愿走上马丁·路德的宗教改革路线。荷兰哲学家很少见，谈到荷兰哲学家，一般首先想到的是年代较晚的斯宾诺莎（B. Spinoza, 1632—1677），然后才会想到伊拉斯谟。

伊拉斯谟的思想基本上是以人文主义为主，对天主教进行了内部的批判。

收获与启发

1. 托马斯·摩尔写的《乌托邦》有点类似于陶渊明的《桃花源记》，但如果一切都安排得很好，也会让人觉得枯燥乏味。
2. 伊拉斯谟人文主义的进一步发展，属于"圣经人文主义"这一派。他虽然肯定天主教的信仰，但也开始它进行批判，只是不敢采取过激的行动。
3. 当宗教改革浮出水面时，文艺复兴启发的人文主义就逐渐销声匿迹了。后面即将出现对传统宗教和社会制度更大的挑战。

课后思考

当朋友陷入困境时，你会劝他从内部思想上改造自己，还是从外在环境上改变生活习惯？

补充说明

如果自己遇到困境，我会怎么做？

面对困境，我要评估自己承受困境的能力有多大。西方心理学在提出智商之后，又提出情绪智商（简称情商）以及逆境智商（简称逆商）。人有认知能力，所以提出智商；人有情绪反应，所以提出情商；人有意志，要在困境当中坚持下去，所以提出逆境智商。

可以从以下四个方面来看。

1. 我对这个困境或挫折有多少控制能力？要让这个挫折到此为止，不要再恶化。
2. 分析困境的起因和责任归属？困境也许是别人造成的，也许是时代环境的因素，但既然是我遇到了困境，责任归属肯定与自己有关。譬如我失业了，这可能与经济的景气程度有关，但也可能是我自己的条件不够，我还是要负某种责任，应当设法改善。如果起因是外来的，就不用太责怪自己，否则容易丧失奋斗的动力。

3. 困境影响的范围有多广？这件事是否会使我的生命彻底改变？特别要注意的是，不能因为某种困境，就让自己的整个生命蒙上阴影，从此放弃了奋斗。

4. 困境会持续多久？要设法尽早从困境中走出来，重新踏上自己的人生之路。

第 17 章

宗教改革试图回归原始理想

《君主论》对宗教与社会的反思

本章的主题是：宗教改革试图回归原始理想。在介绍宗教改革之前，首先要将意大利文艺复兴运动做一个简单总结。本节的主题是：《君主论》对宗教与社会的反思，要介绍马基雅维利所著的《君主论》（*The Prince*）的核心观念。

本节内容包括以下三个方面：

第一，摆脱宗教干扰；

第二，《君主论》的内容；

第三，从《君主论》所引申出的思想。

（一）摆脱宗教干扰

意大利文艺复兴的基调是人文主义，要藉由恢复古希腊与罗马的异教自由精神，把人由中世纪的神本思想中解放出来。基督宗教主导了中世纪社会一千多年的发展，文艺复兴只是解放的开端而已。文艺复兴从意大利开始，彼特拉克为了文学的理由而翻转历史，把基督宗教主导的时期称为"黑暗时代"。时隔一百多年，文艺复兴结束阶段由马基雅维利（Machiavelli, 1469—1527）出手，他为了政治的理由，认为古代重视代表光明的理性，而中世纪的信仰则沦为迷信，应该予以批判。

马基雅维利对基督宗教提出质疑，他认为基督宗教把谦卑、节制、轻视世俗生活当成人类最高的德行，结果把世界双手奉送给坏人。在罗马共和时代还能颂扬公民的德行，有助于维护政治上的自由；基督宗教却颂扬谦卑忍让之人，反而使国家、社会陷入腐败。为此，马基雅维利提出国家观，旨在摆脱神学的束缚。

马基雅维利是使政治学独立的第一人，并因而成为西方近代政治学的奠基者，被称为文艺复兴时期的"巨人"之一。他认为自己是在开拓一条无人走过的道路，他对于权力方面的大胆观点可谓前无古人。他根据自己的观察和经验，写成《君主论》这本代表作，他认为当时的意大利需要这样的思想。他把这部书献给佛罗伦萨城的美第奇家族，希望受到重用，却未能如愿以偿。

（二）《君主论》的内容

马基雅维利在《君主论》中强调君主应该具有以下三种质量。

1. 吝啬比慷慨更重要

书中指出，慷慨，或是用自己的钱，或是用别人的钱。你如果用自己的钱去慷慨，很快就会耗尽财富，结果只好横征暴敛而被人民痛恨；若是不征税，自己就没有钱，也就没有人会尊重你。换言之，如果用自己的钱去慷慨，不是被仇视，就是被轻视；如果不慷慨，别人会说你吝啬，但根本不必介意，因为两害相权取其轻。

如果用别人的钱慷慨就没有问题，等于是慷他人之慨。譬如，战争时掠夺许多名贵珠宝，这时可以尽量慷慨以得到百姓的感激。综上所述，他认为吝啬比慷慨更重要。

2. 残酷比仁慈更必要

残酷靠惩罚使人畏惧，结果会让自己更安全，并且是由君主的意志来决定何去何从。仁慈则要靠恩情来维持臣民的爱戴，但能否获得爱戴是由臣民的意志来决定，决定权在别人手中。

人性是恶劣的，你如果残酷的话，别人至少不会憎恨你，反而会害怕你。马基雅维利甚至说："人忘记父亲的死亡，比忘记遗产的丧失更快一些。"这句话非常直白，虽然听来刺耳，却也反映了一部分实情。

3. 不守信用更可取

马基雅维利认为，是否守信要依情况而定。他特别指出：一个君主必须要像狐狸一样狡猾，可以认识陷阱；同时还要像狮子一样凶猛，可以让豺狼害怕。这个比喻由他首先提出，后来被一再引用和转述。

他要强调的是：只要有好的目的，就可以采取任何手段；尤其作为统治者，只要能让社会安定、国家富强，可以不择手段、放手去做。这要靠对人的了解和运用宣传的手法。

他接着谈到，君主要避免受人蔑视与憎恨，而要设法受人敬重；在选择大臣的时候要明智，并且要避开谄媚者。这些观点比较易于理解。

（三）从《君主论》所引申出的思想

从《君主论》的内容可以引申出两方面的思想：第一是性恶论；第二是目的可以使手段合理，亦即身为君主，为达目的可以不择手段。

1. 性恶论

马基雅维利认为：人的本性都是自私自利的，人性天生就是恶的，总是表现出对财富和权力的欲望；因此，君主只有靠恶劣的行为才能保住国家。这是明显的"性恶论"。

从另一个角度来看，他认为人性也很容易上当受骗。他说："人总是很单纯，随时屈从目前的需要。一个骗子总会发现很多自甘受骗的人。因此，一个君主完全不需要一般的品德，但需要'看起来'有这些品德，并且'看起来'笃信宗教，因为品德和宗教都是宣传的利器。"

他强调："在宣传中你要显得比敌人更有品德，那些使自己看起来有品德的方法本身也是一种品德。"这些都是非常超前的观念，与现代社会重视宣传的潮流不谋而合。

2. 目的可以使手段合理

他认为，身为君主，为达目的可以不择手段。马基雅维利说："一位有力的君主必须学会如何不做好人，最重要的是持续掌权。为了达到这一点，几乎任何做法都是可以接受的。"这种观点使此书自1532 年出版以来一直恶名昭彰。有人认为这本书很邪恶，充其量只是一本帮派分子的实用手册，更多人则认为这本书精确陈述了实际发生的政治状况。

今天有许多政治人物会读这本书，但很少有人会承认自己在实践书中所说的观点。

马基雅维利之所以提出这样的思想，主要是因为当时的意大利四分五裂为许多小的公国，无法统一成完整的国家。统一最主要的障碍是天主教。马基雅维利批评宗教说："宗教在国家中占有优越地位，并不是因为它代表真理，而是因为它可以凝聚人心。"意大利当时教会腐败，神职人员的恶行破坏了信仰，教宗对权力的欲望阻碍了意大利的统一。他甚至公开说："人愈接近教会，对宗教的信仰就愈浅薄，宗教的崩解与受困为期不远了。我们意大利人变得无信仰，变得邪恶，这应该归咎于罗马教会的主教和神父们，他们是使国家分裂的祸首。"

直到 20 世纪的 80 年代，罗马教宗才正式宣布天主教不再为意大利的国教。既然天主教并没有使人民的道德更为高尚，那就不要再互相牵扯了。马基雅维利早在400 多年之前，就已经具有这样的观念。

1. 马基雅维利在文艺复兴后期提出《君主论》，目的是希望完全摆脱宗教的干扰，使意大利走向统一的局面。

2. 《君主论》强调为达目的可以不择手段，他的目的是国家统一和社会安定。

3. 《君主论》引发我们进一步思考：把人性当作恶的是否妥当？目的真的可以使手段合理吗？

课后思考

目的与手段的关系是哲学界长期讨论的焦点。目的真的可以使手段合理吗？假设你有一个好的目的，就可以不择手段吗？

补充说明

谈到目的和手段的问题，首先，你要达成任何目的，都要采取某些手段。进一步思考：是谁决定了这个目的？又是谁在选择这种手段？你的这个目的能否让大家都了解？如果只有你自己了解目的，当你使用各种手段时，别人恐怕会无法接受。在此，我们要详细分析一下目的和手段。

1. 对目的的判断

从时间上看，可以分为短期、中期、长期，甚至整个人生；从涉及的范围来看，可以涉及个人、群体、国家，甚至整个人类。对于短期的、影响个人的目的，与对于长期的、影响整个人类的目的，我们显然会有不一样的考虑，对事后效果的判断也不一样。

2. 对手段的选择

我们的问题是：目的可以使手段合理吗？这个问题本身就假设这

种手段不太合理，我因为有好的目的，我的手段就被合理化了。你要问：为什么这个手段在目前情况下不合理呢？我能否选择一个大家都认为合理的手段？

这个世界在不断变化和进步之中，作为一名决策者，必须要有通盘的思考。人生的事情都是相对的，有一些手段造成的后果在事后还能补救，有一些则是永远无法补救的，像战争会使很多人牺牲，无可挽回。

对目的和手段的看法都可能随着生命的过程而不断改变。你对目的的判断从短期来看是对的，从长期来看则未必正确。你选择的手段也许目前只影响少数人，但未来可能影响到很多人。因此，你要问一个问题：有什么是不会改变的？那就是自己的良心这把尺子。良心经常会陷于挣扎和冲突之中。很多人在做出决策之后，受不了良心的谴责，到最后可能会精神失常。

除了要对得起自己的良心之外，我们还要对身边的人负责。因此，"己所不欲，勿施于人"这句话具有普世意义，虽然很多人把它当作"银律"，但是它的作用可能胜过"金律"。"金律"是"己之所欲，施之于人"，你想要别人怎么对你，你就怎么对别人。这种做法有时候会造成误会，让别人倍感压力，显得过于自我中心。

对于目的和手段这一类问题，并没有什么标准答案，我们要避免做出过于简单的回答，而要从上述几个角度进行深入的思考。

宗教法庭的恐怖

本章以宗教改革为主题，以下三节要先介绍宗教法庭的恐怖，再探讨赎罪券的荒谬，最后聚焦于宗教改革家马丁·路德和加尔文。

本节要介绍宗教法庭如何摧毁思想自由，内容包括以下三点：

第一，宗教法庭的审判方式；

第二，布鲁诺的泛神论；

第三，宽容问题。

（一）宗教法庭的审判方式

天主教统治西方的一千多年被称作"黑暗时代"。在这一漫长的历史阶段中，自然科学被忽略，普遍教育被压制，神职人员成为了既得利益阶级，整个社会停滞不前。这是我们一般的印象。

在 11 世纪之后，东正教于 1054 年与罗马天主教分裂，天主教的压力愈来愈大。天主教原本是统一的整体，最怕内部出现"异端邪说"而造成内在的分化。然而，自从 4 世纪天主教成为罗马帝国的国教之后，这样的"异端邪说"就一直存在。天主教成立之初曾饱受罗马帝国的迫害，他们当时最大的愿望是得到别人的宽容，让他们可以自由地选择信仰。但荒谬的是，等他们成为国教、大权在握之后，对不同信仰的人却没有丝毫宽容的态度。

天主教的教宗在 1233 年成立宗教法庭，又称为"异端裁判所"（Inquisition），此后延续发展了 400 多年。当时有两个最大的宗教法庭：一个是西班牙的王家宗教法庭，另一个就是罗马的圣宗教法庭。宗教法庭专门审查别人的思想，以至于互相告密成为高尚的宗教行为，而它采用的原则是：证明无罪的责任全在被告身上。

成千上万与世无争的平民百姓，仅仅由于跟邻居多说了几句或道听途说，半夜就被逮捕而送入宗教法庭。没有人对他说罪名是什么、指控的内容如何、证人是谁，也不许他与亲属联系或请律师。如果他坚持无罪，很可能被打断四肢；如果最后无奈认罪，就会被交给当地政府的法庭。宗教法庭宣称自己从未杀过人，但当地政府法庭如果不把这些人定为死罪，就会受到宗教法庭很大的压迫。

不但活人有此威胁，连入土五六十年的人也可能被控告，要接受死后的审判，后代还会被剥夺财产。可以想象的是，许多人会在暗中打探，借机搜刮民脂民膏。有关宗教法庭审判最有名的两个案例，一个是北方的圣女贞德，另一个是南方的哲学家布鲁诺。北方是指英、法等地，南方是指意大利。

圣女贞德（Jeanne d'Arc, 1412—1431）仅仅活了 19 岁，她的故事后来还被拍成电影。她在英法百年战争期间，号召法国人抵抗英军、保卫国家。她是一位民族英雄，但英法两国交战不分胜负，双方讲和后就把圣女贞德送上宗教法庭，诬告她是女巫。中世纪的女性只要有深刻的思想与明确的观念，并且敢于表达，通常都会被诬告为女巫而死于非命。圣女贞德就这样白白牺牲了。

（二）布鲁诺的泛神论

布鲁诺（Giordano Bruno, 1548—1600）是意大利研究自然科学的哲学家，接受新柏拉图主义的思想，认为世界是上帝的流衍与反映。他最初强调上帝的超越性和不可理解性，后来逐渐转向强调上帝的内存性，肯定世界灵魂就是普遍的知性，世界万物也是无限的。

他在历史上第一次把神分为两个侧面来谈，一面是"能产自然"，另一面是"所产自然"。"能产"就是能够生产的，"所产"就是所生产出来的。在能产的自然里，神是无限的、独特的、超越的，与他所彰显的万物有所不同；但在所产的自然里，万物就是神的自我显现。"能产""所产"这两个词后来成为近代哲学家斯宾诺莎经常使用的术语。

布鲁诺受到哥白尼的启发，他反对地球中心说，也反对以人类为中心的宇宙观。他公然否定某些重要教义，强调应该有双重真理，即除了启示方面的真理外，还应该有理性方面的真理。

他的思想逐渐走向泛神论与一元论。他认为宇宙是统一的、无限的、不动的，宇宙就是一切，就是"太一"。他说宇宙是"不是界限的界限，不是形式的形式，不是物质的物质，不是灵魂的灵魂"。他采用既肯定又否定的方式，旨在表达宇宙是某种界限、形式、物质、灵魂，但并非一般人所理解的那些概念。

最后的结论是：宇宙是无差异的，一切都在统一的整体中，宇宙就是"太一"。这很明显具有泛神论的倾向，布鲁诺因此被指控为异端，被迫到处流亡。后来，他在返回意大利时不幸被捕，在 1600 年受火刑而死。

布鲁诺是在宗教法庭里牺牲的最重要也是最著名的一位哲学家。这也验证了哲学家为了追求真理而有可能牺牲生命。

（三）宽容问题

有关宽容的问题，可以参考美国学者房龙（H. W. Van Loon, 1882—

1944）所著的《宽容》（*Tolerance*）一书，里面有很多例子都反映了这一时期及宗教改革之后的情况。他特别强调，不宽容主要有三种可能：

1. 由于懒惰，安于现状，懒得改变自己，懒得了解别人，所以对别人无法宽容；

2. 由于无知，根本不知道世界另一端的情况，没有做过别人所做的研究，就质疑别人居心叵测；

3. 由于自私自利，既然是既得利益者，为什么要容忍不同的说法和做法？

房龙的分析可以帮助我们进一步认识宗教法庭的恐怖。

收获与启发

1. 为了对付异端邪说，天主教在 1233 年成立宗教法庭，其后发展令人难以想象。今日审判普遍采用"无罪推定原则"，除非有充分的证据，否则应该先假定被告是无罪的。但中世纪后期的宗教法庭采用的是"有罪推定原则"，只要一个人被告就有罪，证明无罪是被告的责任，告他的人无须列举有效证据。这不但反理性，也是反自由。宗教以这种方法来对付有不同见解的人，实在令人感到遗憾。在天主教成立伊始，基督徒曾受到恐怖镇压，但他们显然忘了应该"己所不欲，勿施于人"。

2. 布鲁诺因为具有泛神论倾向而被宗教法庭审判，最后受刑而死。因为思想而受死的，他不是第一位，但到了 1600 年还用火刑来对付爱好智慧、喜欢自由思考的学者，实在令人痛心。

3. "宽容"这个课题永远值得我们去思考。

宗教法庭的情况当然不会重现，但是宽容问题仍然值得我们思考。借用美国学者房龙的观点，请你想一想，一个人对别人无法宽容，是出于懒惰、出于无知还是出于自私自利？你认为哪一种最常见？

补充说明

怎样去思考懒惰、无知与自私自利这三点呢？

首先，宽容别人是行善，无法宽容就是为恶。那么问题就变成：一个人为什么要为恶呢？

1. 因为无知

苏格拉底一再强调"知"与"德"的关系，他甚至说："无知是一切罪恶中最大的。"因为你根本不知道自己做的事对别人造成多大伤害。当耶稣被钉在十字架上的时候，他向天父祷告说："原谅他们吧，因为这些人不知道他们做的是什么。"当时的人只知道他们处死了一个犹太人里面的异端分子，他们根本不知道耶稣是谁。最可怕的是群体性的无知，今天网络上的论战，大多数与此有关。

2. 因为懒惰

懒惰代表已经知道了，却知而不行。王阳明的思想之所以受到大家的重视，一个重要的原因就是他提出"知行合一"。懒惰是一种消极的不作为。譬如，当我听到别人批评张三，我保持沉默，懒得替他辩护，这等于我认同了别人的批评。由于我的懒惰而使别人的恶行不断延伸下去，这也是一种不宽容。

3. 因为自私自利

你既不是无知，也不是懒惰，而是认为如果自己宽容，就会损害自己的利益。当时的宗教法庭确实如此，为了保障自己的权益，不惜牺牲法国的圣女贞德、意大利的布鲁诺这些正直、伟大的人。由自私自利造成的不宽容是无可救药的。

你对别人能否宽容，其实也反映出你对世界的态度。愈能宽容别人，心胸就愈开阔。法国作家雨果说："比陆地更宽广的是海洋，比海洋更宽广的是天空，比天空还宽广的是人的心灵。"

我们在学习中，可能无法接受某些哲学家的理论，我自己就有类似的经验。哲学家性格各异，说法不一，我们很自然就会喜欢某些哲学家，而讨厌另外一些。譬如，很多人读过罗素的《西方哲学史》，罗素的不宽容是很明显的，他毫不隐瞒自己的看法，对于喜欢的人就全面推崇，对于不喜欢的人则大加批判，其中难免有许多个人的偏见。罗素也许认为，作为西方人，他有特权可以"接着讲"。我们就要退一步。

我在介绍西方哲学时，一直秉承一个原则，就是"照着讲"。就算照着讲，我也只能尽力而为，不敢说自己达成了这个目标。所以，要设法练习宽容，尊重别人表达意见的权利。

当我觉得某些观点无法接受时，第一步我就想：也许是因为自己无知。我就设法多知道一些。知道之后，如果还是无法接受，第二步我就想：也许是因为自己懒惰，没有换位思考，他的说法也许在某些方面是正确的。第三步，反思自己是否自私自利，这方面倒不至于，因为介绍西方哲学跟我没有直接的利害关系。深入思考过宽容之后，就要设法用在自己的生活和工作上，这才是我们学习哲学的目的所在。

17-3

赎罪券的荒谬

本节的主题是：赎罪券的荒谬。需要讨论的问题是：人的罪恶可以通过花钱来消除吗？

本节包括以下三个重点：

第一，赎罪券是如何开始的？

第二，它是怎样演变的？有什么后果？

第三，对赎罪券做哲学的与宗教的反省。

（一）赎罪券是如何开始的？

赎罪券（indulgence）的兴起最早可以追溯到罗马教宗英诺森三世（Innocent III, 1160—1216）。他曾发动好几次十字军东征。反讽的是，他的名字 Innocent 的原意是指无辜的。

从 11 世纪后期到 13 世纪后期的 200 年内，天主教至少发动九到十次十字军东征，有时打到耶路撒冷，对付伊斯兰教徒；有时打到君士坦丁堡，对付东正教教徒。军队每到一处就烧杀掳掠，假宗教之名，行侵略之实，满足许多人的贪婪欲望。

后来，法国的普罗旺斯（现在是观光胜地）出现了一些异端，他们在某些重要观点上与天主教的正统观念不同，于是英诺森三世召集一支十字军去攻打普罗旺斯。他特别宣布：只要在 40 天之内志愿加入远征军，他们的欠债可以免交利息，过去及未来的一切罪孽都可以得到赦免，在某段时间内犯罪不会受到一般法庭的审判。这就是赎罪券的开始。

他原本希望藉此解除远征军的后顾之忧，让他们不必担心战死，但是此举却让军人完全无所顾忌、为所欲为。譬如在一次战役中，士兵抓获了一些百姓，随即请示随军教宗代表该如何处置，代表居然说："孩子们，杀吧！把他们都杀死，上帝知道谁是良民。"这实在是冷血之至，哪里还有一点宗教的爱心？

（二）赎罪券的演变及其后果

赎罪券是如何演变的？天主教的阶级统治逐渐发展为政治上的世俗主义，他们非常俗化，重视利害关系、人情亲疏，一切都以经济利益为考虑。他们让信徒用金钱抵免某些惩罚，由最初免除坐牢等身体惩罚，逐渐扩展到支持圣战、建教堂、盖医院；由最初只适用于免除一个人在世时受到的惩罚，到马丁·路德时代则演变为可免除来世的惩罚。

譬如，一个人本来要在炼狱中待十年，但因为他买过赎罪券，就可以提前离开炼狱，升入天堂。这种观念严重削弱宗教的精神性，使信仰变成一种商业行为。

教会由此聚敛大量钱财，文艺复兴时期的许多建筑与艺术精品都与此相关。譬如，圣彼得大教堂的一部分就是靠贩卖赎罪券盖成的。当时这样宣传：当投入捐献箱的银币发出响声时，你已过世的亲人的灵魂以及你自己死后的灵魂就可以摆脱惩罚，升入天堂。

今天到梵蒂冈会看到大量美轮美奂的建筑以及绘画、雕刻等艺术精品，这些作品中有许多是由第一流的天才人物（如米开朗基罗、拉斐尔、达·芬奇等）在这一时期完成的。如果说这些伟大的艺术品与赎罪券有关，我们不必太过惊讶，世界上有许多美好的事物，它们未必都有一个美好的开始；许多事出于良善的动机，最后的结果也不一定是完美的。

（三）对赎罪券进行哲学与宗教的反省

从哲学上来看，犯罪与否是"质"的问题，捐钱多少是"量"的问题，如果用"量"来取代"质"，这样的"质"有何意义？这样的信仰有何价值？

换个角度来看，犯罪是精神领域的事，捐钱是物质世界的事。如果说金钱可以介入人的灵性生活，或是捐钱多少可以决定死后灵魂的处境，这实在是荒谬之至。如果一个人采用巧取豪夺等不正当手段来赚钱，不管他犯了什么罪，都可以用赚到的钱购买赎罪券来赎罪，这岂不是很荒唐吗？

如果一个人因为有钱就可以肆无忌惮地犯罪，而穷人没钱买赎罪券，因此连犯罪的机会都没有，我们无法想象这是什么样的世界。这样的宗教信仰俨然沦为一种交易，而不再具有任何价值。

再从宗教上来看。"有钱就可以买到一切"这句话在世俗世界或许有一定道理，但是如果把它放在精神世界里，尤其放在宗教信仰的领域来看，这完全背离了宗教的精神。整个《圣经·新约》的精神可以用一句话来概括，就是耶稣所说的"我喜欢仁爱胜于祭献"。祭献需要杀羊、杀牛，花费大量金钱，但上帝看重的是一个人的爱心。

耶稣为此做过一次见证，他在犹太人的安息日（星期六）带着门徒在犹太人的会堂外观察，先看到一个财主捐了大笔钱财，又看到一个寡妇只投了两文钱。耶稣就说："我实话告诉你们，这个寡妇比所有人投的都多。"别人捐的都是他们多余的钱，而这个寡妇所捐的是她全部的生活费用。

天主教教会是既得利益阶级，许多神职人员犯罪、犯错已经成为习惯，他们不仅在社会上、经济上拥有特权，更可怕的是他们还有赦罪的权力。只要信徒告解，罪过就能得到赦免；这些神职人员也可以互相告解、互相赦罪。天主教已变得完全形式化、教条化与空洞化，这些都是最直接的证据。

在这种情况下，宗教改革势在必行。宗教改革有两种途径：北方的国家配合当地的政治权力和经济利益，进行外部的改革；而南方的国家则比较重视宗教内部的改革。譬如曾介绍过的伊拉斯谟，他认为要在天主教内部进行革新，结果他的立场两边都不讨好。宗教改革最有名的代表是马丁·路德与加尔文，我们下一节再做介绍。

收获与启发

1. 本节介绍宗教改革前夕，天主教贩卖赎罪券的荒谬行径是如何开始、如何演变的，又造成了何种结果。

2. 贩卖赎罪券的收入有一部分用于艺术与建筑方面，使文艺复兴时期许多重要的文化资产得以实现与保存，不失为一种贡献；但相较于天主教失去纯正的宗教精神，这样做显然得不偿失。

3. 对赎罪券进行哲学反省就会发现，在宗教领域没有比用金钱购买赎罪券更荒谬的事。从宗教的角度来看，更是完全违背宗教的精神。

课后思考

哲学家认为贩卖赎罪券是荒谬的，你认为在现代社会中，对某一类违法行为处以罚金是合理的吗？

宗教改革的重大意义

本节的主题是：马丁·路德宗教改革的重大意义。1517 年，马丁·路德（Martin Luther, 1483—1546）在德国威登堡教堂门上贴出 95 个问题，对天主教提出质疑。这一举动标志着文艺复兴以来一百多年的宽容时代的结束。

文艺复兴与宗教改革这两个运动宣称追求同样的目的，但采取的手段不同。两者目的都是要肯定一个人拥有自主权和新的自由，文艺复兴要追求历史上的美好之物，而宗教改革则要追求得救之途。然而，新的自由有时会比已往的束缚更让人难受，因为是非黑白并不能一刀切，自由往往令人无所适从。

文艺复兴时期的人文主义比较温和，具有宽容的特色，伊拉斯谟可以作为代表；而宗教改革显然要严厉得多。马丁·路德的宗教改革主要强调的是：回归原始基督宗教的理想。

本节要介绍以下三点：

第一，宗教改革的大趋势；

第二，马丁·路德与加尔文；

第三，对宗教改革的反省。

（一）宗教改革的大趋势

马丁·路德认为天主教的腐化已经无可救药。前文介绍了宗教法庭的恐怖与赎罪券的荒谬，这些都是客观事实，这样的天主教显然需要改革。

但要从内部改革还是从外部革命呢？从内部改革不但旷日持久，而且可能无疾而终。马丁·路德于是被迫走上外部革命的道路，对天主教直接加以批判和改革，表现为一种新教的运动。

马丁·路德批判天主教的传统习俗与信念，他甚至走到与教会决裂的极端。此时恰逢北方民族国家逐渐兴起，他得到德意志王侯的支持。马丁·路德强调，人的罪恶本性没有希望得到改善，只有依靠神的恩宠才能得救，最重要的是：教会并非必要的机构。他要完全否定天主教教会的权威性。

宗教改革的代表人物除了马丁·路德与加尔文之外，还包括英王亨利八世，他在1534年由于个人婚姻问题而促成英国国教的独立。前文在介绍托马斯·摩尔时曾提到过这一点。

（二）马丁·路德与加尔文的宗教改革

马丁·路德的宗教改革与他个人的宗教体验有关。他长期体验到自己在上帝之前有强烈的疏远与恐惧感，整个人都是腐败的，需要上帝的宽恕，个人的罪恶无法经由教会来赦免。他也强调，人不可能借着行善、告解或其他仪式得到赎罪，更不用说购买赎罪券了；只有耶稣基督能够拯救整个的人，只有人对上帝的信仰能在上帝之前为自己赎罪。他曾引述保罗在《罗马书》中的话："人自己并未取得救赎，而是上帝自动把它赐给那些信仰他的人。"

马丁·路德是如何觉悟的？据说他在诵读《圣经》中的一句话

"我信罪过的赦免"（现在称为《信经》）时受到启发，由此改变了他的一生。后来由这句话衍生出"只要相信，就可以得救"的观点。

信仰的泉源在于《圣经》，只有在《圣经》里，信徒才能找到救援。对基督的信仰绝对胜过对教会学说的信仰，亦即不能将教会置于上帝与信徒之间。《圣经》是唯一权威，信徒可以直接并自由地体验上帝的恩宠。

马丁·路德认为真正的基督宗教有三点原则：全靠信仰，全靠恩宠，全靠《圣经》。

1. "全靠信仰"后来演变为"信耶稣得永生"，信就得救。
2. "全靠恩宠"强调人没有能力自己得救，不要幻想着多做好事就能得救，得救全靠上帝的恩宠。
3. "全靠《圣经》"则强调不需要任何中介机构或人物，信徒可以从《圣经》中直接受到启发。所有信徒本身就是牧师，要按照各人的良心去阅读《圣经》。良心是自由的，不是某个机构可以摆布的。

马丁·路德相信，人的拯救全靠上帝的恩宠，人在精神上是孤立无援的，教会机构早已道德沦丧，所以《圣经》是唯一的权威。

马丁·路德原来是天主教神父、奥古斯丁修会的重要成员，是一位神学专家，他的重要观点可以概括如下：他要消除教会的权力，消除炼狱的说法，他否认死者的灵魂可以经由弥撒而从炼狱中得到解救，也否定赎罪券的效益。他强调个人主义，不愿屈从于教宗与国王。他还主张宿命论，亦即一个人能否得救完全由神决定，人所能掌握的根本没有什么用处。

他属于奥古斯丁教派，但只承认奥古斯丁有关灵魂与上帝关系的说法，不接受他对于教会的说法。他反对罗马天主教千年以来增加的内容，如教会的仪式、复杂的组织结构、神职人员的等级制度与精神上的权威、经院哲学家的自然神学、对炼狱的信仰，尤其反对教宗的一贯正确之说（教宗无误论）。他也反对神职人员保持独身，为此他和一位修女结婚，这是基督教牧师与天主教神父的不同之处。他认为，耶稣在圣餐里化身为饼和酒的说法不可信，人的功德不可能由累积而产生某种效果。此外，对于圣母玛利亚的崇拜，他也不能苟同。

新教另外一位重要人物是法国的加尔文（John Calvin, 1509—1564）。加尔文本来是一位律师，后来成为神学专家。他为人热情专注，极有说服力，信徒们对他的说法坚信不疑，甚至在他们遭受迫害时，临死前还要祝福让自己致死的人。

加尔文生活非常严肃，他认为人活着就有神圣的职责，要尽全力对自己、对上帝诚实。他一生只有一个信念，就是要认清《圣经》中所体现的真正的上帝，这成为他行动的强大推力。他一直在思考这些问题，一旦有结论就全力奉行，毫不考虑结果。

他在 1543 年与天主教决裂后，动身前往瑞士日内瓦，结果使该地区的居民全部改信新教（加尔文教派）。新的居民必须宣誓效忠新教才可以留下来，如果有人不接受他的教导，则必须在 24 小时之内离开日内瓦。

加尔文去世时，天主教的教宗说道："这个异教徒的力量在于他对金钱的冷漠。"加尔文以他的信仰作为生命的支撑，对于世间财富不屑一顾。

谈到宗教改革，我们也要注意到天主教内部的动向。在此期间出现一位西班牙教士罗耀拉（Loyola, 1491—1556），他创办耶稣会，成为天主教内部反宗教改革的代表。罗耀拉原来是一名军人，他创办的耶稣会按照军队的组织进行管理，会员对会长要绝对地服从，并要从事反对异教的斗争。他们有纪律、有能力，而且致力于教育。明朝时来到中国的利玛窦（Matteo Ricci, 1552—1610）就是耶稣会的会士。

由于罗耀拉的努力，新教的发展受挫，此后又出现了宗教战争。当时的西班牙国势鼎盛，参与许多这样的战争，法国内部也存在着严重的宗教对峙。

（三）对宗教改革的反思

对于宗教改革的反思主要有两点：

1. 天主教原本是一个完整的、大得像监狱一样的组织，现在分裂为两个监狱，彼此对立，对另一方毫不留情；

2. 新教因为与民族国家相结合而显得较为弱势，必须尊重王权。到目前为止，天主教仍是统一的团体，而基督教新教则分了又分，仅在美国登记注册的就超过了两千派，不同的派别各有各的主张。

收获与启发

1. 宗教改革的大趋势是无法避免的。

2. 马丁·路德与加尔文是宗教改革的重要代表人物。由于马丁·路德提出对人性的看法，对信仰的分析也比较完整，所以通常以马丁·路德作为宗教改革的代表。

3. 宗教改革之后，在天主教内部出现反改革运动，并且引发宗教战争，绵延上百年，由此导致民族国家的兴起，造成政治与宗教之间错综复杂的局面。演变的结果是：天主教依然保持统一完整的体系，而宗教改革之后的新教（也称作抗议教，Protestant）则分裂成许多不同的派别。基督宗教的"一教三系"是指天主教、东正教以及宗教改革之后出现的新教，新教的中文翻译就是基督教。

按照马丁·路德所说，一个人做错事或赎罪时，完全以他对上帝的信仰为准，以此来衡量他做了什么错事、要如何赎罪。请问，你在意识到自己犯错时所依照的判断标准是什么？是个人良心、别人的责怪、法律、社会公德，还是某种宗教戒律？

补充说明

在分析类似问题的时候，可以简单分成两组：第一组就是个人良心，它由内而发；第二组包括别人的责怪、法律、社会公德或宗教戒律，这些都是外来的。所以，当你要判断自己是否做错事时，要问：标准是由内而发，还是由外而来的？

到底良心是怎么形成的？良心有什么内涵呢？简单来说，有以下五个方面可以考虑。

1. 我们从小所得知的"应该"，这很接近弗洛伊德心理学所说的"超我"。弗洛伊德（Sigmund Freud, 1856—1939）认为，人有本我、自我和超我。"本我"相当于本能的欲望；"自我"在本我与超我之间起协调作用；"超我"则是从小学到的"应该""不应该"的问题。"超我"就成为良心的基础。

2. 由个人的经验教训所得到的。譬如王阳明在贵州龙场悟道，他在百死千难之中，在痛苦和灾难里面才觉悟出：良心到底是怎么回事，本身是否圆满具足，换了圣人在这个处境会怎样做。

3. 由学习得知的。我们可以学习别人的人生观、价值观，并取法乎上，向上看齐，这也是一种良心的表现。

4. 由信仰得到的启发。每一种正派的信仰都会让人觉悟，使你的内心发出高于一般法律和道德水平的要求。

5. 最后，整合上述四个方面，形成"十字打开"的格局。所谓"十字打开"就是有横的侧面和纵的侧面。横的侧面是我与别人的关系，从近到远、由亲到疏。对你最重要的人，你可以用生命保护他；有些人是互相尊重、有缘相聚而已；对于关系更远的人，你有能力就尽量帮忙。这些都是横的侧面，属于人的世界。纵的侧面则上升到祖先、神明以及宗教信仰中的至上神。

十字打开的格局有什么意义？譬如孟子曾转述曾参引用孔子的话："自反而缩，虽千万人吾往矣。"意即我反省自己，发现自己是对的，就算有千人万人反对我，我照样向前走去。这里的"千万人"就代表横的侧面——整个社会。我为什么还能照样坚持下去呢？因为我反省自己，发现自己是正确的，这就是纵的侧面，代表我的良心里有明确的信念——要对得起祖先、神明以及自己作为一个人的原则。

上述五点就是良心的基本内涵。

对于"良心"一词，中国人更喜欢说"良知"，这一说法出自《孟子》，原意是说，就算从小没有人教导，人也自然懂得要孝顺父母和友爱兄弟姊妹，这是最基本、最亲密的人与人的关系，不用学就知道。"良"代表本来的，"知"就是能够有某种觉知。

关于良知的运作，要特别强调两点。

1. 良知是对善的要求，它要求你去行善，但良知本身不是善的。所以，当我们说"每个人都有良知"的时候，并不意味着"每个人都是好人"，这两句话的意思不同。

2. 家对善有明确的定义：善就是我与别人之间适当关系的实现。我之外的都是别人，我和他们之间有某种"适当关系"，我应该尽我的责任，把这些关系做到完善。

总之，良知的内容可以不断扩充完善；良知是对善的要求，它要求你与别人之间建立适当的关系。

哲学是如何影响科学的?

在介绍宗教改革之后,本节将简要说明科学革命的问题。本节的主题是:哲学是如何影响科学的,要介绍以下三点:

第一,从柏拉图哲学到哥白尼;

第二,伽利略的遭遇;

第三,达·芬奇的天才。

(一)从柏拉图哲学到哥白尼

西方文艺复兴时期有一个关键事件,就是在佛罗伦萨成立柏拉图学院。《柏拉图全集》被翻译为拉丁文后,受到广泛阅读。柏拉图哲学里有一个永恒的层次叫做"理型世界",位于最高层的是"善的理型",柏拉图形容它"像太阳一样照亮一切"。新柏拉图主义进一步提出"流衍论",认为从"太一"逐层流衍,最后形成万物,其中使用的比喻也是太阳。太阳从此成为神圣的象征,它反映"神"这个中心,其他星球(如地球)都围绕它而转动。柏拉图哲学的宇宙观深刻启发了哥白尼。

哥白尼(Nicolaus Copernicus, 1473—1543)是波兰神父,他曾到意大利学习法律,后来被教宗挽留下来改造历法。不过,他思考的始终都是有关自然界的问题：自然界是单纯的，为什么行星的轨道如此复杂？他认为，这是由于人从地球观察行星的缘故。那么可否从别的角度观察？柏拉图哲学认为太阳是光体，普照万物，这启发哥白尼以太阳作为另一个观察点。

这种观点一开始并不是通过理性的分析提出的，它带有一定的感情色彩，受到文艺复兴时期思想的显著影响。哥白尼在《天体运行论》中指出，地球在不断自转的同时也在绕日公转。这就是"日心说"，他的观点被称为"天文学的革命"。"革命"的英文 revolution 本意是"旋转"，表示地球绕太阳旋转；但这种观念造成"天翻地覆"的局面，从此 revolution 便有了"革命"的意思。

事实上，天主教直到 1616 年仍然禁止"太阳不动，位居天体中央；地球非但不是天体的中心，还进行着双重运动（自转和绕太阳公转）"的说法。哥白尼提出新观点后，一直不敢出版著作。直到他临终前，《天体运行论》一书才得以问世，他看了一眼封面就与世长辞了。

（二）伽利略的遭遇

接着介绍伽利略（Galileo Galilei, 1564—1642）的思想。天主教按照《圣经》的记载，认为地球是宇宙的中心，在公元前 4004 年 4 月 23 日早上 9 点，上帝在地球上创造了人类。这种说法是没有根据的猜测，在当时却被奉为真理。

谈到科学革命，普遍认为有四位重要的代表：哥白尼、开普勒（Johannes Kepler, 1571—1630）、伽利略以及牛顿（Isaac Newton, 1643—1727）。牛顿最后完成了整个古典物理学的革命。伽利略比哥白尼晚 90 余年，很早就发现哥白尼可能是对的。他与天主教当权派的关系非常好，但他同样受到威胁。后来宗教法庭还对他进行了审判，警告他不要为哥白尼辩护。

伽利略认为，对实质问题的讨论不能以《圣经》的经文作为权威，而要依靠感官的经验与必要的观察；神显示在自然活动中并不少于显示在《圣经》的经文中。然而无奈的是，他的著作《关于两种世界体系的对话》也被列入天主教禁书名单长达 200 年。伽利略被迫放弃自己的主张，甚至受到软禁。天主教施加于科学家的压力，切断了地中海的科学命脉，科学研究逐渐转移到欧洲北部。

（三）达·芬奇的天才

达·芬奇（Leonardo da Vinci, 1452—1519）是比哥白尼还要早的一位学者，他也是一位伟大的艺术家，他的两幅代表作《最后的晚餐》与《蒙娜丽莎》都是传世巨作。达·芬奇在哥白尼之前 40 年就已经指出"太阳并不移动，地球不是太阳轨道的中心，也不是宇宙的中心"。他在牛顿之前 200 年，就已经写下"所有重量最后会以最短的方式朝中心落下，每个沉重的物质都往下压迫，无法一直往上举，所以整个地球必定是个球体"。他在达尔文之前 400 年，就已经指出"人类与猴子、猩猩同类，除了偶发事物之外，人与动物并无不同"。

达·芬奇是佛罗伦萨当权派极力支持的艺术家，他 60 岁到了罗马，但当时的教宗已经重用了比他小 23 岁的米开朗基罗，以及比他小 31 岁的拉斐尔。幸好达·芬奇得到了法兰西国王的赞助。

教会为何不重用达·芬奇这个天才呢？因为他的宇宙观对当时的教会来说是一个威胁。据说达·芬奇是在法国国王的怀抱中过世的，死前充满懊恼，他向上帝及世人道歉，因为他留下太多未完成的作品。他传世的作品只有 17 幅，其余大部分作品都是计划中而尚未完成的。

有人说达·芬奇是失败者，这种说法就像说"哥伦布没有发现印度，却发现美洲新大陆"一样（哥伦布比达·芬奇早一年出生）。换言之，达·芬奇绝不是失败者，他一生都在追求真与美。他总是随身携带一本笔记本，随时记下自己的灵感，他留下的笔记有7000多页。

也有许多人把达·芬奇当作哲学家，因为他提出了一些明确的观点。他强调，人不能一味"掉书袋"、纸上谈兵，还应注意到经验科学。有人认为，他从事的绘画和雕塑都难登大雅之堂。其实，达·芬奇也积极从事许多研究工作，对于天文学、地质学、解剖学、植物学均有涉猎，在飞行机器与军事领域有各种发明，取得相当突出的成绩。

达·芬奇特别强调经验，他说："感觉经验是知识的唯一来源，智能也是经验的产品，学问只有手工操作才能完成。经验本身没有错误，犯错的是理性判断，它会让经验去做一些超出能力范围的事。科学必须是经验与理性的结合。理性探讨要从最根本的原理出发，靠着经验不断向前推展。"

他认为："最大的不幸就是理论脱离了实验。同时，只要实验而不要理论的人，就像水手上了没有舵与罗盘的船，拿不准该往哪里航行。实验永远建立在正确的理论上。"譬如他指出："透视学就是正确的理论向导；没有它，你将在绘画上一事无成。"达·芬奇的这些看法体现他在创作中的心得，反映了他对经验的重视。

收获与启发

1. 科学革命在展开过程中，受到天主教与基督教的强烈质疑。此处所谓的"科学革命"是指从"地心说"到"日心说"的观念飞跃。哥白尼在发现这个事实30年后，直到去世前才有勇气出版《天体运行论》，他为此承受天主教的巨大压力。与此同时，才脱离天主教不久的基督教对于科学家更不宽容，他们认为《圣经》是绝对权威，人的理性怎么能对《圣经》妄加质疑？马丁·路德称哥白尼是"傲慢的占星家"：哥白尼想要推翻整个天文学，实在是太过愚蠢，也明显违反《圣经》的记载。加尔文还质问："谁敢把哥白尼的权威置于《圣经》的权威之上？"

2. 科学的发展不可遏止。哥白尼之后，接着上场的还有开普勒、伽利略和牛顿。伽利略与天主教当权派的关系非常好，他曾与当时的教宗深谈过六次，但依然无法说服宗教里的保守势力。

3. 当时不但是科学界，就连艺术界从事技术发明的人物也都融入到科学革命的大潮之中，达·芬奇是其中最有代表性的人物。从文艺复兴到宗教改革的整个过程中，科学革命从未停止过前进的脚步。

课后思考

达·芬奇说，实验要建立在正确的理论之上；譬如，没有透视学理论，人类在绘画上将受到极大限制。这显示出他在强调经验时不会忽略理论。请问，你是否从日常的生活经验中形成一套自己的理论？

补充说明

我经常会问自己两个问题：第一，我现在在哪里？处境如何？每天在忙什么事？第二，我要去哪里？第二个问题针对未来，显然更加重要。真正困难的是：怎样区分紧急的与重要的？"紧急的"就是每天都要做的事；"重要的"就是长远目标，甚至一生的规划。

为了让自己能胜任教学这项专业工作，我每天都要花时间学习。从 1995 年开始的 20 多年时间里，我都尽量收敛自己，形成一套自己的生活原则——"四不一没有"。"四不"就是：不碰政治、不上电视、不应酬、不用计算机，"一没有"就是没有手机。

1. 不碰政治。人到了一定年龄，在社会上会有一定的身份，很容易就会关心政治或者被政治所关心。我不碰政治，与政治人物保持距离，彼此互相尊重。

2. 不上电视。在电视上经常曝光，会失去个人生活的空间，也不容易专心学习。

3. 不应酬。别人找我基本上只有两件事：演讲或写作。其他诸如吃饭之类的应酬，我都尽量婉言推辞。

4. 不用计算机。计算机太复杂，东西太多，我还是习惯用传统的方法，花很多时间找数据和思考。

5. 没有手机。我有一部固定电话，别人找我就用电话留言，我有空再回复。

另外，对于请我挂名当顾问的，我几乎都婉拒了。我一向比较务实，不喜欢名实不符。如果不能对别人有实质性的帮助，我就不愿只是挂名当顾问。

从 30 岁开始，我每十年就给自己定一个座右铭。这样一来，我就知道在这十年之内，生活上要以什么作为修行的目标。

第 18 章

蒙田与培根：爱智之乐

哲学又贴近了人生——认识蒙田

本章的主题是：蒙田（Michel de Montaigne, 1533—1592）与培根（Bacon, 1561—1626）的爱智之乐。本节的主题是：哲学又贴近了人生——认识蒙田。

我高中时曾在图书馆看到过一本很厚的书，书名也很特别，叫做《尼采、柏拉图、蒙田》。尼采（F. W. Nietzsche, 1844—1900）是19世纪的哲学家，柏拉图是公元前5至4世纪的哲学家，而蒙田是16世纪的哲学家，为什么蒙田能与尼采、柏拉图并列呢？由于当时课业很繁重，我没有深入阅读此书，但是从此对蒙田产生了兴趣。

本节要对蒙田做初步的介绍，主要包括以下三点：

第一，蒙田开创了法国精神主义的传统；

第二，蒙田在思想上如何承先启后？

第三，蒙田恢复了苏格拉底的爱智作风。

（一）蒙田开创了法国精神主义的传统

谈到蒙田，一般都会把他视为西方文艺复兴时期最后一位人文主义者，他开创了法国精神主义的传统，确立了法国文化的基调。"精神"一词与"心灵"可以通用。"精神主义"肯定对心灵生活的向往，表现为广泛学习而少下定论，具有自信又能包容多元的想法，重视实际生活超过抽象的理论，以轻松态度面对及享受人生。

蒙田最有名的代表作是《随笔集》。《随笔集》的法文是 Essais，英文是 Essays。英文 Essay 现在常被译为"散文"，而法文 Essais 的原意是"尝试"，就是尝试了解自己，进而了解人类。蒙田称这本书是闲话家常，抒发内心的感受。该书内容可以简单分为以下三个方面。

1. 蒙田批判当时知识界的权威——经院哲学。这种批判的态度很像 18 世纪启蒙运动的学者。

2. 蒙田冷静、深入地分析人的本性和欲望。这一点很像弗洛伊德之后的心理分析专家。弗洛伊德也承认蒙田对他很有启发。譬如，蒙田和弗洛伊德都指出梦与童年时期习惯的重要性。蒙田说："我们的坏习惯在婴儿时期就已形成，我们教育中最重要的部分掌握在奶妈手中。"蒙田对于人的言行表现做出合理说明，为自己的心理状况找到适当借口，给自己的行为加上高尚的动机。这些都与心理分析有关。

3. 蒙田收集并描述远方少数民族的风尚、习性与价值观，就像后来的人类学家所做的田野考察。

蒙田是法国上层社会的人，38 岁辞去法官的职务。在当时的法国，40 岁年纪就算很大了。退休之后，他继承父亲的城堡，这座城堡有 1000 册人文方面的藏书。他专注于学习和研究，撰写《随笔集》。蒙田到晚年时，也出来做过一些行政工作。

（二）蒙田在思想上如何承先启后？

许多人认为蒙田是怀疑主义者，其实他不能算是怀疑主义，只是具有怀疑的心态。他的学习方法是承先启后，大量引述并发挥古希腊和罗马的名人语录。他不是系统的哲学家，也无心做一位系统的哲学家。相反的，他以暧昧而反讽的手法大量引用古人的名句。

他效法意大利柏拉图学院的院长费奇诺的做法，在书房里写下许多重要的格言。蒙田在书斋的梁上刻了 57 句名言，其中有 25 句是希腊文，32 句是拉丁文，内容包括文学、哲学、历史以及《圣经》。他尤其喜欢罗马戏剧家泰伦斯（Terentius, 约 195—159 B.C.）的一句话："我是人，没有任何与人有关的事对我而言是陌生的。"这句话堪称人文主义的格言。他的散文经常点缀拉丁文的谚语。蒙田是法国人，他在父亲的教导下以拉丁文作为母语，在六岁之前只讲拉丁语。他的《随笔集》总共引述了 1264 句谚语。

他喜爱的作家很多，尤其钟爱罗马时期的作家。他经常引用的作家包括：卢克莱修、塞涅卡（Seneca, 4 B.C.—65 A.D.）、柏拉图、贺拉斯、西塞罗、普鲁塔克（Plutarch, 约 46—119）、希罗多德（Herodotus, 约 484—425 B.C.）、维吉尔等，有十数位之多。

（三）蒙田恢复了苏格拉底的爱智作风

蒙田最推崇的人是苏格拉底，他说苏格拉底是他所知最完美的人。他也受到伊拉斯谟的影响，专门批评那些书呆子。苏格拉底强调要"认识你自己"，蒙田对自己有何认识呢？他说："我从未造成任何人的痛苦与破产，我没有仇恨的人与报复的心，我不曾触犯法律，从未煽动变革与动乱，从不侵占别人的产业与钱财，从不食言，一向自食其力。"在当时的法国，如果你拥有贵族背景和固定产业，这些事其实是容易做到的。

作为一位人文主义者，蒙田希望当时宗教战争的双方能够和解，以免造成更大伤害。他对自己的定位是有产阶级的知识分子，显示出温和而理性的态度。他还将自己的座右铭刻成一方印章，上面写的是法文 Que sais-je，意为"我知道什么"。后来一家出版社就以 Que sais-je 作为一套丛书的名称。

　　蒙田认为凡事皆未定，因而从不下断语，这种心态使哲学重新贴近人生。中世纪的哲学一直被当作神学的女仆，后来又发展成学院式的讨论，与一般人的生活完全脱节。蒙田在《随笔集》中旁征博引，灵活运用苏格拉底的反讽方式，对人生问题进行深入反思。他使哲学重新焕发了活力。

　　后来的法国哲学家大都受到蒙田的影响，由此形成法国精神主义的传统。这种传统兼顾哲学与文学，擅长以文学方式来表达哲学思想。譬如，法国有三位哲学家获得诺贝尔文学奖，包括柏格森（Henri Bergson, 1859—1941）、加缪（Albert Camus, 1913—1960）与萨特（Jean-Paul Sartre, 1905—1980），他们都是哲学兼文学的高手。而德国哲学家则没有获得过诺贝尔奖，因为他们始终与文学保持一定的距离。

　　此后的法国教育对于哲学特别重视。从小学开始，教育的内容就包含哲学的素材和思维方法，而大学入学考试中一定会有一个哲学题目让学生自由发挥。题目的范围非常广泛，也没有所谓的标准答案。譬如，考题可能会问："你认为死亡值得害怕吗？"

1. 蒙田是文艺复兴时期最后一位人文主义者，他开创了法国精神主义的传统。他的思考涵盖人生的全部历程，也涉及到生前死后的各种问题。他使哲学再次贴近了人生。

2. 蒙田的学习方法可谓"承先启后"。所谓"承先"，就是他大量引用古代希腊与罗马初期作家的资料。他不在乎别人说他只会引用古人的文句，因为他自己也做过深刻反省。事实上，他引用的材料过多，有时反倒不容易厘清自己的立场。但是蒙田的做法启发了后人，要借重古人的智慧来阐述自己的观念。

3. 蒙田重振苏格拉底的作风，哲学就是爱智慧，首先要从认识自己开始。

课后思考

"认识你自己"是古希腊德尔菲神殿所刻的一句话，苏格拉底曾多次引用这句话，强调人应该认识自己。蒙田学会了这种想法，也要认识他自己。请问，如果让你认识自己，你能用三到五句话阐明自己的基本观念吗？

如何面对死亡？

本节的主题是：如何面对死亡？主要介绍蒙田对死亡的观点。近代西方人对死亡的看法基本上有两种：一是基督宗教的观点；另外就是蒙田的观点，即死亡就像常识所见的，它是完全的消解。

本节要介绍以下三点：

第一，蒙田前期的思想接近斯多亚学派；

第二，蒙田后期显示了人文主义的观点；

第三，宗教对蒙田的帮助很有限。

（一）蒙田前期的思想接近斯多亚学派

蒙田在《随笔集》中承认，自己长期以来都害怕死亡，并为此所苦，即使正值壮年时也不例外。他的思想中充满死亡必然来到、人生必然消逝的念头，这使他几乎崩溃。他熟知古代的作家，于是就从里面寻找出路，初步的结论是：人必须学习与这种观念共生。他相信哲学可以教人怎样不害怕死亡，为此他引用西塞罗的话："从事哲学思考，就是学习如何死亡。"

在这一阶段，蒙田重复许多斯多亚学者的说法，指出不用害怕死亡，死亡只是一瞬间的事，并且是最自然的事。他说："你的死亡是宇宙秩序的一部分，那是你存在于世的条件，是你的一部分。"换言之，死亡是你生命的目标。这明显是斯多亚学派的观点。的确，如果你对于100年前自己不存在这件事不觉得困扰，又何必为100年后自己不存在而不高兴呢？一般人只会压抑死亡的念头，而哲学家明察死亡，知道死亡可能在任何地方等着他。

蒙田引述一个有名的故事。希腊第一位悲剧家埃斯库罗斯（Aeschylus, 526—456 B.C.）很早就知道自己会在某年某月某日被压死。到了那一天，他发现自己的房子摇摇欲坠，便立刻从房间逃到旷野上，心想：这样就没事了吧！就在此时，有一只老鹰抓着一只乌龟从天上飞过，本想把乌龟丢在岩石上摔碎；但这只乌龟太大，老鹰实在抓不牢乌龟，只好松开爪子，乌龟掉下来把埃斯库罗斯砸死了。

蒙田引述塞涅卡的建议，要经常不停地想着死亡，这是克服死亡恐惧的最好方法。你要让自己对死亡感到熟悉，熟悉的东西就不会那么让人害怕。同时，人要练习舍弃一切，对任何事情都不要看得太重。常穿着鞋，时间一到就离开。这听起来很像斯多亚学派的潇洒态度。

蒙田很清楚，接受死亡会给我们带来哪些好处。知道如何面对死亡，才知道人生是怎么回事，才能摆脱奴役与束缚，知道如何享受生命。但是蒙田逐渐明白，这种经常准备死亡的心态并不能真正解决问题，人不可能一直活在警惕之中。如果想以这种方式摆脱死亡念头的压力，反而会让自己更受制于这样的念头。

（二）蒙田后期显示了人文主义的观点

蒙田的观念在1580年之后发生转变，他后期显示出人文主义的观点。蒙田有几个女儿在婴儿期就夭折了，此时法国内战已经打到他的住所附近，与此同时还发生瘟疫，死亡真的近在眼前，成为一种非常具体的危险。

他说:"关注死亡,使生活成为困扰;但是,关注生活,使死亡成为困扰。"他开始觉悟:为了准备死亡而造成的困扰,竟然比死亡本身还要多。他开始观察一般人对死亡的态度,结果让他大为震撼。他说:"人直接面对死亡,并没有特别的担心,就算他们知道自己当天晚上或明天可能会死掉,他们照样显示出平静的面容,好像他们与死亡已经和解,并且明白这个普遍而无法避免的事件是必然会来的。"

他在1595年版的《随笔集》中补充了一段话:"哲学让我们常把死亡放在眼前,要预先看到它,在它来到之前反省它,并且给我们一些规则,让这样的思想不至于伤害我们。但是,如果我们真正知道如何生活的话,就不应该再教我们如何去死了。"

蒙田以前一直认为死亡是生命的目标,他后来则认为死亡只是生命的结束。他过去曾明确地说:"我们这一生追求的最后目标就是死亡,所以我们要对死亡做一个完善的计划。"现在他则说:"死亡其实就是生命的结束,而不是生命的目标。死亡是生命的终结,而不是我们需要针对的重要对象。"他观察到,一般百姓在活着的时候,尽量不去想死亡的问题。你认为这很愚蠢吗?即使你整天想到死亡,又能为此做些什么呢?又能改变什么事实呢?

蒙田起初觉得,人生因为有期限,所以会失去它的价值;但他后来发现,正因为人生有期限,所以人生有其内在的价值。试想一下,如果生命没有期限,可以一直活下去,那么人生根本没有任何东西值得追求。因为怎么轮都会轮到你,又何必去追求呢?

问题在于,人的理智无法接受生命是有限的这个事实。人总在想象某种纯粹的概念,试图否定生命的有限,希望自己永远活下去。事实上,这种对永恒的要求极不合理,它会让一个人忽略生命这件礼物。每个人的生命都是一件礼物,只有他自己可以决定这件礼物的价值。人虽然终究会死,但绝不能因此贬低生命的价值。从来没有人拥有不死的、永不灭亡的生命，所以何必抱有不切实际的幻想？这是理性最野蛮的疾病，它让一个人背叛真实的自我，轻视真实的自我。

蒙田主张，人应该接受生命、热爱生命，并尽量使用生命。生命的价值不在于活了多久，而在于如何使用。蒙田强调："我要比凡人享受多一倍的人生，我发现我的生命受到时间的限制，那我就要在重量上（即质量上）延伸它。为了赶上时间飞逝的速度，我要更快速地把握人生，全力把它活出来。生命短暂，所以我要让自己活得更深刻、更充实。"

这就是文艺复兴时代的新精神，它让你去欣赏奇妙无比又令人振奋的世界，感觉到生命是一种愉悦，值得用心品味。

人生不是要忍耐或受苦，而是可以按照个人的计划，活得有强度、有热度。这种观点已预先显示出尼采的生命特色。后来尼采说："活得有如冒险犯难。"每天的生活都好像冒险一样，这样的生命才有特殊的价值。这种新生活观是本身自足的，既不像文艺复兴初期的米兰多拉，让人活得像神的形象一样；也不像基督徒那样，相信死后的永生。

蒙田认为，人应该按人的处境来安排此生。最后他强调，知道如何忠实地善度此生，就是绝对完美的人，接近神圣的境界。他说："我们如果知道如何适当平静地生活，也会知道以同样的方式去面对死亡。"结论就是：要按人的本性来善度此生。

（三）宗教信仰对蒙田的帮助不大

经过一千多年的中世纪，西方人觉得宗教信仰就像空气一样自然。当时在法国，天主教与基督教的加尔文教派一直处于竞争之中，到最后双方只好握手言和。蒙田和他的父亲都信仰天主教，但他的弟弟和妹妹却信仰加尔文教派。

蒙田一生重视理性，为何还会保持天主教的信仰？因为他认为，人的理智和经验都不太可靠。他反对独断主义，也反对人的理智过度膨胀。他认为，人活在世界上，最好能依照传统，采取比较保守的态度，好好珍惜活着的时光，努力追求真理，品味人生。

蒙田的立场一般被称作"唯信主义"，亦即把理智与信仰分开，认为理性不可靠，人只靠信心便可皈依宗教，在上帝的协助下，可以超越人性的各种困难。蒙田反对自然神学，认为仅凭理性知道有神存在是无济于事的。但他也认为：人不应该妄自尊大，自以为了解神的旨意；对某些施行巫术的巫师，不应该随便将其处死，应该给他解药而不是毒药，因为他们是病人而不是罪人。

蒙田虽然信仰天主教，但他并不认同许多所谓"正统"的看法。1572 年 8 月，天主教教宗下令杀死 3000 名法国新教徒，蒙田从此便与天主教保持距离，在心理上与它分道扬镳。不过，他并没有改信别的宗教，而是一再呼吁宽容。他无法容忍法国的宗教内战，他强调，这次内战是训练人民背信弃义、恐怖残暴和盗匪行径的学校。

蒙田对于宗教的态度大体上非常温和，但他有知识分子的立场。在"死亡"这个问题上，他的论述充分显示了他的信仰的特色。

收获与启发

1. 蒙田关心人的根本问题，尤其是死亡问题。对于死亡的看法，他原先接受斯多亚学派的观点，认为死亡只是宇宙秩序中的一环，人生下来就注定会结束。他以这种观念设法面对或逃避对死亡的关怀。

2. 后来他的思想发生转变，认为死亡对生命的限制未必是坏事，反而能使生命显示出特殊的价值。蒙田把人生当作礼物，这是非常积极的观点。同时，要按照人的本性所允许的范围，尽量活得充实和愉快。

3. 虽然蒙田终身信仰天主教，但他与宗教保持了适当的距离。在对"死亡"等关键问题的探讨中，他对宗教敬而远之，从来不去发挥死后审判的道理。

课后思考

学习了蒙田对死亡的态度之后，你认为死亡值得害怕吗？

补充说明

这里要说明两点：

1. 害怕死亡的四种原因

一个人害怕死亡，一般有四种可能的原因。

（1）害怕死亡之前的痛苦。人到老的时候，尤其是生病的时候，明显会有痛苦，让人看了就害怕。但是，不见得每个人都遭遇同样的痛苦，而且每个人对痛苦的态度也不同。

（2）有宗教信仰的人害怕死后的报应。目前世界上各大宗教对于死后报应大致有两种说法：第一是轮回，第二是审判。讲轮回的话，还有下一次机会；讲审判的话，一次就决定了。所以，这两种宗教信仰会带来对死亡的不同态度。你如果害怕不好的报应，立刻就会走上人生的正路。

（3）害怕死后一片虚无。对虚无的恐惧可以化解，譬如罗素说："死亡像江河入大海一样。"我的老师方东美先生在病危之际写过一首诗，前两句是："我自空中来，还向空中去。"即生前没有我们，死后也没有我们。这样想就比较容易看得开。

（4）害怕这一生建构的许多"我们"的关系要统统瓦解了。"我们"的关系因为我的消失而逐渐瓦解，这实在很令人伤感。

2. 对死亡的四种比喻说明

对死亡有四个比较恰当的比喻。

（1）人生好比赴宴，死亡代表宴会的结束。你已经用过餐，现在应该让座，让别人来享用。

（2）人生就像在舞台上表演，表演结束后，就请你潇洒地下台吧！方东美先生说他年轻时最佩服一句话："乾坤一剧场，生命一悲剧。"乾坤就是天地，整个天地之间是一出戏剧的演出场所，而人的生命就是一出悲剧。"悲剧"指希腊式悲剧，与悲哀没什么关系。

（3）人生如同旅行，我们都是过客，而不是归人。如果一开始就把人生当作一次旅行，对死亡就比较容易看得开。

（4）从宗教的角度来看，人生就是一种修炼的过程。你或者像基督徒一样，背上十字架来减轻自己的罪恶；或者像佛教徒一样，认为众生皆苦，要由智慧来得到解脱。

这四种比喻都值得参考：死亡像宴会的结束、像表演的下台、像旅行到了终点，要修炼自己这一生，以便有不一样的来世。

还有一种说法也很好："死亡像太阳一样。"你不可能直视太阳，只能从侧面看，眯着眼看；同样，人也不可能完全直视死亡。

前文提到良知，本节谈到死亡，这些问题在哲学上都不会有定论。我们要尽可能思考得完整，然后采取自己的立场，为自己的这一生负责。没有人可以给你标准答案，你要自己用心思考：这到底是怎么回事？我是否已经得到充分的信息，可以做出完整而根本的反省？我是否找到自己的原则和立场，并且可以用生命来实践它？

18-3

回归政治与人性

本节继续介绍蒙田的思想，主题是：回归政治与人性。蒙田关于政治与人性的观点在西方产生深远的影响。

本节包括以下三个重点：

第一，蒙田主张对政治保持平常心；

第二，蒙田反对西方人的基督徒中心主义；

第三，蒙田要打破人类中心的观念。

（一）蒙田主张对政治保持平常心

西方的君主政治由来已久，到了蒙田的时代，人民仍然相信许多迷信的说法。譬如，许多法国人相信国王可以行奇迹，能治好某些疑难杂症或做出一些不可思议的事情，因而认为国王是神圣不可侵犯的。蒙田不以为然，但他的个性比较温和，这一点从他的文笔就可以看出，他并不想推翻君主政体，只是要去除不必要的幻想。

他认为君主的权力有两个可能的来源：第一来自于人民；第二来自于上帝，也就是君权神授。如果君权来自于人民，人民就可以反抗暴君；如果君权来自于上帝，那么君权就是绝对的，人民没有反抗的权力。

16 世纪，宗教陷入分裂，君主要与天主教争夺最高权力。如此一来，君主本身也失去了君权神授的根据。这让蒙田左右为难，他说："对保皇党而言，我是教宗党；对教宗党而言，我是保皇党。"支持本国君主，还是支持宗教领袖？可见，蒙田作为人文主义者，很难拿捏自己的立场。

蒙田又说："我才念完两本讨论君主本质的书，但立场正好相反。赞成民主的人把君主的地位看得比车夫还低，赞成君主的人则把国王的权力看得比上帝还高。"

这两种极端的看法不断冲突，直到法国的启蒙运动才得以彻底解决，最后的结果就是爆发法国大革命。

蒙田指出，人民崇拜君主有时是通过庄严的仪式。他说："仪式是使人民臣服的药物。"这句话让我们想到后来马克思（Karl Marx, 1818—1883）所说的"宗教是人民的鸦片"。

蒙田说："为什么人尊敬外表而不尊敬一个人的本身呢？皇帝在大众面前的华贵使人目眩神迷，但在幕后看，他也只是一个平凡的人。"他指出："从宗教的眼光来看，皇帝与鞋匠的灵魂是同一个模子印出来的。即使一个人坐在世界上最高贵的宝座上，还是用自己的屁股坐在上面。"

他提出许多类似的观念，希望世人能分辨君主与真正的爱智者。他说："我可以想象苏格拉底处于亚历山大大帝的地位，却无法想象亚历山大大帝处于苏格拉底的地位。如果问亚历山大大帝：你能做什么？他的回答是：征服世界。如果问苏格拉底能做什么，答案是：按照人的自然状态，过人的生活。后者更有普遍意义，更合情理，也是更艰难的学问。"换句话说，一个人精神上的价值不在于爬得高，而在于行得正。

（二）蒙田反对西方人的基督徒中心主义

蒙田要打破西方人的基督徒中心的观念。他说："1492年10月12日，哥伦布在巴哈马群岛登陆的时候，见到当地的印第安人。印第安人一丝不挂，并且没有听说过耶稣基督，哥伦布就觉得这些人不可思议。"后来陆续出现西方人中心主义，甚至是基督宗教中心主义。

蒙田写道："西班牙人与葡萄牙人认为，当地的少数民族或土著与动物差不多。天主教徒形容这些少数民族是有着人类面孔的野兽，而基督教加尔文教派的牧师则形容这些少数民族没有道德观念。西方的医生诊断五名巴西的妇女，断言她们没有月经，所以不属于人类。"这些都是西方人主观的偏差想法。

西方人认为自己是正常人，不把美洲的原住民当作人类来看。结果在42年之内，阿兹特克帝国与印加帝国全都被摧毁，人民被贩卖为奴或杀害。白人的残暴造成许多土著被杀或自杀。在接下来的50年之中，美洲地区的原住民从8000多万锐减到1000多万。这就是西方帝国主义所造成的灾难。

事实上，人与人的价值观确实不同。以审美观来说，在秘鲁，耳朵大才是美，所以女孩要设法把耳朵拉长；在墨西哥，女生前额低就是美，所以要用头发遮住前额。巴西有一个少数民族，一见到河水就洗澡，以至于每天洗澡多达12次，并且每六个月就要迁移村落。这些情况都是西方人不能理解的，但这并不代表美洲原住民比较原始或落后，也不代表西方人比较先进或高尚。

（三）蒙田要打破人类中心的观念

蒙田还要打破人类中心的观念。他说："生而为人，与动物相比，动物靠本能就可以医治好自己。"譬如，"山羊受伤时，能够从一千种植物中找出白仙草来治疗；乌龟被毒蛇咬伤时，会自动寻找牛至属的植物来治疗；而人类只能依赖收费极高的庸医。"最有趣的例子是，怀疑主义者皮罗（Pyrrho of Elis, 约360—270 B.C.）有一次乘船遇到暴风雨，乘客全都惊慌失措，只有猪处变不惊，皮罗就要大家向猪看齐。

人有理性可以思考就比较优越吗？希腊悲剧家索福克勒斯（Sophocles, 496—406 B.C.）说过："没有思想的人是最快乐的。"罗马哲学家西塞罗虽然颂扬理性，但他也发现大多数学者都不快乐，他们反而有各种苦恼。蒙田说："我见过许多工匠与农夫，他们比大学校长更有智慧，也更快乐。我真希望像他们一样。"换句话说，如果众人过度依赖理性，非但不能解决问题，反而会制造更多困扰。

《自然史》的作者普林尼（Pliny the Elder, 23—79）曾说："除了'不确定'，没有什么事情是可以确定的，而且没有什么是比人更可悲，又更自傲的。"前半句就像我们常说的"除了变化，没有什么是不变的"。人的理性真的这么伟大、这么有用吗？如果你对理性有错误的信赖，那就是愚昧的开始。

蒙田倡导一种新的哲学观念，就是要重新认识人类。他在这一方面有些悲观，认为人类大体上是歇斯底里、疯狂粗鄙、浮躁的生物，动物反而可以成为人类学习的模范。许多人常常因为一顿饭，就改变了对人生的看法，蒙田也承认自己在饭前与饭后完全变了一个人。

最后，蒙田强调："一个人如果聪明的话，应该根据客观事物对人生的用处与适当性来衡量它真正的价值。一个人有没有学问，不是看他会不会拉丁文、希腊文。你怎么知道一个人有智慧呢？他有品德，并且活得快乐，他能变得更善良、也更聪明，说的话能让每个人都听得懂。重要的不是引述谁说的话，而是我想说什么、我做了什么判断，以及我在做什么。"他的这些说法有点替自己辩护的味道。蒙田虽然引述古人的话超过一千次，不过他所说的都是自己的心得。

1. 蒙田建议当时的人要对政治保持平常心，这样才能把焦点拉回到自己身上。

2. 虽然要将焦点拉回到自己身上，但不能以少数西方人或基督徒作为一切价值的判断标准，并以此衡量远方的少数民族。

3. 要避免人类中心主义。动物凭本能就可以实现生存和发展，过着无忧无虑的生活。人虽有理性，却不见得更快乐，也未必更优越。蒙田要我们重新认识人，要了解人性、人应该如何妥善安排自己的生活。

课后思考

蒙田想要打破权力中心、宗教中心以及人类中心，这三个观点中你赞同或不赞同哪一个？

补充说明

权力中心、宗教中心和人类中心都有一种唯我独尊的心态。事实上，今天的情况已经不同，这三种中心即使没有被打破，也受到很大挑战。譬如，权力中心已经分散了，今天并没有传统意义上的贵族来垄断权力；宗教中心已经瓦解，宗教多元化成为很普遍的现象；人类中心也淡化，大家普遍比较重视环保和生态。

今天比较大的问题反而是自我中心这个观念。值得注意的是，我们不可能完全去掉中心，要去除的是排他性。尤其是人类中心，去除的可能性不大，只能使之缓解。万物与人类共同享有这个地球，我们要尊重其他生命，让它们可以跟人类共存共荣。

知识就是力量

本节的主题是：知识就是力量，要介绍英国哲学家培根的思想。英国哲学以经验论为主轴，培根对此发挥了关键作用。培根（Francis Bacon, 1561—1626）是一位早熟的天才，12岁进入剑桥大学，一路发展顺遂，57岁受封为贵族。他有显赫的家世背景，在政治方面也有很大成就，他当过法官，又是著名作家，有些人甚至猜测他就是莎士比亚。

培根的散文确实值得一读，他写的《培根随笔》（*The Essays of Bacon*）无论在任何时代，无论从任何角度来看，都是哲理散文的极致表现。他的散文有两个特色：一是大量引述古代哲人的言行，但文章本身却能形成有机的整体；二是作者本人的观点可以毫无滞碍地展开。他的写作方式显然受到蒙田的启发。

培根作为哲学家有两大贡献：第一，他对传统科学与哲学研究进行批判；第二，他认为，要建构有效的知识，要先打破四种假象。

本节内容包括以下三个重点：

第一，培根批判从前的研究；

第二，培根的比喻使人深思；

第三，培根认为知识就是力量。

（一）培根批判从前的研究

培根认为，传统科学研究的成果很有限，问题出在研究方法上。培根的代表作《新工具》（*Novum Organum*）主要探讨归纳法的相关问题。自从古希腊的亚里士多德以来，早就有归纳法的应用，但培根认为从前的归纳法不够严谨。

培根用生动的比喻来批判从前的研究。他说："时间有如大河，把轻浮的、膨胀的东西传到我们手里，而沉重的、结实的东西全都沉了下去。所以，我们现在所接触到的传承下来的科学都是浮在水面上的，价值不高。"

他又说："对于从前的专家，不论是科学家或哲学家，我们对一个作者很难既称赞他又超越他。知识像水一样，水一旦流到低处，是不会上升到它原来的高度之上的。既然如此，对于从前的学者就要加以批判了。"

培根强调："我们的科学要来一次伟大的复兴。"他有一本书就叫做《伟大的复兴》。他认为，自从古希腊时代以来，科学的发展一代不如一代。

（二）培根的比喻使人深思

培根关于做学问的比喻相当生动。他说："向来研究科学的人只有两种，一种偏重经验，一种偏重理性。偏重经验的人像蚂蚁一样，只知道搜集数据来使用；重视理性的人像蜘蛛一样，由自己内在把网子造出来。但是，做学问应该像蜜蜂一样，取中间的道路，由花里面采集材料，再以自己的力量来改变、消化这些材料。"换句话说，做学问要重视经验，理性只能对经验做深入的研究考察，而不能太过独断，自己想出太多主观的东西。真正的哲学工作也一样，实践与理性要密切结合。

培根认为寻找真理有两条路：一条是从感觉及个别的事物直接飞跃到最普遍的公理；另一条是从感觉及个别事物引申出公理，再逐步上升，最后才达到最普遍的公理。他认为后者才是正确的道路，但是在他以前还没人尝试过。通过以上说法，能看出培根对于传统的基本态度，他并不是要做完全的革新，而是强调要掌握正确的、适当的方法。

培根认为研究的方法是逻辑，逻辑是人的思维法则。他说："从前的逻辑只适用于人事，可以用来言谈、发表意见；但用在自然界方面就不够严谨、不够精确，以至于许多错误和谬论流传下来。宇宙在人类眼中就像迷宫一样复杂，连自命为向导的那些哲学家也是晕头转向的。"

他接着大力批判亚里士多德的"四因说"。"四因说"认为，任何东西的存在都有四种原因：质料因、形式因、动力因与目的因。培根说："目的因除了涉及人的行动之外，不能推进任何科学的发展，只会破坏科学。先设定了目的，科学研究怎能客观呢？"他接着说："质料因与动力因只注意到表面现象，对科学没有什么贡献。"他特别强调"四因"中的"形式因"，他说："形式因抓住了个别事物的统一性。如果兼顾经验观察与理性思维，就会采用适当的归纳法，从而发现自然界的规律。"这是他的信念。

事实上，西方近代科学主要关注"四因"中的其中两因——质料因与动力因，主要研究世界由哪些质料（物质）构成的，动力是如何运作的，由此形成了机械论的宇宙观；目的因与形式因则被搁置一旁。

（三）培根认为知识就是力量

培根在《新工具》一书的开头，有一句名言："知识就是力量。"

他强调：“人对于自然现象要努力观察。人的手需要工具的辅助才能制作许多器物，人的心也需要工具才能向理智提供指点或警告。”

“知识就是力量”这句话原本的说法是：“人的知识与人的力量合而为一。只要不知道原因，就不可能产生结果。你必须对原因有所认识，才能通过你的力量产生结果，才能算是有力量。”要命令自然，就必须服从自然；要先知道自然的规律，才能加以安排。同时，在思考中作为原因的，也就是在行动中作为规则的。在思考中作为原因的是逻辑，它在行动中才能作为真正的规则。所以，科学的任务在于发现自然的规律。培根为了强调“科学需要伟大的复兴”而提出上述观点。

收获与启发

1. 在中世纪的一千多年里，哲学长期被当作思考的工具来辅助神学，现在则要回到哲学本身，以人的理性来了解自然界及万物。这显然需要一个转折的过程，培根就是其中的关键人物。在许多专家看来，培根的《新工具》与传统逻辑中的归纳法在本质上并没有太大差别；培根提出的方法虽然比较严谨，但还达不到可被实际应用的程度。

培根不能算是科学家，他主要是文学家、法官和作家。他的背景使他在讨论哲学时，一方面像散文作家，采用类似蒙田的笔法；另一方面又像法官断案，有时难免流于主观。他说“知识就是力量”，是为了让我们客观地认识世界。他说：“过去研究的各种问题，若要超越它们，就必须在方法上有新的工具。”也就是要提出更严谨的归纳法。

2. 培根关于做学问的比喻很生动，蚂蚁收集材料，蜘蛛自己吐丝，都比不上蜜蜂酿蜜。要把理性与经验结合起来，从外界经验获得材料，用理性的方法开展研究，将材料转化为成果，最后达到普遍的公理。

3. 培根所谓"知识就是力量"，是指人的知识与力量合而为一。这句话普遍适用。譬如，如果你不知道怎样开车，就算你有再好的车也无济于事。知识可以让你在某一方面显示出能力，同时可以发号施令。又譬如，一个人如果知道人生的正确方向，就可以朝目标一直前进，就算走得慢，最终也会抵达目标；另一个人不知道人生的正确方向，即使跑得再快，也只会离目标愈来愈远。

课后思考

对于培根所说的蚂蚁、蜘蛛、蜜蜂这三种探讨问题的态度，你有什么看法？你有类似的经验吗？

补充说明

我的老师方东美先生借鉴培根的想法，提出做学问的三种态度：蚂蚁搬家、蜜蜂酿蜜、老鹰抟云。"鹫"就是"雕"，"抟云"就是在云朵间飞翔玩耍。

1. 蚂蚁搬家

我们年轻时都是如此，买来一本书，要划重点，写眉批，勤做笔记，储存各种资源，增加知识储量。我们可以向孔子的学生子夏学习，他说："日知其所亡，月无忘其所能，可谓好学也已矣。"即每天知道一点新东西，每个月不要忘记前面所学的，这样就算是好学了。

2. 蜜蜂酿蜜

要逐渐把不同学者的想法融会贯通，形成自己的观点。也就是要消化之后有自己的心得，最好的检验方法就是用自己的话再说一遍。如果有同学对我说"我学过《论语》"，我会请他把《论语》的重点简单说一下，这时再翻书是来不及的。所以，你要练习清楚表达自己的心得。

3. 老鹰抟云

这就像老鹰在天上跟云朵玩耍，没有任何特别的目的，只是把丰富的知识变成心灵逍遥的凭借，让自己品味到真正的乐趣。

孔子也说过："知之者不如好之者，好之者不如乐之者。"代表学习有三个阶段——知之、好之、乐之。"知之"类似于蚂蚁搬家的阶段，通过学习，知道很多东西。"好之"类似于蜜蜂酿蜜的阶段，喜欢它、欣赏它，自然也会实践它。"乐之"类似于老鹰抟云的阶段，可以返本归真，优游其中。

我在美国耶鲁大学读书期间，校长在某届毕业典礼时说了三句劝勉的话："你们到大学里来要做三件事：来学习、来理解、来品味。"他用了三个词：

1. 学习，大学是知识的殿堂，有丰富的藏书和师资；

2. 理解，把所学知识彻底消化理解之后，才算是你自己的东西；

3. 品味（enjoy），也可译为享受。换句话说，知识是为了让人可以去品味及享受的。

学习了特定知识后，有了自己的心得体会，言行方面自然会随之调整，整个生命便会有不同的表现。

方老师的说法比培根所说的要更落实一点。为什么方老师省略掉"蜘蛛吐丝"这一步？因为"蜘蛛吐丝"原本是用来形容理性主义的学者的，他们先在自己心里建构出一个系统，再把它套用在这个世界上，最后很容易变成独断主义。"老鹰抟云"则展现了开阔的境界，使你乐在其中，在智能的天地里逍遥自在。

打破四种假象

本节的主题是：打破四种假象。通过本节的学习，你的观念将会变得更加清晰，同时也会知道许多错误的观念是如何产生的。

培根强调"科学需要复兴"，他所谓的"科学"也包括哲学在内，他就把自己视为哲学家。哲学在中世纪被长期误用，它的角色已经变得模糊，很难对人生有所启发。此时若要重建合理的哲学思维，首先就要去除一些阻碍。

培根认为人的理智有许多阻碍，最大障碍就是感官的迟钝无力与容易受骗。眼睛看不到的地方，思维也停滞下来。感觉容易带来错误，它并不可靠，所以思想不应受感官的影响。

培根又说："人的理智也容易受到感情与意志的干扰。你盼望为真的东西，就容易相信它；你拒绝困难的东西，是因为你没有耐心去研究；你拒绝明显的东西，是因为它们限制了希望。因此，人由于粗暴与骄傲而拒绝经验之光。同时，由于对熟悉朋友的意见表示尊重，结果接受了一般人都不相信的东西。"可见，理智也容易被感情和意志所干扰。

培根指出，扰乱人心的"假象"（idols）有四种。Idols 原意为"偶像"，但译为"假象"更合适。

所以本节就要探讨以下四个重点：

第一，种族假象；

第二，洞穴假象；

第三，市场假象；

第四，剧场假象。

（一）种族假象（idola tribus）

什么是种族假象？所谓"种族"是指"人"这个种族。种族假象源自人类的天性，是由人类这个种族所造成的问题。古希腊时代普罗泰戈拉（Protagoras, 481—411 B.C.）曾说："人是万物的尺度。"我们所知的一切，不论是感官方面还是心灵方面，都是以人的尺度为依据，而不是以宇宙的尺度为依据。

人的理智好像一面不平的镜子，它不规则地接受光线，把事物的性质与自己的性质搅混在一起，使事物的性质受到扭曲。换言之，人类所见的就是万物的真相吗？这其中有很多都是人类自身的成见，这一点在价值观方面表现得最明显。以人作为衡量万物价值的唯一标准，对万物来说是一种扭曲，也是明显的不公平。

（二）洞穴假象（idola specus）

洞穴假象认为，每个人都生活在自己的洞穴里。这一说法来自于柏拉图的"洞穴比喻"：人类愚昧无知，就像生活在洞穴中一样，双手双脚被绑，只能坐在椅子上，看到前面墙壁上映现出的道具的影子。

培根所谓的"洞穴"包括哪些方面？他说："每个人都有自己的天性、后天所受的教育以及与他人交往的经验，并从他所念的书、所崇拜的权威那里得到一些启发，再加上个人的印象与成见，这些都是构成个人洞穴的重要材料。"

换句话说，人的精神状态是一种变化不定的东西，很容易受到各种机会的支配。什么先来、什么后到，完全看机会和运气而已。人很容易先入为主。譬如，有些人从小就听说人性是善的或恶的，可能一辈子都很难摆脱这样的观念。

（三）市场假象（idola fori）

市场是购买东西的地方。大家在市场中交流互动，总是通过言谈而来往。但是，言谈所使用语词的意义是根据一般人的了解来确定的，这就是所谓的"约定俗成"。这些语词在强制及统治我们的理智，让一切陷于混乱之中，也让人陷于无数空洞的争辩与无聊的幻想中。

前文介绍过苏格拉底的反诘法，他在对话中总是先让对方澄清概念，否则就会造成培根所说的市场假象。市场中有各种传闻，开始可能只是小误会，最后变成天大的笑话。市场中经常会以讹传讹，由此造成的困扰不胜枚举。

（四）剧场假象（idola theatri）

剧场就像电影院一样，别人演戏，我们来看。在培根看来，许多哲学教条是由错误的证明方式移植到众人心中的。古往今来，许多流行的学说与体系只不过是舞台上的戏剧而已，哲学家只是根据一种不真实的布景，来表现他们自己创造的虚幻世界罢了。除了学说体系之外，各种传说以及科学中的许多原理与公理都是如此。这些都属于剧场假象。

培根特别指出三种最主要的剧场假象。

1. 亚里士多德的哲学

许多近代西方哲学家都批判亚里士多德，主要的原因是亚里士多德的哲学在经院哲学中取得了主导地位，这是一种"物极必反"的现象。

培根说："亚里士多德的自然学中，除了逻辑学之外，你几乎听不到任何东西。亚氏只谈一些逻辑的语言，而没有实际的观察。亚里士多德的形而上学则是以一个更庄严的名义，再加上唯实论者，而非唯名论者的身份，重新把逻辑处理了一次。"

培根认为亚里士多德是"唯实论"（Realism），即亚氏认为概念本身（共相）有客观实在性，这当然是培根个人的理解。"唯名论"最有名的代表是奥卡姆（William of Ockham, 1290—1349），他也是英国人。唯名论主张，我们对事物的概念纯粹只是人想出来的，它只是一个名称而已，并不代表我们能清楚地掌握外在事物。培根还强调，亚里士多德在《论动物》里面经常提到实验，但那些实验都是先有了结论才进行推论的。

培根最后得出的结论是：亚里士多德比中世纪经院哲学家的罪过更大。

2. 重视经验的学派

培根说："许多人虽然重视经验，但只是把他们的理论建立在少数狭隘的、暧昧的实验上。炼金术士就是很好的例子。"培根本人也很重视经验，但他认为他的实验更符合归纳法的要求。

3. 将迷信与神学相混合的说法

他特别点明，古希腊的毕达哥拉斯与柏拉图就造成了这样的假象。毕达哥拉斯相信灵魂轮回，讲得活灵活现，但是能够证实吗？有很多地方听起来就是迷信。

柏拉图提出"理型"的世界，想以此说明我们认知的对象，但他说"人在出生之前，灵魂就已经知道了理型"，这样的系统再完美也难以被证实。

由此可见，培根对于古代哲学家有一种批判的精神，好像要推倒这些伟大的人物，或者要推倒他心中想象的高墙。全部推倒之后，才能在一个稳定的地面重新建构起科学的大厦。培根所举的例子不一定完全恰当，但是他打破假象的精神值得肯定。

收获与启发

1. 我们生而为人，难免有种族假象，总是以人的判断作为万物价值的基础，而忽略了对万物做客观的观察与理解。

2. 洞穴假象其实最常见。每个人都生活在自己的小天地里，就像蒙田批判的西方人或基督徒，他们很难理解其他民族的风俗和信仰，不知道这些人如何面对人生的问题，如何面对死亡的压力，这就是标准的洞穴假象。

3. 市场假象就是人云亦云，大家依靠话术来造成某种效果，让自己经营的东西得到更多人的青睐。事实上，这只是一些空洞的争辩与无聊的幻想而已。

4. 剧场假象就像在剧场上演一出完整的戏，让你看到人生从生到死的整个过程。其实那都是出于主观的假设或预先设计的内容，有很多地方禁不起检验，与实际的人生脱节。

课后思考

培根要打破四种假象，你认为哪种假象会对人类社会或个人的爱智慧造成最大的伤害？

在我看来，对爱智慧伤害最大的是洞穴假象。

先看种族假象。因为我们是人类，所以会不知不觉从人的角度进行思考。可见，种族假象相当普遍。既然普遍，它的影响就不会太明显，也不会造成太大的问题。

市场假象主要是指人云亦云，捕风捉影，信息时常改变。但正因为信息每天都在改变，所以市场假象不会造成长期的固定影响，因而伤害也是有限的。

剧场假象至少有一套剧本，你完全照搬的话，可能会在现实中碰壁，但毕竟还是可以修改和调整的。

这三种假象造成的伤害都不能跟洞穴假象相比，因此每个人都要问自己：我是否受到周围人群、所受教育或个人遭遇等方面的影响，而让自己一直处在洞穴里？人最怕坐井观天。

第 19 章

笛卡尔：我思故我在

笛卡尔为什么要戴上面具？

本章的主题是：笛卡尔的"我思故我在"。本节的主题是：笛卡尔为什么要戴上面具？

学习西方哲学，到了近代哲学的笛卡尔，会有一种拨云见日的感觉，就像后来黑格尔（G. W. F. Hegel, 1770—1831）所说的："整个西方哲学经历了漫长的中世纪，最后看到了笛卡尔，就像在海上航行很久的人看到陆地一样，不禁要大声喊出：'陆地！陆地！'"由此可见黑格尔对笛卡尔的评价之高。

但是哲学史上还有另外一句话是"笛卡尔戴上面具"，这是什么意思？又是谁说的呢？这是笛卡尔自己说的，他描写自己"好像演员戴着面具，使脸上的害羞不显露出来"，他说："我就是这样戴着面具踏上了世界舞台。"笛卡尔为何要戴面具呢？他为何担心别人认出他的真面目呢？

笛卡尔与同时代的人有许多书信往来，他经常在信件中澄清他的观念与立场，使别人觉得他有点捉摸不定。世人对他的评价有很大分歧，称赞他的人觉得他简直就像《圣经》中的摩西，可以带领犹太人走出埃及；批评他的人则公开抱怨他毫无信仰，是无神论者。他的著作被基督教的某些教会学校视为禁书，天主教更是把他的书列于禁书名单之中。这些都说明笛卡尔的形象是相当复杂的。

本节要介绍以下三点：

第一，笛卡尔的生平简介；

第二，笛卡尔如何隐藏自己？

第三，笛卡尔的一生是如何结束的？

（一）笛卡尔的生平

笛卡尔（René Descartes, 1596—1650）是法国人。他的父亲原本是律师，后来当了议员，说明他的家境属于中上层次。他从小身体不好，母亲在他出生后不到两个月就过世了，他靠保姆的细心呵护才侥幸存活。笛卡尔的名字 René 就是"重生"的意思。

笛卡尔非常聪明，父亲常称他为"我的小哲学家"。他十岁进入当时最好的公学，这是由天主教耶稣会创办的九年制学校，前六年学习人文方面的思想，后三年则专门学习哲学。笛卡尔是学校的模范生，但他非常厌恶自己所学的经院哲学，连带对整个自古希腊以来的哲学都采取质疑的态度。他毕业后继续攻读法律，得到硕士学位。他的数学特别好，发明了解析几何，是著名的数学家。他曾经打算全力研究大自然的规律以推展医学，但他最显著的成就还是在哲学方面。

23 岁是他一生的转折点。他不想再读别人写的书，而希望读上帝所写的书——自然界，他要通过游历来增广见闻，于是加入志愿军，因为当时参军可以到处旅游观光。他在这一年年底连续做了三个梦，梦中有人告诉他，他的使命是要"以理智探讨真理"，他便以此作为终身的志业。"以理智探讨真理"如今听来非常普通，好像本该如此，但在笛卡尔的时代则是很大的挑战。

当时宗教势力依旧笼罩整个社会，不是天主教就是基督教，整个欧洲仍不能摆脱宗教的束缚。对宗教来说，真理就在《圣经》里，人不用多费脑筋；哲学只能替神学服务，只是用来帮助证明神学的说法而已。

笛卡尔才智过人，他有许多新的观念需要表达，于是开始著书立说，设法以理智追求真理。他认为在他之前的古代哲学全都有问题，更不要说经院哲学了。像柏拉图、亚里士多德、斯多亚学派、伊壁鸠鲁学派以及整个中世纪哲学，几乎都被笛卡尔搁在一边。

（二）笛卡尔如何隐藏自己？

笛卡尔 32 岁时移居荷兰，整个壮年阶段有 21 年都住在荷兰，直到临死前一年。当时的荷兰相对比较安全和自由，而他在法国熟人太多，容易敌友不分，可能被人指认为异端，面临各种危险。1633 年，伽利略受到天主教公开谴责，而笛卡尔说："我的哲学就是要证明'日心说'。"他后来说："善于隐藏者，乃善于生活。"可见，他是为了实践自己的想法才长期隐居荷兰的。

他并没有回避当时的重要问题。他有一本代表作叫做《沉思录》，全名是《第一哲学沉思集》，副标题是"证明上帝存在以及人的灵魂不死"。从这个副标题来看，可以说完全配合宗教的需要；但笛卡尔的证明方式与宗教完全无关，他所谓的"上帝"就是我们常说的"哲学家的上帝"。宗教界把他的说法视为异端邪说，因此他才需要戴上面具，隐藏自己。

（三）笛卡尔的一生是如何结束的？

笛卡尔的著作出版后引发许多讨论。1649 年，他过世的前一年，瑞典女王克里斯蒂娜·奥古斯塔（Kristina Augusta, 1626—1689）正式邀请笛卡尔到瑞典去讲学。这位瑞典女王对哲学很感兴趣，她也和笛卡尔通过信，此时就派了一艘军舰去接他。当时法国驻瑞典的一位公使是笛卡尔的朋友，他也一再敦促笛卡尔接受瑞典女王的邀请，笛卡尔于是动身前往瑞典。

但问题随之而来。笛卡尔从小体弱多病，一向晚睡晚起，他在公学念书时，学校就特许他比别人晚一点起床。现在，瑞典女王日理万机，只有一大清早有空，而且她每周要上三次课。北欧十分寒冷，笛卡尔要在清晨5点冒着严寒去给女王上课。上了一个多月课之后，笛卡尔的好朋友、这位法国公使先染上了肺炎，笛卡尔去探望他时也被感染。1650年春，笛卡尔年仅54岁便与世长辞。

笛卡尔的过世并没有引起太多注意，只有瑞典的一家报纸写了短短的一句话："在瑞典死了一个疯子，他以为人爱活多久就活多久。"笛卡尔认为人的灵魂不死，而人的身体是另外一种实体，它也是实存的，没有死亡的问题。所以，很多人从表面上看，认为笛卡尔的话根本不知所云。

笛卡尔的确隐藏得很好，他去世时很少有人去送葬。后来，笛卡尔的影响力愈来愈大，直到一百多年后的1819年，才得以归葬祖国——法国。他墓碑上写着一句话："笛卡尔，欧洲文艺复兴以来，第一个为人类争取并且保证理性权利的人。"这句话可谓是当时所有人的共识。笛卡尔本人要争取理性的权利，他还要保证每个人都能这样做，这样的评价对笛卡尔来说还算公允。

黑格尔强调："笛卡尔的确是一位英雄，是现代哲学的倡导者，为哲学奠定了稳固的基础。一百多年后的今天，我们仍然要回溯他的理论。"黑格尔的说法很有代表性。笛卡尔当时确实要隐藏自己的许多想法，所以他自我解嘲是"戴着面具踏上世界舞台"。

1. 本节介绍笛卡尔的生平，说明他在那个时代为何必须戴上面具。

2. 笛卡尔善于隐藏自己。他壮年的大部分时间隐居在荷兰，避免在法国受到太多注意而带来危险。他早就认定"日心说"，但鉴于伽利略的遭遇而无法公开说明。他的几本著作也长期被天主教列为禁书。

3. 笛卡尔之死非常令人惋惜。现在还有谁记得瑞典女王呢？但为了给这位爱好哲学的女王上课，被誉为"近代哲学之父"的笛卡尔不幸染病去世，令人深感遗憾。

课后思考

笛卡尔在他那个时代戴上了面具，请问在现代社会中，我们做哪些事情也需要戴上面具？或者现在和以前不同，做哪些事情不再需要戴上面具呢？

补充说明

前文介绍过中世纪初期有位学者叫德尔图良，他首先使用"面具"（拉丁文 persona）一词来代表人的特质，后来就演变为"位格"。"位格"一词强调，面对不同的人，我们会相应调整自己的角色，就像戴上不同的面具，这样才能与别人良性互动。

现代人为何要戴面具？最主要是为了隐藏自己，让自己安全自在。隐藏自己需要智慧的判断，隐藏也是一种修养方法。

可见，面具有两种作用：一方面，你面对不同的人要调整自己的角色，就像戴上面具，"面具"代表人格的特质；另一方面，有时戴上面具是为了让自己在人群中活得自在。

　　有这样一件弄巧成拙之事。有一位前辈作家写作时用"无名氏"做笔名。他成名后，遇到别人就会说"我就是无名氏"。"无名氏"不是一个专名，譬如我要捐钱，但不想让别人知道我行善，就会写无名氏。他以"无名氏"作为笔名，本想戴上面具、隐藏自己，成名后却又不甘心，结果让人哭笑不得。

　　由此可见，戴面具有时是为了互相尊重或个人修养，有时则体现出智慧的判断。

方法实在太重要了

本节的主题是：方法实在太重要了。笛卡尔的第一本代表作是《方法论》，副标题是"为正确引导自己的理智，并在科学中寻求真理"，他把科学的真理与自己的理智合在一起思考。笛卡尔是著名的数学家，在科学上显然有发言权。重要的是，他认为引导自己的理智是一种普遍的要求。他为什么会有这种想法？

本节内容包括以下三点：

第一，传统哲学大有问题；

第二，为什么方法那么重要？

第三，《方法论》的四条规则。

（一）传统哲学大有问题

笛卡尔有很大的气魄，他在分析西方传统哲学之后说："我找不到一个人，他的意见比别人的更为可取，所以我必须采取引导自己的方法。"传统哲学由学校讲授，笛卡尔就读的是当时最好的公学，老师都是一时之选，他接受了六年的人文教育和三年的哲学教育。他的许多同学都很有才华，在各方面崭露头角，但笛卡尔还是觉得充满疑惑，他愈学愈觉得自己是无知的。

他开始对"理智的作用"进行思考。他认为每个人都有的、最公平的东西就是"理智"，他有时也把"理智"称为"良知"，就是指正确的判断能力、让人可以分辨真伪的天性。他说："人与人意见分歧，不是谁比谁更理智，而是因为各自有不同的途径引导自己的思想。"他认为，找到正确的路慢慢走，要胜过远离正路而快速狂奔的人。

学校教育能给人提供正确的道路吗？答案是不行。笛卡尔认为学校教育远远不够，它的优点在于教授你语言、古代经典、历史事实以及各种寓言故事。但是笛卡尔说："该学的都学了，包括寓言、诗歌、历史、雄辩术、数学、神学、法律、医学等。"这些学科都有特定的目的和局限性。

当时哲学教育的主要内容就是辩证法。笛卡尔说："哲学教你以逼真的方式谈论一切事物。""逼真的方式"代表并非真的如此，而是说得像真的一样，可以让那些才疏学浅的人对你的说法感到惊叹。笛卡尔说："我学习哲学，到现在还找不到一个没有争议的、没有任何疑惑的共识。"

笛卡尔批判斯多亚学派："他们标榜德行，自以为是世间唯一自由的人，不受情绪影响，也没有同情心；必要时，连自杀与杀人都可以找到理由，说自己符合宇宙的规律。"他也批判伊壁鸠鲁学派只重视个人的感觉经验。譬如，伊壁鸠鲁曾经肯定太阳就像我们看到的那么大。就连柏拉图与亚里士多德也受到笛卡尔的批判，笛卡尔说："柏拉图什么都要怀疑，最后建构了'理型论'，更值得怀疑；而亚里士多德什么都不怀疑，什么都接受，最后根本找不到普遍的原理。"

（二）为什么方法那么重要？

为什么方法那么重要？笛卡尔通过举例说明："由许多工匠合作，

让一座城市每隔一段时间就改善一次市容，还不如由一个人做全盘的设计更好。"他又说："有些半开化的民族接受外人所定的法律，还不如由本民族一开始就定好自己全部的法律。"最后他说："从书本里面搜集许多意见，还不如一个人自己考察自己。"

他要改变自己的思想，找到思考的规则。他23岁参加志愿军，在游历各地时就已经想清楚了，他说："今后，我不再研究这些书本里的东西，只研究自己的经验以及宇宙这本大书。"

（三）《方法论》的四条规则

笛卡尔在认真研究了传统逻辑、解析几何、代数等学问之后，综合其中的优点，提出方法上的四条规则：第一，自明律；第二，分析律；第三，综合律；第四，枚举律。

1. 自明律

自明律就是："绝不承认任何事物为真，除非我自明地认识它是如此。"换句话说，任何东西自己呈现得很清楚，又能让我直接认识它，它才是真的。为了避免仓促的判断和错误的成见，笛卡尔只承认清晰、明白地呈现于自己心智前面而无可置疑的东西。就像数学里的直观，1+1=2，2+2=3+1，我知道它的内容，也知道自己知道它的内容。

自明律的关键在于什么是"清晰而明白"（clara et distincta），笛卡尔后来经常使用这两个词。所谓"清晰"，就是它本身清楚，一个观念在理智中呈现自己，毫无隐瞒。所谓"明白"，就是一个观念与其他观念有明确的分别，亦即它的内涵与别的观念完全不同。所以，"清晰"就是一个观念本身很清楚，"明白"就是一个观念可与别的观念明显区分开来。

2. 分析律

分析律较为容易。"将我所要检查的每一难题，尽可能分解成许多细小的部分，小到非常单纯，一眼就能看出来是怎么回事，使我能顺利解决这些难题。"譬如，有人在一片草地上丢一块铜板让学生去找，只要把草地分为一百份，大家按顺序去找，很快就能找到。这就是分析律的应用。

3. 综合律

分析到最小的单元之后，还要把它还原，这时就要用到综合律。"要顺次引导我的思想，由最简单、最容易认识的对象开始，一步步上升，直到最复杂的知识。"这是笛卡尔从数学中学来的方法，就是先确定定义和公理，再用几何形式的证明程序，最后建构复杂的知识。

4. 枚举律

枚举律就是"处处做周全的核算与普遍的检查，直到足以保证没有任何的遗漏"。这样才能让你在原则中看出结论，在结论中看出原则，把直观和演绎配合起来。

笛卡尔在方法上采用上述四条规则。他特别强调自明律的重要，他说："在没有达到明显之前，不做判断；不要根据成见来判断。"判断的时候不要超过自明的范围，一档归一档。不要因为证明了这一点，就以为自己证明了另外一点。他说："真正的知识是自明的，与猜测是对立的。"

所谓"自明的"，就是直接呈现在意识之前，使我单纯而直接地认识它，这就是直观。一个人在直观中，可以得到"清晰而明白"的单纯观念。譬如，一个物体有形状、广延、可动性；一个心灵（精神体）有思想、意志、怀疑的能力。不管是物体还是心灵，两者共同具备的特性是：存在、统一、持续。这些都属于"清晰而明白"的单纯观念。可见，笛卡尔的方法不只是说说而已，还有具体的内容。

笛卡尔简要说明了"直观"的三个特点：

1. 直观是纯思想的运作，不涉及感觉、推理或演绎；
2. 直观是不会错误的，但是感觉可能受骗，推理或演绎可能发生错误；
3. 直观适用于一切单纯的思想活动。

笛卡尔后来提出"我思故我在"，就像三角形有三条边或"2+2=3+1"一样，都是靠直观就可以立刻掌握的。

收获与启发

1. 笛卡尔认为传统哲学大有问题，问题就出在方法上。传统的方法不是从一个绝对不能怀疑的定点出发，而是先去研究外物是怎么回事，结果错误百出。并且，传统教育也缺乏参考价值。
2. 为什么方法如此重要？笛卡尔举例说明，由一个工匠设计一座城市，绝对胜过由许多工匠拼凑而建设的城市。所以，笛卡尔要采取引导自己的方法。
3. 笛卡尔的代表作《方法论》提出四条规则，一个好的方法必须符合这四点要求：自明律、分析律、综合律、枚举律。这四种方法值得我们深入了解。

课后思考

我们常说"集思广益"，似乎很多人一起想就能获得比较完整的理解或者找到妥善的方法。但是笛卡尔认为，在思考方面，必须按照自己的经验，找到一条正确的道路。你认为这两者哪一种比较合理，或者两者有不同的应用范围？

进行我思之前的准备

本节的主题是，进行我思之前的准备。介绍以下三点：

第一，暂时的伦理规则；

第二，从知识到哲学；

第三，哲学像一棵树。

（一）暂时的伦理规则

为什么要谈暂时的伦理规则？笛卡尔在从事思想之旅前，他很清楚：人的理智要求真，对于虚伪的、或然的知识都要加以排除，没有商量的余地，真就是真，假就是假；人的意志要求善，而真正的善或至善往往是未知的，因此不能轻易扬弃或然的善。人每天都在生活，当然需要有行为规范。就像古希腊时代的苏格拉底，他虽然从事思想的活动，但他强调对于祖先传下来的宗教和城邦既有的法律，大家只能接受，以其作为上限与下限。人先要在这两者之间稳定地生活，然后再进行质疑，亦即"没有经过反省检查的人生是不值得活的"。

笛卡尔强调他不是怀疑论者，他说："我不是效法怀疑论者，他们只是为了怀疑而怀疑，并且自诩为怀疑而不做决定的人。相反的，我的整个计划是要设法保证我自己抛弃流动的泥土与沙地，寻找岩石与黏土。"为此，必须要有一些暂时的伦理规则。笛卡尔在《方法论》中强调三点：第一，尊重传统；第二，坚定意志；第三，改善自我。

1. 尊重传统

所谓"传统"包括法律、风俗和宗教。笛卡尔认为，大多数人的平安生活都要靠这些传统，所有极端的作为通常都是不好的。换句话说，你要与别人一起过社会生活，使社会能够维持稳定并持续不断发展。

2. 坚定意志

所谓"坚定意志"，就是当你选择了一条路线或一个目标，就要坚持下去。人生就像旅行，如果你在森林中迷路了该怎么办？如果东转转西转转，恐怕永远也找不到出路。你要选定一个方向一直走下去，最后总能找到出路。

3. 改善自我

笛卡尔说："克服自己胜过克服命运；改变自我的欲望，胜过改变世界的秩序。一定要先确定，除了思想之外，没有任何东西完全属于我的掌握之中。这是非常关键的念头。"譬如，生病的时候，不要幻想自己是健康的人；坐牢的时候，不要幻想自己是自由的人；平常不要幻想自己有金刚不坏之身，或是幻想可以像鸟一样飞翔。不去胡思乱想，只知改善自我，有这样的念头，就已经胜过许多人。

笛卡尔隐居荷兰 21 年之久，就是为了可以自由沉思、寻求真理。他先靠暂时的伦理规则在社会上立足，然后再去追求自己的人生目标。

（二）从知识到哲学

笛卡尔强调，一般人的知识不外乎以下四种，而哲学则是他要探讨的第五种知识。一般人的知识是哪四种呢？

1. 一个人本身具有的不思而得的观念。譬如，每个人都知道自己与别人不同，可以进行思考活动。

2. 由感官经验所得的知识。用眼睛看、用耳朵听、去外面多接触，就可以用感官获得许多经验。

3. 由别人的谈话中学到的知识。像学校上课时老师教的内容，或者与朋友聊天时听到别人讲述的内容。

4. 由阅读所得的知识。阅读一本书就是同作者进行一次对话，听他介绍某些专业知识。

笛卡尔认为以上四种知识都有问题。他甚至说："如果你一开始就研究古代的哲学，那就很难正确地了解真理了。"他非常自负地说："直到今天，我还不知道有谁完成了追求真理的工作。"口气真大！

笛卡尔如何表现自己的特色？他认为，要寻找第五种知识，也就是哲学方面的知识；要寻找"第一因"，也就是真正的原理，由这个原理可以演绎出一切知识。这才是真正哲学家所要做的。

笛卡尔认为，哲学就是要探讨智慧，这与古希腊时代的爱智慧没什么差别。智慧不仅是处理事情的机智，也是一个人在修身、维持健康与艺术创作三个方面所应该具有的知识。这样的知识必须是从第一因（第一个原因、最初的原因）引申而来的。"第一因"就是最根本的原理，必须具有两个条件：

1. 它本身清晰而明白，不可置疑；

2. 由这个原理可以引申出其他一切知识。

不过，人就只能逐渐地接近智慧，完全的知识是神明才能拥有的特权。

笛卡尔进一步强调哲学的功能。他认为，哲学包括心灵所能知道的一切，我们与野蛮人（文明尚未开化的人）的不同之处就在于我们有哲学。一个国家文化的盛衰也要看哲学。一个国家拥有几位真正的哲学家，是这个国家至高无上的荣幸。笛卡尔对哲学有很清楚的界定：爱智慧是学问之母，是一个国家文化发展的方向。

（三）哲学像一棵树

笛卡尔把哲学比喻为一棵树，这个比喻很有名。他说："树根是形而上学，树干是自然学。"许多人把"自然学"翻译成"物理学"，用当代物理学的概念来理解笛卡尔，显然太过局限了。从古希腊时代以来，所谓的"自然学"就是研究"有形可见、充满变化"的万物，而形而上学研究的是"无形可见、永不变化"的本体。后来自然学才细分为三门学问——物理学、化学和生物学，三者都属于笛卡尔所谓"自然学"的范畴。以形而上学作为树根，以自然学作为树干，我们看不到"无形可见、永不变化"的本体，就像我们看不到树根；我们能看到大自然，就像树干清楚地呈现在我们面前。如果这样去理解这个比喻，就十分贴切了。

笛卡尔接着说："由这个树干生出了各种枝叶，即生出一切科学，最重要的是以下三种：第一种是机械学，可用来制造工具，帮助我们突破自然的限制；第二种是医学，可以保持人的健康，延长人的寿命，帮助我们保养身体；第三种是伦理学，可以调节人的性情，帮助人抵达幸福的境界。"

从自然学开花结果，可以延伸出机械学、医学、伦理学，这种观点非常合理。如果我们把"自然学"译成"物理学"则不太妥当，因为物理学也许可以延伸出机械学或某一部分医学，但它很难涵盖伦理学。

此外，笛卡尔认为，世间最好的职业就是哲学家，因为他们每天都可以发现一些新的真理，那是最大的快乐。笛卡尔对其他一切事物都无动于衷，他专注于哲学，取得了令人瞩目的成就。

1. "我思"之前的准备工作，最主要的是接受一套暂时的伦理规则。伦理规则作为有效的知识，也需要从基础逐步建构起来。如果你一定要先找到一套完备的、普遍的伦理规则才开始生活的话，那是不可思议的。人活在世界上，在一个特定的历史阶段和社会结构里，对于现存的一切传统（包括法律、风俗与宗教）都要暂时接受。笛卡尔一生信仰天主教，在宗教信仰上没有太大改变。

2. 从知识到哲学。笛卡尔认为，一般人具有的四种知识都有局限性，而第五种知识就是哲学。哲学就是要寻找第一因，寻找真正的原理，再由这个原理演绎出一切知识，这才是哲学家应该做的事。

笛卡尔的名言"我思故我在"之所以受到肯定，就是因为他以这句话作为第一因和思考的出发点。

3. 笛卡尔将哲学比喻为一棵树，形而上学是树根，自然学是树干，再引申出三种重要的学问——机械学、医学和伦理学。这一比喻至今仍被广泛引述。

课后思考

笛卡尔有一句座右铭是："让我的欲望不要超过我的能力范围。"你觉得这句话适用于人生的每一方面吗？

首先要分析"欲望"到底指什么，要从生命的三个层次（身、心、灵）分别来看。

1."身"的层次

能力对欲望的限制很明显。你想要飞起来，或是跳多远、跑多快，这些都不是有欲望就可以实现的。"身"的层次也包括有形可见、可以量化的东西，譬如你赚的钱或社会上的成就。因此，在身的层次，不要让欲望超越能力的范围，否则会很辛苦。

2."心"的层次

包括知、情、意，即认知能力、情感表现与意愿抉择，这三个方面都可以改善或提升。但最怕两点：

（1）分散注意力。譬如在一段时间内想学的东西太多，到最后可能会失去焦点，以至于心得不深；

（2）无恒，即没有恒心。王船山（王夫之）曾说："人与动物最大的差别就在于人有恒心。"

如果能做到这两方面，你的欲望可以随着能力自然发展，不会有"欲望超过能力"的问题。

3."灵"的层次

"灵"的层次，提升永无止境。王阳明11岁时就问老师："什么是第一等事？"老师回答说："读书登第。"王阳明却说："恐怕并非如此，应该是读书做圣贤。"志向和欲望不同。欲望是我现在想要什么，比较具体；志向或理想则是对整个人生的规划。所以在灵的层次，你要有一生的目标，那不叫欲望，而是一种比欲望更深刻的、对于整个人生的定位。你朝着那个方向不断前进，不知不觉之中，5年、10年、20年之后，便会有脱胎换骨的效果。

我在大学教书 40 年，我认为大学四年是人生中很重要的阶段，它会让你脱胎换骨，完成一次生命的蜕变。这并不是说你大学毕业之后立刻就会成为人才，而是说你将成为一个有人生目标和正确志向的人，你能充分发挥自己的潜能，实现各种重要的价值，使生命的意义更加丰富。

笛卡尔的这句话其实并没有超过古希腊德尔菲神殿上的那两句话——认识你自己，凡事勿过度。将两句话合而观之：

（1）"认识你自己"，要了解自己有多少能力、有哪些欲望；

（2）"凡事勿过度"，在行为上要自我收敛，让欲望随着能力而逐渐开展。

"欲望在能力范围之内"可以让你活得单纯而愉快，正如老子所说的"知足不辱，知止不殆"。你知道满足，就不会使自己陷于屈辱；知道什么时候停止，就不会使自己陷于危险。所以，"让自己的欲望在能力范围之内"作为生活的基本原则是没错的，但一定要分辨欲望和整个人生的理想或志向。

我思故我在

本节要讨论"我思故我在"的说法。由笛卡尔这个说法往前推一千两百多年，奥古斯丁曾说："若我受骗，则我存在。因为如果我不存在，而我以为自己存在，代表我受骗了；但我必须存在才能受骗。"这句话成为奥古斯丁的名言，表明人无法由外在现象肯定自己的存在，只能由自己本身思想的自觉特质来肯定自己的存在。

在笛卡尔的《方法论》中有一篇形而上学的提纲，阐述"我思故我在"的整个思辨过程。"我思故我在"被译成中文后，常常被视为很浅显的观点，变成一句口头禅，就像现代人常说的"要刷一下存在感"，有人甚至戏称"我吃饭故我存在""我唱歌故我存在"。事实上，你必须先存在才能吃饭或唱歌，而且你存在时不一定在思考；但是你思考时就非存在不可，否则是谁在思考呢？

本节要介绍以下三点：

第一，要从怀疑开始；

第二，"我思故我在"究竟在说什么？

第三，这句话影响深远。

（一）要从怀疑开始

笛卡尔强调，要从怀疑开始，才能慢慢找到一切知识最可靠的基础。为了探求真理，我们要怀疑一切能够被怀疑的东西。譬如，我可以自由想象，但我的想象中有可疑的成分，就算是很轻微的，我也要毅然扬弃。只有设法怀疑我所能怀疑的一切，才能进一步了解是否有完全不可怀疑的东西存在。笛卡尔从几个角度展开思考：

首先，感官经常欺骗我们，所以由感官而来的对象没有一样是真实的。这样一来，怀疑的范围就很广了，几乎包括整个有形可见的世界。由感官获得的知识有三种。

1. 对存在的判断。譬如，我看到一张桌子，就要问：这张桌子真的存在吗？

2. 对属性的判断。譬如，我看到一张桌子是白色的，有三米宽，就要问：它真的是白色的吗？真的有三米宽吗？

3. 对关系的判断。譬如，这张桌子比那张椅子更高，比那个柜子更低。感官经验可以让你得到存在的判断、属性的判断、关系的判断；但这些统统有问题，因为它们来自于感官，都值得怀疑，要放在括号里面。

其次，推理也不可靠。当时，一般人都认为知识的来源就是感官与推理。笛卡尔认为，很多人都在推理中犯了错误，连求解最简单的几何问题也难免出错；所以要扬弃先前认为无需证明的各种说法和理论，就像扬弃谬论一样。

再者，我们的理智也可能从直观得到知识，但可能有一个能力强大的魔鬼让我们在直观时陷入错误。

把感官、理智、直观全部排除之后，笛卡尔进一步思考，他说："做梦的时候，可能出现我们在清醒时所看到的、所想的一切。这样一来，我心灵里面的一切也要全部加以怀疑，因为它与做梦时出现的东西是类似的。"

笛卡尔继续思考："当我正在怀疑这一切都是虚幻的，此时我立刻察觉，这个在怀疑一切的我必须是真实存在的。"所以，笛卡尔说："我怀疑，所以我存在。"怀疑是思想的一种作用，而思想作用的范围非常广，因此笛卡尔说："我思故我在。"这是一个真理，它非常确实，连一切最荒唐的怀疑都无法动摇它，笛卡尔于是接受"我思故我在"作为他哲学的第一原则。

（二）"我思故我在"究竟在说什么？

笛卡尔所谓的"思"不是单纯的思想，它包括我直接意识到的一切行动，即我的认知、意志、想象、感受。只要不是推理的过程，都属于我思想的范围。

对"我思故我在"的理解有以下三个重点。

1. "我思故我在"不是一个假设命题。奥古斯丁说："若我受骗，则我存在。"（Si fallor, sum.）而笛卡尔则直接说："我思故我在。"（Cogito, ergo sum.）这两种说法的拉丁文表述有明显的区别。奥古斯丁的说法有一个"假如"，"假如我受骗，则我存在"。笛卡尔的说法没有"假如"，他直接说"我思故我在"。

2. "我思故我在"也不是一个推理命题，不是说"因为我思考，所以我存在"。

3. "我思故我在"是意识的直接作用，它由我的意识直接加以肯定。

因此，要把"我思故我在"理解为"我思等于我在"。"我思故我在"是自明的直接判断，是意识的直接作用。它直接肯定"我"是思想的主体，是对我自身存在的意识。

再进一步，"我等于思"。"我"就是思想，"我"就是知道自己存在的思想。笛卡尔这句话旨在说明"我"是什么。他说："我可以设想我没有身体，可以设想宇宙不存在，也可以设想周围的一切都不存在，但不能同样设想我自己不存在。然而，我一旦停止思想，就算其他事物都存在，我也没有理由相信我存在。"因此，我知道我全部的本质或本性只是思想而已；而"我"是一个实体，这意味我本身可以肯定我的存在，不需要依附于身体或外在世界。

思想是灵魂的作用，或者可以直接说"思想就是灵魂"。因为"我"就是思想，而灵魂就是我思想的主体，所以灵魂就是我之所以为我的理由，它与身体没有什么关系。这就是笛卡尔"我思故我在"的真正意思。

因此，不能说"我在故我思"，因为我存在，但我不见得都在思想。但我"思"的一刹那，我如果不存在，则不可能进行这样的思。当然也不能说"我吃饭故我在""我笑故我在"，因为吃饭或笑都可能是幻觉。

（三）"我思故我在"影响深远

笛卡尔"我思故我在"的说法影响非常深远。笛卡尔肯定了"我"就是思想，是知道自己存在的思想，而人的灵魂就等于思想。只要是灵魂，一定藏在思想中，就好像只要是光，一定藏在照耀中。不可能有灵魂而不在思想的，就好像有热总在温暖中，就算没有人取暖，还是有它的温暖。灵魂的本质就是思想。为什么有时灵魂没有在思想呢？笛卡尔认为那是受到身体的影响而分心的缘故。他强调，思想或灵魂与身体完全不同。

笛卡尔对西方哲学最大的影响，就是把一个人的灵魂和身体分开了。灵魂就是思想作用的本身。笛卡尔甚至强调："我是第一个认为'思想'就是非物质实体的主要属性，而'扩展'是物质实体的主要属性。"由笛卡尔开始分辨什么是实体（substance），什么是属性（attribute）。这两个词是中世纪用过的词，笛卡尔重新加以使用，并产生很大影响。笛卡尔把人的存在分为思想与扩展，亦即心灵与身体两个层次，这是明显的二元论。

从笛卡尔开始，西方哲学界出现了立场鲜明的理性主义，强调人有"天生本具的观念"（innate ideas），以保障知识的普遍性。人类的知识由观念所建构，观念的来源可以推到人有天生本具的观念。譬如，一个小孩子知道自己有自明真理的观念，也知道上帝是什么。这个孩子一旦能够思想，立刻就可以发现这些。如果没有天生本具的观念，则无法建构普遍的知识，因为后天的经验只能通过归纳的方式来掌握，而归纳法是没有普遍性的。

笛卡尔的思想与中世纪的经院哲学分道扬镳。中世纪哲学受到亚里士多德的启发，在谈到人类知识的来源时，会强调：凡不先存在于感官者，就不存在于理智中。换句话说，先由感官得到某些经验或印象，再由理智加以抽象，才能成为我们的观念，由此才能建构知识。但是笛卡尔认为，思想的对象是观念，思想不需要借助于外在事物，只要在自己内心里观看就够了。

有关灵魂与身体的关系，传统哲学认为：灵魂是身体的形式，所谓"认识"是灵魂受外界事物的影响而产生的结果。但笛卡尔把身体和灵魂区分为两种不同的实体，由此产生的困难就要等待后续的学者来解决了。

1. 为了追求第一原理，找到一切知识最可靠的基础，笛卡尔以怀疑为方法，而不是以怀疑为目的。他从怀疑开始，要怀疑一切可被怀疑之物。

2. 笛卡尔认为，当我怀疑一切时，会发现我不能怀疑那个正在怀疑的自己。怀疑是思想的一种作用，因此他说"我思故我在"。

"我思故我在"有三个重点：第一，它不是一个假设，不是"假如我思考，则我存在"；第二，它不是一个推理，不是"因为我思考，所以我存在"；第三，它是意识的直接作用，我思等于我在，我等于思，我就是我的思想，也就是我的灵魂。这样一来，就把人的心（灵魂）与身体严格区分为二。这两者如何整合呢？这正是后续理性主义学者需要面对的问题。

课后思考

当你了解笛卡尔的"我思故我在"的内涵之后，将来如果有机会再使用这句话，你会联想到哪些相关的问题？

补充说明

如果我就是思想，跟我的身体没有什么直接关系的话，思想又是建立在什么基础上？

可以这样回答：如果继续问下去，就有点像循环论证了。人有思考能力，自然就要追问什么是真的、不可怀疑的。笛卡尔认为，我可以怀疑一切，但最后不能怀疑正在怀疑的自己，所以说"我思故我在"，这样就把"我"与"思"的关系建构起来了。至于身体和外在世界，并不是我能够肯定或否定的东西。因此，笛卡尔被称作

"二元论"。如果人没有思考能力，则根本没有"存在"或"真理"之类的问题。

其次，物质和意识（物与心）哪个是第一性的？

如果没有人类的话，万物并非不存在，而是没有存在的问题。人类出现之后，发现万物充满变化，所以才会进一步追问：什么才是真正的存在？

物质和意识哪个是第一性？这个问题只是对人来说才有意义，因为人在思考，才会问什么是第一性。这样一来，我们就必须接受笛卡尔所说的"我等于思"了。

笛卡尔怎么说明上帝的存在？

本节的主题是：笛卡尔怎么说明上帝的存在？

本节内容包括以下三点：

第一，我要探求我的根源；

第二，有关上帝存在的论证；

第三，人的生命的具体处境。

（一）我要探求我的根源

笛卡尔认为人的观念有三个来源：第一是天生的，第二是外来的，第三是捏造的。

1. 天生的观念

所谓"天生的观念"，是指人生下来就有某种倾向，不是后天学来的；而且，思想有它的习惯，天生的观念也不是人自己主动想出来的。譬如，笛卡尔提到了同一律，简单说来就是"A=A"，这辆车就是这辆车。这不需要学习，每个人天生就知道，否则不可能使用语言。第二，因果律也是天生具备的。当然，包括英国哲学家休谟（Hume，1711—1776）在内，有很多人都认为因果律有问题，我们后文再做说明。第三，部分小于全体，这不用教也会。另外，笛卡尔认为，自我的存在、上帝的存在等观念都是天生的。

许多人对上述说法提出质疑，笛卡尔回应说："一个人需要有某些经验，经验代表机会，当这样的机会出现时，你天生的观念就会随之出现。"换句话说，我们尚未碰到合适的机缘，因此许多天生的观念还未出现。当遇到某些事情、看到某些东西而机缘成熟时，天生的观念就会随之呈现。

笛卡尔被称为西方理性主义第一人，由他开启了欧陆理性论；与之对立的是英国或英伦三岛的经验主义（或经验论）。两者的分歧主要在于观念的来源是什么：理性主义认为人有天生本具的观念，经验主义则认为所有观念都来自于经验。

2. 外来的观念

我们通过感官，从外面得到的一切观念都属于外来的观念，比如我们对自然界的认识。这比较容易理解。

3. 捏造的观念

第三种是捏造的观念。譬如，小说、故事、神话、童话等都是人想出来的，都属于捏造的观念。

笛卡尔为何要探求"我"的根源？上述三种观念都是由"我"而来的——或是我天生具备的，或是我从外面得到的，或是由我捏造的；只有"上帝"这个观念不是由我创造的。因为原因要比结果更优越，所以无限的"上帝"观念不能来自于有限的"我"的思想。它不可能是我无中生有想出来的，而应该有个来源。

（二）有关上帝存在的论证

笛卡尔提出四个有关上帝存在的论证。

1. 第一个论证：我本身不完美，需要一个完美者作为我的基础。

笛卡尔整个思想的基础是：当我怀疑一切时，发现正在怀疑的

"我"不能被否认，因此由"我怀疑"肯定了"我存在"。但因为我会怀疑，就代表我不是完美的；既然如此，就应该有一个完美者作为我的基础，否则一个不完美的"我"怎能存在？我又怎能确知自己的存在？用笛卡尔的话来说，就是"我存在，所以上帝存在"。

笛卡尔从《方法论》到他的最后一本著作《哲学原理》，一直在反复强调这个重点。他的《沉思录》原名为《第一哲学沉思集》，所谓的"第一哲学"，就是要找到哲学的第一个原理，以作为一切思考的出发点。这本书的副标题就是"证明上帝存在以及灵魂不死"。

2. 第二个论证：我是有限的，却有至善的观念。

我能够了解什么是至善，而我本身不是至善的，说明这个至善的观念不是我自己编造出来的，因为较低层次不能产生较高层次的观念。因此，一定有至善之物存在，它是我至善观念的来源。

由于我是由身与心组合而成的，所以会做梦，梦中的一切都可能是假的，可见，身心的组合有明显的缺陷。但上帝本身不是组合的，而是完美的。人会怀疑，会因为一切都是无常的而感到悲哀，这些与上帝完全无关。笛卡尔从"一个有限的人为何会有至善的观念"出发，认为至善的观念必须有其来源，它来自于至善者本身，所以上帝存在。

3. 第三个论证：至善观念本身已经包含"存在"。

这个论证接近"本体论证"。以几何学来说，三角形的观念已经包含"三内角的和等于两个直角的和"的观念，但不能因此保证世界上有三角形存在。至善的观念已经包含"存在"在内，但与几何学不同的是：至善的观念存在，则至善者一定存在。因为"我"不是至善的，但"我"现在真正存在，所以"至善者"也必然存在，否则它就不是"至善"的。

笛卡尔从至善的观念直接跳到至善的存在，这是把中世纪后期经院哲学家安瑟姆（Anselm, 1033—1109）的本体论证换了一种方式呈现出来。安瑟姆把上帝界定为"那不能设想有比他更伟大的存在者"，既然不能设想有比他更伟大的，那么他就必须存在，否则他就谈不上伟大。

换言之，上帝的本质包含存在。"本质"与"存在"这两个哲学术语也是从中世纪传下来的。本质就是我们对一样东西的根本观念，你了解一样东西的本质，并不代表它同时也存在。譬如，今天很多人都知道恐龙的外形特征和习性，但知道恐龙的本质并不代表恐龙现在真的存在。

我们可以对世间万物做各种理解与描述，但万物的本质并不包含存在。它可能过去存在，现在已经不在了；或者现在存在，将来可能不存在：这就是世间万物的特色。

同样的，人的本质也不包含存在。人的本质就是人的定义，即人是有理性的动物。你可以对人的本质有基本的认识，但世界上也可能没有人存在。而上帝的本质包含存在，他没有时间的问题，他是永远存在的。

宗教的上帝与哲学的上帝截然不同，但有类似的作用，都要作为万物的来源与归宿。宗教的上帝是用一种比喻的、神话的方式来加以说明，有许多拟人化的事迹。而哲学只告诉你，如果认真思考，最后就会发现像柏拉图所谓的"善的理型"，亚里士多德所谓的"第一个本身不动的推动者"。经过中世纪1300多年的潜移默化，西方人对于基督宗教的上帝有了明确的认识，但在哲学研究中就要把他暂时搁置，回到理性思维的方向，最后找到"上帝的本质包含存在"这个观念。

4. 第四个论证：上帝是一切真理的基础。

第四个论证就是把前面几点综合起来。笛卡尔说："凡是我们清晰、明白设想到的东西都是真的。"这句话为什么可靠？就是因为有上帝的存在可以作为保证。上帝本身是完美的存在，一切都由上帝而来，上帝不会欺骗人类；世间的混淆、虚伪等现象，都是因为我们自己不完美的缘故。

最后的结论是：上帝是一切真理的基础。笛卡尔从《方法论》到《哲学原理》反复强调上帝存在，因为"本质包含存在"的上帝是一切真理的基础。

（三）人的生命的具体处境

从笛卡尔的角度看，人的身体与心灵是分裂的。我就是我的思想，就是我的灵魂或心灵，它本身是一个完整的实体，只有思考的作用，并且无时不在思考之中。身体有扩展性，因此与心灵完全不同。这就变成了身心"二元论"，身与心不能统合。

古希腊柏拉图的哲学中存在着"上下二界分立"的现象，后来新柏拉图主义的普罗提诺要设法把上下二界整合为一元的系统。整个中世纪由于受到宗教的影响，变成天堂和人间的分立。譬如，奥古斯丁就认为有两个城：一个是地上之城，一个是天上之城。可见，从古希腊到中世纪，一直都有上下二元分立的观念。近代哲学从笛卡尔开始，已经由"上下二元分立"变成"内外二元的区分"。"内"代表人的心灵，"外"代表人的身体以及具有扩展性的物质世界。

笛卡尔进一步认为，人的身与心都是实体，而实体是不会毁灭的，因而都是永恒的。他在瑞典病逝的时候，当地的报纸形容他："这是一个疯子，他以为人可以爱活多久就活多久。"他之所以受到指摘，就是因为他的这一观点。

人的身体与心灵是不同的实体，而实体代表永远存在，不会毁灭，因此人就变成身心二元分裂的局面。后续的理性主义学者斯宾诺莎与莱布尼茨（Leibniz, 1646—1716）就从这一立场出发，试图解决笛卡尔留下的问题。

1. 哲学一定要探本求源，找到最后的真实，亦即万物的根源。我本身会怀疑、有缺点而不够完美，所以一定有一个比我更完美的至善者作为我的基础。

2. 至善者就是上帝。我有至善的观念，这个观念不能来自于我自己，因为层次低的不能产生层次高的观念。我本身的有限使我知道，一定有一个至善者作为根源。同时，从"至善"这一观念可以直接肯定上帝的存在。上帝是一切真理的基础，否则人不可能具有清晰而明白的、真实的观念。

3. 从笛卡尔之后，人的问题陷入身心二元分裂的局面。如何协调身心关系？后续的理性主义学者会进一步加以讨论。

课后思考

笛卡尔说"我在故上帝在"。你如果了解哲学家的"上帝"是指万物的来源与归宿，那么对于笛卡尔的说法还会感到疑惑吗？

补充说明

有人会想：为什么完美的上帝会造出不完美的人呢？

我的回答是：世界上有三种恶：

1. 身体上的生老病死；

2. 形而上学的恶，存在是善，虚无就是恶；

3. 道德上的恶，人有自由意志，所以要行善避恶。

完美的上帝造出不完美的人，这里所谓的"不完美"属于形而上学的恶，亦即虚无。人是受造的，所以不可能完美。这不是上帝的能力问题，而是人的本质问题。

第 20 章

帕斯卡：用赌注论证劝人

20-1

帕斯卡对哲学的质疑

本章的主题是：帕斯卡：用赌注论证劝人。主要介绍法国哲学家帕斯卡（Blaise Pascal, 1623—1662）与荷兰哲学家斯宾诺莎。本节的主题是：帕斯卡对哲学的质疑。

西方近代哲学有两大阵营：欧洲大陆的理性主义（Rationalism）与英伦三岛的经验主义（Empiricism）。双方各有三位代表：理性主义代表是笛卡尔、斯宾诺莎与莱布尼茨；经验主义的代表是洛克（Locke, 1632—1704）、贝克莱（George Berkeley, 1685—1753）与休谟。

在介绍欧陆理性主义时，为何要穿插介绍帕斯卡呢？因为在西方哲学史上一再出现质疑的声音，如果把人界定为有理性的动物，那么就要问两个问题：第一，理性在爱智慧的路上可以走多远？理性是一种推论的思考，而智慧则牵涉到人的生命整体，包括实践的部分；第二，除了理性之外，爱智慧还有其他途径吗？很多学者都会提出类似的质疑，帕斯卡在其中很有代表性，他以个人的生命经验呼吁：人还是要有某种宗教信仰。

本节要介绍以下三点：

第一，帕斯卡的背景；

第二，帕斯卡批判古人权威与异教美德；

第三，帕斯卡认为人性已经败坏。

（一）帕斯卡的背景

帕斯卡的健康状况不佳，他三岁时母亲过世，父亲是律师，亲自教他希腊文、拉丁文、数学和科学。帕斯卡是数学天才，12 岁时就自己推演出勾股定理，19 岁时为了帮助父亲处理客户的财务问题，发明了可以用来计算的机器。

帕斯卡在 31 岁时得到一次密契经验，感受到与上帝合而为一的喜悦，这使他的思想出现重大转折。那时笛卡尔的著作已经流行，笛卡尔采用不同于传统的思考模式，在哲学史上被称为"笛卡尔的革命"。当时爱好智慧的人都会阅读笛卡尔的书，帕斯卡也不例外，但是他说："我不能原谅笛卡尔，他在他的哲学中本来不想谈论上帝，却又不得不请上帝出来推动一下，让宇宙运转，然后又把上帝搁在一边了。"

这句话反映了近代哲学的整体氛围。为了解释宇宙的运动，就让上帝出来推动一下，让宇宙运转，再把上帝请回保险箱。这种立场称为"自然神论"（Deism），亦即人要靠自己的理性来面对世界，探讨智慧。帕斯卡对此不能苟同，他批评笛卡尔说："一个人如果只是几何学家，我不认为他与能干的工匠有多大差别。"

（二）帕斯卡批判古人权威与异教美德

从文艺复兴的人文主义一路发展下来，都是盲目崇拜古人的权威。帕斯卡强调，盲目崇拜古人权威会阻碍知识的进步。同时，帕斯卡也批判异教（非基督宗教）的美德。当时的人以苏格拉底作为异教美德的典范，希望藉此调节异教徒与基督徒之间的关系。世人称苏格拉底为"名义上的基督徒",类似于现在所谓的"荣誉市民";或称他为"希腊的摩西",因为摩西曾带领犹太人走出埃及。

基督徒相信,人类已经生而腐败,只有依靠神的恩宠才有能力行善。帕斯卡认为,如果推崇异教美德,那么基督宗教的意义何在?帕斯卡特别批评两位代表人物:一位是法国学者蒙田,他的年代比帕斯卡早约一个世纪;另一位是罗马哲学家爱比克泰德(Epictetus, 50—135),他是斯多亚学派的代表,主张节制欲望。蒙田与爱比克泰德的思想对当时的上流社会很有吸引力。

帕斯卡批评蒙田只看到人在道德上的无能,却没有看到人的责任,使人变得怯弱;而爱比克泰德只看到人的责任,没有看到人在道德上的无能,使人变得自负。

蒙田认为,人的罪恶在于傲慢,人类在理性上很难得到共识,而感官又经常阻碍我们获得真相,所以人要扬弃傲慢,保持谦虚的态度。蒙田的思想容易让人苟且偷生、老于世故,甚至对人间之事漠不关心。蒙田认为,理性根本找不到道德上的真理,因而他主张将理性与信仰完全分开。帕斯卡反对这种说法,他批评蒙田的"唯信主义"。

爱比克泰德则展现了斯多亚学派的自信,他认为:理性是人的尊严,一个人可以通过自我节制,过一种高尚的生活。斯多亚学者从表面看来近似基督徒,但两者在根本上是不相容的。帕斯卡指出,爱比克泰德将观念推演得太过头了,他就像伊甸园里的那条蛇,告诉众人:"只要运用理性,就可以拥有类似于上帝的智慧与美德。"其实那只是一种傲慢。

帕斯卡对人性的看法显然受到宗教的启发,在《圣经·启示录》里提到:"想做而不能做的人是不幸的,人类希望拥有幸福并肯定某些真理,但是他既没有能力去了解,也不想去了解,他甚至不能去怀疑。"这代表人有双重能力:一是本能,一是理智。本能与身体一起出现，凭感觉做出决定；理智则可以思考，可以计较。

帕斯卡认为，本能离真理太远，它只是身体这部机器的习惯性、机械式的运作，受到什么刺激就有什么反应，甚至对于苦乐的判断都是相对的。人的理智亦有所不足，它想由自然秩序这个结果推到第一因（上帝）的存在，最后当然会归于失败，因为只靠理智去证明上帝是不可能的。

（三）帕斯卡认为人性已经败坏

帕斯卡认为人的天性有问题，这与教父哲学（Patristic philosophy）的代表奥古斯丁所说的类似："人性已经无可救药地腐败了，在人的身上有可怜的成分，但是也不能忽略它伟大的成分。"奥古斯丁在其代表作《忏悔录》中特别提醒我们：人是不幸的，因为人总是在追求幸福。但问题是：幸福与不幸，哪一种是人的自然状态？人觉察到自己的不安、厌倦和焦虑，人无法免于生老病死，也无法避开必然的命运，这些都说明人是不幸的。

帕斯卡在著作中大量引述蒙田的说法，他认为，蒙田以为自己可以过一种安定自足的生活，逃到无知、怠惰的领域里，事实上那是不可能的。帕斯卡与蒙田共同开创法国精神主义的传统，他们都关怀人的生命走向何方，只是见解有所不同。

帕斯卡的代表作叫做《思想录》，有时也译为《沉思录》，但容易与笛卡尔的《沉思录》相混淆。其实，这两本书的书名是不同的：笛卡尔的书名是拉丁文 Meditationes，译为《沉思录》是正确的；而帕斯卡的书名是法文 Pensées，译为《思想录》比较适合。

帕斯卡原本计划要写一本大部头的著作，书名是《为基督宗教辩护》，结果未能完成，只写了二十八章，一般称之为《思想录》。他的写作风格受到奥古斯丁《忏悔录》和蒙田《随笔集》的影响，其中也涉及笛卡尔《沉思录》的重点。但是，帕斯卡的作品自成体系。

人的不幸与可怜是客观事实，但人还是有希望的。帕斯卡认为，人除了身体的感觉与理智的思想之外，还有一种"直观"的能力。这就要依靠个人的体验，属于心灵的层次。譬如，一个人只要真诚，就会产生与别人相通的同理心，或产生与神相通的信仰。帕斯卡把生命分为三个层次，除了身体与理智的层次之外，向上还有心灵的层次。

收获与启发

1. 帕斯卡是笛卡尔之后重要的法国哲学家，他对笛卡尔的思想提出批评和反思。帕斯卡与笛卡尔一样，都是数学方面的天才；但是由于他有过密契经验，所以他认为，除了笛卡尔所强调的理性之外，爱智慧应该还有别的途径。

2. 当时整个知识界都崇拜古人的权威（古希腊与罗马时代的作家），同时推崇异教美德（非基督宗教人物的德行）。帕斯卡对这两点都提出批评。

3. 作为一名基督徒，帕斯卡认为人性已经腐败，爱好智慧当然不能仅凭感觉，理智也有很大限制，因此还需要发挥"直观"的作用，借助心灵这一层次的力量。

课后思考

帕斯卡认为：蒙田肯定人的无能，结果会使人怯弱；爱比克泰德肯定人的责任，结果会使人自负。在这两者之间，有没有比较中庸的路线？

为什么帕斯卡会
提出不如放弃哲学?

本节的主题是: 为什么帕斯卡会提出不如放弃哲学? 帕斯卡虽然质疑人的理智能否得到智慧, 但他从未否定理智的作用。当他思考与写作时, 显然是在运用理智。然而, 理智并不是寻找智慧最重要的或唯一的方法。他在《思想录》中有一句话常被引用: "人只是一枝芦苇, 是自然界里最脆弱的东西; 但人是会思想的芦苇。"他还强调, 人是为了思考才被创造出来的。因此, 人的全部尊严就在于人的思想。

本节要介绍以下三点:

第一, 人处在两个无限之间;

第二, 消遣无济于事;

第三, 不如放弃哲学。

(一)人处在两个无限之间

人的处境究竟如何? 可以从两个角度来看。

从大的角度来看, 地球只是一个点, 太阳也只是一个点, 只要与更大的东西相比, 这些都不过是很小的点。我们的思想如果探讨地球、太阳, 最后一定会消失于无限之中, 成为纯粹的虚无。所以与无限大相比, 一切都是虚无。

从小的角度来看，最小的生物也有组成它的各个部分，即使分析到原子，其内部也像宇宙一样无穷无尽，最后也会归于虚无，无法达到"究竟"的真相。人的思想也必然消失在这奇妙的景观之中。

换句话说，万物都来自于空无，消失于无限。我们从来都不曾了解事物的真正本质，只是看到它在某一阶段的表象而已。结论是：除了黑暗，人什么都看不到。

（二）消遣无济于事

帕斯卡观察当时的法国社会，尤其是中上层的人物，喜欢从事各种消遣活动，譬如打猎、打球、跳舞或卖力地工作。他们打猎不是为了猎取兔子，赌博也不是为了捞取财物，他们消遣玩乐的目的就是消遣玩乐本身。当时的人相信，无论身份高低，只要会消遣就是幸福。

帕斯卡进一步思考后发现：一个人消遣最根本的原因是害怕孤独。他说："世界上所有的不快乐，都来自于人类没有明白要安静地待在房间里。孤独之所以带来恐惧，是因为人在孤独中必须面对赤裸裸的自我。因此，人类不断找寻各种引人着迷的活动，藉此逃避对自身的思考，企图努力遗忘自己。"

人类为何无法忍受对自身的思考？帕斯卡直接回答："因为人类在这里看到自身存在的绝望，像无聊、忧郁、悲伤、愁苦、恼怒、绝望，等等，在你单独存在的一刹那全都清晰呈现，人会感觉到自身的空无、孤独、依赖、软弱、欠缺，知道有一种深沉的威胁重重地压在人的身上，因为人最终无法逃避死亡的命运。"

人所知道的一切就是自己将来一定会死，但对于无法逃避的死亡，所知又非常有限。结论是：人类的生命是世界上最脆弱的东西，就像"会思想的芦苇"。人必须漫不经心地奔向死亡的深渊，所以只好以这类消遣的方式改变注意力的焦点。在法文中，"消遣"意思就是"转移你的目标"。你心有旁骛，就不用再去面对这个严肃的问题。

帕斯卡的思想有一种辩证的观念，他认为，人不是只有悲惨而已，人还有伟大的一面。他说："人类之所以伟大，就在于知道自己的悲惨、愁苦，一棵树不知道自己的悲惨，而人类的伟大是因为知道自己是悲惨的。""人类既非天使，亦非野兽。不幸的是，任何一心想扮演天使的人，都表现得像野兽一样。""人类想要成为伟大，却看到自己的渺小；想要快乐，却看到自己的不幸；想要圆满无缺，却看到自己的极度不完美。"

换句话说，人的一生都处在不确定之中，随时可能犯错。这种错误是与生俱来的，无法根除。所以，帕斯卡认为："人类根本看不到真理。人类是一种奇妙的组合，他是宇宙的光辉，也是宇宙的渣滓。"

帕斯卡进一步说，人在思想方面似乎只有两种选择：一种是"怀疑论"，认为一切都是不确定的，甚至连怀疑论这个命题本身也是不确定的；另一种是"独断论"，也就是没有任何的根据，找不到可靠的理由，只能妄下断语。真不知道是谁把人类置于这般处境的！

帕斯卡最后发现，如果没有上帝，人类只会存在于不确定之中。上帝的福音可以解开人类的存在之谜与人类存在的各种矛盾。因此，人只有两个选择，或是选择上帝，或是选择虚无。这是标准的基督宗教思想家的观点。帕斯卡所谓的"上帝"，当然是指他所信仰的基督宗教的上帝；如果是指"哲学家的上帝"，那么有很多哲学家已经做过示范了。

帕斯卡说："就像我不知道我从何处而来，我也不知道我将向何处去。我只知道，当我离开这个世界时，不是落入虚无之中，就是落入上帝手中。但是我不能确定，在这两条可能的出路中，哪一条将永远成为我的一部分。这就是我的存在处境，是完全的无力感与不确定。"

《思想录》一书展现了帕斯卡的思维模式，他在思考与写作的过程当中，始终具有"三层次"的观念。人有感觉与理智，但是这两者都有问题，所以一定会有第三个层次，帕斯卡称之为"心灵"。他有一句世人广为传颂的名言："心灵有它的理由，但非理性所能理解。"

"心灵"这个词很难说清楚，它的作用可以称为人的直观、直觉、直接体验或慈悲善良的心，它可以提供理智所无法提供的第一原理。若勉强从外文来看，英文的"courage"（勇气）一词来自于法文的 coeur，coeur 就是人的心。这就是帕斯卡所强调的人在感觉与理智之外的一种特殊能力。

换句话说，你看不到、听不到，这是感觉方面的限制；你想不通、懂不了，这属于理智方面的限制；但是你又能直接体验到所有这一切应该有一个最后的根源。

你是如何体验到的呢？我们称之为"心"的作用。它向上可以接近慈悲之心或精神界，向下也可以接近欲望与身体的要求。心灵的不同倾向会左右理智的运作。理智的本质已经腐坏，只有受到恩宠的感召，才可以回归正途。

（三）不如放弃哲学

对帕斯卡来说，哲学的首要任务就是为信仰铺路。帕斯卡的时代已经经过了文艺复兴运动，宗教对思想界的压力已经不再强烈。他认为："只有在理性上谦逊、臣服，我们才有可能真正认识自己。由于理性的彻底失败，使理智必须自我扬弃。"这些话很接近中世纪教父哲学的口吻，似乎是用哲学来替神学辩护。但帕斯卡并非预设了某一种宗教才这样说的。他了解西方哲学的发展和人的现实情况，他通过自己的沉思，才得到这样的体会。

最后，帕斯卡说："人的理智只能了解：我们在自身中无法找到真理，无法发现幸福。虽然许多哲学家允诺过这些，他们却无法兑现这个诺言。所以，放弃哲学是哲学思维的合法终结，嘲讽哲学就是真正的哲学思维。"

这些话听起来非常刺耳，但如果你有像帕斯卡一样的生命经验与深刻反省，可能也会有类似的想法。西方学者在介绍帕斯卡时用过一个标题——"被钉在十字架上的理性"，代表理性失去应有的作用而被钉在十字架上。

收获与启发

1. 人的生命处在两个无限之间。从大的方面来看，可以看到无限大；从小的方面来看，也可以看到无限小。人最后只能陷入虚无之中。

2. 很多人试图忽略自己的处境，忙着从事各种娱乐与消遣，企图转移注意力，却未必能如愿以偿。人为什么要消遣？因为畏惧独处，知道自己必然死亡，又看不到真理，所以干脆过一天算一天，消遣度日。

3. 帕斯卡建议我们要从哲学转到信仰。我们不一定非要接受帕斯卡的信仰，但我们可以思考：信仰对人来说究竟有何意义？

课后思考

每个人都有自己的消遣活动，你是否想过自己为什么要从事这些消遣活动呢？

先简单思考为何要爱智慧。人有理性，自然想了解更根本的东西。换言之，爱智慧是人的天性。不过，人通常需要经过时间的累积，才能对智慧有所体悟。

以学习道家为例，我经常讲三种人适合学道家。第一种是很老的人，像老子，他说的很多话都是由一生的心得所总结出的格言。第二种是很失意的人，像庄子，一直处在困顿失意之中，就比较容易觉悟。可见，他们之所以能展现出深刻的智慧，是因为他们自身有特殊的遭遇或历练。第三种则是聪明的人。

我们不需要很老或很失意，也可以去学习中国和西方的哲学，那是许多哲学家根据个人的心路历程提炼出来的核心观念。开始学习时难免会走马观花，表面看来好像争吵不休，说法不一，似乎都有些道理，又不是完全有道理。这是很自然的情况。

我们要有强大的心理能量，对不同的观念，能够从了解到接受，再到欣赏。你不一定以之作为自己实践的原则，但都要用心思考。世界上有这么多人努力探索智慧，他们的心得当然值得参考。别人的智能对我而言都是文字上的知识，我要设法使它重新鲜活起来，并且取精用宏，以之改善我的生命质量，这就是我们要面对的挑战。

当初不探索智慧会不会比现在更好？这不太好说。有些人学哲学，学到最后活都活不下去了。譬如，叔本华（Arthur Schopenhauer，1788—1860）是有名的悲观哲学家，你如果只听叔本华的说法，会觉得他的话很有道理，那你怎么活得下去呢？

我们后文会介绍一些比较特别的哲学家，由于个人的特殊遭遇，使其生命经验体现出人类经验的某些极端表现，那时就要看你自身的包容力够不够了。智慧是一种完整而根本的思考，我们不必排斥任何观念，但要慢慢养成完整而根本的思考习惯。

其次，关于"消遣"这个问题，我们要区分"消遣"和"休闲"这两个观念。

1. 关于消遣

消遣可以简单理解为"杀时间"，特色是：注意力是向外的。老子有一句话说得很好："乐与饵，过客止。"好的音乐与好的美食可以让经过的人停下来。我们四处旅游，不就是为了让眼睛看到好的风景，让耳朵听到好的音乐，同时还可以享受美食吗？

我们在安排消遣活动时，要运用思想的架构，从人的身、心、灵三个层次来考虑：

（1）在"身"的层次，我可以运动、健身或旅游，让身体得以活动。

（2）在"心"的层次，有知、情、意三个方面，所以消遣的内容非常丰富。我可以求知，譬如参加读书俱乐部，与别人一起分享知识；也可以发展情感，譬如交友、审美、唱歌、跳舞，可以让我心情愉悦；我也可以参加行善的团体，因为助人为快乐之本。

不过，消遣有个特点，它不太可能提升到"灵"的层次。我们在身、心两个方面消遣，打发时间，然后继续工作。但一段时间之后，又要重复这些消遣活动。

2. 关于休闲

休闲与消遣不同。尤瑟夫·皮柏（Josef Pieper, 1904—1997）是20世纪德国的著名学者，他有一本代表作叫做《闲暇：文化的基础》。他认为"休闲"和"消遣"的基本差别是：消遣是打发时间，休闲则是要再创活力。

两者的相同之处在于：没有工作压力，都有一些从容的时间。两者的不同之处在于：在消遣的整个过程中，注意力始终是向外的，消遣之后，自身的情况并未得到太大改善，所以要不断重复类似的活动；休闲时注意力主要是向内的，可以让人回到自己的生命，休闲过后会觉得生命恢复完整性，整个人充满活力，可以继续往上提升。

皮柏提到休闲有三个重点，可以概括为：静、庆、全。

（1）静，就是安静下来。安静不仅是外在没有声音，也包括内心平静、不起波澜。只有让自己静下来，才能做比较深刻的思考。

（2）庆，就是庆祝活动。具有深厚文化传统的地方，休闲通常会与节庆相结合。这些庆典活动可能是按照季节来设计的，背后既有人文的意义，也有自然的意义，让你产生一种回到生命最初阶段的喜悦。宗教的礼拜天被称为 holiday（假日），holiday 的前缀原来是 holy，意为神圣的或完整的。

（3）全，就是完全。人的生命在工作时往往是分散的，要利用自己的专业技能，把自己当作专业的机器，以取得社会生活所需的条件。但在休闲时，从安静到庆祝到完全，我又成了一个完整的人，重新恢复完整的生命。

因此，将消遣与休闲对照，我们会有更多的启发或心得。

赌注论证有效吗？

本章的主题是：用赌注论证劝人。而本节的主题则是：赌注论证有效吗？帕斯卡希望用赌注论证劝人信仰基督宗教。帕斯卡的代表作是《思想录》，他在 31 岁时有过一次密契经验，这使他对于许多问题都有自己的明确立场。

本节要介绍以下三点：

第一，人是被投入到世间的；

第二，人只有一个方向，就是要超越人类；

第三，赌注论证是什么？它有效吗？

（一）人是被投入到世间的

人是被投入到世间的，这是西方哲学界广泛认同的观点。人终其一生都在不断寻找人生的意义，要设法理解人生是怎么回事，为什么我们要过这样的一生。人有理性可以思考，有意志可以做出选择；但每一个选择都是在冒险，你永远不能保证自己选的一定是正确的，不管你是否心存善念或知识渊博。

帕斯卡撰写《思想录》本来是要讨论有关神迹的，即理性无法理解的神秘事迹或奇迹。帕斯卡有一位侄女因为患病而失明，医生对此束手无策，后来她因为去朝圣而痊愈。这件事给帕斯卡留下深刻印象，这显然是与宗教信仰有关的一个奇迹。

从《旧约》到《新约》，关于神迹的记载屡见不鲜。神迹有两个特色：第一，非常少见，并非每个人都能以同样的方式得到同样的结果；第二，与宗教信仰有直接关系。你可以把"信仰"理解为个人内心的信念，就像现代身心医学所说的，一个人内心的能量可以改变身体的状况；你也可以把"神迹"理解为某种超越的力量产生了作用。

（二）人只有一个方向，就是要超越人类

对帕斯卡来说，人的生命处在两个极限之间：一边是上帝，一边是虚无。帕斯卡是一名基督徒，基督宗教的上帝观念在他心中根深柢固。他认为："关于上帝，我们既不知道他的存在，也不知道他的性质；但是凭着信仰，我们知道他的存在，凭着恩宠，我们知道他的性质。"换句话说，如果不信仰这样的宗教，就只能像一般哲学家那样，把上帝当作一个最后的解释原理而已。

帕斯卡说："不论人生这出戏其他部分的内容如何美好，最后一幕都是血腥的——众人在你头上盖一把土，一切就结束了。"人的死亡是一个客观事实，帕斯卡对此采取明确立场，他说："了解灵魂是否不死，将影响人的整个生命。"身体注定会死亡，如果灵魂也随着身体而死亡，你这一生该怎么过？一切都是虚无的。你只有一个办法，就是发现真相，相信上帝，如此一来就能超越人类身心方面的限制。否则，你将被禁锢在人类这个有界限的牢狱之中，无法摆脱。

（三）赌注论证是什么？它有效吗？

为了劝人接受基督宗教的信仰，帕斯卡提出著名的"赌注论证"。他说："既然理性的证据不足以证明上帝存在，但对于生命

中最重要的问题——譬如，如果上帝存在的话，灵魂才有不死的可能——是不能避而不谈的，避而不谈是违反理性的。所以就要赌一赌，看你丢出去的钱币最后翻出来是正面还是反面。"

换言之，理性无法肯定也无法否定上帝的存在，但是上帝的存在对我们来说又是极其重要的，与人生的抉择息息相关，所以人有权利也有责任下赌注。有些人反对赌博，但拒绝去赌也是一种选择，等于拒绝追寻结果，那跟你选择不信神没什么区别。他说："如果因为我不能证明也不能否定，就采取'不可知论'的立场，但是，'不可知论'不是一个选项。"

帕斯卡说："在输赢机会均等的情况下，所输的有限，就是输去这一生有限的几十年；但所赢的彩金是无限的，你可以得到永生。在这场博弈中，就算只为自身的利益，也值得放手一搏。"赌注论证的关键是：你选择了上帝，如果输的话，输去的仅是有限的享受；如果赢的话，则赢得永恒的生命。况且你努力进行德行的修炼，可以使自己更为高尚，这并不能算是一种损失。

帕斯卡继续推论：如果有人说我是被迫去赌的，那我就是不自由的；如果我坚持不改变立场，因为我天生就不信上帝，那怎么办？帕斯卡说："这话说的没错，但你至少要想一想，假设你无法相信上帝，多半是感情在作祟，因为理智要求你相信上帝。你不这样做，那怎么办？设法让自己驯服吧！好好训练自己。你要是选择这条途径，会有什么'坏处'呢？你会变得诚实、谦虚，心中充满感激，常常去做善事，成为一个诚恳而真挚的朋友。这也许可以称为'坏处'，因为这让你牺牲了很多享乐；但最后会让你改善个性和提高生命的质量。"

帕斯卡强调："假如我的话让你感到愉快，让你觉得中肯有理，你就必须知道，说这话的人在这之前、之后都跪下来向那个无限的、不可分割的存在本身祷告。"帕斯卡在 31 岁时（1654 年 11 月 23 日深夜）获得密契经验，他写下两句话：一句话是"喜悦！喜悦！喜悦的眼泪"；另一句话是"这是亚伯拉罕、以撒、雅各的上帝，不是哲学家与学者的上帝"。

另一方面，帕斯卡也承认宗教的多元性。他强调，真正的上帝是隐匿自己的上帝。世人给他起了很多不同的名称，哲学家就说那是"善的理型""第一个本身不动的推动者"，等等。帕斯卡认为，只有经由耶稣基督，才能了解那是爱与慰藉的上帝。人的生命若想达到真正的和谐，就要让身体与理智都跟随心灵的指示，做出正确的选择。

收获与启发

1. 人的处境是被投入到世界上，人是会思想的芦苇，因而必须做出选择。

2. 人是一种矛盾的生物，人的本能代表无限的欲望，给人带来不幸；但是理智可以思考，又显示了人的伟大。然而我们终究不能忽略，人的生命是相对的。人生只有一条出路，那就是信仰。所以要做出选择，让自己超越人类，也就是接受信仰，分享神的恩宠。

3. 帕斯卡提出"赌注论证"。你要下赌注去选择信或不信上帝，如果选择信的话，你会牺牲世间的各种享乐，但可能因而赢得永恒；如果不信的话，你也许可以在世间尽情享乐，但最后可能会失去永恒的生命。

我们在学习西方哲学时，首先要客观认识哲学家的论述，然后再进行反省与批评，不要急于判断对错。我们要相信，每一位哲学家在著述时都是真诚的，他们表述的都是自己发现的或体验到的真理。如果你认为他说的不对，至少要考虑以下两点。

1. 他的论述是否合乎逻辑？当他的说法与我们的生命经验不相契合时，我们要知道人生本来就是多元化的选择。

2. 学习不同的想法可以使思考的边界不断向外扩张，使自己的心胸更加开阔，但是这并不代表我们要改变或者是放弃自己的原有立场。

如果把像帕斯卡这样的哲学家全部排除的话，剩下的只有一些比较枯燥、乏味的思想，谈到最后你会发现：几乎都是在原地踏步。

哲学家思想的材料有很多是相同的，但是方法却不尽相同。某些哲学家具有独特的个人体验，这些都是建构思想时必须参考的依据。譬如，后文将介绍存在主义的创始人克尔凯郭尔（S. Kierkegaard, 1813—1855）的思想，他对个人信仰也做了很多深刻的反省。这些哲学家的思想在整个西方哲学史上有不可替代的作用。

课后思考

赌注论证的最大问题是：它假定一个人不信上帝就不会培养德行或行善避恶，甚至会放纵自己的各种欲望。请问：这种假定有什么问题？

补充说明

没有信仰而道德高的情况特别值得我们注意。很多人认为中国有儒家、道家的思想，许多中国人并没有特定的信仰，尤其是不信基督宗教，道德照样高。这种说法基本上没错。但是我们还是要做进一步的思考。

1. 人为什么要行善？

一般来说，行善很辛苦，要花时间、力气和金钱来帮助别人，行善就是损己利人。一个人行善一般有三个理由。

（1）外在的规范或社会的要求。这是从外而来的。你行善，别人称赞你；你为恶，别人批评你。

（2）行善是因为信仰某种宗教。

（3）行善是因为良心的要求。人的良心非常敏锐，会要求自己去行善。

行善到最后，你会碰到两个问题。

（1）行善要到什么程度，需要牺牲生命吗？这是最根本的问题。如果你说："我可以尽量行善，但绝不能牺牲生命或牺牲太多。"那么这种行善可能只是某种手段，因为你不能以生命作为验证。

（2）行善之后是否有善恶报应？这才是很多人思考的重点。康德（Immanuel Kant, 1724—1804）到最后如何证明他的上帝存在？他设法从道德上来证明。如果人死后就什么都没有了，那他行善还是为恶又有什么差别？所以，这就需要人的灵魂在死后继续存在，并由上帝做出公正的裁决，如此才能达到圆满的善——德福一致。

2. 没有信仰而道德高，这只看到了表面。

你也许认为，很多人没有信仰而道德也很高。其实，你可能只看到表面。关于良心的形成，要展现为"十字打开"的格局。除了横的侧面，还有纵的侧面，即往上提升的侧面。这里的"上"就是指所谓的"超越界"，亦即信仰的对象。

所以，当你发现有些人有道德而没有信仰，你要问：他们真的没有信仰吗？中国人普遍接受"敬天法祖"的观念，这也是一种信仰。孔子、孟子真的没有信仰吗？对此我们不要太快下结论。

以道家为例，老子、庄子没有信仰吗？如果没有信仰的话，他们为何要谈"道"？"道"当然不像耶稣基督那样，成为宗教里的一个特定角色。但千万不要以为："道"只是哲学家的上帝，它只是作为万物的来源和归宿，跟我的关系不大。《庄子·天下篇》描述庄子"上与造物者游"，可见"造物者"一词并不是由外文翻译而来的。对庄子来说，"造物者"具有位格，可以跟他互动、互通，并非仅仅作为一种解释的原理而已。

为什么帕斯卡谈道德一定要谈基督宗教呢？因为基督宗教有一个最特别的地方——他们相信耶稣基督死而复活。死而复活代表人的生命在来世还将继续存在，使你这一生的德行与福报达到圆满的一致。不过，这一点恰恰也是最大的障碍。

除了基督宗教之外，没有任何宗教谈到死而复活。这是基督宗教非常神秘的一种说法，很难说得透彻，也很难取信于人；但这正是基督宗教信仰的特色所在。我们当然可以选择不信，但是帕斯卡认为：你如果相信基督宗教，整个人生就会非常清楚。一般谈到这个问题，通常都会模糊带过，说反正信仰是个人的选择，或者所有的信仰都相差无几。其实并非如此，这属于宗教哲学所探讨的问题。

20-4

被开除教籍的犹太人

本节的主题是：被开除教籍的犹太人，主要介绍犹太裔荷兰籍哲学家斯宾诺莎（B. Spinoza, 1632—1677）。

帕斯卡与斯宾诺莎的立场可谓南辕北辙，但两人都以个人的生命经验作为出发点，并以一种完全真诚的态度来表达自己的见解。很多人都觉得帕斯卡过于执着于当时的基督宗教，斯宾诺莎则完全没有这方面的问题。不过，在整个西方哲学史上，最常被人辱骂的哲学家就是斯宾诺莎。这是怎么回事？

本节要讨论以下三点：

第一，斯宾诺莎的生平简介；

第二，斯宾诺莎追求真理，坚持思想自由；

第三，斯宾诺莎如何受人谩骂？

（一）斯宾诺莎的生平简介

斯宾诺莎是犹太人，祖先从葡萄牙移民到荷兰。他从小聪明过人，好学不倦，很早就熟读《圣经·旧约》；但对于其中不合逻辑的事件和荒唐无稽的言论，他无法认同。譬如，上帝为了帮助摩西出埃及，就在埃及降下十大灾难；上帝为了帮助犹太人对付某一支部落，就把他们整个消灭。斯宾诺莎无法接受《圣经》的每一部分都是绝对真理。

斯宾诺莎在 24 岁时读到笛卡尔的著作，从此把"以理性追求真理"当作自己的原则。犹太教的长老本来对他寄予厚望，但后来大失所望。他们曾经想要说服他、收买他，但都没有成功；甚至有虔诚的犹太人想要谋杀他，最后也以失败告终。同年，他被犹太教开除教籍。身为犹太人而被开除教籍，等于变成全世界的孤儿，但这注定斯宾诺莎不属于犹太人而属于全世界。

斯宾诺莎被开除教籍时，教会还举行了专门的仪式。犹太人聚集在会堂，公开诅咒他：对于斯宾诺莎，不分白天晚上都受到诅咒；在睡梦中或是清醒时都受到诅咒；出门在外、居家生活都受到诅咒；上帝绝不会宽恕他，要对他施以愤怒的烈火；他的名字在天国中已被删除。他们还规定：任何人都不准同斯宾诺莎交谈或通信，不准对他表示友好，不准与他共处一室，不准接近他四尺之内，也不准阅读他的文章。

如此一来，斯宾诺莎就被完全隔绝了，他的个性也变得愈来愈孤僻。他曾经只靠房东的支持，在长达三个月的时间里足不出户。他靠磨镜片为生，唯一的享受就是抽抽烟斗。在西方哲学史上，像他这样生活俭朴、思想高贵的哲学家是非常罕见的。

（二）斯宾诺莎追求真理，坚持思想自由

斯宾诺莎习惯于在孤独中进行深刻的思考，即使受到批评和谩骂也从不回应。他唯一的武器就是保持沉默、不与人争。他只臣服于自己发现的真理，不担心可能的后果，不害怕别人的批评。就此而论，斯宾诺莎是一位真正的哲学家，是爱智者的典型。

对斯宾诺莎而言，所谓"真理"就是他真心相信为真的事物。他

学习笛卡尔的思想——从"我思故我在"到"我在故上帝在"。他经过深入思考后发现，传统的上帝与哲学家的上帝完全是两回事，他对于自己领悟的真理坚信不疑。

他倡导思想自由，但这种自由远远超过当时社会所能容忍的程度。他认为："追求真理不应受制于官方的宗教，一个国家的责任就是要保障人民的自由。"他对自由有一套完整而深刻的理论，他说："如果自由可以被压迫，人类可以被限制，在没有获得有权力者的许可之前不敢活动，人类就只能停留在思考别人要他们思考的事物，永远无法进一步思考自己想要的事物。这样会导致一种后果：大家所说的并非他们所想的。这样会使得对国家的忠诚与信仰完全沉沦、堕落，令人鄙弃的虚伪与阴险因而滋长，也会助长诈欺的风气，败坏善良的风俗。对国家而言，这是更大的不幸。"

斯宾诺莎在世时出版的著作只有两本，较为知名的是《神学政治论》。此书一出版，就被大学、教会和政府查禁，无论是天主教还是基督教，对此书都采取相同的态度。荷兰地方当局严禁印刷及传播这本书，认为这是一本亵渎上帝与腐败灵魂的书，是毫无根据、充满危险并骇人听闻的书。当时有一本虚构的图书目录，甚至说这本书是"一个背叛的犹太人与魔鬼在地狱里写出来的"。可见，当时的社会依然封闭，宗教的势力依然强大，政治尚未考虑保障人的思想自由。不过，被禁的书籍往往也会引起更多人的注意。

（三）斯宾诺莎如何受人谩骂？

在西方哲学史上，最常受人辱骂的哲学家就是斯宾诺莎。众人骂他是骗子、无赖、畜生、魔鬼、被魔鬼收买、从事摧毁上帝与人类正义的人，说他写的书是有史以来最无可救药的，等等。世人习惯于原有的生活方式和信仰内容，因为懒惰而无法宽容。

斯宾诺莎在哲学界也饱受批评。伏尔泰（Voltaire, 1697—1778）说："斯宾诺莎严重地滥用了形而上学。"莱布尼茨批评他的书是"放肆的作品，让人无法忍受的一本可怕的书"。康德的一位朋友哈曼（Hamann, 1730—1788）说："这本书对于正常的理性与科学，无异于一个抢劫犯或杀人凶手。"

这些学者为何如此激烈地批评斯宾诺莎？因为斯宾诺莎把传统西方哲学所设定的各种形而上的观念，尤其是上帝的观念，完全搁置一旁。他重新开始思考，他的思考有基础、有层次，使那些在观念上先入为主的人完全无法忍受。譬如，斯宾诺莎并非不谈上帝，但他认为"上帝就是实体，也就是自然界"，这不是明显的泛神论吗？但斯宾诺莎有一套完整的解释，可以说明他在根本上超越了泛神论的范畴。

有批评他的人，就有欣赏他的人。很多人受到斯宾诺莎启发，在哲学上开辟新的道路。他们意识到：应该从基础开始，从头建构思想的大厦。德国学者莱辛（Theodor Lessing, 1872—1933）说："除了斯宾诺莎的哲学以外，没有其他的哲学，因为他的哲学完全建立在人的理性思考上面。"斯宾诺莎与帕斯卡在理性这一点上分道扬镳，斯宾诺莎以理性作为唯一标准，由此得到很多人认同。

德国文学家赫尔德（Herder, 1744—1803）说："斯宾诺莎的哲学让我感到无比喜悦而心旷神怡。"德国文豪歌德（J. W. von Goethe, 1749—1832）说："我觉得自己与斯宾诺莎非常接近，但他的思想更为深邃，更为纯净。"连德国著名的神学家施莱尔马赫（F. D. E. Schleiermacher, 1768—1834）也说："斯宾诺莎是充满宗教的，充满圣灵的。"

斯宾诺莎到底是一位无神论者，还是一位圣徒？他是受到魔鬼的唆使，还是得到上帝的启示？这些都令人好奇。

1. 斯宾诺莎是被开除教籍的犹太人，长期过着独居的生活。

2. 他只臣服于自己发现的真理，未经理性思考的内容就被搁置一旁。他思考的结果对于传统的宗教，不论是犹太教、天主教还是基督教，都构成极大威胁；他的思想对于传统的哲学也形成很大挑战。同时，斯宾诺莎坚持思想自由，他的看法非常精准：如果没有思想自由，一个人不可能活得像一个真正的人。

3. 斯宾诺莎饱受批评，但也启发了很多人。德国哲学家黑格尔曾说："如果你从头到尾一字不漏地读一遍斯宾诺莎所写的《伦理学》，你就不可能不爱上哲学。"

斯宾诺莎坚持思想自由，可以用他晚年的一个故事来说明。随着斯宾诺莎的思想开始流传，他的名声也逐渐为人所知。一位德国权贵问他，是否愿意到海德堡大学担任教授，并同意他可以完全自由地探讨哲学，但附加了一句话：相信他不会滥用自由而扰乱公众认可的宗教。斯宾诺莎质疑：这种界限何在？他无法保证自由的探讨不会扰乱公众的宗教。结果他以眷恋眼前不受干扰的生活为由，婉拒了这个机会。他的代表作《伦理学》在他过世之后才得以出版，后文将对《伦理学》做专门的介绍。

课后思考

如果要为自己所领悟的真理做出牺牲，你可以牺牲到什么程度？

补充说明

对于这个问题，我们可以从两个方面来考虑。第一，所谓"为真理而牺牲"到底在说什么？第二，如何与别人探讨真理？

1."为真理而牺牲"在说什么？

帕斯卡和斯宾诺莎这两位哲学家都体验到对自己来说最重要的真理，但他们的表现可谓大相径庭。

帕斯卡作为基督徒，因为有过密契经验，所以写了《思想录》，他的各种表现都是以信仰作为生命中最重要的事情，为此牺牲了其他东西。斯宾诺莎则发现，上帝就是自然界，所以他把信仰放在一边，纯粹用理性来思考人生的问题。

两个人各有各的考虑，这是很常见的情况，因为人生本来就是不断选择的过程。选择一样东西，可能要放弃十样，难免会有所牺牲，所以一定要先想清楚优先级。

我们要问：什么是真理？在科学、人文、社会、人生的各个方面，都可能发现某些真理；但在宗教里所显示的真理往往是最根本的，因为它牵涉到生前死后的问题。

帕斯卡是虔诚的基督徒，他提出赌注论证，受到很多人的批评与讪笑，但是他照样坚信不疑，为了真理甚至不惜牺牲生命。斯宾诺莎为真理所做的牺牲更大。他是犹太人出身，在这个世界上，很少有人比犹太人更了解什么是上帝。世界上有所谓的"三大一神教"，包括犹太教、基督宗教（一教三系）以及伊斯兰教，都是以犹太教的上帝作为基础。斯宾诺莎从传统的信仰中走出来，说"上帝就是实体，也就是自然界"，他为此被开除教籍，终身孤苦。

因此，人生就是选择，你选择这个，就要放弃其他。我们为真理可以牺牲到什么程度？孔子说："朝闻道，夕死可矣。"这里的"道"就是孔子认定的人生最高真理，孔子为它不惜牺牲生命。

真理不是一句口号，它一定要与自己的生命经验相配合。王阳明在贵州龙场，于百死千难中才觉悟"致良知"，他不愿意对别人一语道破。如此艰辛才体会到的真理，一句话就讲完了，别人听起来就是一句格言，不会有太大感觉。所以，真理一定与主体的实践和体验有关。

对于真理，要如何检验？过几年之后，万一反悔了该怎么办？那前面的牺牲不是很可惜吗？检验只有一个办法，就是王阳明所说的"知行合一"。要亲自去实践，实践之后觉得心安理得，心中有一种真正的安定和愉悦，能够对自己满意，就是最好的检验。

2. 如何与别人探讨真理？

自己认定的真理在别人眼中未必如此。那么真理的标准何在？谈到标准，一定要保持开放的心态，要常常想：我可能弄错了，我可以再改善吗？假如我现在发现了一个真理，我在与别人争论时要注意以下几步。

第一步，我跟他所谈的是同一个问题、同一件事情吗？这时要考虑到语言的问题。哲学首先要澄清概念。如果概念没弄清楚，双方都是在浪费时间，无法达到沟通的效果。

第二步，如果我们谈的是同一个问题，那么我们依据的是同样的材料和资料吗？也许他有不同的材料或资料。

第三步，如果根据是相同的，那么推论的过程是否符合逻辑？这是学哲学最重要的用处。所谓"逻辑"就是前后不能矛盾，从前提推到结论的过程中，要注意哪些是事实的材料，哪些是思考的步骤。

第四步，如果推论过程合乎逻辑，但双方仍无法取得共识，这时就要想：我一定要跟他争论吗？我一定要去唤醒他吗？也许他在自己的世界里过得很愉快，我何必去打扰他呢？

第五步，真理往往无法在当时就得到别人认同，那就自己好好实践吧。所有的真理到最后都是要由自己负责的。

为了哲学而放弃一切

本节的主题是：斯宾诺莎为了哲学而放弃一切。斯宾诺莎放弃了他的宗教，远离了他的族人，投入到追求真理的行列。他付出重大代价，究竟得到了什么？

本节要介绍以下三点：

第一，要给宗教划下界限；

第二，爱智慧的准备工作；

第三，《伦理学》在说些什么？

（一）要给宗教划下界限

斯宾诺莎是犹太人，从小就非常熟悉犹太教的《圣经》，即《旧约》的前五篇。他在《神学政治论》中谈到宗教与国家的关系，他说："在《圣经》里，上帝被描述为一位立法者、君主、正义、慈悲者等，这些说法都是迁就大家的了解，迁就大家有限的知识。事实上，上帝的活动是由他'本性的必然性'表现出来的，上帝的命令就是永恒的真理。""本性的必然性"是斯宾诺莎的专用术语。换句话说，上帝有什么样的本性，就会有什么样的表现。

《圣经》的写作采用比喻的方式，目的是迁就人类有限的认识。

后来的基督宗教虽然宣扬慈悲爱人，但迫害犹太人时从不手软，这反而使犹太人更加团结。基督宗教与犹太教为何不能和平共处？

斯宾诺莎思想开明，不像一般犹太人对耶稣抱有成见，他肯定耶稣是人类里最特别的，耶稣用比喻教导人，耶稣说的话几乎等于智慧。斯宾诺莎认为，犹太教与基督宗教是可以沟通的。他倡导"要以理性之爱去爱神"，这里的"神"指由宇宙万物构成的整体。

（二）爱智慧的准备工作

斯宾诺莎认为自己发现了真理，但他有个学生后来改信天主教，他写信给斯宾诺莎提出十分尖锐的问题："你以为自己找到了真正的哲学，但是你怎么知道你的哲学是过去、现在、未来所有哲学之中最好的？不但如此，在印度及世界各地都有哲学，就算你大致研究过，又怎么知道你已经选择了最好的部分？现在你竟敢宣扬你的这一套哲学，显然是太过骄傲并且妄下判断了。"

斯宾诺莎这次毫不客气，显示出他个性中坚强的一面，他回信说："你自以为找到了最好的宗教与最好的老师，你决定完全信任他们，你怎么知道他们是过去、现在、未来所有的老师里面最好的？古今所有的宗教你都研究过了吗？就算你都研究过，怎么知道你已经选择了最好的？"两人的书信往来有点像抬杠。

的确，没有人可以回答这个问题。如果一定要把一切哲学、宗教全部研究过才做选择，这一生的时间肯定不够用。

为何斯宾诺莎愿意为了哲学放弃一切？因为他要凭借自己的理性与良知去追求真理。什么是真理？你不断探索，当你最终发现它时，自然就会觉悟，但你无法用一种简单的方式来形容它。

斯宾诺莎认为，自己的一生就是为了探索什么是真正的善，而真正的善就是人生的幸福所在。真正的善并不是富贵或名声，而是透过理性，认识自己与自然界是合而为一的。理性认识的程度愈高，就愈了解自己的力量和自然界的秩序。这两种认识要互相配合：愈知道自己的力量，就愈能指导自己定下生活准则；愈知道自然界的秩序，就愈能从无用的事物中解放出来。换句话说，知道自己的力量，就能自主安排人生；了解自然界的规律，就不会再去追求无用的东西。所以，只有知识是权力（这里的"权力"是指能力或力量）和自由，唯一永恒的快乐就是对知识的追求和理解时的愉悦。

斯宾诺莎强调，哲学家也是人，同样需要生活准则。如同笛卡尔说的"要有暂时性的伦理规则"。斯宾诺莎认为生活准则有三点。

1. 说话要让别人更容易了解；对于别人的事，只要不妨碍我达成目标，我都可以替他服务。值得注意的是，我们与别人交往，不能妨碍自己本身目标的达成，因为每个人都要为自己的生命负责；而且，与别人沟通要尽量浅显易懂。

2. 只享受为了维持健康所需要的感官乐趣，包括欣赏大自然的风景、听听有益身心的音乐等。

3. 只赚取为了维持生活与健康所需要的金钱，并遵循与我的追求没有冲突的习俗。斯宾诺莎以磨镜片为生，待遇还不错，但他只要赚够当月的生活费，就不再多磨一片。后来法国国王路易十四要送他一大笔钱，条件是要他写一本书献给法国国王，斯宾诺莎当然委婉地拒绝了。

（三）《伦理学》在说些什么？

斯宾诺莎最重要的代表作是《伦理学》。这个书名听起来很普通，古希腊哲学家亚里士多德就写过两部《伦理学》。后代也有很多人谈到类似题材，内容不外乎如何分辨善恶、人为何要行善避恶、如何进行德行的修炼等。但斯宾诺莎的《伦理学》却有个出人意料的副标题——"以几何学方式证明"，他把人的思想与情绪反应都视为几何学里的点、线、面、体来加以研究。

这本书内容分为五章：第一章，论神（上帝）；第二章，讨论心灵的性质与起源；第三章，讨论情感的起源与性质；第四章，讨论人的奴役或情感的力量；第五章，讨论理智的力量或人的自由。

这本书探讨心灵、情感、人的奴役、人的自由等问题，称其为《伦理学》很贴切。不过，它最主要的特色在于第一章《论神》，代表斯宾诺莎是在形而上学的基础上，建构了伦理学的基本观念。

什么是"以几何学方式证明"？《伦理学》每一章的开头都用"定义"来说明这一章要讨论的重要观念；接着提出"公则"，即公开制定的规则；然后是一个接一个的"命题"，这是全书的主要部分。命题环环相扣，里面有证明、演绎、再证明，还有附录、附释等，体例非常严谨。在哲学著作中，从未见过这样的书。

对于此书，很多哲学家都建议要慢慢阅读，稍有疏忽就会衔接不上。重读时要像读一本新书一样认真。仔细读完第二遍之后，你自然就会爱上哲学。斯宾诺莎这本书不是让人浏览的，而是让人深思的。下一节将介绍这本书的详细内容。

1. 斯宾诺莎给宗教划下界限：对于人生的全面思考与反省，宗教不必再提供任何预定的答案。

2. 爱好智慧、探讨哲学需要做一些准备工作。哲学要探讨人生最高的幸福，即认识到自己与自然界是合而为一的。探讨过程中要遵守三条生活准则：一、说话要清楚易懂，在不妨碍达成自己的目标的前提下，可以尽量帮助别人；二、只享受维持健康所需要的感官乐趣；三、只赚取维持生活与健康所需要的金钱，不要与其他人的生活习俗发生冲突。

3.《伦理学》一书的副标题是"以几何学方式证明"。当时的欧洲学术界普遍认为，要用数学、几何学这样严谨的程序，才能得出令人信服的论证。

斯宾诺莎可以为了哲学而放弃一切，你有过这么极端的想法吗？你会为了什么而放弃一切？

哲学就是爱智慧。你如果为了哲学而放弃一切，这非但不是放弃，反而可以让生命得到完全的实现。

我们这一生从年轻到年老，重心会慢慢转移。年轻时，比较重视与别人的关系，重视道义；中年时，通常会考虑个人的理想；晚年时，以孔子来说，他"五十而知天命"，代表要对自己这一生的使命负责，这就牵涉到宗教信仰的层次。

所谓"智慧"，就是对生命有"完整"而"根本"的觉悟。人生需要恢复完整，人生需要找到根本。只有掌握住这两点，我们才能说：我这一生对得起自己，对得起作为一个人的存在。

为了爱智慧而做出的牺牲是有限的，但你会因此得到难以想象的快乐，得到对人生完整而根本的理解，充分了解人生的意义。然而，由于语言文字的隔阂与社会背景的差异，我们在学习西方哲学的过程可能压力很大，快乐并不多；而且每个西方哲学家都勇于发言，结果众说纷纭，莫衷一是，这更增加了理解的困难。

不过，这正好提醒我们：要对自己充分负责，要设法对事情做出自己的判断，并用自己的话来论述，从而展现出自己的人生观与价值观；同时，还要用亲身实践来验证自己的观念。这是人生中最有趣、最深刻的挑战。表面看来风平浪静，没什么特别，但内心中却波澜壮阔，不断受到强烈的震撼。

此外，在价值的排列上，有一首广为人知的诗："生命诚可贵，爱情价更高，若为自由故，两者皆可抛。"这句话把自由排在最高的层次。在古代或专制时代，自由当然令人向往。但是，自由的问题很复杂。所谓"自由"，就是你能否自由做自己，选择自己真正的理想去实现。这是关于"自由"的一个最简单、能被广泛认可的定义。

如果说自由最重要，为了自由可以抛弃生命，我们要问：自由是为了生命的自由，结果你为了自由而牺牲生命，这是否本末倒置？如果为了后代的幸福而牺牲，当然没问题，但"自由"这个概念确实难以掌握。譬如，法国大革命期间，法国的罗兰夫人曾说："自由，自由！多少罪恶假汝之名以行之。"罗兰夫人非常不幸，1789年法国大革命之后，隔了四年，她也被判了死刑。这代表自由往往只是狂妄的冲动而已，并非真正的自由。

自由的人首先必须要有思想上的自由，他必须很理性地思考自己与别人的各种关系，知道该如何与人互动。同时，绝不能让别人为了我的自由而做出牺牲。所以，不能轻易就说"为了自由，什么都可以抛弃"。拥有自由之后要做什么，显然更重要。

当代美国心理学家弗洛姆（Erich Fromm, 1900—1980）写过一本书，叫做《逃避自由》。现代人为什么要逃避自由？因为选择太难，责任太重。现代人的自由几乎毫无限制，但你会发现，选择一样就要放弃十样甚至更多，那么究竟该如何选择？并且责任太重，选择之后就要自己负责。譬如，很多中学生填报大学志愿时，宁可让父母来选。如果自己选，怎么知道自己这一生的目标何在？怎么了解将来有何发展呢？自己选就要自己负责。如果父母替他选，将来就可以把责任推到父母身上。这种事屡见不鲜。

所以，现代人有时会逃避自由，不希望自己做选择，或者选择之后不希望承担责任。这就使自由的问题变得更加复杂。

第 21 章

斯宾诺莎与莱布尼茨：
理性主义

斯宾诺莎的《伦理学》

本章的主题是：从斯宾诺莎到莱布尼茨。近代西方哲学分为两大阵营：一个是欧陆的理性主义，一个是英伦三岛的经验主义。两大阵营的主要分歧在于知识的来源问题，即人是如何建构有效的知识的。有效的知识须兼顾普遍性与扩展性两个方面，才能日趋完善。

由笛卡尔开启的欧陆理性主义强调，人生来就具有某些先天观念，由于不涉及后天经验，因而保障了知识的普遍性。经验主义则强调，人没有先天观念，只能靠后天经验得到印象，再抽象出观念来建构知识，因而保障了知识的扩展性。经验主义主要采用归纳法，但归纳法的问题在于缺乏普遍性。这就是双方最大的分歧。

本节继续介绍斯宾诺莎的《伦理学》一书。该书内容十分丰富，采用几何学证明的方式写作，有定义、公则和诸多命题，并逐一加以证实，从而建构出完整的哲学系统。这本书在西方哲学史上是有名的难读的书。

本节要介绍以下三个重点：

第一，要去除一切谬误；

第二，上帝与自然界的关系；

第三，人是什么？

（一）要去除一切谬误

斯宾诺莎认为，谬误的根源在于人把人性的各种目的、愿望或标准投射到自然界上。善恶是人确立的，涉及人的兴趣与目的，上帝超越于人类的善恶之外。譬如一首乐曲对烦闷的人是善的，对悲伤的人可能是恶的，对死人则无所谓善恶。善恶如此，美丑亦然。

把神当作人则是更主观的想法。上帝若有人的位格，则一定有性别，那上帝是男还是女呢？古希腊的色诺芬尼（Xenophanes, 约570—475 B.C.）曾说："如果马、牛、狮子可以绘画或雕塑，它们画出或雕刻出的上帝一定长得和它们一样。"斯宾诺莎的说法更夸张："一个三角形如果能说话，它会说上帝是三角形的；一个圆形如果能说话，就会说上帝是圆形的。"换言之，任何东西都会把自己的属性归之于上帝。

斯宾诺莎认为，探讨哲学之前先要去除一切谬误，要把主观想法、愿望、情感完全放在一边。他对此很有自信，要在《伦理学》这本书里，把人的各种元素当作数学中的点、线、面、体来处理。

（二）上帝与自然界的关系

斯宾诺莎在讨论任何问题之前，都要先给出定义。《伦理学》第一篇以"神"为主题，斯宾诺莎把"神"定义为"自因"，即自己是自己的原因，如此定义的神必定是永远存在的。

斯宾诺莎关于上帝与自然界关系的看法使他饱受批评，他说："神就是实体，也是自然界。"我们所见的自然界比人类大无数倍，若非要解释自然界是如何形成，很可能过于主观而出现谬误；不如接受现状，从理性的角度来看，会肯定自然界本身是存在的。如果自然界不是自因的，那有谁知道它的完整内容和边界呢？还不如直接说自然界就是上帝。

为了解释自然界为何会不断变化，斯宾诺莎借用了哲学家布鲁诺的观念。布鲁诺在 1600 年被宗教法庭判为有罪并受火刑而死，他提出一对重要的哲学术语——能产自然（Natura naturans）与所产自然（Natura naturata）。"能产自然"代表生生不息的原动力，"所产自然"代表产生出来的自然界。自然界有"能产"与"所产"两面："能产"的一面就是上帝，也就是实体；"所产"的一面就是自然界，也就是实体的"样式"。简而言之，能产就是实体，所产就是样式。

斯宾诺莎认为，上帝是万物的内在原因而非外来原因，一切都在上帝之中，没有所谓"超越"的问题。上帝的永恒命令与自然界的普遍规律是同一件事。因为上帝具有无限的本性，所以才有万物。譬如，因为有三角形的本性——三内角的和等于两个直角，所以才有三角形。上帝是万物的内在原因，是万物背后恒存的规则；自然界是上帝展现出来的那一部分。

什么叫做"实体"？"实体"是中世纪哲学广泛使用的概念，最早可以追溯到亚里士多德的哲学。亚里士多德"十大范畴"的第一个是"自立体"，后来也被称为"实体"，拉丁文是 substantia，英文是 substance，意为"站在底下的东西"。一样东西除了表面的现象之外，底下还有真正的基础。譬如，黑板是一个实体，黑板的颜色、形状都是黑板这个实体所显示的特性，它们不能脱离黑板而存在。人也是一个实体。

但是，黑板和人显然都不是自因的，它们有开始、有结束，因而只是相对的实体。自因的实体只有一个，就是上帝，它是自然界底下真正的基础。你可以把上帝看成各种因果关系的联结、潜藏于万物背后的条件，或自然界的规则与结构。世界好比一座桥，由它的结构与规则所支撑，这一切都在上帝的掌握之中。

上帝的意志就等于自然界的规律，一切事件都由机械的规律所支配。不必再把上帝想象成不负责任的专制帝王——由于他变幻莫测的念头，造成人间各种光怪陆离的事件。

（三）人是什么？

斯宾诺莎使用实体、属性与样式这三个概念。实体是站在底下的、作为基础的东西；样式是实体显示出来的各种形态，也就是万物；能被人的理性所了解的实体的本质，就称为属性。实体本身有无限多的属性，能被人的理性所了解的只有两种：心与物（思维与广延）。心就是人的思想，物就是人的身体。人是心与物的组合，因而只能从这两个角度去理解实体是什么。

这里体现了斯宾诺莎与笛卡尔的差别。笛卡尔认为心灵是一个实体，身体也是一个实体，再加上背后的上帝，就变成三个实体。为了解决这个问题，斯宾诺莎把笛卡尔的心与物从两个实体降格为两个属性。真正的实体只有上帝，他有无限多的属性；但是人的理性能够理解的只有两个属性，就是心与物。

这样就形成了两个世界——观念的世界和事物的世界。观念的世界有它的秩序与联系，事物的世界也有它的秩序与联系，这两者是同一的，是一个整体所显示出来的两面。譬如，一个人的心中有怎样的思想和感受，身体就会起相应的变化；对于身体所遭遇的一切，心也会有所觉知。

人的心包括理智和意志两个方面，两者看似可以区分，实际上是同一件事。理智是一连串的观念，意志则是一连串的意愿与动作。意志在观念中就等同一个人的欲望。人以为是自己在做出选择，其实未必如此，那可能只是一种本能反应。

凡存在之物皆追求继续存在，这是它的本能。快乐与痛苦只是本能可以顺利发展或受到阻碍的结果，并没有真正的苦乐问题。斯宾诺莎关于苦乐的说法非常精准，他说："并非一样东西给我快乐，所以我欲求它；而是因为我欲求它，所以它给我快乐。"为什么我要欲求它呢？这是因为我具有人的本能，不得不如此。

因此，人是没有自由意志的，人类由生存所需决定了本能，而本能决定了欲望，欲望再决定思想与行为。人的意愿是由一个原因所决定的，这个原因又被另外一个原因所决定，由此，可以追溯到整个宇宙。

人以为自己是自由的，只觉察到自己的意愿与欲望，却不清楚自己被引入这个意愿与欲望的原因。他举例说："人的意志好像是一颗被抛出去的石块，在划过空中时，这个石块以为是自己在决定这个抛物线，可以选择在什么时候、什么地方落下来。事实上它是完全被抛出来的。"

就像几何学的规则一样，人类行为所依照的也是固定的规则。斯宾诺莎对于人类的行为不嘲讽、不悲哀、不诅咒，只求理解。因此，不能把人类的各种激情当作人性的罪恶，而要视之为人类自身的性质，就像冷、热、雷、雨等天气的性质一样。斯宾诺莎说："不要哭，不要笑，要理解。"这句话从此被广为传诵。

收获与启发

1. 如果要探讨宇宙万物的本质，首先要去除各种不必要的谬误，不再把人类的想法、情感或愿望投射到整个宇宙中。

2. 自然界是唯一的实体、唯一的神，因为它是自因的。

3. 作为万物之一，人类最大的特色是有理性，可以从心与物这两个属性的角度，看到宇宙万物是一个整体。人并没有自由意志。

课后思考

斯宾诺莎说："不要哭，不要笑，要理解。"请你想一想，这句话可以用在生活的哪些方面？

补充说明

"不要哭，不要笑，要理解"这句话属于斯宾诺莎哲学的应用。哭和笑皆属于情绪，理解属于理性的认识。人不可能没有情绪，情绪在适当的时候表现出来是很自然的；但重要的是要理解，要知道这一切的原因，了解这是怎么回事。那么这句话可以用在什么地方呢？

首先，可以用于反省自己过去的遭遇。从现在看过去就像一出戏，如果能充分理解，就会有一种通透的感觉。自己在哪些方面表现得不错？哪些方面有待改善？我们要善于反思。

比较重要的是，可以将这句话用于眼前正在发生的事。你目前遇到什么成败得失，先不要有情绪反应，要用理性想清楚。除了斯宾诺莎提到的哭和笑，我们还会出现其他各种情绪。如果我们一直跟着情绪走，就会给自己造成更大的困扰。我们要问：古人或前辈遇到类似情况时，他们是如何面对的？我现在的遭遇是否合乎常理？

孟子有一句话说得很明确："莫非命也，顺受其正。"意即，发生在我身上的一切遭遇都是命运，我只有顺着情理去接受它正当的部分。关键在于"顺受其正"四个字，因此，我们要分辨"命"（遭遇）是正命还是非正命。如果我的遭遇是合理的，历史上发生过，别人也可能碰上，那就把它当作正命。譬如，做生意当然可能失败，做官当然可能被贬抑，交朋友当然可能交错朋友，这些都是所谓"合理"的情况。对于不合理的，要坚持自己的立场，这样一来，就能探知什么是自己不能让步的红线。

斯宾诺莎的话可用于调节情绪，要尽量用理性去看待自己的遭遇。其实生活的各个方面都可以应用这句话。

从理性走向自由

本节的主题是：从理性走向自由，要介绍斯宾诺莎如何从形而上学建构出一套"以几何学方式证明的"伦理学。斯宾诺莎认为：上帝等于实体，等于自然界。这是一种"一元论"，有如一张天罗地网，身陷其中的人还有自由可言吗？

本节要介绍以下三点：

第一，分辨三种知识；

第二，设法认识自己；

第三，从理性走向自由。

（一）分辨三种知识

斯宾诺莎认为，人的知识有三种：

1. 由感官知觉得到的知识；

2. 科学的知识；

3. 直观的知识，亦即由于明白上帝的某些属性，因而可以直接看到万物的本质。

直观不涉及情感与意愿，而是使用理性的一种能力，"从永恒的形式下观看"万物。"从永恒的形式下观看"是斯宾诺莎特别使用的术语。如此一来，你将会看到：发生的一切都是必然的，一切都像处于一张巨大的因果网中。正如老子所说的"天网恢恢，疏而不失"，没有任何东西是偶然的或可以遗漏的，万物的必然性等于神的永恒本性的必然性。

（二）设法认识自己

接着把焦点转向认识自己。"认识你自己"是古希腊德尔菲神殿上刻的一句话。

斯宾诺莎认为："人的本能就是要保存自己的存在，你愈能取得对自己的存在有益的一切，德行就愈高。"换言之，德行就是力量，是一种活动的权力。人的本能一定是利己的，没有人不追求自己认为好的东西，除非你希望获得更大的善而放弃眼前较小的善。譬如，一个人行善而有所牺牲，他可能是希望得到好的名声或某种更大的快乐。

斯宾诺莎的伦理学既不建立在性善或利他的观念上，也不建立在性恶或自私的观念上，而是建立在必然而正当的利己观念上。利己与自私不同。

斯宾诺莎认为，德行的基础是要努力维持自己的存在，而幸福就在于拥有继续存在的权力。

由此引申到快乐与痛苦：人生的幸福，就是获得快乐，人生的目的，就是拥有快乐而没有痛苦。快乐是因为人的完美程度较高，权力增加了；痛苦则是因为人的完美程度较低，权力减少了。所以，情绪的善恶不在于它本身，而在于我的权力是增加还是减少。这里的"权力"并不是指政治上的权力，而是指让自己活下去的能力与力量。

斯宾诺莎对情绪的基本看法是：一个人若要追求德行，只有一条路可以走：对情绪有清楚的观念，用理智和知识来超越情绪。他提出的建议相当深刻："不用去恨别人，恨别人是承认自己的惧怕与卑劣，因为我们不会去恨那些我们自信能胜过的人。"因此，要设法化解情绪。

（三）从理性走向自由

斯宾诺莎的"一元论"系统显示了一种"决定论"，现在的问题是：人有自由吗？斯宾诺莎认为，人唯一的自由就是凭借理性与想象，把经验化为先见之明。你能理解过去发生的一切，就不会为它所困，你不再是过去的奴隶，而成为未来的主宰。

如果行为出于情绪，则是被动的作为，将给自己造成桎梏；如果行为出于理性，则是主动的作为，人就是自由的。所以，人的伟大不在于统治别人，而在于统治自己，使自己不受欲望所困。这与老子所说的"胜人者有力，自胜者强"非常相似。

因此，自由只有一种，就是了解人的必然性。这显然是一种决定论的思想，难免让人觉得悲观。但斯宾诺莎认为：一切都是被决定的，人类的各种言行表现都是如此。这种决定论会带来一种更好的道德生活，它会使我们对别人不藐视、不讥笑、不生气。因为一切都是被决定的，所以每个人都是无辜的。譬如，当看到别人做坏事时，你如果知道他是被决定的，你对他的态度就会不同。斯宾诺莎很在乎社会的安定，他说："要严惩不法之徒，但不要心怀怨恨，要原谅他们自己也不了解自己的行为。"

《伦理学》的最后一部分讨论人的自由。斯宾诺莎说："一个被动的情感，只要我们对它形成清晰而明白的观念，它就立即停止作为被动的情感。"所谓被动的情感，就是由混淆的观念所带来的身不由己的情绪反应。譬如，别人的批评会让我生气，但我一旦了解别人为什么批评我（可能是误会，也可能自己确实有错），就会发现根本没有发泄情绪的必要。

斯宾诺莎说:"只要心灵能够理解一切事物都是必然的,那么它控制情感的力量就愈大;心灵控制情感的力量愈大,感受到情感的痛苦就愈小。"譬如,即使别人夸你书念得好、表现杰出,你也不会沾沾自喜,因为你知道前因后果,明白自己为此付出多少代价。简言之,人要用理性的力量,以认知的方式克服情感,这样才能获享心灵的自由。

斯宾诺莎对此怀有定见,他认为,所有发生的事情都是神的永恒命令,也就是自然界的规律。对上帝的理性之爱,就是要了解上帝的永恒命令,然后接受它、爱慕它。

如果你了解万物都是被决定的,就不再有抱怨的心理。你会觉悟,自己的不幸在整个体系中并非偶然,在整个宇宙永恒的秩序结构中,你会找到合理的说明。由此就可以从无常的情绪提升到全面的觉悟,可以微笑着直面死神。

斯宾诺莎明显影响了尼采的思想。尼采说:"凡是必然的,都不会伤害我。爱命运就是我的基本立场。"斯宾诺莎说:"一个自由人最不在意的就是死亡,他们的智慧不是对死的思维,而是对生的思维。你如果从永恒的角度来看一切,万物是一个整体,是同一个灵魂的表现。"这些话听起来很像泛神论,但是斯宾诺莎认为并非如此。

《伦理学》的最后一个命题强调:福不是德的报酬,德本身就是福。一般人行善积德是为了将来有福报,而斯宾诺莎认为"德行本身就是福",这种思想可以再做很多延伸。

斯宾诺莎最后强调:"哲学家由于了解永恒的必然性,觉察到自己与上帝、万物是一个整体,因此永远不会失落他的生命与存在,而常常觉得心灵非常满足。这条路很难找到,因为所有高贵的东西都很稀少、很难得。"

斯宾诺莎的思想对后代产生重大影响。黑格尔说："没有斯宾诺莎就没有哲学。你想成为哲学家，必须先是个斯宾诺莎主义者。"在斯宾诺莎去世后约 200 年，众多学者召开了一次纪念大会，并于 1882 年在海牙为他树立一尊铜像。

有位学者在致辞中说："这个人在他的大理石之座上，将为一切人指出他所发现的幸福之路。从此以后，不管过 100 年还是 1000 年，只要受过教育的人经过此地，都将在心中默默说道：上帝最真实的启示或许就在这里。"

收获与启发

1. 斯宾诺莎认为知识有三种。前两种知识分别来自于感官经验和理性思维，最重要的是第三种知识，它来自于直观。人排除各种杂念之后，将看到整个自然界就是一切，所以不必再寻找超自然的精神实体。自然界等于上帝，等于唯一的实体，这三者是同一的，都是自因的。

2. 要认识人的情况。人的本能是利己的，每个人都要维持自己的存在。一个人愈有能力或权力维持自身的存在，他就愈幸福。真正的德行不能脱离理性。如果我们的理性对情绪有正确的观念，就能化解情绪的干扰。人的自由是指，在了解人的本性的必然性之后，从中得到解脱的快乐。一切都是被决定的，但这种决定论并不影响人的道德生活。

3. 从理性可以走向自由。要了解一切都是一个整体，并学习"从永恒的形式下观看"万物，这样就可以用理性之爱去爱神。这个神就是实体，也就是自然界。

斯宾诺莎从决定论的观点来肯定人的道德生活的意义，请你想一想，如果一切都是被决定的，道德生活还能有何种意义？

补充说明

"从永恒的形相下观看"是斯宾诺莎的一句格言。"形相"就是"形式"的意思。斯宾诺莎认为，人只有一种自由，就是理解。从永恒的形式下观看，会有一种直观整体的效果。究竟什么叫做"从永恒的形式下观看"？可以从以下三个方面来看。

1. 没有时间性，没有过去、现在和未来。比如你从 100 年之后回头看今天的情况，就不会再有任何情绪反应。因此，从永恒的角度来看，你很容易把自己放空，不再会有什么执着。对于当下要做的事，就按照自己的理性去做，不用考虑太多。

2. 得失成败很容易化解。很多文学家也表达出这一点，像苏东坡的"大江东去，浪淘尽，千古风流人物"。当时叱咤风云的人物，后来都如过往云烟。

3. 这样的人生会不会太消极？斯宾诺莎是决定论，好人认为自己是被决定的，就继续做好事。但坏人是否会以之为借口，说自己注定要做坏事？其实，如果理性未被充分发挥，人不可能得到真正的解脱。说人是被决定的，听上去好像很消极，但如果你知道自己如何被本能、欲望和人性的状态所决定，你就会问：理性也是人的本能，我们为什么不能充分发挥呢？

斯宾诺莎选择如此严谨的生活，放弃各种外在享受或一般意义上的成功，他为何能够放弃？因为他了解什么才是最根本的。从永恒的角度来看，就会发现自己是一个有理性的生物，理性可以让我理解所有发生的事情。看得破并不等于放得下，你放不下的是自己作为人的责任。如果坏人以决定论为借口，把做坏事当作被决定的，就代表他真的被决定了。所以，人只有一种可能的自由，就是思想上的自由。

莱布尼茨居然对《易经》很佩服

欧陆理性论是近代哲学的重要流派，有三位代表人物：笛卡尔、斯宾诺莎与莱布尼茨。笛卡尔认为心与物是两个实体，但只有上帝是严格意义的实体。斯宾诺莎为了解决笛卡尔留下的问题，便把心与物当作上帝的两个属性，成为一元论。莱布尼茨则提出非常特别的"单子论"（Monadology）。单子论是一种多元论，但它又具有内在的统一性。这是怎么回事呢？

本节的主题是莱布尼茨居然对《易经》感到很佩服，主要介绍以下三点：

第一，莱布尼茨的生平简介；

第二，莱布尼茨的学术及社会活动；

第三，莱布尼茨对《易经》的认识。

（一）莱布尼茨的生平简介

与帕斯卡一样，莱布尼茨（Leibniz, 1646—1716）是西方少见的神童。他8岁时自修拉丁文，后来又学会了希腊文，15岁就进入大学研习法律。但他很快就碰上了哲学问题：要接受亚里士多德的目的论，还是笛卡尔的机械论？

亚里士多德认为，宇宙万物充满变化，都是从潜能走向实现的过程。实现就是它的目的，最高的实现是"第一个本身不动的推动者"。笛卡尔主张的机械论则是近代哲学的基本背景，一切都在机械的因果过程中发展，并没有所谓的"最高目的"可言。莱布尼茨想协调这两种思想，但并不是很成功。

莱布尼茨是德国人，他才华卓越，好学不倦，学术活动与社会活动很丰富，年轻时在巴黎、维也纳、柏林、慕尼黑等地从事不少外交工作，与他往来的都是当时的达官显贵。他留下的信件超过一万封。莱布尼茨始终希望均衡各方势力，使天主教与基督教、东正教之间可以和谐共处，使德国与其他民族之间能保持和平。

他曾受托为韦尔夫王室撰写历史。他认为，要研究王室的历史，必须考虑它所辖土地的历史，所以要先研究地质学；王室的土地是地球的一部分，所以必须先研究地球形成的历史。最后他显然没有完成这项工作。王侯所关心的是王室的声誉，而非地球形成的历史，但莱布尼茨是哲学家，一定要设法探究最后的根源。

一位传记作家这样描述莱布尼茨的晚年："他埋首阅读，几乎整天都不离开椅子。他右腿受过伤，导致行动不便，他的最后几年几乎都是躺在床上进行思考和写作的。"

莱布尼茨堪称当时最出色的人物，许多达官显贵都保护过他，支持过他，但他到了晚年居然被人遗忘。他去世时，只有他的私人秘书等极少数人去悼念他，学术界纪念他的只有法兰西学术院而已。一位参加他丧礼的人说："莱布尼茨如同一个盗贼般草草被人埋葬。"事实上，他是他祖国的光荣，但柏林科学院对他的过世却没有任何表示。

（二）莱布尼茨的学术及社会活动

在学术方面，由莱布尼茨倡议的柏林科学协会于 1700 年正式成立，并推选他为第一任主席（院长），该学会就是普鲁士科学院的前身。莱布尼茨著述颇丰，从亚里士多德以来没有人可以超越，在他之后恐怕也无人能及。弗里德里希大王在论及莱布尼茨时说："他自己就是一所完整的学术院。"

莱布尼茨的研究领域十分广泛，包括数学、物理学、机械学、地质学、矿物学、法律、国民经济学、语言学、历史学、神学与哲学，等等，他都能以同样的热忱投入研究。他的弟子沃尔夫（Christian Wolff, 1679—1754）编订了几本哲学教科书，厘清许多哲学专用术语，由此主导后续的德国哲学；直到康德出版《纯粹理性批判》，情况才有所改变。罗素认为："是莱布尼茨使德国哲学变得迂腐而乏味。"在德国之外，莱布尼茨的影响很小。

莱布尼茨在数学领域也有特别的贡献，他与牛顿确立了牛顿—莱布尼茨公式（Newton-Leibniz formula），即微积分定理。关于谁最先发明这个定理，至今仍有争议。正因为如此，英国人特别讨厌莱布尼茨，因为他们当然都支持牛顿。另外，莱布尼茨还设计过计算器与潜水艇。

莱布尼茨真正的成就是在哲学方面提出"单子论"。在西方哲学史上，只要提到单子论，就知道是莱布尼茨的杰作。简单来说，他由逻辑直接推出形而上学，由语言逻辑推出非语言的事实。前文介绍过古希腊时代的巴门尼德，他说："能被思想的才是存在，思想与存在是一致的。"莱布尼茨就是要设法支持和延伸这种观点。

（三）莱布尼茨对《易经》的认识

在莱布尼茨的时代，有许多西方传教士来到中国，他们发现中国具有悠久的历史和文化，于是着手翻译包括《易经》在内的中国经典。《易经》被翻译成拉丁文传到欧洲之后，像莱布尼茨这样好学的人当然要先睹为快。

《易经》是由阳爻和阴爻两个基本单位所构成。每一卦有六爻，2的6次方是64，因此《易经》共64卦，384爻。64卦代表宇宙万物的64种基本格局，384爻代表384个位置，由此形成一套预测未来的完整系统。正是因为中国古代有《易经》，才使得华夏民族可以在竞争中胜过其他民族，赢得生存和发展的机会。

莱布尼茨读了《易经》之后大为惊讶，他认为：阳爻代表1，阴爻代表0，《易经》只用两个基本单位就能推演出64卦，令人赞叹。他于1703年在法国王家科学院的院刊发表一篇论文，标题是《二进制算术的阐述——关于只用0与1，兼论它的用处以及伏羲氏所用数字的意义》。伏羲氏就是《易经》64卦的发明者，他是比神农氏和黄帝更早的部落领袖。

莱布尼茨曾通过外交官与传教士向中国政府申请，希望能到中国游学。但当时是清朝康熙年间，还没有国际学术交流的概念，因此未能成行。

另外，莱布尼茨认为，中国古代相信上帝的存在，但它和基督宗教的系统不同，没有"以耶稣基督作为上帝之子"之类的说法。他也讨论过中国古代"自然神论"的思想，即上帝创造了一切，后续就让人类自行发展。至于如何发展，则与西方了解的未必相同。

莱布尼茨主要留给后代两套哲学思想：一个是由他原创的"单子论"，属于他思想的形而上学部分；另一个是"神义论"，主要讨论神的正义，替宗教的神明辩护。后文会重点介绍这两点。

1. 莱布尼茨从小才华过人，乐于与王公贵族来往。他在外交上、在宗教界都倡导合作，并取得一定成绩。他最初的学术目标是希望协调亚里士多德的目的论与笛卡尔的机械论，结果发展出别具一格的"单子论"。

2. 莱布尼茨的学术和社会活动很多。他推广学术活动可谓不遗余力，最重要的成就是倡议成立柏林科学协会（后来成为普鲁士科学院），并任第一任院长。他好学不倦，是西方自亚里士多德以来著作内容最多的一位学者，此后恐怕也无人能及。他在数学和机械学研究方面也取得一定成绩。

3. 莱布尼茨读了中国的《易经》之后深受启发，把由阳爻、阴爻构成的《易经》符号系统与西方由1和0构成的二进制算术进行了对比。二进制是计算机的基本原理，所以有人说计算机的发明与中国有关。这当然是附会之词，但也不是毫无根据，至少莱布尼茨就很认同这一点。

课后思考

西方近代有很多年轻的天才，从帕斯卡到莱布尼茨，他们原本在科学方面或其他方面都可能取得很大的成就，但他们为何都把研究焦点转向爱智慧的哲学呢？

补充说明

为什么很多科学天才最后会转而研究哲学？因为这是人的天性。"人类天性渴望求知"，这是亚里士多德《形而上学》里的第一句话。

人类天性渴望求知，求知就是要求理解，但理解有不同的层次。智慧是完整而根本的理解，这不是为了外在功利的考虑，而是为了找到生命的意义，使生命恢复完整而根本的境界，使自己可以成为一个真正自由的人。

科学的领域一般分工很细，但往往见树不见林。即使是最优秀的科学家，最后还是要问：我生活在世界上，怎样才能找到一种比较好的生活方式作为我的人生观？有许多人直接信仰宗教，这当然是一个方便法门，但也可能从此就不再用心思考。

哲学不像科学那样专注于某一个领域，也不像宗教那样直接宣示最后的答案，哲学是随着生命而展开的。我们不断爱好智慧，让自己的觉悟可以由生命的经验不断验证，这样的生命才更加丰富而有趣。

21-4

莱布尼茨的单子论

本节的主题是：莱布尼茨的单子论。哲学家爱智慧，对于宇宙万物总希望有一个最根本的解释：宇宙万物到底是如何形成的？人与万物有何关系？宇宙万物有目的吗？莱布尼茨最后提出他独创的"单子论"，这也等于宣告近代欧洲理性主义的结束，因为他的思想明显有许多独断的成分。但是我们在批评他之前，最好先了解他在说什么。

本节要介绍以下三点：

第一，万物都是由单子构成的，单子是什么？

第二，单子的性质；

第三，上帝作为预定和谐的中心单子。

（一）单子是什么？

古希腊哲学家德谟克利特曾提出"原子论"，认为万物都是由原子与虚空所构成，原子在虚空中不断碰撞，从而形成万物。这是古代标准的唯物论观点。莱布尼茨认为这种构想有其优点，宇宙万物确实是由很小的单元所构成的。

但莱布尼茨是数学家，他认为原子论仍有不妥之处。原子尽管微小，但仍有体积，因而可被分割，所以原子不是真正单纯的东西。构成万物的基本单位应该是单纯实体，没有形状和体积，不可分割，莱布尼茨称之为"单子"。

单子是无形的，如何证明它的存在？莱布尼茨认为，最好的证明就是回到人类的内在经验，人的"自我"是单子的最好说明。我觉察到"自我"是一个精神体，是单一的、不可分割的，这不就是无形单子的模型吗？在我身上虽有各种不同的感受，但是自我通常可以维持它的统一性或单一性，它就是无形的单子。

莱布尼茨使用的"单子"（monad）一词来自于希腊文的"单一"（monas）。他认为宇宙是由无数的单子组成的，它们都类似于"自我"这个单子。

（二）单子的各种性质

如果单子构成宇宙万物，那么单子的活动是怎么回事？宇宙万物的活动又是怎么回事？莱布尼茨认为，单子没有体积、形状、分量等特征，但它是实体，必须具备某些性质。就像"自我"是由"知觉"与"欲求"两个要素构成的，所有的单子都有知觉与欲求这两种性质。这两种性质其实也是同一个东西。

1. 单子有知觉

任何一个单子都拥有整个宇宙在它自身的表象。莱布尼茨认为，宇宙万物皆有关联，每一个单子天生就具有某种知觉程度以反映整个宇宙。所以，"单子"也被称为"宇宙的镜子"或"小上帝"。前文介绍过大宇宙与小宇宙的观念，莱布尼茨显然从中受到了启发。

2. 单子有欲求

单子有一种倾向和动力，不断从一种知觉状态推进到新的知觉状态。快乐与痛苦、愿望与情绪等一切感觉，都可以用单子来说明。它又是第一动力，因为意志不外乎是理智光照下的欲望；并且欲望要成为行动，是按照理智表现给它的对象之可能或不可能、适合或不适合而定。

所以，单子有两个特征——知觉与欲求。事实上，欲求也蕴含在知觉里面。因此，单子就是具有冲力或能量的知觉。单子的倾向是由模糊的知觉趋向于清晰的知觉。一切单子都要尽可能地倾向于主宰宇宙万物的上帝。

单子的数目是无限的，它的性质就是知觉，可以按照知觉的程度列出等级，分为矿物、植物、动物和人的灵魂。在此之上还有一种精神单子，那就是上帝。它可以统合所有的单子，被称为"单子的单子"。

单子具有活力，使得整个世界生机盎然，宛如一座花园。莱布尼茨强调，宇宙中没有任何荒芜之物，没有无法繁殖之物，也没有死的东西，因为万物都是由充满活力的单子构成的。

莱布尼茨在宫廷做客期间，曾让宫廷的侍女们去找找看树上是否有两片一模一样的树叶。黑格尔为此嘲笑他说："这真是形而上学的美妙时光，有人可以在宫廷中致力于形而上学的研究，无须费尽心力检验它的原理，而只需比较树叶的异同。"

莱布尼茨认为，单子没有窗户，只有一种内在的知觉能力与动力，它完全自给自足，不受其他单子的影响。每个单子的内在深处从一开始就以一种模糊的方式，对其他单子产生想象，从而获知整个实在界。

（三）上帝作为预定和谐的中心单子

单子没有窗户，彼此不能沟通，它们之间要如何协调，才能使世界显得和谐有序呢？莱布尼茨以两个方式来回答。

1. 每个单子从一出现就具有一种内在的法则，以规范所有涉及这

个单子的事物。譬如，每个人一生的遭遇在他出生时就已经规
定好了。

2. 有一种"预定的和谐"可使所有单子之间协调一致。这就像每
个人手表上显示的时间都与标准时间保持一致，这种和谐是早
就设计好的。譬如你会认识哪些人，也是从你出生时就已经安
排好的。

"预定的和谐"由中心单子负责，中心单子就是上帝，莱布尼茨
由此毫不怀疑肯定了上帝的存在。莱布尼茨对于上帝存在的证明，让
我们想到安瑟姆的"本体论证"。莱布尼茨说："我必须有一个上帝
观念，或者有一个完美圆满的本质的观念。这个本质的观念必须包含
所有的完美圆满，而存在是一种完美，所以这个本质是存在的。"

这样一来，新的问题出现了：如果存在上帝这个中心单子，让
所有单子都保持一种和谐状态，为何人间还会有各种灾难、痛苦和罪
恶？下一节将介绍莱布尼茨的"神义论"，可以看到他是如何为上帝
辩护的。

<hr>

收获与启发

1. 单子本身无形无相，具有知觉能力。从人对自我的觉察，就能
知道单子的存在。自我是人的生命核心，它就是一个单子。推
而广之，宇宙万物都是由单子构成的。单子具有知觉和动力，
使得整个宇宙显得生机盎然。

2. 单子没有窗户，不能互相影响。每一个单子都具有某种知觉程
度以反映整个宇宙，只是知觉程度不同，有的比较模糊，有的
逐渐走向清晰，由此构成了宇宙万物的层级系统。中心单子是

纯粹精神的单子，它设计了"预定的和谐"，使宇宙万物可以保持和谐的状态。如何证明中心单子在运作？莱布尼茨接受安瑟姆的"本体论证"，认为宇宙万物的和谐要由"上帝"这个中心单子来负责。

3. 单子论属于标准的"独断论"（Dogmatism），只提出观点而没有给出充分的理由，无法令人信服。黑格尔读了"单子论"之后说："这根本是一部形而上学的小说。"黑格尔认为，莱布尼茨把所有的矛盾、对立都毫不费力地统一到上帝中，好像这些矛盾都不曾真正发生过。黑格尔说："在莱布尼茨笔下，上帝彷佛是排水沟，所有的矛盾、对立统统流到那边去了。"

课后思考

莱布尼茨单子论的出发点是人对内在自我的一种体验，他把内在自我当作一个人的生命核心，认为内在自我是统一的，没有任何矛盾或分裂的问题。这一点受到很多人批评与反思。请问：你对于内在自我的基本体验是什么？它是统一的还是分裂的？或者只是表面分裂而有一个统一的基础？

补充说明

关于内在自我是统一的还是分裂的，许多人都赞同弗洛伊德有关内在自我的说法。所以下面要讨论两点：第一，说清楚弗洛伊德的观念是什么；第二，简要说明心理学与哲学的不同。

1. 弗洛伊德的观念

弗洛伊德比莱布尼茨的年代晚 200 多年。莱布尼茨当时还没有后来那么丰富的材料，当时生物学革命尚未出现，因此他不可能达到后来心理学探讨的层次。所以，弗洛伊德的说法确实比较先进。弗洛伊德最有名的观念，就是将人的内在自我分成"本我、自我和超我"三个部分。

（1）本我。弗洛伊德认为，每个人都有一个"本我"。"本我"其实就是天生的本能。这种本能有一种驱动力，它要求欲望立刻得到满足。"本我"是无意识的，你不会察觉到它的存在，但它始终在发挥作用。

（2）自我。"自我"基本上起一种联系的作用，作为"本我"与外在真实世界之间的媒介。它具有调节功能，可以调节"本我"、外在世界和"超我"之间的关系，使它们减少冲突。这比较接近理性的作用。

（3）超我。"超我"就是良心，我们在儿童时期学到的社会规范就构成了"超我"。

"本我、自我、超我"的三分法并不是平行并列的。最基本的"本我"永远存在，但你意识不到。你能意识到的是"自我"。"自我"的作用是要把内在的"本我"（本能的冲动）与外在的世界联系起来，让你可以好好与别人来往，在世界上发展。"超我"是从小学到的某些规范，它不是另外一个层次的东西，我们一般称之为良心。良心与"自我"有时会非常紧密地结合在一起，无法把它们完全分开。

人的内在自我有时会出现协调困难："本我"发出各种潜意识的作用，让"自我"难以承受，甚至出现精神方面的状况。我们今天经常看到，很多人具有多重人格；有些人认知失调，在"我是谁"与"别人怎么看我"之间存在着很大落差。弗洛伊德已经指出：内在自我是复杂的，它不是一个统一体；它一直在变化中，在外界的刺激下，它会不断产生各种适应能力；它可能成长，也可能萎缩。

然而，弗洛伊德对此无法给出明确的方向，他只能说"你要设法活得开心快乐一点"，因为他的宇宙观、人生观都是用物理和化学变化来加以解释。只要你现在活得舒服愉快，身体觉得安适，心情未受干扰，就已经很好了。

2. 心理学与哲学的不同

心理学基本的思考模式都来自于假设命题。譬如我说："如果你要快乐，就要与别人好好相处。"所以，"与别人好好相处"只是得到快乐的一个手段。再如，"假如你要去美国念书，就要把英文学好。"所以，学英文没有强制性，如果你不去美国念书，根本不用学英文。

心理学命题不可能脱离假设，不可能在没有制约的情况下，告诉你应该做什么。因此，当你去找心理学家咨询，他一定会先问你："你想做什么？有什么愿望？"你要先设法认识自己到底有什么能力，再来分析这个愿望能否达成。

哲学不一样。哲学经常会被认为走上独断论，因为它只给答案，理由却不够充分。哲学的命题都是定言命题，就是要下定义。所以哲学家很喜欢直接说人性是什么，但事实上这是无法验证的，能够验证的是人类外在的行为表现。

为什么康德那么重要？康德的哲学被称作先验哲学，他的思考模式就是，当观察到任何经验时，都要先问：使这个经验成为可能的条件是什么？如果不具备该条件，就不可能有这种经验。这个条件就是先验的。所以，人为何会有善恶的表现？哲学家可以发表他的意见，说人性在先验上是如何的。

心理学是假设命题，容易被人了解和应用。如果你希望达成什么目标，就应该如何去做。但它永远无法告诉你人生最后的趋向。心理学家一般不会对你说"你要杀身成仁，舍生取义"，除非他对"仁义"在心理学上有明确的规定。

莱布尼茨的神义论

本节的主题是：莱布尼茨的神义论，介绍他如何为神的正义提出辩护。"神义论"的英文是 theodicy，theo 代表神，dicy 是希腊神话中的正义女神狄刻（Dice），合起来就意为"神是正义的"。

本节要介绍以下三点：

第一，莱布尼茨的充足理由律是什么？

第二，他如何面对恶这个问题？

第三，对莱布尼茨提出的质疑。

（一）莱布尼茨的充足理由律是什么？

莱布尼茨的单子论认为，宇宙万物都是由单子构成的。单子本身无形无相，只有两个基本特性——知觉和欲求。单子没有窗户，彼此不能沟通或互相影响。上帝作为中心单子，使其他单子得以存在；并具有预定和谐的观念和力量，使整个宇宙保持和谐。

作为中心单子的上帝与充满变化的宇宙万物之间有何关系？为了说明这一点，莱布尼茨提出著名的"充足理由律"，亦即除非有一个充足的理由作为基础，否则没有任何东西可能存在，也没有任何陈述可能为真。这类似于我们一般说的"事出必有因"。但问题是：你能否把"因"说清楚？莱布尼茨认为，一切发生的事都有它的充足理由，宇宙万物都有其充足理由。

莱布尼茨认为真理有两种：一种是永恒真理，譬如数学上的真理；另一种是事实真理，与经验事实有关。

永恒真理必然存在于神的理解中。因此，从永恒真理可以证明上帝必然存在。上帝的本质包含存在，其他万物的本质并不包含存在。譬如，我们可以知道一样东西的本质，但是这并不代表这样东西真的存在，它不存在不会构成矛盾。

除了永恒真理之外，还有事实真理。宇宙万物都是偶存的，万物的存在都需要充足理由，该理由一定在偶存的万物之外，那就是上帝。上帝必然存在，并且只有上帝就够了。所以，莱布尼茨由"充足理由律"证明了上帝的存在。

莱布尼茨随后提出一个非常著名的观念：这个世界是所有可能的世界中最好的世界。上帝选择创造这个世界，必然有充足的理由，上帝的一切作为都是为了实现最美好的事物。这个世界有预定的和谐，必定是所有可能的世界中最好的。上帝当然有可能创造另一个不同的世界，但从道德上来看，它只能创造出最好的世界。这就是莱布尼茨形而上学的乐观主义。

他的这种观念饱受批评。后来叔本华还嘲笑他，认为这个世界绝对不是最好的，反而是一切可能世界中最坏的一个，因为叔本华从根本上就否定有一个仁慈的上帝存在。莱布尼茨既然认为这个世界是所有可能世界中最好的，他就应该解释：为什么这个世界上会有各种恶？

（二）如何面对恶的问题？

莱布尼茨在 1710 年发表《神义论》，副标题是"论上帝的善性、人的自由与恶的起源"。神是正义的吗？从人间有各种痛苦与罪恶来看，这一观念确实应受到质疑。莱布尼茨认为，恶可以从三个角度来看：第一，自然的角度；第二，形而上的角度；第三，道德的角度。

1. 自然的恶

自然的恶，是指人在生命过程中有可能受伤、衰老，最后会死亡。莱布尼茨认为，我们应该相信，各种苦难与灾难都是秩序的一部分。对于动物来说，我们没有理由怀疑动物身上不存在痛苦，但动物身上的快乐与痛苦看起来并不像在人类身上发生的那样剧烈。这主要是因为动物不会反省，所以对苦乐不太敏感。

莱布尼茨一再辩称，这个世界上的善多于恶。如果我们对于生命的生老病死有基本的认识，就不会怪罪于上帝。

2. 形而上的恶

形而上的善是存在，形而上的恶就是虚无。人是受造物，在本质上就是不完美的。为什么上帝不造一个完美的东西？因为如果真造出来的话，那不就成了另一个上帝了吗？

有人很喜欢在这方面提出质疑。譬如，上帝能否造出一个他自己搬不动的石头？这说起来很有趣，但在逻辑上无法成立。人的理性不能理解"搬不动的石头"这一说法，因为在地震时，没有任何东西是不动的。

再如，你能否说出一句自己不理解的话？你也许会说梦话或颠倒错乱的话，但如果你自己都听不懂，那它还算是"话"吗？那只是某种声音的组合，跟鸟叫、狗叫没什么差别。

所以，只要是受造之物，就不可能达到真正的完美。受造物的不完美，并非神的选择，而是取决于受造物的本性。存在就算有它的缺陷，总是比不存在来得好。因此，对于形而上的恶，也没有理由怪罪于上帝。

3. 道德上的恶

道德上的恶是指人会故意犯错，做出错误的选择。莱布尼茨接受奥古斯丁的观念，认为恶是一种缺乏，缺乏正当的秩序就造成道德上的恶。你应该选择善而没有选，结果因为缺乏善而产生了恶。换句话说，恶不是实在的东西，并没有一种积极为恶的动力因。人有自由，所以人选择的时候，犯错似乎是无法避免的。

上帝并不喜欢道德恶，他只是允许它存在。如果自然的恶可能达成善的目的，譬如树木枯萎之后，新的树木可能长得更好；那么人类道德上的恶也可能造成某种善的结果，譬如可以促成其他人更加坚定地行善。

道德恶是人的行为，人要对自己负责，死后会有公平的赏罚。从伦理学的角度来看，要满足人在道德方面的愿望，就必须证明上帝是明智而公义的，他一定会公平地赏善罚恶。这是伦理学的主要基础所在。

（三）对莱布尼茨提出质疑

莱布尼茨一方面相信上帝创造人类和万物，另一方面又把人类的罪恶归咎于人类自己，而不归咎于创造人类的上帝。尤其是他认为"这个世界是所有可能世界中最好的"，这种说法带来了很大的困扰。

在他过世后约40年，他受到更直接的批评。葡萄牙里斯本于1755年11月1日发生大地震，导致上千人死亡。当时已经进入启蒙运动的时代，伏尔泰专门写了一篇名为《老实人》（Candide）的小说来嘲讽莱布尼茨，他说："这个世界怎么会是一切可能世界中最好的呢？"

除了天灾之外，还有人祸。譬如，纳粹在第二次世界大战中屠杀数百万名犹太人，这又该如何为上帝辩护呢？

莱布尼茨的目的是要建构出完整的哲学系统，但很多地方都超出他所能掌控的范围。

1. 为了思想系统的协调，莱布尼茨提出充足理由律。作为中心单子的上帝，安排了"预定的和谐"，使得构成万物的单子虽然没有窗户，但仍然可保持一种稳定状态。宇宙万物的存在都需要充足理由，因此，上帝没有理由不创造一个最完美的世界，我们现在的世界就是所有可能世界中最完美的。

2. 这个"完美的世界"为什么会有这么多的恶？恶代表缺陷和不完美。恶有三种：自然的、形而上的、道德的。前两种恶比较容易解释，不必归罪于上帝。但是道德的恶如此明显，它很难被解释。

   如果上帝是全能的，为什么不造出全善的人？如果上帝是全善的，为什么让人可能犯错？所以上帝或者不是全能的，或者不是全善的。这是对神义论最基本的批评。替神辩护一直都是宗教哲学家的愿望，但是人类的处境并不会因此得到改善，这些只是在理性层面进行的攻防作业。

3. 笛卡尔开启了心物二元论的立场。斯宾诺莎把二元整合为一元，把心与物当作实体的两种属性，取消了它们实体的地位，因为实体是不灭的。莱布尼茨提出有无数的单子，变成多元论。莱布尼茨的单子论只靠一个作为中心单子的上帝，就把一切都协调起来，使世界显示出秩序与和谐，这明显进入独断论的领域。

请你思考一下，人类道德上的恶应该归咎于哪些因素？

"道德的恶"一定来自于"人有自由"和"人会后悔"这两点。如果你没有自由，那么后来不可能会后悔。正因为你有自由、可以选择，却选错了，而且属于道德上的明知故犯，所以才会后悔。人的自由为何会导致恶？因为人有两个限制：

1. 理性方面的限制，使他无法知道所有的选项，究竟该如何选择？对哪些人更好？

2. 能力方面的限制，使他无法心想事成，去照顾所有人。

因此，人有自由，但他所知有限，能力更少，所以他的选择经常会出问题，由此产生道德的恶。这也牵涉到外在的制度和资源。但如果没有进行内在修养，自身的限制就会愈来愈大。

人真的有自由吗？按照斯宾诺莎的说法，人根本就没有自由。但他也承认，人可以用理性去了解自己的情感，由此摆脱情感的束缚，使自己可以自由地去理解。

道德的恶是一个客观存在的事实，否则人不会有后悔的问题。这里的"后悔"不是理财失败之类的后悔，而是由于我让别人受到伤害而后悔。也许我本来是好意，但因为我的认知和能力都有限制，结果阴错阳差，反而伤害了别人。这种无意中的伤害，经常会在这个世界上出现。

我们要更深入了解人性，也要更加了解自己，因为人性是普遍的，而自己是独特的。如何在人类的共性中找到自己的个性？这不是让你放弃个性，而是要顺着个性的发展，做出明确的选择。在选择之前，我们要有比较完整的认知，这样才能逐渐减少犯错和后悔。

第 22 章

霍布斯、洛克与贝克莱：
经验主义

别人都是豺狼吗?

本章的主题是:霍布斯(Thomas Hobbes, 1588—1679)、洛克与贝克莱:英国经验主义(Empiricism)。本节的主题是:别人都是豺狼吗?主要介绍霍布斯的哲学,包括以下三点:

第一,霍布斯的生平简介;

第二,霍布斯的哲学立场是什么?

第三,霍布斯的代表作《利维坦》。

(一)霍布斯的生平简介

霍布斯是英国哲学家,出生于牧师家庭,牛津大学毕业,后来担任贵族的家庭教师。他勤勉好学,曾把古希腊历史学家修昔底德(Thucydides, 460—400 B.C.)的《伯罗奔尼撒战争史》译成英文,晚年时把《荷马史诗》译成英文,这是他在学术上的贡献。

霍布斯与伽利略和培根都是朋友。当时培根在英国已经产生了很大影响,他的代表作《新工具》强调要用更严谨的归纳法来研究学问。霍布斯也读过比他年代稍晚的法国哲学家笛卡尔的著作,对他的观点无法苟同。霍布斯的代表作是《利维坦》(*Leviathan*),这是一本政治哲学方面的重要著作。

（二）霍布斯的哲学立场

谈到英国哲学，从中世纪后期的"奥卡姆的剃刀"到 14 世纪中叶，基本上都倾向于经验主义，主张重视经验，通过观察自然界与人类社会来寻找真理。这是英国哲学的主流路线。

霍布斯哲学的初衷是探讨"因果关系"，通过推理为人生谋得福利。所谓"因果关系"是指：对某一结果的产生过程做出科学的说明，然后再从原因复制所有可能的与实用的结果。因此，哲学仅涉及运动的物体，而不必考虑上帝或神学方面的问题。换言之，先把宗教搁在一边，仅就人类与有形可见的世界进行了解，目的是为人找到一种更安全愉快的生活方式。

霍布斯认为，重要的是研究动力因，因为它包含了形式因与目的因。只有动力因可以产生结果，所以因果关系是一种必然的联系。霍布斯的观点是机械式的决定论，排除了人的自由。

霍布斯认为，人是动物之一，有两种运动：一种是生命的运动，例如血液循环；另一种则是动物的运动，可以通过想象来表现企图。人的企图有欲望与厌恶两种，演变为爱与恨。霍布斯主张善恶相对论，个人的嗜好与欲望是善恶的尺度。合乎你的嗜欲，对你而言就是善，否则是恶。每个人都由于欲求权力（包括财富、名声、知识）而发展心智方面的能力。如此一来，人与人之间的关系变得非常紧张。他有一句名言："人对人而言就像豺狼一样。"（Homo homini lupus est.）

霍布斯认为，国家是由人的意志与协议造成的，国家的百姓称为公民。为了了解公民的角色与责任，必须分析人的性情、爱好与行动，霍布斯称之为伦理学。比较特别的是，霍布斯认为人也是自然物体，因此他把伦理学也当成一种对自然界的探讨。

（三）霍布斯的代表作《利维坦》

霍布斯在1651年出版代表作《利维坦》，副标题是"会死的神"。"利维坦"在古代是指一种巨兽。霍布斯在这本书中讨论国家理论，这是他的哲学中较有创见、也较为深刻的部分。

霍布斯为何要写这样的一本书呢？他认为，战争是自然状态，因为人都在追求及保存快乐，其出发点是利己。战争有两个最主要的德行，就是暴力与诈欺。这让我们想到意大利政治哲学家马基雅维利在《君主论》中提出的观念："战争就是要靠暴力与诈欺，用武力来胜过别人，而且兵不厌诈。"

霍布斯认为人有两种能力：一方面是情感与欲望，由此造成战争；另一方面是理性，可以让人通过协议而约定和平条款。人的理性命令我们，制定出大家共同遵守的权利与义务。

霍布斯在《利维坦》一书中提出了19条自然法则，重要的是前三条。

1. 每个人都应致力于和平，为了这个目的，甚至可以使用战争的手段。

2. 为了和平，有必要自愿放弃某些权利。在这一点上人人平等，不过人不可能放弃保卫自己生命的权利。

3. 众人应该遵守大家所制定的契约。这个契约使个人把他的权力与利益都让渡给一个人或一个委员会，藉此形成"一个意志"，这就是国家的由来。

成立国家的目的是为了和平，让每个人都可以过得安全、愉快。这就是"利维坦"，又叫做"会死的神"。既然谈到会死的神，就代表还有"不死的神"，那就是传统所谓的上帝。利维坦在"不死的神"（上帝）之下，给予我们安全与和平。霍布斯认为，我们不必谈宗教与神学，也不必期望上帝来保护我们的现实人生，这时只有靠自救，也就是组成国家。每个人让渡一些权利，形成契约，从而得到更大的安全保障。

霍布斯这种观点可以说明近代国家的形成，但他没有说明的是：国与国之间应该如何相处？当弱国遇到强国而无法自保时，应该采取何种策略？霍布斯只是站在英国人的立场上考虑的。当时英国的国力日趋强盛，而英伦三岛的地理条件也比较容易保障自己的安全。

霍布斯有两点看法值得参考。

1. 他说："不带刀剑的契约不过是一纸空文，它毫无力量去保障一个人的安全。"这意味着重视目的就必须考虑手段，若没有强大的武力作为后盾，订立的任何契约都是无效的。

2. 他说："当你享有反对别人的自由时，你也必须愿意让别人反对你。"这种观点很接近 18 世纪启蒙运动的精神，正是启蒙运动时期众人向往的目标。

不过，霍布斯过于重视经验和现实，很少谈及高尚的理想。他说："每个人都有他的偏执。一般人对某人的意见，赞成的会说它是真知灼见，反对的会说它是异端邪说。"这种现象在日常生活中、甚至在学术界里屡见不鲜，从中可以看到赤裸裸的现实主义。

比较令人担心的是下面两句话。

霍布斯说："一个人的价值，就像所有东西一样，就是他的价格。"将人的价值等同于价格，这显然忽略了每个人都有平等的生命尊严。

另一句话则显示他根本不考虑良知问题，他说："人对人而言就像豺狼一样，都是在争取自己的利益而不惜互相伤害。稍有不慎，就造成各种委屈与灾难。"

这种说法也许可以反映社会上竞争的现实情况，但不能说明人与人相处的一切情况。我曾在一所医院演讲，听众都是护理人员，墙两边挂着两行字："爱自己的孩子是人，爱别人的孩子是神。"可见，霍布斯忽略人与人之间也可能有很深刻的善念与善行。

收获与启发

1. 霍布斯继承英国重视经验的传统，并加以发展。在他之后，出现英国经验主义的三位代表：洛克、贝克莱与休谟。霍布斯是一位优秀的语言专家，对希腊文、拉丁文都有很深的造诣，他翻译了一些古希腊时代的重要作品。

2. 霍布斯的哲学立场是把人当作自然物体。如果要让人活得比较安全、愉快，就要了解人的性情、爱好与行动，这就是他的伦理学。人的善恶观念是相对的，以能否满足自己的嗜好和欲望作为标准。

3. 霍布斯的代表作是《利维坦》，又名为"会死的神"，代表在它之上还有一个"不死的神"。但这样的神或上帝太遥远，所以就设法由"利维坦"这个巨大的怪兽（国家）来为所有人带来安全与和平。

课后思考

霍布斯认为"人对人而言就像豺狼一样"，这种说法可能过于偏激。你是否能想到一些亲身的经历，来补充或修正这句话？

心灵只是白纸

本节的主题是：洛克所说的"心灵只是白纸"。

理性主义与经验主义是近代西方哲学的两大系统，双方对于知识的来源问题持完全相反的看法。笛卡尔开启了理性主义，他提出"我思故我在""我等于思"，因此感官无法获得可靠的知识，必须肯定人有先天本具的观念。英国的洛克（Locke, 1632—1704）则开启了经验主义，他提出"心灵只是白纸""所有的观念都来自于经验"。两大系统的对峙反映了西方思潮的重大转变。

在古希腊时代，柏拉图主张上下二元对立——理型界与现象界的对立，可靠的是在上面的理型界。亚里士多德虽然肯定经验世界，但最后也要推源于上层的"第一个本身不动的推动者"。中世纪一千多年以宗教为主导，认为人间并不完美，只有上面的天堂才是完美的，这也是一种上下二元的对立。

但是，西方近代以来开始重视知识的来源问题，由此出现内外二元的对立。"内"就是心，"外"就是身体及万物，后来就演变为心物二元对峙的局面。

《人类理解论》（又译为《人类理智论》〔*An Essay Concerning Human Understanding*〕）是洛克的代表作之一，该书旨在反对柏拉图、经院哲学以及笛卡尔的思想。自从柏拉图区分感觉与知识之后，大多数西方哲学家都认为，真正的知识不能来自于感觉或经验。如今，洛克的经验主义则是一项大胆的革新运动，这使他在西方哲学史上享有一定的地位。

本节主要介绍以下三点：

第一，心灵有如白纸；

第二，实体存在吗？

第三，人的知识是怎么回事？

（一）心灵有如白纸

洛克认为，人没有先天本具的观念。所谓"先天本具的观念"主要指三项内容：思想的规则、实践的原则以及某些自然的倾向。洛克逐一反驳这三点：

在思想的规则方面，譬如同一律与不矛盾律，其实就是说"一样东西是它本身，而不是别的东西"。这种规则对于小孩或文盲没有意义，所以不能说它是先天本具的。

在实践的原则方面，譬如，所有人都同意某些道德原则，但那些道德原则是什么？它们是如何取得所有人同意的？这些原则其实都是人想象出来的。

在自然的倾向方面，人确实有某些自然的倾向，譬如好逸恶劳等，但这种自然倾向与先天本具的观念无关。

洛克认为"心灵有如白纸"，观念来自于感官知觉和理性反省，即通过经验产生感觉，再对其做初步反省，才能得到各种观念。简言之，经验是一切观念的来源，由简单观念再演变为复合观念。

简单观念有四种：第一种是由感觉直接得到的，譬如，看到白色，闻到香味，看到运动和静止，这些都是由感觉得来的；第二种是由反省感觉的材料所得到的，譬如，通过反省，你会知道某样东西与另一样东西不同，从而对其形成某种印象；第三种是伴随前两种观念而生出的苦与乐的感受；第四种与前两种同时出现，即由于感觉加反省，可以得知一样东西是存在的、统一的、有某种力量的。此外，还有整合上述四种简单观念而形成的复合观念，如实体、样式、关系等。

洛克说："假如心灵像我们所说的是一张白纸，没有任何特征与任何观念，那么请问心灵是从哪里得到各种材料的呢？人何以能让它漫无边际地想象，并在上面涂抹各种颜色？这一切理性及知识的数据是从哪里来的呢？我可以用一句话来回答：是从经验来的。我们的一切知识皆由此而来，经验是知识最终极的来源。"这段话说明了经验主义的基本立场。

（二）实体存在吗？

"实体"是理性主义最核心的观念。所谓实体，就是在一样东西底下作为支撑的真实的东西，有时又称为托体（substratum），好像在底下托住某个东西。洛克批评实体的观念，他说："由于我们无法想象那些简单观念能够独立存在，所以就假定有某种托体，作为它们存在的依据与产生的根源，然后称之为实体。"换句话说，实体是我们想象出来的。

洛克认为，就算真的有实体，我们对它的认识也要区分"初性"与"次性"两个方面。这是洛克关于实体性质的著名解释。

"初性"就是能在我们心中产生简单观念的那个力量本身。譬如，在我眼前有一块蛋糕，它是一块而不是几块，代表它是统一的东西；它是圆形而不是方形，代表它有形状；它是 8 寸大的，不是 12 寸大的，代表它有大小。所以，一个东西的初性就是它的统一性、形状以及大小量积等性质。

初性不能被人类掌握，能被我们掌握的是次性。譬如，这个蛋糕是粉红色的（颜色），闻起来是香的（香味），尝起来是甜的（甜味），摸起来是软的（触觉），即所谓的"色、声、香、味、触"都属于次性。次性并非对象本身所具有的，而是藉其初性在我们心中产生的各种感觉。换言之，物体中的力量作用于人的感官，就出现了次性。

次性是主观的，依人的感觉而存在。一个人没有眼睛就没有颜色的问题，没有耳朵就没有声音的问题。黄疸病人看一切都是黄的，戴红色眼镜的人看一切都是红的。换言之，次性与物体本身没有什么关联，纯粹是人主观感觉作用的结果。

简而言之，洛克把实体的性质分为初性与次性，"初性"是实体本身的性质，"次性"是由我们的感觉所得到的实体的性质。

（三）人的知识是怎么回事？

人的知识只与观念有直接联系，而永远达不到物体本身。换言之，人的知识只涉及观念之间是否相合。譬如，白是白，白不是红，你可以分辨观念是同一的还是有差异的。在数学命题中，你可以判断演算过程与结果是否相合，但它只涉及数学符号或观念，而与客观事实无关。再如，火与热可以共存吗？上帝观念与真实存在物有什么差别？这些都是观念是否相合的问题。

这样一来，人的知识只是在观念世界中打转，不能接触到物体本身。洛克因而对自然科学持悲观态度。任何判断或命题只有或然性或概然性，而不可能有完全的确定性。数学并不陈述外在世界，它只是探讨人类观念的一种知识。道德知识和数学差不多，要依定义与公理来判断真伪，而不涉及你所判断的行为是否真正存在。

上帝怎么办？洛克认为"无不能生有"，所以必须有一个"无始之物"存在，它是永恒的、全能的、全知的，至于人是否称之为"上帝"并不重要。这样一来，经验主义就把人的知识限定在非常具体的范围里面。

收获与启发

1. 洛克开创经验主义。他提出"心灵有如白纸"，后天的感觉经验可以形成印象，再通过反省而得到观念。用观念代表外在事物其实都隔了一层，因为一切观念都来自于经验，尤其是感觉经验。有四种简单观念，简单观念可整合为复合观念。

2. 洛克取消了实体观念。他认为，就算有实体存在，人也无法认识，因为人所能认识的只是次性。次性来自于人的感觉能力，我有"眼耳鼻舌身"，就能感觉到"色声香味触"。这些"次性"只是我的感觉，不能代表外在的感觉对象。

3. 洛克强调，人的知识只能接触到观念，对于观念之间是否相合可以进行判断，但无法接触到物体本身。自然科学只是研究人类观念里的东西，无法接触外在的自然世界。因此，所有的命题只有或然性，而不可能得到确证。洛克承认上帝存在，因为人不能理解"无中生有"，所以必须要有一个本身存在的东西。至于是否称之为"上帝"，其实并不重要。洛克就这样建构起经验主义的大厦。

课后思考

根据洛克的说法，我们只能得到主观的观念，而无法及于外在的客观对象。譬如，你认识一位朋友，你对他的印象都是主观的，你能否把这些印象连结到这个朋友本身呢？

洛克的契约理论

本节的主题是：洛克的契约理论。洛克的契约理论影响深远，他在哲学史上有两大身份：第一是经验主义的创始人，第二是哲学上自由主义的创始人。

洛克的政治思想有什么影响力？由于孟德斯鸠（Montesquieu, 1689—1755）的阐述，洛克的政治思想已经在美国宪法中得以体现，英国宪法以他的政治思想为基础，法国1871年的宪法也以他的思想为蓝本。

经过启蒙运动的代表、法国的伏尔泰的推广，洛克对于18世纪的法国产生很大的影响。洛克也是英国1688年"光荣革命"的倡导人，这是所有革命中最温和的，也是最成功的，实现了"国王的权力要由国会认可"这一目标。

本节要介绍以下三点：

第一，契约理论是什么？

第二，自由主义的内容；

第三，洛克的伦理思想。

（一）洛克的契约理论

霍布斯在《利维坦》一书中，对于国家的形成与权力的来源做了初步探讨，洛克在《政府论》（*Two Treatises of Government*）中的阐述则更加完整。首先，洛克认为，人有一种自然状态。在自然状态中，人类天生是自由的与平等的。

但此时有三个问题：

1. 没有共同的法律。如果人与人之间发生冲突，该怎么办？
2. 就算有法律，也没有一个公正的裁判者。如果每个人都自以为是，这个社会很难和谐相处。
3. 就算有裁判仍然不够，他还需要有权力，而且这个权力必须是大家认可的。因此，要有法律、裁判者和权力，才能保障人的自然状态。

洛克认为，众人按照理性而群居在一起，一开始没有任何具有权威的上司去统治或裁决。人的理性就是自然法则，它会教导所有人：不应伤害别人的生命、健康、自由与财产。因为人都是由上帝所造的，都是平等而独立的。并且人有良心，受到自然的道德法则的约束。

接着，洛克认为，人有自然的权利，比如财产私有权。人类结合成为国家，是为了保护人民的生命、自由与财产，这时就要订立原始的契约。在这样的契约中，个人放弃权利而交给大多数人来裁决，但绝不会放弃自由而沦为奴隶。这是洛克的基本原则。

前面谈到的霍布斯认为人不能放弃生命，洛克则强调人不能放弃自由。

对于国家的组成，洛克认为应该"三权分立"，即立法权、行政权与联邦权各自独立。后来演变成今天我们所熟知的立法权、行政权与司法权的三权分立。

谈到君主的权力，传统上都认为是"君权神授"，即由上帝选定某些家族，并赋予其领导权力。因此，人民不服从君主，就是不服从上帝，根本不能有革命的念头。洛克则认为，国家的形成基于契约，君主的权力来自于人民，国家是由人民组成的。这开启了西方近代民主国家的观念。

（二）自由主义的内容

洛克的自由主义基本上是要肯定理性，主张宽容。洛克本人虽是一位虔诚的信徒，但他十分重视理性，认为理性具有主导的功能。他对启示有两个观点：

1.《圣经》的启示具有最高的确定性；

2.启示必须由理性来判断，所以理性还是具有最高的主导地位。

宗教一向以启示为主，但所有的启示最后都要靠人来解释，靠理性来判断。所以，最终还是要以人的理性来决定万物的意义。

洛克认为，人的理性有两种作用：

1.分辨什么是我们确实知道的、不能再加以怀疑的东西；

2.找出在实际上适宜接受的主张。

"适宜接受"代表这些主张具有可能性、或然性，而不具有必然性。换言之，要设法用理性去了解自己真正知道的是什么；同时，在实际生活上，也必须弄清楚哪些主张适合让我接受，使我可以过一种合理的生活。

因为理性有上述两种作用，所以在知识上和其他方面就出现了所谓的"自由主义"，强调要保持宽容的态度。洛克在这方面颇有代表性。所谓"宽容的态度"有两点内涵：

1.没有人是真理的判准；

2.没有人会轻易放弃自己的意见，所以，人与人之间必须互相尊重。

洛克说："哪里有这种人，他的主张都可以证明是绝对真理呢？或者凡是他所指责的缺点，都是真正的错误呢？"另一方面，洛克说：

"我们怎能期待别人放弃他的成见，屈从于一个陌生人或反对者的权威？"的确，每个人都有自己的看法，我们不能指望他人会放弃先入为主的想法。洛克又说："我们有理由相信，一个人愈能教训自己，他就会愈少强迫别人接受自己的见解。"即对自己要严格要求，对别人则要尽量宽容。他的宽容精神对于启蒙运动有非常深刻的影响。

洛克显然对于现实生活的兴趣更大，对于形而上学则没有太大兴趣。洛克研究了莱布尼茨的单子论后，写信给朋友说："我和你对于这种浪费时间的事情已经受够了。"由此可见，英国经验主义的实用精神。任何说法只要与现实无关，他们就认为那只是一种抽象的玄想，根本没有必要。巧合的是，洛克出生于1632年，而理性主义者斯宾诺莎也在同一年出生。

（三）洛克的伦理思想

一个哲学家不管是研究知识论，还是沉思形而上学，最后都要落实到现实人生里。洛克在伦理学方面的思想比较简单，他认为自由主义的特征就是要追求公私利益的调和，因此审慎是很重要的。他所谓的"审慎"与古希腊所谓的"明智"有点类似，明智就包括聪明与谨慎。洛克强调，一个人在道德上的过失都是因为缺乏审慎。审慎使人富有，缺乏审慎则会使人贫穷。

对于善恶问题，洛克说："善恶只与苦乐有关。"这种主张比较接近常识，但洛克偏偏就喜欢常识，他认为常识没什么不对，大家长期认同的说法一定有它的道理。他强调，善恶只与苦乐有关，我们称为善的，就是会产生或增加我们的快乐的，或是会消除我们的痛苦的。换言之，善就是让你快乐的，恶就是让你痛苦的。这种思想在古希腊时代就已经出现过，要批判它并不难。

另外，洛克问："行为的欲望是什么？"他的回答是："幸福，只有幸福而已。"这种追求幸福的观念同样源远流长。他说："追求幸福的需要就是一切自由的基础，以自由做基础才能追求幸福。"他强调："我们所热爱的政府就是能增加我们的自由的。"可见，洛克的伦理思想十分具体而落实。

关于教育，洛克说："把子弟的幸福建立在德行与良好的教育上，才是唯一可靠的办法。"洛克是一位虔诚的信徒，所以他并不反对上帝可以赏善罚恶。他的表现相当温和，只要是大家常识上都接受的，他就不会刻意反对。这就是洛克对现实人生的态度。

收获与启发

1. 洛克在他的《政府论》中，对西方的契约理论做出详细说明，确实发人深省，直接影响当代民主国家的建立。

2. 洛克的自由主义肯定理性，主张宽容。他认为，要尊重每一个人，不要试图改变别人，但我们也有权利保持自己的观点。

3. 洛克的伦理思想相当简单，他认为，善恶只与苦乐有关，人生就是要追求幸福，让自己过得快乐。对于在什么情况下要做出重大牺牲，恐怕一时难以说清楚。

课后思考

我们可以从洛克的宽容态度中学到什么？如果你发现朋友在观念或行为上有明显的错误，甚至这个错误可能处在法律边缘，你会想尽办法劝导他，还是尊重他的选择？

贝克莱在经验主义中承先启后

我们可能不太熟悉"贝克莱"这个名字，但很多人都知道加利福尼亚大学伯克利分校（University of California, Berkeley），这是美国一流的大学。这所大学邀请了许多在自然科学方面获得诺贝尔奖的学者去担任教授。这些教授有一项特权——有自己的专属停车位。所以学生总开玩笑说，在伯克利大学随便丢块石头，都可能砸到一位诺贝尔奖得主。这当然有些夸张了。加利福尼亚大学伯克利分校名字中的"伯克利"（Berkeley）就是本节要介绍的哲学家，在哲学史上通常把他的名字译为贝克莱，其实指的是同一个人。

贝克莱（George Berkeley, 1685—1753）是爱尔兰人，毕业于都柏林三一学院，不到 28 岁就出版代表作《人类知识原理》和《对话录》这两本书。他年轻时事业心很强，曾到美洲考察，准备在百慕大（Bermuda）建一所大学，但没有成功。他后来回到爱尔兰，49 岁时被任命为英国国教的主教。为了纪念他，美国加利福尼亚州的一个市就命名为柏克莱，之后便有了加利福尼亚大学伯克利分校。英国学术界注重实际，至于你是不是主教、是有神论还是无神论都不重要；重要的是拿出著作，阐明基本观点，如此便能获得肯定。

英国经验主义的发展分为三个阶段：首先洛克认为，我们对于外在实体只能了解它的次性，而不能了解它的初性；因此就算有实体存在，我们也不能认识它。接着是贝克莱，他认为初性与次性一样，都是人的主观的一种理解。这样一来，外在物体的存在就被忽略了。最后到了休谟，认为连知觉的主体（人的自我和上帝）也是不存在的，至少是不可知的。

本节内容包括以下两点：

第一，贝克莱在经验主义的发展中承先启后；

第二，对比贝克莱与中国明朝学者王阳明的思想。

（一）贝克莱在经验主义的发展中承先启后

贝克莱有一句名言："存在即是被知觉。"（Esse est percipi.）

譬如，眼前这张桌子存在吗？它存在，因为它被我知觉。我是知觉的主体，具有知觉的能力。外在事物因为被我知觉，它的存在才能得到肯定。但问题是，如果没有人在房间里，这张桌子还存在吗？

有人专门写了一首诗来嘲讽贝克莱。一个年轻人说："上帝一定觉得很奇怪，他发现这棵树继续存在，而当时并没有人在园子里，这棵树没有被人知觉，它为什么还存在呢？"可见，当时许多人只从字面上理解"存在即是被知觉"的意思，便对贝克莱冷嘲热讽。

贝克莱如何答复呢？他说："亲爱的先生，你的惊讶很奇怪，我可是一直在园子里啊。为什么这棵树依然存在？因为我一直在看着它。"落款是"你的忠实的上帝"。上帝知觉一切，一样东西即使没有被人知觉，上帝也能保障它的存在，这就是贝克莱的观点。

譬如，深山里有一朵百合花，这座山没有人去过，请问这朵花存在吗？这对贝克莱来说不是问题，因为他是英国国教的主教，相信上帝的存在。他会说：深山里的这朵百合花照样存在，因为上帝在知觉它。所以，"存在即是被知觉"可以成立。

（二）贝克莱与王阳明思想的对照

中国明朝学者王阳明（1472—1529）比贝克莱早200多年。王阳明的学说不仅内容丰富，而且十分精彩。很多人把王阳明的"知行合一"与苏格拉底的"知德合一"相对照，很有启发性。大家也常把王阳明与贝克莱相对照。贝克莱是西方著名的主观唯心论者，王阳明和贝克莱所讲的是同样的东西吗？

王阳明主张"天下无心外之物"。在《传习录》中有这样一段记载。有一次他和几个朋友到南镇游玩，有位朋友指着岩石中一棵开着花的树问他："天下无心外之物，像这样的花树在深山中自开自落，与我的心有何相关？"

王阳明如此回答："你还没有看这朵花的时候，这朵花与你的心同归于寂（沉寂）。你来看此花时，则此花颜色一时明白起来，便知此花不在你的心外。"这个解释很有趣，他并没有说"你没看这朵花的时候，这朵花不存在"，那样说就和"存在即是被知觉"完全一样了。他只是说，你没看这朵花的时候，它自开自落；你看它的时候，这朵花才被你察觉，显示出它的色彩。可见，这朵花不在你的心外。

根据一些专家的研究，不一定要把王阳明的说法理解为像贝克莱一样的主观唯心论，好像我的心可以决定这朵花是否存在；而要把焦点转向你看或没看。王阳明重视的是心与物的感应，即我的心与这朵花接触后，我感应到这朵花，花的颜色就随着我的视觉而呈现出来。可见，王阳明并没有强调"存在即是被知觉"，也没有谈到"即使我不去看这朵花，上帝也一直在看"这样的问题。

中国宋朝、明朝的哲学分为两大系统，一个是理学，一个是心学，后来还有一派叫做气学。王阳明属于心学，选择的是陆象山（1139—1193）的路线。陆象山比王阳明的年代早300多年，与朱熹

（1130—1200）的年代接近。陆象山与朱熹两人还进行过辩论。陆象山曾说："宇宙即是吾心，吾心即是宇宙。"由此开启了心学的传统。

陆象山的意思是说，如果我的心没有觉悟到整个宇宙，则宇宙与我完全无关；如果我的心觉悟到宇宙，代表它可以包容一切，所有东西都不能离开我的心的意识能力。因此，探寻宇宙万物的道理不必像理学那样向外寻找，人完全可以在自己的心里去感应。不过，这种感应的观念不太容易说清楚，因此显得有些神秘。

贝克莱在认识论上强调"存在即是被知觉"，同时他又说"存在即是能知觉"。"被知觉"是指被人或上帝所知觉的对象，"能知觉"是指人或上帝具有一种知觉万物的能力或力量。贝克莱的哲学旨在阐明：人类是如何掌握一样东西的存在，以及可以掌握到何种程度。王阳明强调的则是心与物的感应，他所说的心的能力在作用上甚至超过贝克莱。贝克莱只强调认识的作用，王阳明则强调，心除了知觉之外，可能还有某种感应能力，这种能力更具主动性或能动性。

通过上述对照可以发现，西方哲学基本上都是经由人的理性思考来提出某些基本观点，再进一步影响到他们在伦理学、形而上学方面的观念。

收获与启发

1. 贝克莱在英国经验主义中处于承先启后的位置。洛克认为，物体的实体性不能被肯定，就算承认实体存在，人也只能接触到次性。贝克莱则主张，不但是次性，连初性也一样是人的观念，要靠人的知觉才能掌握。于是，一切外在物体统统被收纳在人的知觉里。

2. 将贝克莱与王阳明进行比较：贝克莱认为，离开能知觉的主体，万物的存在都不可知；王阳明则认为，有了能知觉的主体，万物的样态才得以彰显，他强调的是相互感应。

（课后思考）

人有主动认识的能力，所以很容易通过自己的主观想象去掌握外在世界。我们也强调，人与人相处时除了表达意见之外，还要能倾听别人的意见。你是否有这样的经验，在与别人沟通时，倾听反而会达到更好的沟通效果？

（补充说明）

如果将王阳明与西方哲学对照，大多数人都会说他是主观唯心论，用来做对比的就是英国经验主义的代表人物贝克莱。事实上两者仍有不同之处。

贝克莱的观念是"存在即是被知觉"，一样东西的存在因为被我知觉才能得到肯定。从另一个角度来看，"存在即是能知觉"。人是能知觉的主体，身外之物被我知觉到，它才存在。所以西方哲学家把自我的意识能力当作一个探照灯：大地一片漆黑，我的探照灯照在什么地方，就可以肯定它的存在；否则一片漆黑，没有存不存在的问题。也就是说，主体对客体有一种主导或宰制的作用。

而王阳明所说的"我看那朵花，花的颜色与我内心一起明亮起来"，这偏重于"感应"。不管对象是人还是物，主体和客体之间有一种感应的作用，两者同时存在，共存共荣，也同时消失。这意味着我的心进入一种"虚"的状态，随时准备响应万物，就好像山谷的回音。他不是以自己为探照灯，而是在主客之间呈现出一种互动的关系。

对于本节所提出的倾听问题，下面分别用三个层次来说明：一，人与人的层次；二，人与自然界的层次；三，人与自我的层次。

1. 人与人的层次

谈到倾听，一般都是谈人与人这一层次。这时要问自己以下四个问题。

（1）我在倾听谁？倾听的对象从最亲密的家人，到朋友、同学、同事，再到其他人，关系愈来愈远。如果关系太远，你完全不了解对方的背景和他一向的想法，倾听时就只能听到字面的含义，而听不到言外之意。

（2）他与我是什么关系？这一点非常重要。家人未必是最亲密的关系，你也许有更贴心的知己。

（3）我倾听他是为了什么？有何目的？如果对方只是通过聊天来发泄情绪，你就要做好心理准备，不需要提供任何意见。

（4）倾听的结果如何？情况是否有改善？如果倾听变成一种定期的情绪发泄，显然效果不理想。

人与人之间的沟通或倾听会有以下几种压力。

（1）会累。因为我有可能自顾不暇。

（2）会担心。我愿意倾听代表我有某种责任感，对方如此相信我，向我倾诉，我会担心自己听不清楚。

（3）会烦。认识久的人跟你说话，内容往往会不断重复。

（4）觉得有责任。对方所讲的内容可能也告诉过别人。如果将来他忘记了，可能会认为是你说出去的。

因此，倾听的时候要先界定关系、目的，再判断结果，才知道将来是要继续倾听还是要改变方式。

人与人之间的倾听，除非是宗教告解或面对长辈，一般来说不能总是保持单向的沟通。譬如我一直倾听张三，却不能对他倾诉我心中的想法，这是不平等的情况。宗教告解也有风险，因为听的人不见得有这么好的修养。因此在国外，当宗教逐渐复杂化之后，很多人有问题就找心理医师，但心理医师的风险同样很高。所以，谈到人与人之间的倾听，始终会有问题。

如果想做到善于倾听，可以参考一个德文单词。德文 hören 意为"听"，还有一个单词 gehören 意为"属于"，所以"倾听"就是"属于"。在我听你说话的这段时间内，我就属于你，完全从你的角度来思考和设想。但这种"属于"能撑多久呢？每个人到最后一定要问，我能否属于我自己？因此，单向的关系不可能长久。两个人互相"属于"，才能变成很好的朋友。

2. 人与自然界的层次

倾听的第二个层次是人与自然界，即倾听大自然的声音。《庄子·齐物论》提到了三种声音——人籁、地籁、天籁。籁是一种竹子做的中空的乐器，可以发出声音。

人籁就是人说话时发出的声音，也包括由人制作的各种音乐。人籁一定有压力，因为任何话都有意义或目的，你会担心听不懂或听错了。对于音乐，如果选一首你最喜欢的歌，让你听一整天，没有人受得了。所以人籁始终有它的限制。

地籁就是自然界发出的声音。譬如雨声、海浪声、风吹过竹林的呼啸声、狗吠声，不过这些都没有特别的含义或目的。人听到地籁会慢慢习惯，感受到那是自然界的一种韵律。《庄子》中提到"大块噫气，其名为风"，风吹的声音就像大地在吐纳呼吸一样。

什么是天籁？天籁就是放空自己，从而领悟到任何声音的出现都有它的条件。你听的时候，不要抱持着自己特定的想法，要把自己放空，一切如如——一切都按照它本身的样子出现，就不会再有喜怒哀乐等情绪反应。不要用耳朵去听，耳朵只能听到声音；不要用心去听，心只能了解现象；要用气去听。"气"是万物共同的基础，或称为共同的质料。气是相通的。"用气去听"相当于说：听就是不听，不听就是听。一切"有"最后都要回到"无"里面，而"无"又生出万"有"。这显然到了道家比较高的层次。

3. 人与自我的层次

倾听的第三个层次是人与自我，要倾听自己内心的声音。我们的耳朵很多时候都是向外，很少能够向内。我们要练习，每隔一段时间（每个月或每星期，最好是每天）都听一听自己内心的声音：我现在过的生活是自己真正想要的生活吗？我现在做的事是自己真正认可的事吗？我有没有浪费我的时间和生命？

如果忘记倾听内心的声音，你可能在五年、十年之后，发现自己的方向出现偏差。虽然表面看起来可能有些进步或成就，但方向一旦偏差的话，永远无法抵达原定的目标。所以，倾听自己内心的声音显然是更重要的。

存在即是被知觉

本节要介绍的是贝克莱的名言"存在即是被知觉"（Esse est percipi.）。这句话听起来相当抽象。本节内容包括以下三点：

第一，人只能知觉到性质，不能知觉到性质背后的物体；

第二，知觉属于精神的作用；

第三，对贝克莱观点的简单评论。

（一）人只能知觉到性质

贝克莱在《人类知识原理》和《对话录》里反复强调一个基本观点：人只能知觉到性质，而不能知觉到物体。性质与知觉者有关，亦即人所能知觉到的性质并非物体的性质。

洛克区分物体的初性与次性，并认为次性与知觉者有关。贝克莱进一步说，物体的初性也与知觉者有关，初性也不能代表物体。除了可察觉的性质之外，并没有所谓的外面那个东西。我们看见的是光线、颜色或形状，听见的是各种声音。但是我们看不见形成某种颜色的原因，听不见发出某种声音的原因。因此，所谓可察觉的物体，只不过是可察觉的性质或者是性质的综合而已。如此一来，我们要问：难道没有物体存在吗？这不是怀疑主义吗？还有比这更荒谬、更违反常识的观点吗？

贝克莱认为，可察觉的东西存在，是由于它正在被察觉中。换言之，说一样东西具有某种性质，那是因为它正在被你知觉。你如果没有知觉到它，便没有所谓"性质"的问题。

（二）知觉属于精神的作用

"知觉"包括感官知觉，有时候也译做"感觉"。以冷热为例，感觉热而觉得痛苦，这就是一种精神的作用。贝克莱提出著名的温水理论："假设你一只手冷，一只手热，同时放进温水中，热的手觉得冷，冷的手觉得热，但是水不可能同时又冷又热。所以，冷热只是存在于我们心灵中的知觉。"贝克莱所谓的"心灵"，与"精神"是同样的意思。另外，味道是苦还是甜，声音是好听还是难听，都是如此。

如果没有心灵，请问物体有颜色吗？贝克莱说："日落时，你看它是红色还是金黄色？你走近看一样东西是某种颜色，事实上，它本身并没有这样的颜色。用望远镜看一样东西与它实际的状况不同，黄疸病人所见的世界与我们所见的也不同。另外像色盲，也是类似的例子。"换言之，并没有所谓"真正的颜色"，有的只是我们所见的红、蓝、黄、白那些颜色的效果。可见，所有的"次性"（色、声、香、味、触）都是人的主观感觉而已。

再来看"初性"。物体的形状、运动等初性，能否不依靠我的心灵而存在？譬如，我们看到一个物体是有形状的，但是同一个物体从远处看很小，走近看则很大。因此，物体的形状、大小并不取决于物体本身。再看运动。一名跑步爱好者在跑步，对专业选手来说，他跑得很慢；但对一般人来说，他跑得很快。可见，运动这种初性也取决于我的知觉，与冷热等次性并无差别。

贝克莱在这一点上超越了洛克。洛克虽然认为人只能了解"次性"而无法认识"初性",但至少承认外在物体的存在。贝克莱则说："初性并不属于外在物体，它依然属于具有感觉能力的人，属于我们主观的一种觉察。"

如果把感觉称作精神的作用，那么被感觉的东西应该不是精神的吧？但贝克莱认为，不管你直接感觉到什么，那都是一种观念，观念不能离开心灵而独立存在。如果不使用观念，无法描述任何东西。因此，外在的一切都被收纳到内心的知觉能力里面。这样一来，外在的宇宙万物是否存在都成了很大的问题。

贝克莱是一位宗教人士，他强调"存在即是被知觉"，能够知觉的除了人类之外，当然还有上帝。当时对他学术观点的质疑，基本上都集中在这句话上。如果物体因为被感觉才存在，那么一棵树在没人看到时，难道就不再存在了吗？贝克莱就是要强调，上帝永远在感知一切。如果没有上帝的话，一个物体被我们看到时，会突然从不存在变成存在，这显然太荒谬。由于上帝感知一切，所以深山里的花朵或岩石，才可以像我们通常假定的那样继续存在。贝克莱甚至认为，这也是上帝存在的有力证明。

（三）对贝克莱学说的评论

前面的洛克认为，有一个实体（托体）存在，我们不能了解它的初性，只能了解次性，次性完全是主观的。这至少还保障了外界物体的存在。现在贝克莱则进一步说，物体的初性也要通过我的知觉才能被肯定。

对于这种说法，我们可以这样质疑：你对一样东西能够产生与现在不同的知觉吗？譬如，你听到车声时，能知觉到牛叫声吗？若不是真有车子开过去，你怎么能知觉到车声呢？贝克莱可能会这样回答："不管是什么声音，能知觉到声音的是我这个主体。当我说这是什么声音的时候，我用来形容声音的语词（譬如有韵律、好听、不好听……）都是概念。没有这些概念，也就无所谓有没有声音了。"人一思考，就要用到概念。因此，贝克莱的思想也被称为"主观唯心论"，亦即人是认识的主体，他的认识能力可以判断外在事物是怎么回事。

人的感觉都是当下的，因此贝克莱花了很大篇幅来说明记忆的重要。譬如，我过去曾看到过一个高塔，它由于被我知觉到而存在。后来，当我用记忆回想起高塔时，依然可以肯定它的存在。这就把当下的知觉与过去的知觉所产生的记忆连贯起来。并且，人类整体的记忆都可以连在一起，由此构成知识的世界。

这样的观点要发展下去实在很不容易。贝克莱到了晚年，干脆放弃哲学，转而研究咖啡，结果对药学做出很大贡献。贝克莱认为，咖啡可以使人鼓舞，但又不至于让人喝醉。

（收获与启发）

1. 贝克莱认为，存在即是被知觉。如果没有能够知觉的人，如果万物没有被人知觉，那么是谁在肯定万物的存在呢？万物存在与否根本不是一个问题。不论"次性"还是"初性"，都是能被我们知觉到的性质而已。

2. 所有知觉其实都是精神的作用，是我的心灵在做出判断。冷、热、苦、甜、声音、大小、颜色等一切知觉，都属于我们精神的作用。

3. 不管你直接感觉到什么，它都是一种观念，观念不能离开心灵而存在，这就是贝克莱最后的结论。他的学说是从洛克到休谟的一个中间阶段。

　　如果感觉真的如此重要，请问：你要如何提升自己的感觉能力，才能对万物的存在有更加细致而精准的感觉？

Part

6

启蒙必有挣扎

第 23 章

休谟：从经验主义走向怀疑主义

自我只是一束知觉

本章的主题是：休谟从经验主义走向怀疑主义。本节的主题是：休谟所说的一句话——自我只是一束知觉。

本节要介绍以下三点：

第一，对休谟的简单介绍；

第二，休谟强调知识来自于经验；

第三，自我只是一束知觉。

（一）休谟简介

休谟（Hume，1711—1776）生于苏格兰的贵族家庭，他16岁就写道："我要像哲学家一样说话。"18岁又写道："在哲学思维上，我不想顺从任何权威，而是要找寻可能发现真理的新途径。"他的新途径就是以怀疑作为方法，但他到最后也没有走出怀疑的世界。

休谟28岁写成了他的第一本书——《人性论》，其中并没有什么特别的看法与论证。他本以为可以藉此得到全世界的肯定，却并未受到特别的注意。这让他自觉是一个孤独的怪物，不适合与人来往。他写道："我是所有形而上学家、逻辑学家、数学家的敌人，甚至连神学家都诅咒我。"他后来应征大学教职也失败了，因为他被视为主张怀疑论与无神论。

休谟是一位英国哲学家，但让他成名的却是《英国史》这本历史方面的著作。他在英国没有受到太多重视；但后来到巴黎与法国启蒙运动的学者来往，使他突然享有了世界级的声誉，并周旋在许多名门仕女之间。

别人如此描写休谟："巴黎许多贵妇都在争夺这个身躯庞大、笨拙的苏格兰人。"他的身材、长相都相当特别，有一位仰慕者这样描写他："他的长相是对面相术的一个嘲讽，从他的面部特征无法看出他卓越思想的蛛丝马迹。他面孔宽大，身体肥胖，嘴巴也大，像是吃甲鱼的市府参事，而不是素养深厚的哲学家。智慧从来不曾以如此奇特的身躯装扮过自己。"

休谟形容自己："性情温和，能够自我克制，性格开朗，乐于与人相处，具有令人愉快的幽默感，感情内敛，不与人冲突。就算对文章的名声有高度渴慕，也从未使我的性情变得乖戾。我常常失望，但并不发怒。"根据当时认识他的人说，他的这段自我描写相当可靠。

休谟完成了英国经验主义的发展。英国经验主义有三位代表。第一位是洛克，他承认存在的东西有两个：一个是自我，一个是外在的实体。自我对外在实体的初性不可知，只能知道它的次性；但洛克至少还承认外在实体的存在。到了贝克莱则认为：初性与次性都是自我的知觉而已，外界实体的存在是不可知的。到了休谟则认为：连自我也一样不可知。洛克承认自我与外在实体的存在，贝克莱只承认自我的存在，休谟连自我的存在也要怀疑，从而进入到怀疑主义。

（二）休谟强调知识来自于经验

休谟认为知识来自于经验，这是英国经验主义与欧陆理性主义的最大分别。在休谟看来，所谓的经验就是指我们从感觉获得的印象。

他首先区分"印象"（impression）与"观念"（idea）的不同：印象是指强烈的感觉印象，而观念是对某样东西思考时所获得的模糊印象。

人由经验得到单纯的印象，由单纯的印象产生单纯的观念，单纯的观念再组合成复杂的观念。譬如"飞马"这个观念，你对于"飞"和"马"都有单纯的观念，就可以将两者组合成复杂的观念。没有经验就没有印象和观念。譬如，天生的盲人由于没有视觉的经验，就不会有颜色的印象和观念。另外，你还需要两种能力的配合：记忆力（能够保留最初的印象）以及想象力。

这就是休谟所建构的知识理论：经验使人得到单纯印象，由此获得单纯观念，再组成复杂观念，另外要配合对过去的印象与观念的记忆，然后加上想象力，这样就构成了知识。

（三）自我只是一束知觉

休谟强调，自我只是一束知觉。他认为，人对自己的"自我"没有印象，所以也就没有对"自我"的观念，休谟由此否定"自我"观念。他的《人性论》这本书里有段话常被引用："当我直接去体会所谓的'自我'时，我总是碰到这个或那个感觉，比如冷或热、明亮或阴暗、爱或恨、苦或乐，等等。我总是无法抓住一个没有感觉的、纯粹的我自己，并且除了感觉之外，我什么都观察不到。"

换句话说，自我是许许多多的感觉以无法想象的速度互相接续着，并且一直处于流动变化之中。所以，自我是感觉的集合体，或者说自我是一束知觉。这样一来，并没有自我的存在，只是因为许多感觉连续出现，并一直在变化中，我们就以为有一个主体叫做自我，有时候也称它为灵魂。

休谟说："灵魂一刹那也不可能维持它的同一与不变，所以心灵像是一个舞台，在同一时间内，心灵没有单纯性；在不同时间内，心灵没有同一性。"所谓"单纯性",就是在当下这一刹那,你的心思单纯吗?事实上,什么念头都有。譬如,你现在学习西方哲学,心里会想:"这句话在说什么?这句话好难啊!"心里产生了压力,一会儿觉得冷,一会儿觉得热,一会儿又觉得紧张,你不可能保持一种单纯的心灵状态。同时,在不同时间内,你的心灵也没有同一性。刚才的心灵状态跟现在的状态不可能一样。各种知觉在心灵这个舞台上连续不断的出现,你以为这就是自我。

换句话说,自我根本不可知,而不可知不等于不存在。休谟想要强调的是:自我不可能成为我们知识的一部分。这样一来就排除了两件事:

1. 排除以自我为一个实体。因为你根本不知道自我是怎么回事,所以不能说自我是在我的一切知觉活动底下的托体。

2. 在神学上排除对灵魂的想象。一般人都认为自我就是灵魂,譬如笛卡尔就如此认为。

那为什么一般人都有"自我"的观念呢?休谟认为,那是来自于感觉的推论。因为我一直在感觉中,总认为自己的这些感觉有一个作为基础的舞台;事实上,舞台只是一种比喻,并没有所谓的舞台存在。休谟说:"自我只是一束知觉,就像一捆稻草一样。"你把它拆解之后,就发现全是稻草,并没有所谓"同一的、单纯的自我"作为这一捆稻草的基础。换言之,自我只是一些感觉的聚合。

这种对自我的看法会引发"人格同一性"(Personal Identity)的问题,亦即人格没有同一性,并没有所谓的"我"这个人的人格。所谓"人格同一性"就好像每个人都有自己的身份证一样,我就是我,而不是别人。

休谟认为,很多人把连续存在的、关系紧密的东西当作是同一个东西,事实上这些东西之间并没有什么必然的连结。我们只是习惯把它们当作是同一个自我或灵魂或实体，以为这样就可以解决我们对"自我"的模糊观念，这混淆了同一性与关系性。事实上，除了知觉的各个部分间的关系之外，并没有什么不可知的、神秘的东西在联系着这些部分。这就是休谟对"人格同一性"非常著名的批判，他否定自我是一个实体。

收获与启发

1. 休谟是英国经验论的集大成者，也是总结者与结束者。他很早就写了《人性论》这本书，后来发现没有人理他，使他自觉不合时宜。但他后来的历史著作受到重视，在法国获得很高的评价。他的思想有很强的批判性，他坚持所有的知识一定要来自于经验，且必须是可以明确检证的。这使得他在西方哲学史上有鲜明的立场和特殊的地位。

2. 休谟对知识的看法是：知识一定要来自于经验，由经验产生单纯的印象，由此造成单纯的观念，然后演变成复杂的观念，再配合记忆与想象就构成了知识。但这种知识的局限也很明显。

3. 休谟最著名的一句话就是"自我只是一束知觉"，他认为并没有所谓"自我"的存在。到了近代，西方对于佛教的认识愈来愈多，佛教主张要破除对自我的执着，于是有不少学者就把休谟的见解拿来与佛教思想进行对照。但他们都忽略了一点，休谟对于宗教是毫不留情地予以批判的。

课后思考

根据休谟的说法，自我只是一束知觉，你认为在感觉、情绪、想象、记忆、思考这五者之中，以哪一种知觉作为"自我"的机率较高？

因果关系只是习惯

本节的主题是：因果关系只是习惯。手碰到火会感觉烫，所以火是烫的原因，手觉得烫是火的结果，但有人说未必如此。太阳每天都会升起，但有人说未必如此。你一定会觉得惊讶，好像日常生活的规律都被打破了，到底是谁这样说的？这个人就是休谟。

休谟已经把"人格同一性"消解了，他认为"自我"根本是不可知的，不能成为认知的对象。现在，更严重的则是有关"因果律"的问题。一般人都认为，这个世界上存在着因果关系，休谟却认为未必如此。本节要介绍以下三点：

第一，因果关系来自经验；

第二，休谟剖析并否定因果关系；

第三，人要如何生活？

（一）因果关系来自经验

一般人认为：

1. 因果关系建立在邻接性上，两样东西由于直接或间接相邻，而被视为具有因果关系；

2. 因对果具有时间上的先在性；

3. 从因到果之间有必然的连结。

所以，一般所谓的因果关系具有三个特征：邻接性、时间上的先在性、必然的连结。

但休谟认为，由于一个原因可能产生许多结果，一个结果可能由许多原因产生，所以因与果并没有一一对应的关系。所谓的因果关系只存在于人的观念中，是由习惯（感受加上记忆）所造成的观念。这种习惯形成人的性向，于是建立一种根深柢固的信念。即使把眼光扩大到万物的层面，我们要问：凡有开始之物皆有原因，真是如此吗？休谟认为，这是无法证明的预设，因为它的反面（万物并非如此）并不构成矛盾。

休谟分析人的思考模式，认为人类的思考有两种。第一种是思考观念之间的关系。譬如，"夫妻"这个观念，有夫必有妻，但并不代表这个世界上真的有夫妻关系存在。换句话说，"夫妻"只是观念，而观念不等于存在。又譬如，三角形有三个角，这也是观念之间的关系，并不代表这世界上真的有三角形存在。所以，第一种思考方式只是在观念里面打转。第二种是直接思考经验所造成的事实。这样一来，你根本看不到事物之间有因果关系存在。

他在《人类理智研究》这本书里面提到：什么叫做事实上的问题？就是人的思考往往只局限在观念的关系里，而没有接触到事实。譬如，太阳明天升起或不升起，这两者都可以被理解，它们之间没有矛盾，并不是太阳明天非出来不可。换句话说，有关事实的理论都奠基在因果关系上；而因果关系被发现，不是靠理性，而是靠经验。经验造成了习惯，习惯凌驾了一切。因和果是两个不同的东西，不可能从原因里面得到结果。认为可以，那是来自于人的盲目与愚昧。

休谟强调因果关系来自于经验，根据经验而来的一切推断都假设未来与过去是相似的，但没有人可以证明这一点。由外表相似的原因来期待相似的结果，这样的期待并不是推论。譬如，婴儿碰到蜡烛的火而觉得疼痛，他就会小心以避免重蹈覆辙。请问：他的理解可靠吗？这只是他从经验中得到的直接反应，谈不上任何认识。

（二）休谟剖析并否定因果关系

休谟认为，由甲产生乙的力量，不可能在甲和乙的观念中找到，只能由经验去认识原因，而不能靠思考或推理。没有任何一个东西可以预设其他东西的存在，使我们认识因果关系的还是在于经验。在甲的身上不能发现任何东西必然产生乙，那么我们为什么认为甲是乙的原因呢？因为甲和乙这两个事件长期连结在一起。我们无法得知连结的原因何在。譬如，碰到火觉得热，刮风时觉得冷，那是长期连结在一起的两种经验，并没有什么必然的关系。由于两者长期连结，甲的出现就会造成众人对乙的期待，并相信甲乙之间有必要的连结，这就是所谓的因果关系。

换句话说，因果关系是不存在的，因与果之间没有任何必然的联系。因为人的经验与观察都与归纳法有关，而归纳法只能找到或然性，不可能产生必然性。归纳法只是到此为止有效，对于将来没有任何解释能力。

甲与乙的经常连结，并不意味着它们将来也必然连结。譬如，我看到一个苹果，就会预期它的滋味不是牛肉的滋味，但这种预期未必正确，也许这个苹果的味道跟过去的经验不同，甚至完全出乎意料之外。因此，习惯性就变成了因果律。我们习惯上都预期太阳明天会升起，其实未必如此。

（三）人要如何生活？

如果否定所有的因果关系，人要如何生活？休谟提出简单的方法。一方面他宣扬怀疑主义，另一方面他劝我们接受习惯的指导，对于"自然齐一性"要有信心，就是相信自然界本身有整齐、统一的运作模式。所以，我们活下去要靠习惯加上信念。

他说："一切有关因果的推论都是出自习惯。我们的信念出自感觉，而非出自本能的思考。"譬如，是什么使我相信：我现在看到的是我的身体，我的身体是存在的？这并不依赖于思考，而是依赖于信念。

休谟说："对一切生活上的事，还是要保持我们的怀疑主义。"那为什么还要有信念？他说："我们相信火让人温暖、水让人解渴，那是因为如果不这么想，我们会有太多苦恼。如果我们是哲学家，就要守住怀疑主义、保持怀疑的倾向，这样就可以了。"

休谟甚至强调："如果放弃怀疑，我就会失去一切的快乐，这就是我的哲学的起源。"休谟的这种观点对于科学产生严重冲击，因为所有科学知识都来自于归纳法，都预设过去的事情会在将来继续发生。

休谟的冲击在 18 世纪还没有明显地推展开来。18 世纪是启蒙运动的时代，号称要恢复理性的光荣，休谟的做法恰恰让理性陷入困境。他认为，人不可能由经验与观察获得知识，也没有"合理的信念"这回事。亦即没有任何信念可以用理性做基础，也没有任何行为比其他行为更合理。如此一来，理性岂不是濒临破产了吗？

1. 休谟认为因果关系来自于经验，不能把因与果这两种观念连起来，说有因必有果。

2. 休谟认为，因与果相连完全来自于对事实的观察，来自于经验；因此，根本就没有因果关系这回事。只因为甲和乙长期前后相邻、紧密连结，使其看似有因果关系，然后人的联想与习惯便产生一种信念，相信甲是乙存在的原因，这就是所谓的因果关系。休谟的分析有一定道理，但是因果之间如果完全摆脱必然关系的话，那么人类知识的建构以及科学研究都会面临重大挑战，甚至寸步难行。

3. 休谟建议我们要如何生活？他说，要按照祖先的传统，相信一些基本的信念。譬如要有"自然齐一性"的信念，相信自然界有一定的规律，听到打雷可能就要下雨了。要按照你的习惯去生活，譬如，做这件事会有这样的反应，说那句话会有那样的反应。这是标准的怀疑主义的立场。但是休谟又认为，怀疑主义有解决的办法，你可以用"搁置"与"不在乎"这两种态度暂时治疗怀疑主义的问题。只要搁置判断，不要在乎，按照一般的生活习惯去做就好了。由此可见，休谟的怀疑主义无法说得很彻底。

我们从小接受各种因果观念，至少相信在行为上善有善报、恶有恶报。当我们发现善恶未必有所谓的报应时，你是否还愿意行善避恶呢？

23-3

怀疑主义如何看待人生？

　　休谟本人有伟大的抱负，也有自己的观点。他批判传统的形而上学，要揭穿传统哲学的假面具。他认为，过去所有建构在理性基础上的学说都是虚幻的。启蒙运动的目的是要揭穿人类知识的蒙昧，休谟因此成为启蒙运动的代表之一，在法国受到欢迎。但是启蒙运动还有一个重要原则——对其他人和其他观点保持宽容，休谟显然没有做到这一点。

　　本节要介绍休谟的怀疑主义是如何看待人生的，内容包括以下三点：

　　第一，有关宽容的问题；

　　第二，理智与情绪的关系；

　　第三，信仰的问题。

（一）有关宽容的问题

　　休谟宣称自己态度温和，容易与人相处，事实上他对许多传统观点都持批判态度。譬如，他主张"人格同一性"是不能被证实的。他说："当'自我'不被考虑时，就没有骄傲或谦卑的余地了。"好像如果没有"自我"，人与人之间就不会产生任何的矛盾冲突。对于宗教，休谟强调，只有破除宗教理性化的迷妄，也就是不再试图用理性的方式来证明宗教的正确，才能彰显信仰的本来面目。

休谟说："在检查图书馆时要如何整理呢？当我们拿到一本神学或形而上学的书，不妨问一下：这本书是否涉及数与量的抽象推理？答案是没有。这本书是否涉及事实与存在的经验阐述？答案是没有。那么我们就把它丢到火堆里，因为这本书可能只包含了诡辩与幻觉。"他的态度相当严苛。休谟站在自己哲学的立场上，认为所有关于宗教与哲学的书籍都有明显的偏差，要一一铲除。这种态度显然不够宽容。

（二）理智与情绪的关系

关于理智与情绪的关系，休谟也发表很多意见。休谟认为，人的自我只是一束知觉，因此不会涉及人死后灵魂继续存在的问题。消解了自我之后，还能谈道德问题吗？

休谟认为，人的行动要遵循信念，所以理性并不重要。他直接说："理性是，并且应该是，情绪的奴隶。不但如此，理性永远不能假装它负责任何其他的工作，它所要做的只是为各种情绪服务，并且服从它们。"休谟认为，道德行为完全基于道德感受，这种感受来自于情绪。

情绪包括情感与好恶，来自于强烈的反省的印象。这里有三点值得注意：

1. 要区分情绪的对象与情绪的原因。譬如，傲慢与自卑的对象是自我，爱与恨的对象是别人。但这些情绪另外还有充分的原因，譬如，自己拥有什么，或别人做了什么。

2. 在区分情绪的原因时，要注意起作用的性质与性质的主体。譬如，某人以其豪华的房子而得意，其实豪华的房子与他并没有什么关系。

3. 情绪如果不是指涉自我，就指涉别人，两者之间要靠联想而连结成一切情绪。因此，道德的基础是同情。前面提到，道德行为基于道德感受；现在说得更明白了，道德基于同情。

谈道德不能忽略意志。所谓"意志"是指，当我们故意引起身体的一个新的活动，或是心智的一个新的知觉时，我们所感受到与意识到的一种内部印象。意志涉及到自由，那么人有自由吗？

休谟说："自由如果是指'否定必然性'，那么这是一种语言上的误用。"你以为可以摆脱必然性的限制，事实上，对于什么是"必然性"，你恐怕都没有充分的理解。另外一方面，自由如果是指"自发性"，则可以说人有自由。不过，若只靠理性，则永远无法对意志提供指导，因为理性永远无法反对情绪。因此，道德的区分不是来自理性，而是来自感受。

什么是品德？休谟认为，所谓"品德"，是指"心智的行动或性质，能使旁观者产生愉快的赞许情绪"；相反的就是恶行。这种看法符合常识所见。休谟认为，人行善不是为了别人赞许，因为你不能保证会得到大家的赞许；但是别人的赞许确实会鼓励人行善。这句话很符合实际的情况。

（三）有关宗教信仰的问题

休谟幼年所受的教育使他信奉新教的加尔文教派，但他后来却成为著名的无神论者。事实上，他的立场是不可知论。

他批判各种上帝存在的论证，认为这一类论证都有一个共同的基础，就是相信自然界的秩序是由因果关系所建构的。但是这样推出的因，不可能有超越果的性质。换言之，由万物推到上帝，那个上帝不可能脱离万物的层次。万物是生灭变化的，本质上是零，再多的零加起来也不会等于一。

并且，也不可能由这样的因，推出已知万物之外的东西。因此，人无法由宗教推出任何超越世界之上的事物，也不可能推出人类行为的原则与判断标准。这些都是无用的假设。

在证明上帝存在的各种论证里面，休谟特别批判"设计论证"，即托马斯·阿奎那五路论证的第五路——由自然界的秩序可以证明上帝的存在，而且上帝是全能的设计者。休谟说："宇宙的秩序是长期演变的结果。在时间的过程中，一切都会协调运转，由此显示有秩序的外观。因此，即使真有原因，也可能是类似人类智力的东西，而不必联想到所谓的上帝。"换句话说，由自然界有限的秩序与美善，不足以推论出一个无限的、完美的、永恒的、有意识的设计者存在。

事实上，康德后来也指出"设计论证"的限制。他说："设计论证最多只能证明一个建筑师，却不能证明一个从虚无中创造世界的造物者。就好像钟表匠用已经存在的材料去制造手表，而自然秩序的设计者则是使用早已存在的材料去实现他的计划。"

休谟以自然演化来解释宇宙秩序的说法，后来也受到很多讨论与质疑。可以说，休谟的立场是不可知论，他不肯定也不否定，而是看到别人肯定就提出质疑。

如果把宗教放在一边的话，人生要如何安排？休谟认为，人类一切努力的伟大目标在于获得幸福。怎样才算幸福？能够支配自己的欲望，控制自己的激情，学会根据理性，对各种职业与享受做出正确的评价，这就是获得幸福的具体方法。

最后我们必须承认，休谟的经验主义已经演变成怀疑主义了。近代哲学一上场就出现理性主义与经验主义两大思潮。理性主义由笛卡尔的怀疑出发，肯定"心物二元论"；经过斯宾诺莎以实体统合二元，成为一元论；到了莱布尼茨提出"单子论"，主张预定的和谐，形成多元论，就有些不可理喻而陷于独断论了。

而在经验主义方面，由洛克区分"初性"与"次性"开始，还能承认实体的存在；经过贝克莱的"存在即是被知觉"，就只剩下精神体存在了；休谟把精神体（自我与上帝）统统化为不可知之物，最后陷入怀疑主义。近代哲学在独断论与怀疑论的双重困境中有没有出路，就要等待后来的学者了。

收获与启发

1. 休谟虽然宣称自己重视并尊重他人的经验，但他对于神学与哲学方面的许多著作，却没有什么宽容的态度。

2. 在理智与情绪之间，休谟以情绪作为主导，理智只是为情绪服务而已，并由此认为人其实并没有自由，只是顺着情绪去运作而已。所以，他对人生的一些说法显得比较浅显，有点心灵鸡汤的味道。譬如，他说："正是劳动本身构成你追求幸福的主要因素，任何不是靠辛勤努力而获得的享受，很快就会变得枯燥无聊、索然无味。"他又说："遇到有承认自己错误的机会，我是最为愿意抓住的，我认为这样一种回到真理和理性的精神，比具有最正确无误的判断还要光荣。"代表他自己随时愿意承认错误。

3. 有关宗教信仰的问题，休谟有一本代表作叫做《自然宗教对话录》，书中对于各种上帝存在的论证展开犀利的批判。他要求朋友在他死后再出版这本书，以免引起当时宗教界的不满。

对于人类的生活，休谟所能提供的建议非常有限，只是让人靠着习惯与信念去生活。

他最后说："整个世界是一个谜，一种无法解释的神秘，让人陷入怀疑和不确定。所以，放弃判断是最敏锐、最仔细的探究所能带领我们达到的唯一结果。"他要求我们放弃判断，这就很接近古代皮罗的怀疑主义。一切信念或价值观皆来自于人的经验，所以不用谈上帝、权威、宗教，等等。

课后思考

休谟认为理性是情绪的奴隶，唯一的功能就是为情绪服务，并且服从情绪。你可以根据个人经验做出进一步反思吗？

补充说明

关于情绪和理性的关系，有以下三点值得注意。

1. 情绪在先，理性在后。任何人遇到任何状况，一定都是先有情绪反应，接着才会做理性的思考。但是，先后关系并不等于主从关系。

2. 情绪是直接反应，理性则要经过间接的推论。在英文中常用"discursive"一词表示理性，就是转了个弯，要进行推论。所以情绪是直接的，理性是间接的；但是直接、间接并不代表哪一个为主。

3. 对于情绪和理性的反应，青少年与中老年有明显的不同。一般来说，青少年易受情绪的干扰，而中老年则比较习惯用理性来做进一步的思考。这种转变是渐进式的，转变的关键在于修养或修炼。

弄清情绪和理性的关系之后，更重要的是：谁在操纵意志？真正的行为来自于意志的抉择，抉择之后才有负责的问题。我们要不断练习，开始可能情绪影响意志比较多，后面要慢慢习惯让理性来做出决定。所以，你可以有情绪，但不要太快做出决定，最好经过理性思考之后再做决定，这样会减少后悔的情况。

23-4

忏悔中的觉悟

本节的主题是："卢梭：忏悔中的觉悟"，要介绍法语系哲学家卢梭的生平概要，以及他的代表作《忏悔录》。

哲学就是爱智慧，而智慧不能脱离发现真理，否则人生的幸福便没有着落。西方哲学通常都是靠理性去探讨真理，探讨的内容或是指向自然界，或是指向人类或上帝，很少有哲学家针对个人进行深入的反省。

其实，以个人作为人类的代表去进行反省，是西方哲学的另一个传统。这条路线始于苏格拉底，他虽然强调"知德合一"，但最后还是肯定：要认识自己，并按照自己所知最善的方式去生活。接着，中世纪的奥古斯丁撰写《忏悔录》，深入剖析个人的内心状态，开启哲学的新纪元。文艺复兴时期，法国蒙田的《随笔集》，和稍后帕斯卡的《思想录》也都属于这一传统。

与奥古斯丁类似，卢梭也写了一本《忏悔录》。这本书是在他过世之后才出版的。如果只用理性去探讨人生的智慧，则有可能忽略情感和意志的部分。而卢梭被认为是情感主义的代表，他充分展现情感的重要性。

卢梭（Jean-Jacques Rousseau, 1712—1778）的年代与休谟相仿，

他们彼此认识，有一段时间还成为朋友。1766年，当卢梭在欧洲大陆受到威胁时，休谟还曾邀请他到英国去。但两人的友谊没能维持多久，因为卢梭跟任何台面上的人物都很难维持长期的友谊，他只能与他从小接触的平凡大众保持友谊。

卢梭所处的18世纪是启蒙运动的时代。所谓"启蒙"就是要以理性来开导人，基本上有两个步骤：第一步，质疑甚至推开宗教的势力；第二步，让政治上的王权逐渐符合民意的要求。最终的结果就是1789年的法国大革命。

卢梭诞生于瑞士的日内瓦，那是一个以加尔文教派为核心的城市。他出生之后不久母亲便过世了；他十岁时，父亲又因故离开日内瓦。他由姑母抚养了几年，13岁开始就要自谋生路。他做过许多工作，当过学徒、侍从、秘书，后来又对音乐产生兴趣。他正是从音乐这个领域出发，才有了后来的发展。

卢梭没有受过完整的教育，但是他也读过一些书，并从中受到很大启发。最早影响他的一本书是罗马历史家普鲁塔克所写的《希腊罗马名人传》，他在十岁之前读了此书，描写自己读后喜极而泣，几乎每晚都要与书中的人物对话。这本书让他变得自重、高傲，好像与伟人生活在一起。卢梭甚至说："我把自己想象成罗马人或希腊人。"

本节主要介绍以下三点：

第一，承受命运的考验；

第二，真诚地面对自我；

第三，忠于自己的信念。

（一）承受命运的考验

卢梭如何承受命运的考验？卢梭一生颠沛流离，为了生活，他做过许多琐碎的事情，所以他日常的言行表现也都随兴所至，对于像偷窃、撒谎、懒惰、毁谤人，他都坦白承认。因为卢梭在音乐方面有些造诣，所以当时法国百科全书派的主编狄德罗（Denis Diderot, 1713—1784）邀请他撰写音乐方面的专题，卢梭由此才开始接触到法国知识界的主流思想。

1749 年对卢梭来说是非常关键的一年。当时卢梭 37 岁，他得知第戎学院举办征文活动，主题是：艺术与科学对人类的道德是有益还是有害？卢梭对此有许多个人的观察与体验。他在巴黎生活过一段时间，了解上层社会的情况，于是写了一篇反面文章，认为艺术与科学之类的文明是一切罪恶的来源。结果他获得首奖，声名鹊起。不过，他也因为批判文明而得罪百科全书派的学者，使双方的关系出现裂痕。

卢梭后来在事业上、感情上、信仰上经历各种波折，大部分时间都处于犹豫不决或震荡不安的情况之下。他身体不好又敏感多疑，情感丰富而执着，因而无法维持长期的友谊，后来甚至产生被害妄想症。

（二）真诚地面对自我

卢梭写《忏悔录》是要真诚地面对自我。他在这本书一开头就说："我要开始从事一件史无前例、今后也不会有人仿效的工作。我要设法以完全的真实来描述一个人，那个人就是我自己。我要以同样的坦率描写自己的善良与邪恶，不隐藏任何坏事，也不添加任何好事。甚至最后审判时，我也可以带着这本书，站在最高裁判者的面前接受审判。"他对于自己的坦诚十分自信，认为无人能及。

由此可知，卢梭对人性的认识来自于对自己的观察与反省，他可能是哲学史上最以自我为中心的思想家。在《忏悔录》里可以看到他一生 66 年混乱而复杂的情况，有各种梦想与疯狂的言行，也有懒散的一面。他确实表现得非常诚实，承认自己做过的所有不好的事情。卢梭的生活与思想虽然变化无常，但他还是有坚定的信念，忠于自己的基本观念，在教育与宗教方面维持一贯的想法。

（三）忠于自己的信念

卢梭在 1749 年成名之后就勤于写作，他发表的著作包括极其著名的《爱弥儿》《社会契约论》等，流传最广的则要属《论人类不平等的起源与基础》一书。他的每一本书都对当时的思潮产生重大的影响。卢梭以自己的著作证明，他是站在当时人民的立场，去思考一个人的人性应该如何发展，在政治与教育方面又应该享有哪些权利。

卢梭在 1778 年过世。从 1780 年开始，一半的法国人都到存放这个疯子骨灰的小岛上朝拜，其中包括王后与王公贵族。在法国大革命期间，各派领袖互相攻击；但是在崇拜卢梭这一点上，他们却可以联合起来。

当时一位重要的革命家罗伯斯庇尔（Maximilian Robespierre）曾在卢梭死前与他见过一面。罗伯斯庇尔在权力达到巅峰的时候，对卢梭推崇备至。他在 1794 年 5 月 7 日的演说中强调："卢梭是这个革命的先驱，这个革命要把他送进先贤祠、送上桂冠。"先贤祠是法国英雄人物的归葬之所。罗伯斯庇尔还尊称卢梭为人类的导师。

在法国国民议会的走廊上，卢梭的半身像与美国开国元勋富兰克林、华盛顿的半身像面对面并列。

德国最重要的哲学家康德说："在物理学上有牛顿的革命，在研究人性的问题上有卢梭的革命。"俄国小说家托尔斯泰年轻时读到卢梭的书有如晴天霹雳，就把卢梭的肖像纪念章当作耶稣圣像一样挂在脖子上。托尔斯泰推动的道德改革和他创办的学校都以卢梭作为典范。这些都还只是卢梭对当时社会和思想界所造成影响的一小部分而已。

1. 卢梭承受悲惨命运的考验，一路凭借好学深思来拓展自己的生命经验。
2. 卢梭在《忏悔录》中真诚地面对自我，要从自我的情感与理性的变化之中，去了解人类和人性的真相。
3. 卢梭始终忠于自己的信念，对于教育、政治与宗教持有一定的看法，使他成为不可忽略的西方哲学家。

课后思考

你从自己平凡而唯一的遭遇当中，曾经觉悟到什么样的人生智慧？

补充说明

在思考类似问题时，要注意思考方法，把握主轴去反思自己。所谓"把握主轴"就是要经常问自己三个问题。

1. 我是谁？

所谓"不经一事，不长一智"，你一定是在经历了许多特别的遭遇之后，才会发现自己原来是这样的人。对自己了解得愈多，未来才愈可能活出真正的自己。

2. 我在哪里？

要了解自己目前的处境，可能很顺利，可能很平常，也可能很倒霉。关键要问自己：目前这种情况是怎么来的？哪些是要自己负责的？哪些是由别人造成的？两方面要配合起来思考。

3. 我要去哪里？

这个问题指向未来，所有的行动都要指向这个问题的答案，这比较接近人生的志向。

人生志向的确立并没有时间早晚的问题。这不像学习某种技能，可能有年龄限制，譬如像我这样，到了一定年纪再学计算机，恐怕就来不及了。技能学习只是为了将来有"用"，属于比较具体的层次。

而"我要去哪里"是指人生的目标和方向，通常要放在向上提升的层次：我在具体的生活之外，希望自己有怎样的人生品味？在价值方面，可以往哪里提升？

23-5

文明带来罪恶

本节的主题是：文明带来罪恶，要介绍卢梭早期几篇重要文章的观点，内容包括以下三点：

第一，文明的罪恶是什么？

第二，人类不平等的起源；

第三，对卢梭的简要评论。

（一）文明的罪恶是什么？

卢梭是靠自学成名的学者，他喜欢思考，压力愈大，他的灵感反而愈丰富。1749 年是他生命的转折点，那一年他 37 岁。法国第戎学院举办征文比赛，主题是"艺术与科学对人类的道德是有益还是有害？"

卢梭的文章完全从反面立论，因为他是生于瑞士日内瓦的平凡百姓，父亲是钟表匠，他到巴黎之后接触到许多贵族社会和知识界的重要人物，发现文明充斥着各种虚伪。卢梭特别拿他的童年生活与之对照，完全根据个人的经验，几乎用一边倒的方式来批判文明的问题。

首先，他说："这是一幅尊贵而美丽的景象：看到众人从一无所有中，凭自己的努力创造文明、提升生活水平。但是，文明同时也是锁链，在艺术与科学方面的发展无异于锁链上的各种花环装饰。这些锁链压迫并窒息人心中的自由感觉，这些装饰使人喜爱自己的奴隶状态。"

卢梭强调："我们不敢再去想象什么是我们的真面目，只能在一种永远的束缚下说谎。众人表现的行为看起来像是诚挚的友谊，而真实的自信早已被遗忘。礼貌的面纱遮蔽了各种各样的卑鄙态度，我们巧妙地责难别人的优点，然后有技巧地毁谤他们。"

卢梭等于是把他在巴黎的经验普遍化。他强调，人的心灵已经随人文科学和自然科学的进步而腐坏。他有一段名言："天文学产生于迷信；辩论术产生于野心、怀恨、虚假、谄媚；几何学产生于贪财；物理学产生于无益的好奇心；甚至连道德哲学也产生于人类的自负。因此，艺术与科学的诞生，都可归因于我们的不道德。"教育所教导我们的是除了廉洁与正直之外的一切内容，因为道德的美德得不到报偿。

他的观点缺乏严谨的逻辑，论证薄弱，探讨也不够深入周全，但是却表现了一种直观式的体会。这些观点也成为他日后深入研究社会、政治以及人性问题的出发点。

（二）人类不平等的起源

第戎学院第二年再度举办征文比赛，这一次的题目是"人类不平等的起源以及这种不平等是否符合自然法则？"这一次卢梭的论文没有得奖，但他后来出版了这篇论文，书名为《论人类不平等的起源与基础》。

卢梭认为，人类的不平等有两种：

1. 自然的或生理的，如年龄、健康、体力、心智慧力，等等；

2. 政治的或道德的，大家按照公约设立了各种规范，而富者、贵者永远处于优势，显然是不平等的。

人类什么时候曾经平等过？卢梭认为：在想象中，人在第一棵橡树旁填饱他的饥饿，在第一条小河边缓解他的口渴，在能供给他一餐的树脚下找到他的床。由于这样，他所有的欲望都满足了。这样的人身体强健，不需要医生，他主要关心的是自我保存，也就是活下去。

在原始的野蛮状态，人与禽兽有何分别？卢梭强调，人与禽兽的差别与其说是理智，不如说是另外两点特质。

1. 人对自由的意识，使得人的灵魂展现出精神性。人有意志，可以做出选择，选择的力量只有用精神才可以解释，无法用唯物论或机械论来解释。

2. 人有自我改善的能力，也就是人的可完美性。

在这一阶段，人尚未达到反省的层次，因而谈不上什么社会生活。卢梭把这样的人称为高贵的野蛮人，因为他没有善恶的问题。卢梭认为，人在原始的自然状态下是善的，人的道德是他的自然情感与冲动不受阻碍的发展，人性里面并没有原始的邪恶或罪过。这种观念在西方很少见，但卢梭所谓的人性"本善"，其实是指在善恶出现之前的一种状况。

人类社会为何会出现不平等？卢梭认为关键在于私有财产的建立。他说："第一个圈起一块地，说'这是我的'，而周围那些单纯的人居然相信他的话，这个人就是文明社会的创始者。"私有财产一出现，平等就不见了。森林变成聪明人的土地，奴役与不幸伴随着农作而产生，富者的霸占、贫者的抢夺，以及两者毫无限制的激情，压制了自然情感的哭泣和虚弱的正义之声，让人充满了贪婪、野心与罪恶。

这种新诞生的社会状态引发令人恐怖的战争。卢梭认为，私有财产以及随后发展的整个社会结构都造成不平等，随之而来的是社会、政府和法律的建立。为了保障自由，所有人都轻率地跑进枷锁之中。政府的成立是给穷人戴上新的脚镣，给富人以新的权力，无可挽回地摧毁自然的自由；制定保护私有财产与不平等的永久性法律，让巧取豪夺变成无法更改的权利；为了少数有野心的个人，而让所有人遭受长久的劳苦、奴役与不幸。

（三）对卢梭的简要评论

卢梭对于文明和人类不平等的看法，很容易引发批评与反省。如果按照卢梭所说，人有自我改善的能力，那么这种能力很可能造就文明的社会，文明社会有问题又该怎么办？要把社会完全废除吗？要把我的、你的这种区分取消吗？我们应该回到森林与熊住在一起吗？人当然不可能重新回到原始的状况。因此，卢梭的后续著作显示他对社会改革的关心，并且提出他的社会理论。换言之，我们批评卢梭时要知道，卢梭也觉察到要不断改善自己的观点。

启蒙运动当时的主要角色是法国的伏尔泰，他比卢梭大 18 岁。当卢梭把《论人类不平等的起源与基础》一书寄给伏尔泰之后，伏尔泰如此回信："先生，我接到你反对人类的新书，谢谢。在把我们变回野兽的企图上，没有人如你这般聪明。读你的书让人想用手脚在地上爬行，但是我放弃这样的行动已经 60 年了，再重温是不可能的。"这封信充满了讽刺，为后来卢梭与伏尔泰的交恶埋下伏笔。

1. 卢梭认为文明是罪恶的来源。他对艺术与科学的批判表达他个人当时的观点，但这并不代表艺术与科学都是负面的。我们要进一步深入探讨，进而从事社会改革运动。

2. 在《论人类不平等的起源与基础》一书中，卢梭认为人与禽兽的差别在于：人有自由以及自我改善的能力。这两点是非常直观的看法，值得参考。

3. 一般评论都认为：卢梭的早期作品表达了他对巴黎豪华生活的反感，认为上流社会与他所了解的人民大众是脱节的。这也促使卢梭后来继续深入思考有关政治和教育的问题，他后期提出的各种观点也更具参考价值。

课后思考

文明的罪恶可以适度减轻吗？我们可以做些什么来保存人本来有的单纯心态？

第 24 章

卢梭与伏尔泰：对启蒙运动的争议

卢梭的《爱弥儿》

本章的主题是：卢梭与伏尔泰对启蒙运动的争议。本节要介绍卢梭的一本重要的著作《爱弥儿》。

前文介绍了卢梭的《忏悔录》，有一件事是卢梭确实要忏悔的，就是他在情感方面的波折。卢梭后来认识一位旅馆的女仆，跟她同居23年，最后结了婚。在此期间生过五个子女，卢梭嫌他们太吵，养孩子又太花钱，就把这五个孩子先后送进育幼院。这也成了他后期悔恨最主要的来源。

《爱弥儿》的主题包括"论教育"。换言之，卢梭要告诉我们如何教育孩子，这听起来有点反讽。当然，《爱弥儿》所谈的不只是教育孩子而已，也引申出卢梭对道德、情感的各种观点。

本节要介绍以下三点：

第一，《爱弥儿》这本书的内容是什么？

第二，《爱弥儿》表现了卢梭的三个基本人生观念；

第三，《爱弥儿》的情感哲学对后代的影响。

（一）《爱弥儿》一书的主要内容

卢梭认为，《爱弥儿》是他最好的、最重要的作品。其思想的关键是斯多亚学派的一句格言：人必须活得与自然和本性相协调。换句话说，要把大人当大人，把小孩当小孩。小孩要学的不是文字或书本，而是事物，亦即客观、具体的真实世界。小孩不可能讲理，因为他的理性还在睡眠阶段。所以，卢梭只推荐孩子看一本书——《鲁宾逊漂流记》，要看看鲁宾逊在荒岛上面对自然界的各种情况，是如何冒险求生的。

卢梭在《爱弥儿》第二卷的开始部分说："对孩子来说，忍受痛苦是他的第一堂课，并且是最有用的一堂课。"他的意思是，欲望不能立即实现，要延迟满足，在过程中忍受痛苦是生命最自然的经验。然后他强调，真正自由的人有两个特色：只想他能做的事，以及只做他愿意做的事。

卢梭强调，要去掉一些不必要的词，譬如，服从命令、义务、责任等；同时，要增加的则是问：孩子需要什么？什么时候要柔弱一点？什么时候要坚强一点？如何让生命本性最初的冲动可以表现出来？

卢梭认为，在人的心灵中没有什么原罪的问题。小孩最初几年的教育纯粹是消极的。所谓"消极"，就是防止他的心灵沾染罪恶以及错误的事。道德教育只有一条原则，就是绝不伤害任何人。这适用于所有人。我们真正的老师是感觉和经验，遇到任何东西都要问"这有什么用处"，而不要空谈理论。

卢梭有一句话与英国哲学家霍布斯针锋相对。霍布斯说："一个人的价值就是他的价格。"即一个人赚的钱愈多，他的价值就愈高。卢梭则说："价格愈高的东西，愈没有价值。"可见，他反对许多台面上哲学家的观点。

卢梭认为，人性中与生俱来的两种能力是欲望与理性。欲望是行为的动力，而理性能给人知识，教人分辨善恶。如果没有理性的话，良心就不可能得到发展。

但卢梭并非主张理性主义。卢梭强调，有些人主张用理性建立道德，这是不可能的。道德是由理性与情感共同建立起来的。没有情感，理性是不完善的。情感传达并反映人的需要，推动着理性。卢梭进一步说："人的错误不是来自感觉与情感，而是来自理性判断。人每获得一个真理，就会产生一百个错误的判断。因此理性必须依赖于情感。"这就是卢梭的情感哲学。

谈到社会道德时，他强调：良心是所有人灵魂深处与生俱有的一种正义原则。他甚至歌颂："良心啊！良心！你是圣洁的本能，是永不消逝的天国的声音。是你在妥当地引导一个虽然蒙昧无知、却聪明而自由的人；是你在没有差错地判断善恶，使人形同上帝；是你使人的天性善良，行为合乎道德。"

卢梭一方面强调良心是绝对的标准，另一方面又认为良心还不够，人还必须尊重别人的意见和社会的舆论，亦即要听从理性的声音。所以，良心和理智各有作用，两者合作才能决定人的行为。

（二）《爱弥儿》表现了卢梭的三个基本人生观念

卢梭在《爱弥儿》中谈到他的三个人生信念。

第一个信念。他说："我存在着，我有感官，通过感官取得印象、得到观念。这是我的第一个信条。"他强调：我存在，世界也存在。世界上任何一样东西的存在，都会以自己为中心。所以，卢梭认为唯心论与唯实论之间没有必要争论。卢梭肯定自我的存在，自我由感官获得印象、组成观念，宇宙万物像我一样都是存在的，整个世界是和谐相处的。

第二个信念。他说："我相信这个世界是由一个聪明而有力的意志在统治着。我看见它，或者说我感觉到它，而认识它确实是一件大事。"换句话说，宇宙万物有一个既定的秩序。使这个秩序得以存在，并且让万物和谐相处的，可以称之为"上帝"。但是卢梭从来不争论上帝的性质是什么。

第三个信念。他说："人在行动中是自由的，因为上帝使人自由，以便让人择善弃恶。而灵魂是无形的。"他进一步说："假如灵魂是无形的，它将比身体活得更久。并且这么活下去，上帝的公正就得到了证明。"因为善恶会有适当的报应。卢梭承认："我拿不出任何证据，但是单单看这个世界上坏人得意而好人受苦，就足以证明灵魂是无形的，将来会有适当的报应。"他说："我觉悟了，人的一生只活了一半，灵魂的生活只有在身体死后才开始。"这些话都表现出他个人深刻的信念。

卢梭从小接受的是基督教的加尔文教派与天主教的信仰，他曾在这两个信仰中改变过。他对宗教有深刻的认识，《圣经》是他最常读的书之一。他说："大自然在人心中所写的字迹是抹不掉的，我只需问自己愿意做什么，我觉得是对的，那就一定是对的；我觉得是错的，那就一定是错的。"这正是所谓的"良心原则"。他这种说法要以"真诚"为前提。如果缺乏真诚，每个人都以自我为中心，则毫无客观性可言。

（三）《爱弥儿》的情感哲学对后代的影响

谈到情感哲学，卢梭认为，贯穿个人与社会的基本问题是自爱与同情。

自爱是《爱弥儿》一书的基本概念。卢梭认为，第一个自然的概念就是自爱。他把自爱当成一种生理要求，有时也把它当成一种情感。他认为，自爱是自然的、原始的、内在的，是先于其他欲望的欲望，是一切欲望的来源。自爱最基本的表现是关心和保存自己的生命。

由自爱推展到爱自己亲近的人，再到爱其他人，从而产生出同情。形成同情之爱有三个原理：

1. 人在心中设身处地想到的，是那些比我们更值得同情的人；

2. 在别人的痛苦中，我们所同情的只是我们认为自身难免要遭遇的那些痛苦，像生病；

3. 我们对别人痛苦的同情程度并不取决于痛苦的数量，而取决于我们为那些遭受痛苦的人所设想的感觉。

所以，从自爱可以推到同情，从利己可以推到利他。卢梭一再强调，自爱不是自私，自爱就其本质来说是自然的，而自私则是社会性的。

卢梭的情感哲学对后代有哪些影响？可以说，现代的教育学说，尤其是对青少年的教育，都受到了《爱弥儿》的启发。卢梭的故乡日内瓦最著名的新教育学院，就是以卢梭的名字作为校名。

另外，卢梭对德国哲学家康德也有很大启发。康德平常的生活极有规律。他每天下午三点半一定出门散步，到朋友家喝茶聊天，晚上七点一定循着原路返回。有一次例外，就是他收到了卢梭所写的《爱弥儿》。读完后，他写下一段话："曾经有过一个时期，我骄傲地设想，知识是人类的光荣，因此我对愚昧无知的人采取蔑视态度。正是卢梭打开了我的眼界，这种幻想的优越感消失了，我学会了尊重人。"能让康德受到如此启发，卢梭的贡献不可等闲视之。

1. 卢梭的《爱弥儿》的基本内容是从婴儿到青少年的教育重点：从两岁开始，要陆续注意他们的体育教育、感官教育、理智教育、道德教育；最后谈到女子要接受什么样的教育，以及男女之间的爱情问题。

2. 卢梭在《爱弥儿》中表现出他的人生信念，他把个人生命与宇宙万物的主宰者结合在一起。他称这个主宰者为上帝，这跟任何宗教都没有直接的关联。

3. 卢梭的情感哲学对后代产生很大影响，可以用康德的一句话来总结，康德说："卢梭是第一个在人类不同形态的繁复面貌中，发现人类深处隐蔽天性的人。"

课后思考

卢梭所谓的"良心"是以真诚为前提，自己觉得善的就是善的，觉得恶的就是恶的。你认为这种说法有没有过于主观的问题？

补充说明

对于这个问题，首先要把"良心"这个概念说清楚，即什么是良心、良心的来源、形成和运作；然后再区分良心和道德意识的不同。

首先，西方对于"良心"有一个最简单的定义：所谓"良心"是指人的一种精神能力，可以让你领悟道德上的价值、命令与规律。每个人都具有这种精神能力，并且多少都会有某些领悟，知道什么是道德上的应该、不应该。

良心的来源是什么？西方传统上认为良心的来源是上帝，因为上帝按照自己的形象造出人类，所以人有良知，不需要教导就知道分辨善恶。但是后来有很多专家对社会、对心理了解得更透彻，认为这个问题不必牵涉到宗教。

良心的形成有五个方面：

1. 小时候受教育所了解的伦理规则；

2. 自己成长过程中得到的经验教训；

3. 从学习中得来的知识；

4. 信仰宗教之后得到的某种启示；

5. 展现为十字打开的格局。横的侧面就是我应该如何与别人相处，纵的侧面就是我要对自己的信仰对象或人生使命（如天命）负责。

可见，良心的形成相当复杂，每个人都不完全一样。

良心的运作相当于一个内在法庭，别人是无法得知的，它以个人的方式来考察自己应该、不应该做什么事。在行动之前，它会给你鼓励与警告——鼓励你行善，警告你不要为恶。在行动之后，它会给你赞美与责备——你做了善事，内心就会给你赞美；你做得不好，内心就会给你责备。可见，每个人良心的运作模式相差无几，良心的评断作用是普遍的。良心的力量最主要表现在人会悔恨上面。我做的事违背良心的要求，将来就会后悔。如果知道自己错了，良心又会涌现新的力量，好像可以重新开始、重获自由。

进一步思考：到底什么是良心？人有良心并不代表人都是好人。"有良心"与"是好人"是两回事，中间还差了一步——要照良心去做，才能算是好人。

所以，良心是一种对行善的要求，它基本上是一种"形式"。"形式"与"内容"不同。我们学过形式与质料：质料就是具体的内容，你应该做这个事、做那个事；形式就是"你应该"，代表一种要求。

因此，要清楚地分辨"良心"与"道德意识"。

道德意识就是每个人对道德内容的具体认识，它与前述良心形成的五个方面有关。世界上没有两个人的道德意识完全一样；一个人从年轻到年老，他的道德意识也会有所改变。

良心与道德意识不同。道德意识是相对的，而良心是绝对的。所谓"绝对"，代表良心的要求永远存在，不可能消失。除非这个人完全没有良心了，像孟子说的"无恻隐之心，非人也"，这样的人就不再属于人类了。

因此，我们不能说"凭良心做事一定对"，因为你凭借的是你所知道的"道德意识"。良心是一种要求——要求你一定要做抉择，行善避恶。但什么是善、什么是恶，那是道德意识的问题，这一方面就要通过教育和个人遭遇，自己不断做出深刻的反省。因此，一个人一定要经常回到内心去认识自己，唯有如此，才能更清楚地知道良心对道德的要求是怎么回事。

卢梭说"一个人真诚的话，你觉得善就是善，恶就是恶"，对于个人当下的情况来说，确实也只能如此。这与苏格拉底所说的类似，他对弟子说："今后你们要按照你们所知最善的方式去生活。"事实上，苏格拉底讲的就是"你要凭良心生活"。良心的内容就是你当时的道德意识，但是良心又不完全等同于道德意识。知道两者之间存在着一种若即若离的关系，你才会更专注于认识自我，你的生命才有真正的自由可言。

卢梭的《社会契约论》

本节要介绍卢梭的另一本代表作——《社会契约论》。1762 年对卢梭来说是个丰收年，那一年他 50 岁，出版了《爱弥儿》与《社会契约论》两本书，一本谈教育，一本论政治。那一年也是卢梭的灾难年，因为这两本书在他的家乡日内瓦以及在巴黎同时被查禁，甚至被公开焚烧，他也因此过了几年流亡的生活。

本节要介绍以下三点：

第一，《社会契约论》的基本观点是什么？

第二，普遍意志与全体意志有何分别？

第三，卢梭与启蒙运动的决裂。

（一）《社会契约论》的基本观点

卢梭在《社会契约论》开头所讲的一句话广为传扬，他说："人生而自由，却无往不在枷锁之中。"他强调："人以为自己是万物的主人，结果反而比万物更是奴隶。"他想要说明如何让人摆脱枷锁，并强调社会秩序是一种合理的安排。

霍布斯与洛克都曾探讨过契约理论，但卢梭的观点与之不同。卢梭所谓的"社会契约"，是指每一个人把自己的身体与权利共同置于一个"普遍意志"的最高指导下，然后团结起来成为一个团体，接纳每一个成员作为不可分割的部分。这样组成的团体具有一种道德性，有了公共人格，可以称之为"政体"，有时也称为"国家""主权者""权力""人民"或"公民"。总之，人要开始过社会生活了。

对霍布斯来说，社会契约的目的是要避免最大的罪恶——战争；而卢梭的目标一向是自由。他要显示，由自然状态到社会组织的转变，不单单是为了安全，便以奴役来取代自由。他强调，人在社会中将获得一种更高形式的自由，比自然状态所享有的自由更高。缔约的各方相互协议，由此创造一个新的道德体，在其中的每个成员比在自然状态中更能完全实现自己。

卢梭在《社会契约论》中强调：人的真实本性似乎在社会秩序中被实现了，人变成一个有智慧的人，不再是愚笨的动物。人作为一个独立的个体，本身不是邪恶的，但原先也不是道德的存在；只有在社会中，理智与道德生命才能发展出来。这种论调显然不同于他早期的看法。卢梭早期认为，社会是一个罪恶，是由最初的不平等所造成的。他现在关心的则是人由社会制度中获得的益处，像公民的自由和道德的自由，以此取代自然的自由。

卢梭认为有两种自由。他强调，人因为社会契约而失去的是自然的自由，以及对所有尝试而成功获得的事物之无限制的权力；但现在获得了公民的自由，以及对于所拥有的一切的所有权。自然的自由只受个人力量所限制，公民的自由则受普遍意志所限制。人由此得到道德上的自由，也只有这一点才能使人做自己真正的主人。

（二）普遍意志与自由意志的分别

普遍意志与自由意志是卢梭喜欢用的术语，他更常用普遍意志。

多数人民表达的意见称为"全体意志"，就像今天在投票中采用的"多数决"方式一样。但普遍意志与之不同。卢梭强调，通过社会契约，许多个人联合成为一个国家；这时每一个个人（人民全体）才是主权者，而主权者所制定的法律就是普遍意志的表达。

卢梭强调，每一个公民都有双重立场：作为法律来源的道德存在者的一员，他是主权者的成员；就他身处法律之下、有义务去遵守法律而言，他是一个公民。他的公民责任使他的个别意志顺应主权者的普遍意志，而他本身正是这个主权者的一个成员。

卢梭坚持认为，主权是不可让渡的。人可以转移权力，却不能转移意志。意志是不容许有代表人的。出于同样的理由，主权也是不能分割的。因为主权就是普遍意志，它无法被分割。

卢梭进一步分辨普遍意志与全体意志的不同。他说："普遍意志所强调的是共同的利益，它的目标是普遍的、正当的，因此人民需要启蒙，以便知道普遍意志。另一方面还有全体意志，全体意志就是个别意志的总和。"譬如，你在各种选举里看到的是个别意志的总和，即全体意志。所以，全体意志并非不会犯错，只有普遍意志是永不犯错的。

卢梭有一句名言，他说："人民的声音，就是上帝的声音。"（Vox populi, vox Dei.）这句话使我们想到中国古代《尚书》所说的："天视自我民视，天听自我民听。"两句话表达了类似的观念。

卢梭这种观点会导致一个有趣的结论：人是被迫为自由的。他说："普遍意志就是每个人真正的意志。而普遍意志的表达，就是每个公民真正意志的表达。服从一个人自己的意志，就是自由的行动。因此，迫使一个人的意志顺从普遍意志，就是迫使他自由。"他说："为了使社会契约不成为空洞的条文，它包含了一项默认，只有它能对其余的人产生力量。无论谁拒绝遵守普遍意志，都将被整个群体所迫去遵守它。这就意味着他将被迫为自由的。"这就是卢梭著名的矛盾论（paradox，似非而是论）。

结论就是：纯粹的欲望和冲动是奴隶状态，而服从我们命令自己的法律则是自由的。这种观点启发了康德的自律伦理学。

（三）卢梭与启蒙运动的决裂

卢梭后来是如何与启蒙运动决裂的呢？启蒙运动推崇理性的作用，肯定文明的进展，认为未来是光明的、进步的。启蒙运动的学者主要是法国文化人士，可谓"谈笑有鸿儒，往来无白丁"。他们批判教会与王权，主张教会不等于上帝，王权要设法走向开明君主。

但是，卢梭从三个方面动摇了启蒙运动的基础：

1. 在理性中，卢梭看到冷酷、无益的理智，专门计较利害得失；

2. 在进步观念中，卢梭看到不切实际的幻想。底层的人民该怎么办？他们如何进步？

3. 在自由观念中，卢梭看到其中隐藏着奴役与屈从。譬如，伏尔泰等人虽然主张开明君主，事实上开明君主还要加上专制，这里面隐藏着一种屈从。

启蒙运动的学者与卢梭之间的来往，最后结果并不理想。譬如，狄德罗是法国百科全书的主编，他曾经邀请卢梭撰写音乐方面的论文，但两人最后还是交恶了。狄德罗怎样形容卢梭呢？他说："这个人让我不安。与他相处，有如与一个受诅咒的灵魂相处。我永远不想再见到他，他使我相信有地狱与魔鬼。"文人相轻、互相排斥竟然到如此程度，实在令人难以想象。

更重要的是卢梭与伏尔泰的交往。卢梭年轻时对伏尔泰十分崇拜，对他文笔的清晰、文雅、有力深为佩服，很想向他学习。但两个人真正交往后，就只剩下吵架的份儿。卢梭写信对伏尔泰说："我讨厌你！""讨厌"这个词翻译得更严重一些就是"我恨你"。伏尔泰也不客气，直接骂卢梭"笨蛋、怪胎、骗子、粗野的动物"，还有许多难听话统统骂了出来。这也不足为奇，因为卢梭性格比较特别，他极度渴求真理，但也带来强烈的焦虑和被害妄想症。

当时的人这样评论卢梭：他是个剧作家，但他反对戏剧，认为戏剧会让人分心，停止思考，忽略自己的义务；他是个道德家，但是又抛弃了五个子女；他是个宗教哲学家，但是又两度改变信仰；他是个自然神论者，但是又认为别人的自然神论不虔诚；他颂扬友谊，但他又跟文化界的每个朋友都反目成仇。

收获与启发

1. 卢梭的《社会契约论》的基本观念是让人民交出权力，造成普遍意志。这个普遍意志其实类似于上帝的意志。人顺从普遍意志，等于人迫使自己自由。至于普遍意志的内容，则不容易加以规定。

2. 他强调，普遍意志与全体意志不一样。全体意志是通过选票来计算的，只能代表大多数人的想法，但它有可能随着时空条件的改变而调整。在普遍意志方面，他强调："人民的声音，就是上帝的声音。"这种观念值得充分肯定。

3. 卢梭与启蒙运动的很多人物后来都决裂。他在生命行将结束之际，非常低调，也非常悲观。他在度过颠沛流离的一生之后，最后留下哪些遗言呢？卢梭说："我一个人孤独地活在世界上，没有兄弟、亲人、朋友，我被大家唾弃与鄙视，这整个世代难道不是以能够活埋我为乐吗？"事实上，后代对卢梭的评价远远超过卢梭当时的想象。

　　卢梭的作品谈到文明的罪恶、人类不平等的起源，他在《爱弥儿》中谈到教育，在《社会契约论》中谈到对社会组织的看法。你认为上述哪一方面对你比较有启发？

24-3

启蒙运动的大趋势

　　本节的主题是：启蒙运动（the Enlightenment）的大趋势。康德说："启蒙运动是人类从自我设限的牢笼里挣脱出来的行动。"这句话反映当时勇于认知的普遍心态。

　　我们可以这样描述启蒙运动：一个正直的人，在这个世界上有实现自我的自由。这个正直的人，有理性也有道德，他对当时的宗教、政治、文化都要进行批评、质疑与改革，就是要处理自己独立的生活，因为他是有责任的成年人。

　　启蒙运动在西方世界的心灵发展上是一个石破天惊的重大阶段。他们的共识是肯定古代的人文主义（这从文艺复兴时代就已经开始了），藉此摆脱宗教与政治的控制，表现出明显的反对基督宗教以及反对君主专制的立场；同时，他们重视科学的进步，要由此造成现代化的社会。启蒙运动开始于 1689 年的英国光荣革命，结束于 1789 年的法国大革命，正好是 100 年的时间。

　　这样简单的描述可能会引起一些误会，好像启蒙运动是反宗教、反政治的，事实并非如此。启蒙的"蒙"是指"蒙昧"，即理性不够发达，以至于被传统势力所掌握。所以，启蒙运动的学者喜欢引用古代的思想，来解脱宗教的包袱；他们充满乐观进步的心态，要借助自然科学与人文方面的研究，逃出古人的笼罩，开辟出自己的新天地。

事实上，启蒙运动并非如此单纯，很多学者并非要反对或否定上帝，而是要反对教会对人的思想的控制，科学与宗教并没有直接的矛盾。其次，当时很多专家学者主张，要把古代历史，尤其是中世纪的历史一脚踢开。也有学者持不同看法。

本节的内容包括以下两点：

第一，科学与宗教并没有直接的矛盾；

第二，历史哲学的发展。

（一）科学与宗教并没有直接的矛盾

许多科学革命的代表人物对于"上帝"并没有太多争议，他们反对的是基督宗教的教会对人类思想的控制。他们认为，理性上的突破是对神圣使命的贡献，科学的发现是对世界神圣结构的精神上的觉悟。以科学革命四位最重要的代表来说：

第一位是哥白尼。他在《天体运行论》中宣称，天文学是比人文学科更神圣的科学，天文学的崇高性在于它最接近上帝，因为"日心说"可以准确解释上帝所造宇宙的结构。

第二位是开普勒。开普勒声称："天文学家是上帝所造自然界这本大书最高的传教士。"他还强调，通过他的发现，很荣幸地捍卫了上帝神圣殿堂的大门。

第三位是伽利略。他说自己能发明望远镜，是因为上帝的恩宠启发了他的心灵。

第四位是牛顿。他曾经欢喜赞叹道："啊！上帝，我追随在你之后，思考你的思想。"诗人蒲柏（Alexander Pope, 1688—1744）这样赞美牛顿："自然界的规律隐藏在黑暗中，上帝说：'让牛顿诞生！'于是一切都变得光明。"随着牛顿的成就，新的《创世纪》已经写成。

这四位科学家都以无比的激情投身于科学研究，他们认为自己正在恢复人类由于原始的堕落而丧失的神圣知识。他们发现新宇宙的完美，在宇宙创造者的无限辉煌之前深感敬畏。可见，相信上帝是一回事，接受某个教会的教导是另一回事，这两者要分开。换句话说，科学家照样信仰他们的上帝。

启蒙运动时代的几位重要人物，像法国的丰特奈尔（Bernard Le Bovier de Fontenelle, 1657—1757）、莫佩尔蒂（Pierre Louis Moreau de Maupertuis, 1698—1759）、孟德斯鸠、伏尔泰等人，都公开承认他们对上帝的信仰。后面也将延伸出自然神论、无神论、泛神论等思想。

（二）历史哲学的发展

谈到对于人类社会的理解，要介绍一位意大利最重要的哲学家维科（Giambattista Vico, 1668—1744）。在启蒙运动正式开展之前，维科的历史哲学已经受到重视，他的代表作是《新科学》。

他最佩服的古人是柏拉图和罗马史学家塔西佗（Tacitus, 约56—约120）。他指出，塔西佗沉思人类"是"什么样子，而柏拉图沉思人类"应该是"什么样子。两者各有侧重。同时，他特别推崇近代的培根，他把自己的代表作称为《新科学》，就是想继承培根的代表作《新工具》。

维科首先批评笛卡尔的"我思故我在"，认为这种观点无法作为科学知识的基础。因为"我思"是一种直接的意识肯定，尚未达到反省的层次，因而谈不上所谓的科学知识。另外，"清晰而明白"不能作为真理的普遍标准。"清晰而明白"的观念适用于数学或几何学，因为它们都是心灵建构的学问，不牵涉到具体的事实。

他接着说："真理的法则与判准是创造。"所谓"创造"是指创造客观的事实，亦即要以客观事实作为真理的标准。维科的口号是

"真理即实在"（verum factum），他要用实验的方法来证实物理学的研究对象。"真理即实在"是说，知道等同于创造。如果你不知道，又怎能创造？所以真理与实在是合一的。

焦点再转到人的身上。维科在《新科学》中提出的目标是：要确定历史的普遍而永恒的法则，以及这个法则如何体现于个别民族的历史中。他认为，文明始于定居的行为。当打雷闪电把一群人赶进山洞里，人开始定居，就出现了文明。自古以来，文明分为三个阶段：第一是神明的时代，第二是英雄的时代，第三是人的时代。神明的时代，由具有神权的家长来主导；英雄的时代，分出贵族与平民，由贵族阶级来主导；人的时代，民主共和国是其特色。

维科强调，这是一种循环。事实上，古希腊时代就有所谓的循环理论。历史为什么会循环？因为人的时代出现之后，理性独大，但理性有其致命的缺陷。理性发展太过头的话，宗教便倾向于让位给哲学和无趣的主知主义。平等会造成共和精神的衰落以及放肆的滋长。法律当然会变得更为人道，宗教也更为宽容，但是衰落伴随着人性化的过程而来，最后社会将由内部瓦解，或是屈服于外来的攻击，就像罗马帝国末期一样。所以，一个循环结束之后，另一个循环再开始。

维科认为，在西方的中世纪，基督宗教的到来宣告一个新的神明时代；中世纪后期，出现了英雄时代；17世纪是哲学的世纪，人的时代出现了。他强调，重复发生的并非特殊的历史事实或事件，而是这些事件发生的整体架构。换句话说，重复发生的是心灵状态的循环。等到理性掌握一切之时，又将开始进入衰颓。历史是由人创造的，而人总在循环之中。

维科的历史哲学与当时许多历史学家的观点有所不同。譬如，伏尔泰就非常蔑视文艺复兴之前的西方世界。但是维科认为，历史是一个循环的过程，因此中世纪不是完全虚幻、负面的东西。维科后来特别重视诗与神话，强调人的想象与感觉的重要。可以说，他的研究走在许多学者的前面（如卢梭）。

维科最后得出结论：历史向我们显示了人性。我们不能只考虑人现在的样子，或是以哲学家的标准去了解人性；我们必须转向，要从历史、诗、艺术、社会与法律的发展中，认识到其中逐步显露出的人性。历史的过程都是人性的显露，从原始的神明时代把人视为感觉，到英雄时代把人视为想象，到人的时代把人视为理性。三者各有侧重，并且一直在循环之中。

收获与启发

1. 启蒙运动是用古人的观点来质疑教会以及王权，对于现存的教会以及政治权力做全面的反省与批评，再用科学的发展来超越古人的观点，从而造成一个全新的局面。但就科学的发展来看，许多科学家拒绝的是教会的教导，他们并不反对可能有一个上帝存在。上帝与教会所教导的未必是同一的。

2. 有关人类历史的进展，意大利哲学家维科提出一种循环的观点。他认为，真理就是实在，知道等同于创造事实。人类历史显示出人性的不同方面，因此不能以今非古。这种观点对于近代历史哲学的发展有深刻的启发。

课后思考

了解维科的循环历史观之后，你是否发现自己从小到大也经历过某些循环阶段？

启蒙运动的主流思潮

本节的主题是：启蒙运动的主流思潮，要从比较大的方面来说明启蒙运动在法国的发展，分别介绍启蒙运动的三位重要人物，内容包括以下三点：

第一，宗教与道德走向分离；

第二，世俗主义的出现；

第三，实证主义的萌芽。

（一）宗教与道德走向分离

启蒙运动在法国风起云涌的展开，造成 1789 年的法国大革命。一般认为，法国启蒙运动的先驱是培尔（Pierre Bayle, 1647—1706），他的代表作是《历史与评论辞典》（*Historical and Critical Dictionary*）。培尔能编出辞典，自然是博学多闻，掌握当时的知识。他有两个重要的观点。

1. 人的理性更适合发掘错误，而不是发现真理。譬如，自古以来，凡是证明上帝存在的各种论证都受到毁灭性的批判；同时，也没有人真正解决恶存在的问题。换句话说，如果相信上帝存在，要怎么证明？就算有上帝存在，上帝与恶的事实要如何并存？这两个方面都不是理性所能回答的。

2. 宗教的真理不是理性可以谈论的。也就是说，无论怎样用理性去争论，都无法得到宗教的真理，所以应该用容忍取代争论。容忍或宽容逐渐成为启蒙运动的基本立场。

培尔不仅区分宗教与理性，更重要的是，他进一步区分宗教与道德。培尔说："一个有道德的社会也可能由不信灵魂不死、也不信上帝存在的人所组成。"这在当时是非常创新的观点。事实上，西方很多信徒直到今天仍然相信，如果一个人不信上帝，也不信灵魂不死，就不太可能有道德。培尔在 17 世纪末提出这样的思想，可谓开时代风气之先，由此出现"道德自主之人"的概念，即一个人不靠信仰，也可以成就道德。

（二）世俗主义的出现

法国从 1751 年至 1780 年，在 30 年之内总共出版 35 册百科全书，希望用当时已有的各种知识，来反对教会的教导和现存的政治体制。百科全书派有两位主编，一位是狄德罗（Denis Diderot, 1713—1784），另一位是达朗贝尔（Jean le Rond d'Alembert, 1717—1783）。狄德罗的思想显示出世俗主义的观念，可从以下三点来看。

1. 人是并且必须是万物的中心；由于人的存在，才让天地万物变得有意义。这显然是人文主义的想法。狄德罗说："如果撇开我的存在与我们同类的幸福，我们何必去管自然界其他部分是什么样子？"

2. 如果上帝真的存在，他更在意的一定是我们灵魂的纯洁，而不是我们所发表的对于真理的意见。这句话掌握到宗教的核心。人的灵魂纯洁才是重点，人对真理方面的意见永远处于争论之中。换句话说，一个人得到启蒙并不代表他一定有德行，德行还是要靠自己去努力修炼。

3. 他总是寄希望于后世。可以这样说，后世对于启蒙思想家，无异于天国对于信徒的地位。所以，他们都想赢得后世子孙的尊敬，立德、立言的动力就在这里。他们把希望都寄托在这个有形可见的世界上，这是非常明显的世俗主义。

狄德罗对人性的观察非常具体，但是也流于表面。他有一部题为《他是善还是恶》的戏剧，里面有一句说得非常具体："他是善还是恶？时善时恶，像你像我，像每个人。"狄德罗又说："我做的事没有一样是为了自己，没有一样不是为了别人的需要；但却没有任何人感到满意，连我自己在内！"许多年龄较大的人听了这句话会深有感触，自己一辈子为子女、为后代做了许多事，而事实上没有人感恩，没有人认为你做得好。

最后狄德罗得出什么结论？他说："想做的事不准，该做的事不愿。"想做的事不让我们做，因为那会违背社会的习俗和法律；该做的事是我们的责任所在，可是我们又不愿意去做。所以，人的处境是矛盾而复杂的。这种对于人性的理解谈不上深刻，但是相当清楚地反映出当时众人的现状。

（三）实证主义的萌芽

百科全书派的另一位主编是达朗贝尔。卢梭曾经批评达朗贝尔对于戏剧的看法——认为戏剧让很多人造成幻想，趋于懒惰，妄求侥幸。事实上，卢梭批判达朗贝尔还有另外一个原因，就是达朗贝尔拥有当时学者在学术界所能拥有的一切荣誉和头衔。

达朗贝尔是数学家，他的观点趋向于实证主义。达朗贝尔强调，18 世纪是哲学的世纪，而洛克是科学化哲学的创始者。换言之，哲学要向科学看齐，要设法科学化，变成像科学一样精准，而洛克正是这种学说的创始者。

所谓"科学化的哲学"，就是以系统的模式去描述及联系现象的世界，而不再由形而上学的角度解释这个世界。这一观点使得达朗贝尔成为后续实证主义的先驱。换句话说，哲学要向科学效法，只能关心现象；如果有形而上学的话，它必须成为一门有关事实的学问，而不能只是抽象地谈一些理论。

由启蒙运动的三位代表——培尔、狄德罗与达朗贝尔的观点，可以看出启蒙运动的基本走向：设法用理性的方式，获得更完整而深刻的认识；通过辞典或百科全书这种教育工具，启发百姓进入新的时代。

收获与启发

1. 第一次有学者（培尔）公开指出，宗教与道德应该分离。因为理性有其限制，理性应该只管现实世界，只管人的事情；而宗教里有很多无法解决的问题，就让个人的信仰去面对吧。这在西方来说是非常新颖的看法：一个人不信上帝，也不信灵魂不死，照样可以有道德。

2. 启蒙运动之后，西方慢慢走向世俗主义。如果把焦点从来世的赏罚转到现实世界，自然就会以人为中心，追求现实世界的幸福。如果有困难，就把希望寄托在后代子孙身上，要设法赢得子孙的尊敬。但是后代子孙又有他们的子孙，所以狄德罗的世俗主义可以向后无限推延，最后可能会迷失于世界上各种浮华的表现。

3. 达朗贝尔数学家的背景让他认为，应该坚持去发展科学化的哲学。法国这部百科全书的绪论就是由达朗贝尔所写，他在绪论中写道："从世俗科学的原理到宗教体系的基础，从形而上学到品味的问题，从音乐到道德，从神学家的学者争论到商业事务，从君主的法律到人民的法律，从自然法则到国家随意的法规，以上每件事情都被讨论和分析到，或至少被提到。这种普遍的人心跃动所造成的结果或结局，是对某些事物开启了心智，而遮蔽了其他事物。就像潮退潮涨的结果，是在海边留下一些东西而席卷走其他东西一样。"

课后思考

按照狄德罗所说，我们要寄希望于后世子孙。请问，这种观点足以让人努力去立德、立言、立功吗？它可能会产生哪些问题？

补充说明

对于狄德罗所说的寄希望于后世子孙，可以思考以下三点。

1. 根据专家估算，地球上活过的人约有 1000 亿；而今天世界上的人口超过 70 亿。我们记得几个人呢？有一些书会谈到影响人类的 100 个人、100 本书、100 件事，等等，可见你顶多认识几百人。几百人相对于 1000 亿，比例实在是太低了。

2. 后之视今，犹今之视昔。现代人怎么看古代，将来的人也怎么看我们。譬如很多研究古代文明的专家发现：有些文明彻底消失了，没有留下任何遗迹，好像不曾存在过一样；有些文明虽留有遗迹，成为考古专家的研究对象，但没有人知道它的文字代表什么意思，即使研究出来也没有把握。就算掌握更多的数据，可以对古人进行评价，但评价的善恶是相对的，有可能会翻转。换句话说，我们不可能由全方位的视角来评价一个人。

我们跟同时代的人，甚至是亲戚朋友之间都可能出现许多误会，更何况是不同时空里面的人。

3. 每个人都应该对自己的人生负责。不必说自己是为了光宗耀祖，也不必说自己是为了后代子孙，要为自己负责。但是怎样才算为自己负责？这就是我们为什么要爱智慧、学哲学的主要原因。活着并不是很难的事，任何生物都有求生的本能；但是只有人类才会问活着有什么意义，也就是要理解人的生命到底是怎么回事。

对于理解最有帮助的是"2+1"的格局："2"就是人类与自然界；"1"就是万物的来源与归宿，亦即人类和自然界从哪里来？又要回到哪里去？这个问题就算没有答案，你也会设定这个问题是成立的，因为我们总归要有来源和归宿。如果说这一切都是幻觉，都是虚无，都是纯粹偶然，那么就不用再讨论这个问题了，人生也就没有什么学习的必要，只要活着就好。

如果要认真地面对这一生、对自己负责的话，自然就要问："2+1"的"1"是什么？譬如伏尔泰半开玩笑地说："从享乐里面也能证明上帝。"我们要问：为什么这么多人都需要对超越界有某些信念？如果纵览世界上的宗教，我们要问：为什么人类需要宗教？对于这些客观的经验事实，我们要问：它有什么先验的条件？

人的生命结构决定了人有理性，自然就要思考意义的问题。如果你想有比较完整的理解，自然要设定有一个超越界的存在，以它作为"2+1"的"1"——万物的来源与归宿。这个基础建立好之后，对于自然界和人类就比较容易理解。

中国是一个历史悠久的国家，对于传统文化上的很多内容，我们未必认同，但有些传统却值得我们深思。譬如中国传统以来就有"三祭"——祭天地、祭祖先、祭圣贤。

1. 为什么要祭天地？因为天地是万物之本，万物寄托于天地之间，对天地表达感恩和尊崇之情是合理的。

2. 为什么要祭祖先？因为祖先是人之本，我们与祖先血脉相连，祖先就是我们的根源。

3. 为什么要祭圣贤？因为圣贤是我们人生发展的目标。人最大的特色是可以用理性去思考，可以用意志去抉择，所以人生就是不断选择的过程。我们效法圣贤，以他们为典范，所以才有祭圣贤的传统。

启蒙运动时代，西方为何会重视后世子孙？因为启蒙运动对当时的宗教有明显的批判，对超越界的信仰随之瓦解，人只看到人类和自然界，只能在子孙身上寻找人生的期望和目标，这是一种无可奈何的情况。

在西方哲学史中，对于像狄德罗与伏尔泰这样的启蒙运动哲学家，评价都不太高。主要原因就是他们的思想没有展现出"2+1"的格局，只是迁就于现实世界，困处在当时的时空环境中，而把希望寄托在后世子孙身上。

狄德罗对此也表现出深深的失望，他觉得自己无论做什么事都没有人感激，何况是后世子孙？伏尔泰用享乐来证明上帝，因为他以学者自居，他知道一般人需要对超越界的信念，于是就以诙谐的态度来面对这个问题。事实上，这不是哲学家的严谨态度。

24-5

启蒙运动的舵手伏尔泰

本节的主题是：启蒙运动的舵手伏尔泰（Voltaire, 1697—1778）。伏尔泰的思想明亮清晰，但他的生活混乱不堪。他的文笔令人佩服，卢梭年轻时曾崇拜伏尔泰的文采，立志向他学习。卢梭比伏尔泰小18岁，在18世纪的法国启蒙运动中，卢梭的名声后来超过了伏尔泰。

卢梭之外，就是伏尔泰在引领整个时代的思潮。伏尔泰一生奋斗，追求的都是冠冕堂皇的目标，如宽容、和平、思想的自由、人类的福祉、废除不义与压迫，等等。朝这些目标奋斗，没有人会反对。伏尔泰对后世的影响非常深远。

本节内容包括以下三点：

第一，伏尔泰的基本立场；

第二，伏尔泰对教会的批判；

第三，伏尔泰的上帝观念。

（一）伏尔泰的基本立场

伏尔泰的基本立场是反对宗教上的乐观主义，他认为那是无稽之谈。他尤其反对德国哲学家莱布尼茨，因为莱布尼茨公开说："这个世界是所有可能的世界中最好的世界。"这显然过于乐观，伏尔泰无法接受。

其次，伏尔泰也反对无神论。他认为，伊壁鸠鲁的众神对人的遭遇无动于衷，而柏拉图理型论虽然谈到一些神，但它不能解释眼前的痛苦。所以伏尔泰写了一首诗："我放弃了柏拉图，我拒绝了伊壁鸠鲁。"那么他到底有何观点呢？

伏尔泰接受近代哲学的启发，佩服牛顿的思想，还写过一本名为《牛顿哲学原理》的书。他编过《哲学辞典》，著作极多，全集将近70册，是诗人、小说家、剧作家、历史家以及哲学家。

伏尔泰的一生与宗教界人士和世俗的统治者频繁发生各种争执。他曾被逐出巴黎，也进过巴士底监狱，饱受批评与憎恶。当时有位神学教授公开抱怨："上天为何会让这样的人来到世间？"伏尔泰安慰自己说："只要哲学出现，就会受到迫害。"

伏尔泰最初几本书都是匿名出版，有人问他，他就矢口否认。他说："人必须能够像魔鬼一样地说谎。"他的私生活混乱不堪，绯闻不断。他说："上帝将我们安置在这个世界，是为了让我们享乐；其余的人、事、物，都非常平淡庸俗，令人作呕，可怜可悲。"

享乐需要金钱，所以伏尔泰想尽办法赚钱。他临终时拥有一座城堡、几栋乡间别墅，以及160名仆人。伏尔泰晚年回顾自己的人生，说："我已经习惯身体与心灵上的乱七八糟了。"

即便如此，伏尔泰的声望却愈来愈高，成为18世纪欧洲思想界最有名的人。几乎一个世代、30年之久，都把他奉为欧洲的精神领袖。德国学者狄尔泰说："伏尔泰是所有人类里面最生气蓬勃的。"歌德说："伏尔泰拥有充实及拓展这个世界的一切能力与知识。"他的声望因此遍及全世界。连尼采也说："伏尔泰是人类最伟大的解放者。"

伏尔泰的原名叫做弗朗索瓦-马利·阿鲁埃（François-Marie Arouet），这个名字带有宗教信徒的色彩，所以他不喜欢。他在25岁时，第一次以伏尔泰为笔名出版了一本书，受到广泛重视，从此便以伏尔泰作为他的名字。

（二）伏尔泰对教会的批判

启蒙运动的学者所批判的是教会的教导，而不是对上帝的信仰。伏尔泰在这方面表现得最明显，他批判教会及其教导的教义。他说："教会是充斥于世上的神圣谎言。它显示的不是理性的上帝，而是必须憎恶的魔鬼。上帝创造万物，难道就是为了让万物随即被魔鬼诱惑，然后臣服于这个诱惑之下吗？为何这个上帝会让人类陷入永恒的痛苦，陷入地狱，在恐惧中呻吟呢？如果以哲学家的立场探究这样的教义，就会发现：这个教义令人难以置信，而且令人厌恶。这样的教义使上帝摇身一变，成为恶魔本身。"

所以，伏尔泰把基督宗教当作迷信，他要去除盲目及狂热的信仰。伏尔泰说："因为这样的宗教嗜杀成性，引人犯罪，并且制造地狱的幻想。"有一段时期，伏尔泰在每封信的后面都要签署一句战斗口号："消灭这个下流无耻的教会。"

可见，伏尔泰坚决反对的是教会的组织，而不是对上帝的信仰。因为他也批判无神论，认为那违反所有人的心意，是一种怪物。他说："我不是基督徒，但是正因为我要赋予上帝更多的爱，所以我才不是基督徒。"他相信，基督宗教会变得更加理性。

伏尔泰强调："信仰上帝是必要的。对于与人类有关的事，我们都必须有兴趣，因为我们是人类。同时，神性与天命的问题也是与我们有关的。"那么，他所信奉的是什么样的神？它不是《旧约》《新约》里的神，而是无须任何启示就能向人类显示自身的上帝。他说："人天生就有认识上帝的能力。"

伏尔泰认为，有两条路线可以证明上帝的存在：

第一条路线，仍然是根据目的因来证明，亦即传统所谓的"设计论证"。伏尔泰把世界比喻为一只手表，他说："譬如一个人看手表，表的指针指出时间，这个人就会认定：这块手表一定是某人所造，用来指示时间的。一定存在有某物，存在一个永恒者，因为没有任何东西可以源自虚无。任何作品的手段与目的可以被认识的话，就像手表可以指示时间一样，就说明有一个创造者。宇宙里有许多动力、目标等手段及目的的表现，这就意味着有一位全知全能的创造者。"

同时，伏尔泰通过牛顿的发现，证明上帝是必要的，是广布在自然界中的理智，是宇宙里最伟大的精神。他说："单纯事物的聚合不能解释宇宙的和谐或自成系统。"他在《百科全书》"自然"的条目里写道："他们称我为自然，但我全然出于雕琢。"也就是说，自然界并非自有的，而是出于上帝的雕琢。

第二条路线，伏尔泰采用一种相当特别的证明方法，前所未见。他说："享乐可以证明上帝存在，也就是享乐与神性的存在有关。当一个人品尝了托凯尔甜酒，亲吻了一位美女，总之，当一个人有了舒适的感觉时，就一定会肯定：有一种令人舒适的最终极的东西是存在的。"这种论证确实有趣，但是有些无聊。

（三）伏尔泰的上帝观念

伏尔泰说："自然界向你证明上帝的存在，而你的心灵告诉你：一定有一个正义的上帝存在。"自然界与心灵两个方面都肯定上帝的存在。伏尔泰坚信，上帝不会以残酷的方式惩罚犯罪者，而是亲切、和善，只会奖励有德的行为。伏尔泰主要是想肯定：上帝对于社会、对于人民是有用的。他说："就算上帝不存在，我们也要发明一个上帝，因为这样对社会是有用的。"

很多人都知道伏尔泰对宗教的批判，也听说他对上帝有很多讽刺的话。他有一次拜访一位贵族，一到他家，贵族就兴奋地对他说："我赞成你说的，上帝已经不在了。"伏尔泰立刻请他不要说话，然后把周围的仆人全部赶走。仆人离开之后，伏尔泰才对这个贵族说："难道你希望早上起来莫名其妙地被仆人杀掉吗？"他的意思是说，如果一般百姓不相信上帝的话，他们为何不能为所欲为呢？还有什么事情不敢做呢？由此可见，上帝对一般百姓是有约束作用的。

伏尔泰认为，为了凸显存在的意义，也需要肯定上帝的存在。宇宙万物充满生灭变化，彼此构成食物链，一环接一环，最后一切都会结束，那么这些生物何必存在呢？他说："如果上帝所造的世界充满着无意义，那还能相信上帝的善良吗？"

他认为："世上的痛苦是上帝的天意，是可以协调的。我们难道因为发烧就否定上帝吗？对上帝而言，不幸与痛苦并不存在。这些只有对人类才存在。"伏尔泰说："我想探究的不是这个世界的建筑师的好坏；对我而言，只要知道有这么一位建筑师存在就够了。"很多善恶问题混淆不清，没有人可以解开。但伏尔泰最后还是陷入了困惑，他说："这一切都是谜，无法解答。人剩下的只是绝望。"

伏尔泰晚年时说："我有时想到，我经历这一切探究之后，还是不知道我从何处来，我是什么，我将往何处去，我将成为什么，我就几乎陷入绝望中。"

伏尔泰临老的时候说了一句话，他说："60多年来，这个世界只是一堆空洞与虚无，令人厌恶。无聊与吹嘘就是生命，一切如泡影。在这个世界上，所有人都像是被判了死刑的俘虏。此刻我们在草地上玩耍，但每个人都在等待自己被处绞刑的时刻，却不知何时轮到自己。这一生真是白活了一场。"这是伏尔泰晚年的心声，显得相当悲观与无奈。

1. 伏尔泰对哲学的重要问题并未做完整而深入的思考，他只是凭借聪明才智，广泛涉猎各种学问。他认为对社会来说，信仰上帝应该是有利的。他从效益的观点去看待上帝的存在，谈不上真正的信仰，也无法肯定随信仰而来的道德行为。他虽然谈了很多上帝存在的证据，但最后自己还是陷于困惑之中。

2. 伏尔泰有一件事值得充分肯定。1762 年卢梭出版《爱弥儿》以及《社会契约论》，被日内瓦政府公开查禁与焚毁。此刻伏尔泰站出来说："我不同意你说的每个字，但我誓死捍卫你说话的权利"这句话广为流传，被视为言论自由与宽容精神最鲜明的格言。

3. 最后，伏尔泰又说："靠哲学的慰藉有助于心灵的宁静。"我们常常听到这样的话。启蒙运动持续发展，最后造成法国大革命，这更多地要归因于卢梭这样的平民学者。因为伏尔泰的思想无法构成一个完整的系统，这是他最大的问题。

伏尔泰认为可以从个人的享乐经验来证明上帝存在。你可否根据个人的经验，想出一种方式，来证明宇宙有一个来源与归宿？

第 25 章

康德：先验哲学扭转乾坤

康德面对的挑战

本章的主题是：康德的先验哲学扭转乾坤。本节的主题是：康德面对的挑战。整个西方哲学史上有两个人处于承先启后的关键地位，分别是古希腊时代的柏拉图以及近代的康德（Immanuel Kant, 1724—1804）。

在苏格拉底之前的古希腊哲学，一方面是研究自然界的自然学派，由于当时科学水平有限，他们提出的对自然界的看法大都缺乏充分的论证，从而形成独断论；另一方面是辩士学派，认为人是万物的权衡，最后走向怀疑论。

独断论与怀疑论是理性最大的敌人，两种思潮都陷入困境，于是苏格拉底提出解决的办法。苏格拉底本身没有著作，由他的学生柏拉图建构了一个理型论的系统。不管柏拉图是否解决了问题，至少面对当时的挑战，提出了一种解决方案。

近代哲学发展到康德时期出现类似的情况。近代哲学有两大思潮：一方面是由笛卡尔所开创的理性主义，经过斯宾诺莎，到莱布尼茨时提出单子论，成为明显的独断论；另一方面是由英国的洛克所开创的经验主义，经过贝克莱，到休谟时陷入怀疑论。独断论与怀疑论再次同时出现。

以卢梭和伏尔泰为代表，法国曾在 18 世纪启蒙运动中独领风骚，但同时也导致法语系哲学走向结束。接着上场的是德国哲学。

柏拉图与康德有两点类似：第一，他们都活到 80 岁；第二，他们都没有结婚。两人在其他方面则差别很大。柏拉图创办了一所学院，曾三度前往叙拉古从事他心目中理想的政治活动。康德一生没有离开过他的家乡柯尼斯堡，他在柯尼斯堡受教育，大学毕业后就在学校教书，到 46 岁才正式成为哲学教授。在此之前，康德几乎什么课都教，包括物理学、数学、地理学、矿物学、人类学、教育学等。他教课的反响很好，他口才幽默，富于寓言，能够激发学生的独立思考。

本节要介绍以下三点：

第一，康德一生严谨的生活；

第二，康德面对的挑战；

第三，康德的先验哲学在说什么？

（一）康德一生严谨的生活

学过西方哲学的人都知道，康德的生活极为严谨。他雇了一个老仆人，每天都会在固定的时间唤醒他做固定的事，像闹钟一样，很少破例。譬如，康德每天下午都会到朋友家聊天，3 点半出门，7 点钟准时返回。街上的行人有时会问：现在 7 点钟了吗？回答往往是：大概还没有吧，因为康德先生还没有经过这里。他每天走的路后来被称为"哲学家之路"。

（二）康德面对的挑战

康德在 57 岁才出版第一本代表作《纯粹理性批判》，他在第一版的前言中说："我敢说，没有哪一个形而上学的问题不在本书中得到解答或找到解答的钥匙。"在第二版中，他进一步自比哥白尼，说自己在哲学上进行了一次"哥白尼的革命"。

哥白尼将"地心说"转为"日心说",完全改变天文学的焦点。与之类似,康德彻底翻转传统以来的认识方式:传统上是由我去认识外界事物,外界事物是我认识的对象;康德则认为,要翻转认识的焦点,在认识外界事物之前,先要了解自己本身的认识能力。

康德宣称,不能再像以前的哲学那样,一开始就认定人可以认识外界事物,现在要把认识的焦点从外在拉回内在,要问:我们真的能认识外界事物吗?能认识到什么程度?这是康德面对的挑战。

(三)康德的先验哲学在说什么?

要理解什么是"先验",首先要知道什么是"经验"。每天发生的事、过去所有的遭遇、人类掌握的所有历史事实,都是经验的结果。一般人文方面的学问,都是经验的科学。譬如社会学、心理学、人类学,都是通过收集资料、归纳整理、分析研究,找出某些规律,来帮助我们更好地面对未来的世界。这些都是属于标准的经验科学。

康德认为,哲学是先验的学问。所谓"先验"就是先于经验并作为经验之基础者。譬如,你现在认识这个房间,这是一个经验,但是你要问:我能够有这样的经验,它的基础或根据是什么?如果没有把这一点先弄清楚,就说自己认识这个、认识那个,到最后每个人的认识都不一样,那该怎么办呢?

康德正是从这个角度去审视哲学与其他学科的不同,其他所有的学问都是根据经验来开展研究,而哲学则要问:这些经验如何可能出现?换言之,我们今天得到的这些经验是否只对人类有效?对于其他生物,或从其他角度来看,则未必正确。那么人类为什么会有这样的经验?人类的这种经验是否跟人类本身的认识能力有关?康德的第一本代表作《纯粹理性批判》就是要回答这个问题——我能够认识什么？

　　康德一生努力探讨四个问题：第一，我能够认识什么？第二，我应该做什么？第三，我可以希望什么？第四，人是什么？这四个问题贯穿康德整个的哲学思维。

　　我们再回顾一下，康德之前的哲学为何会走入困境？首先，理性主义认为，人有先天本具的观念，否则如果一切知识都来自于后天经验的话，则只能靠归纳法来建构知识，而归纳法没有普遍性和必然性。经验主义则认为，按照理性主义的说法，人类无法在现实世界上不断扩充知识。经验主义强调人的心灵是一张白纸，人必须由感觉经验获得某些印象，再形成观念，进而建构知识。

　　康德认为，真正的知识要成立的话，必须两边合作：一方面由外在提供各种"素材"，另一方面要由内在提供某种形式。任何一种知识都包括两部分：由外界提供材料（称作质料），由人内在的理性提供形式。这样形成的知识一方面具有普遍性和必然性，另一方面又有扩张性和复杂性，这样不就可以避开前面的独断论和怀疑论了吗？

　　简单说来，康德就是要问一个问题：先验综合判断如何可能？所谓"综合判断"，就是我们对于后天许多经验事物的判断。"先验"则代表该判断来自于理性本身的形式。譬如，1+1=2 显然是从人的理性中所酝酿出来的一种规律，但是它不能脱离外在经验世界所提供的例证。所以，数学、物理学中的各种定律，都是先验综合判断。

　　对于休谟否定的因果律，也包括先验和综合两个方面。首先，我们看到外界许多事物紧密相连，经常同时出现；我们人类去理解时，便把它界定为因果关系。两方面合作才能构成有效的知识。

　　康德的先验哲学又称为批判哲学，因为他的三本代表作的书名都含有"批判"一词。批判就是批评性的思考，在肯定某一观点正确之前，先做一番批评性的反省，分析它为何正确。

1. 康德的一生过着严谨的生活，可以说是标准的"宅男"。他甚至有点神经质，他书桌上任何东西摆错位置，都会令他紧张不安。他平常散步时不跟别人说话，生活规律也不容别人打乱，他要充分掌握他的时间与他的生命。

有一次，邻居有一只公鸡总是啼叫，康德想花钱买下它，邻居不卖，康德只好搬家。结果，搬的地方很接近当地的监狱，监狱正在实施感化教育，每天早上都要唱圣歌。康德又向典狱长抗议，说他们制造太多噪音。情况能否得到改善呢？当然没有人理会他。

2. 康德面对的挑战是什么？在他之前，近代西方哲学从理性主义和经验主义演变为独断论与怀疑论，甚至对于科学的发展都产生了怀疑，从而使整个知识界陷入了困境。康德要设法找到新的出路。

3. 康德对于哲学的具体贡献是提出一套先验哲学，又称作批判哲学。传统以来研究的焦点是由人去认识外界事物，康德将之彻底翻转，要先了解人本身的认识能力。这种翻转就像哥白尼将"地心说"转为"日心说"一样，等于是扭转乾坤，天翻地覆。康德在哲学界的影响力由此可以想见。

回想一下，自己是否有一些独断论的观念，缺乏充分的论证就以为那是真的？或者是否有一些怀疑论的观念，明明看到某些事实，却怀疑它的存在与真实？

在历史上，一直有怀疑和独断这样的问题。我们曾介绍过英国哲学家培根所说的"打破四种假象"——种族、洞穴、市场和剧场假象。这是一种很好的思维模式。那么我们的观念是如何形成的呢？

1. 听来的。很容易先入为主，这与市场和剧场假象有关。比较片面的信息叫做市场假象，相对完整的全套理论叫做剧场假象。在介绍西方哲学史的过程中，哲学家一位接一位粉墨登场，就像在剧场中表演一样。

2. 由自己的观察得到的经验。这与种族和洞穴假象有关。

3. 自己好学、深思、力行之后的心得。这是最可贵的。

我们的价值观要呈现"十字打开"的格局，也就是"2+1"的格局。"十字打开"的横的侧面就是自然界和人类，可以称之为"2"；纵的侧面则称为"1"。不能只看自然界和人类，因为这两者始终都在变化生灭之中，最后都会消失；还需要配合纵的侧面，像天命或个人的宗教信仰，这是对人生最深刻的体会。否则当你处于一个价值完全紊乱的社会之中，整个社会都腐化了，一个人活着真的会感到求告无门。纵向的十字打开是必要的，为什么我们要经常思考宇宙万物的来源和归宿这个问题？原因就在这里。

康德思想的关键在于"先验"观念，这是他最主要的贡献。如果探究人类经验的具体内容，那么每个人的经验都不同，并且会随着时空条件而改变，可谓五花八门，永远没有定论。康德则要探究：使这些经验能够成立的先决条件是什么？如果能了解"先验"这一观念的话，就容易欣赏康德的思想。

人只能认识现象

本节的主题是：人只能认识现象。你可能听过一句很特别的话：你所认识的世界不是世界本身，而是能够被你认识的世界。这句话在说什么呢？这就要回到康德身上。

康德的著作有所谓的"三大批判"，第一本是《纯粹理性批判》。所谓纯粹理性，是指理性在理论上（不涉及实践）的运作。理性本身作为认识的主体，能否进行认识的活动？康德要先对理性本身的结构与能力进行反思。本节要介绍以下三点：

第一，要破除虚假的观念；

第二，人的认识结构到底如何？

第三，什么是时间与空间？

（一）要破除虚假的观念

在破除虚假观念这一方面，康德提出了著名的"正反论旨"（Antinomy），也翻译为"二律背反"。在做研究的时候，可以提出正题和它的反题。正反论旨就是要强调，正题是对的，反题也是对的，最后两个都不对。这有点类似于归谬法，亦即当你要批评别人的观点时，先承认他是对的，然后推出荒谬的结论，从而证明他是错的。

康德认为，过去人对于宇宙和人生问题的所有观点，都可以用正反论旨的方式来加以怀疑和否定。譬如，说宇宙在时间上有开始，在空间上有限制，这是正题；说宇宙在时间上没有开始，在空间上没有限制，这是反题。

如果宇宙在时间上有开始，那么它开始之前是什么？开始之前还有不同的开始。如果说宇宙在空间上有限制，那么空间之外是什么？反之，如果说宇宙在时间上没有开始，在空间上没有限制，如何理解一个在时间上没有开始、在空间上是无限的宇宙？

最后结论是，你可以主张宇宙在时空方面有它的限制，或者主张宇宙在时空方面没有限制，两个都对，因而两个都错。康德的目的是要指出，人的理性根本无法确定外在事物究竟是什么情况。他特别提出四种正反论旨，包括：

1. 世界在时间上有开始并在空间上有界限，或者在时间上无开始并在空间上无界限？
2. 万物是由单纯的东西所组成，或者不是由单纯的东西所组成？
3. 因果律出于自然的还是自由的？
4. 绝对必然的存在是在世界之内还是在世界之外？

康德通过分析上述问题，发现不同哲学家的说法之间相互矛盾，没有一种说法是可靠的。所以，康德把过去争论不休的问题全部搁置。因为如果不先去探讨人的认识能力和结构，就说你认识的世界是如何如何，最后就会陷入正反论旨，统统不能成立。

（二）人的认识结构到底如何？

若要了解人的认识结构，就要采用类似于电影里慢动作的方式，逐步加以分析。

康德认为，任何一种认识行动都是人的理性做出的判断，理性

（广义的理性）可分为四阶段：感性、想象、知性和狭义理性。首先感性接触外界，譬如看到一样东西；接着通过想象判断这样东西属于哪个种类；然后由知性做出判断；最后再由狭义理性进行统合。

康德有一个重要的观念，他认为人只有感性直观。什么叫感性直观？"直观"与"理性"是一组相反相对的概念，说直观就代表不是理性，说理性就代表不是直观。直观是直接掌握，理性则要使用概念。康德认为，我们接触外界，一定要通过感性的能力，由感性直观去掌握。因此，人只能认识现象，而不能认识对象本身。

康德将人的理性分为四个层次，每个层次都包括形式和质料两个方面。

首先，感性有两面，外界提供给我混沌的质料，我的感性能力提供普遍的形式，两者配合才能形成被我认识的对象。接着，我的想象力根据内在的规则与程序，设法把这个对象加以分类。然后再把这个对象往上推给知性，知性负责做出判断。譬如要判断：这是不是车？是一辆车还是两辆车？是什么车？知性也是把先天的形式加在外界提供的对象上。最后再把这个对象交给狭义的理性，这样才能说自己认识了一辆车。

（三）什么是时间与空间？

康德作为哲学家的最大特色，就是打破历代以来所有对于时间和空间的观念。康德说："时间、空间是感性的先天形式。"换言之，时间与空间不是外在的、后天的，而是人类主观的先天形式，正是因为有人类，才有这样的时间与空间。

先看空间。人会觉得某处好高，跳不过去，但是许多昆虫随便一跃就可以达到它身高几十倍的高度，人类再怎么跳也不会超过身高一倍以上。再看时间。人类对于时间固然有各种感受，譬如，放假时觉得时间过得很快，一开学就觉得时间过得很慢。但是，鳄鱼在太阳底下半天都不动，对它来说，时间代表什么？

可见，人类对于时间、空间的掌握与其他生物不同，所以有人把时间、空间当作一副眼镜，人类戴上时间、空间这样一副特殊的眼镜，才能看到我们现在看到的世界。换言之，你看到的世界经过自身的加工，你把自身的形式加在世界上面。

再举一个简单的例子。譬如，这里有一张桌子，把桌子搬开就多出一个空间。请问：先有空间才能放桌子，还是把桌子搬开才有空间？当然是先有空间才能放桌子。不但如此，空间其实是人的感性所提供的。换言之，所谓"先有空间"或"先有时间"，这里的"先"并不是外在的先或时间上的先，而是说我们的感性本身具有这样的先天形式。如果人类不存在，这个世界并没有所谓的"上下、左右、前后、四方"或"时间的连续发展"这两种现象，整个世界只能用"混沌"来形容。

人类出现之后，便开始用他先天的时间、空间的形式加在外界事物上面，让它看起来有时间、空间的样子。这样一来，我们永远也无法接触到外在世界本身。因此，康德区分"现象"和"物自体"（或称为物自身、本体）。人只能认识现象，你所认识的世界是能够被你认识的世界，不等于世界本身，没有人可以认识事物的本体。康德于是得出结论，有三个本体不可知：第一，自我不可知；第二，世界不可知；第三，上帝不可知。

如果三大本体都不可知，那我们该怎样在世界上生活？这就是后续《实践理性批判》要探讨的问题——我应该做什么？

需要补充的是，感性有时间、空间两个先天形式，想象也有它的基本图式（schemata），知性的层次有十二个范畴。譬如我说"这是一辆车"，"是"代表肯定，属于范畴里面的"质"（包括肯定、否定和不定）；"一辆"属于范畴里面的"量"。康德的十二个范畴其实脱胎于亚里士多德的十大范畴，康德挑出四个——量、质、关系和状态，再用正反合的方式构成十二个范畴。

收获与启发

1. 康德在《纯粹理性批判》中强调，要先问人类能够认识什么。首先，他要破除虚假的观念，把传统以来有关时间、空间、万物是否单纯、因果关系如何、上帝是否存在等重要问题，都用正反论旨的方式指出相互矛盾之处，从前哲学上的许多论断都受到质疑，因为它们没有先去探讨人本身的认识能力、结构和限制。

2. 谈到人的认识结构，康德认为人有理性，这是指广义的理性。广义的理性可用其感性直观去接触外在对象，经过想象，再交由知性进行判断，最后由狭义的理性来加以规范，从而肯定这是我所得到的知识。这就是认识的结构。

3. 人用感性去接触外在事物，感性有两个先天形式——时间和空间。外在混沌的材料或质料，经过我提供的形式的规范，成为我认识的对象。这导致两个结果：

（1）我只能认识到现象，不可能认识到本体或物自身；

（2）我的主体提供的形式是普遍的、必然的，而外在对象提供的质料是复杂的、扩张的，"先验综合判断"由此得以落实。正因如此，人的认识才是可能的，也才是有效的。

简单说来，了解康德的《纯粹理性批判》要问一个问题：人能够认识什么？要把一个非常直接的判断，像电影慢动作一样逐步分解。你觉得康德的说法有道理吗？你只要想一想，自己对空间、时间的认识跟一只蚂蚁的认识有何不同，就比较容易欣赏康德的观点了。

我应该，所以我能够

康德的道德哲学可以归结为一句话——我应该，所以我能够。

康德的一生要问四个问题：第一，我能够知道什么？第二，我应该做什么？第三，我可以希望什么？第四，人是什么？康德在《纯粹理性批判》中试图解决"我能够知道什么？"这个问题，最后发现：我只能够知道现象，不可能知道本体，世界、自我与上帝都不可知。如果对本体无法确知，人应该如何行动？如果自我不可知，那么是谁在行动？

康德的第二批判是《实践理性批判》，就是要探讨"我应该做什么？"这个问题。"应该"两个字是关键，因为不管我是否知道本体或知道多少，我还是要在这个世界上与别人互动，我认为自己是自由的，可以做出选择，并需要承担责任。康德将在他的道德哲学中探讨这些问题。

本节要介绍以下三点：

第一，康德所谓的"道德形而上学"是怎么回事？

第二，康德所谓的"实践理性"是什么？

第三，人的道德究竟是怎么回事？

(一)什么是道德形而上学?

康德的著作中一再谈到"道德形而上学",他甚至有一本专著就以《道德形而上学原理》作为书名。如果要探讨宇宙万物的本体,只有两条路线可以选择,即"2+1"的"2":或者从自然界出发,或者从人出发,去找到它们背后那个无形可见、永不变化的本体。

"形而上学"的英文是 Metaphysics,这个名称来自于亚里士多德的一本书,"在自然学后面的"就是形而上学。因此,传统的形而上学都采取第一条路线,由自然界出发去找寻背后的本体。康德认为以前的探讨都不能成立,他别出心裁,要走第二条路线——从人出发,去找到道德行为背后的本体。

康德认为人有两种知识。第一种来自于感官接触外在世界,通过感性、想象、知性到狭义的理性而得到知识,这类知识只能认识现象而不能认识本体。

除此之外,人还有道德知识。凡是含有"应该"二字的就是道德知识。譬如"你应该说真话"就是道德知识,它来自于人类经验的归纳吗?显然不是。就算天下人都说谎,"你应该说真话"这句话还是真的。因为如果天下人都说谎,那么说话本身就毫无意义了;说话若要有意义,"你应该说真话"就必须在先验上是真的。

那么,在道德方面有没有先验综合命题呢?真的有道德的行为吗?康德认为,道德哲学家的任务,就是要从道德的知识中,分辨出先验的因素,并说明它的根源。换言之,一般所谓的道德知识,譬如"你应该说真话"或"你应该守信用",这类命题是否有先验的成分?

(二)什么是"实践理性"?

康德的第二本代表作叫做《实践理性批判》。前面介绍纯粹理性,这里又出现实践理性，难道有两个理性吗？不是的。理性只有一个，但它有两种途径去涉及它的对象。

第一种途径只涉及纯粹的认知，可以规定由外而来的对象，获得某种理性的知识，这是纯粹理性的作用。第二种途径可以使对象成为实在，这是实践理性的作用。譬如，我采取一个行动，就会使我的行动结果成为具体的存在。所谓"实践理性"是指理性在实践上的应用，主要以道德实践为准；不包括制作手表、汽车等，因为这些与知识有关。

只有在道德实践中，理性才可能使它的对象真正成为实在。简而言之，实践理性就是按照一个原则而做的意志活动。因此，实践理性就是意志。人要靠意志去做选择，做出某些道德的或是反道德的行动，而道德的法则只能建立在理性上。这就是康德伦理学的主要特色。

（三）人的道德究竟是怎么回事？

康德认为，世间所谓的善皆为相对而有条件的，如财富、才华、性格优点，这些都可能用于恶的目的，而不是本身即为善的。唯一的、无条件的、在其自身可以称为善的，只有"善的意志"。善的意志就是"出于义务"而行动的意志。简单说来，善的意志就是内心里的善意或善的动机。

譬如，我开了一家店，门上贴着"童叟无欺"，我认为这是我的义务，我应该这么做。隔壁也开了一家店，门上也贴着"童叟无欺"，但他认为诚实是最好的策略，童叟无欺可以带来更好的效益。平时看不出我和他的差别，但是遇到经济不景气时，隔壁的店为了追求更大的效益，改变策略，变成专欺童叟；而我照样出于尊重义务而童叟无欺。按照康德的观点，我的行为具有道德价值，隔壁的行为只是一种策略运用而已。

接着，要区别格准（maxim）与法则（principle），这些都是康德的专用术语。格准是主观的决意的规则，法则是客观的道德律。格准是个人的，法则是普遍的。换言之，格准是自己做事的规格和标准。

康德认为，只要是人都有理性，理性会给自己下命令，那个命令是普遍而绝对的，不能谈条件的，可以称之为"无上的命令"。这是康德哲学的一个主要特色。道德的无上命令是：我要设法使我行为的格准成为普遍的法则。换句话说，我在做一件事之前一定要问：世界上所有人在我这种情况下，都可以做这件事吗？如果可以的话，我才去做。

人是有理性的存在者，理性会赋予人无上的命令（定言命令），所以人本身就是一个目的，不能被当作手段或工具。康德一再强调道德实践的规定："你当如此行动，要把人性——无论在你自身的位格中或在其他人的位格中——在任何情况下，都要同时视之为目的，而绝不要仅仅视之为工具来利用。"

由于理性为自己立法，所以道德意志不是他律的，而是自律的。意志的自律是道德的最高原则。既然每个人都是自律的，都是目的，因此人的世界就构成一个"目的王国"。这是康德关于道德方面非常深刻的观念。

康德的观点最终归结为一句话——我应该，所以我能够。"我应该"是我对义务的尊重，我知道自己应该做什么，那么我就一定有能力把它做出来。古希腊时代有一种观点是"我能够，所以我应该"，否则我为何会具备这样的能力？康德将之翻转为"我应该，所以我能够"。譬如我应该守信用，所以我能够守信用。类似的道德问题，显然要有一些基本设定，下节再做介绍。

康德在《纯粹理性批判》中认为自我不可知，但到了《实践理性批判》，当他问"我应该做什么"时，必须先要肯定"宛如"（als ob, as if）有一个"自我"存在一样。"宛如"一词是康德哲学的另一个特色，康德哲学有时也被称作"宛如哲学"。

1. 康德的形而上学摒弃亚里士多德"自然学之后"的传统路线，另辟新径，从人的道德行为出发，找寻背后形而上学的根据，就是去探寻道德实践背后有什么样的本体可以肯定。

2. 康德的实践理性是指理性在实践上的功能，它可以使对象成为实在。这不是客观地去认识外在世界，而是主动地创造某种客观实在的行动。人通过意志的抉择，使道德行为得以实现，这样才符合人类理性的要求。

3. 人在道德方面有"无上的命令"：要把个人行为的格准当作普遍的法则，如此才可付诸行动。每个人都是目的，不能只被当作手段来利用。人类的世界形成一个目的王国。这种观念成为近代人文主义的基本立场，即不能只把别人当作手段来利用，而不同时也把他当作目的来尊重。人的理性给自己立法，我由自己所定的法来行动，所以我是自由的。这样就肯定了人的道德生命的特色。

课后思考

康德的道德哲学有个特别的观点，一个人在实践道德时不能觉得快乐，否则将来可能为了快乐而去实践道德，而不是为了尊重道德的义务。

他这种说法是否过于严格？譬如，探访一个生病的朋友，如果你说"我是康德的信徒，我来看你只因为你是我的朋友，而不是因为我喜欢你或关心你"，你的朋友会领情吗？

你对康德的观点可以做进一步的反省吗？

康德为什么对于"在实践道德时，不能有感情上的喜悦或快乐"这么坚持呢？因为他担心，如果看望一个朋友觉得快乐，将来就可能为了快乐才去看他，而不去考虑你应该不应该的义务了。应该做的事不见得都会带来快乐，所以不能以快乐作为考虑的重点。康德想要强调的是，出于义务的行为不应考虑该行为的后果，无论后果是好还是坏、是让你高兴还是难过。这是康德义务论的特色。

一般人的行为显然与康德的要求有相当大的差距。一般人做事有以下三种考虑。

1. 我做一件事是因为自己觉得快乐。譬如，我去医院探望生病的朋友，这会让我觉得心里踏实，不过我可能就此期待朋友的回报，哪一天我生病的时候，自然就会期待朋友也来探望我，否则，我心里就会觉得有点压力或委屈。

2. 我做一件事是尊重习俗。我们做的许多事通常都没有什么特别的考虑，只是出于尊重习惯和风俗，并没有想到义务的问题。我们只是随俗从众，不会去进一步判断：这件事是我该做的吗？或者是我喜欢做的吗？

3. 我做一件事是出于社会压力。如果不去做的话，会受到别人的责怪。

上述三种行动方式，在康德看来都不具有道德意义。有道德意义的行为，一定要通过理性的思考，发现这是我该做的事，是我的义务。

从道德走向宗教

本节的主题是：从道德走向宗教。西方哲学家对于宗教有一定的兴趣与关怀，是因为他们的成长背景往往与宗教密不可分。许多哲学家从小就有家庭的宗教信仰背景，或者在学习阶段进入宗教学校，受到完整的宗教教育。康德的父亲是马鞍匠，母亲是家庭主妇，他们是虔诚的信徒，属于基督教的虔信派（Pietism）。康德对于基督教和天主教都有一定的认识。

本节要介绍以下三点：

第一，康德批判上帝存在的论证，认为这些论证都不能成立；

第二，康德的道德哲学要求有一个圆满的善作为结果，由此推到上帝的存在；

第三，康德的道德哲学会引向宗教。

（一）康德批判在他之前的上帝存在的论证

在康德之前的上帝存在的论证可以分为三类。

1. 本体论的论证

由中世纪后期的安瑟姆首先提出。安瑟姆把上帝定义为"你不能设想有比他更完美的存在者"。这样定义的上帝必然存在，否则他就不是那"不能设想有比他更完美的存在者"。康德认为这个论证不能成立，因为"存在"不能作为述词。换言之，"不能设想有比他更完美的"这个定义已经包含"存在"在内，等于是一种循环论证，不能成立。

2. 宇宙论的论证

托马斯·阿奎那五路论证的前三路就属于宇宙论的论证。凡存在的东西都不能解释自己本身，它们都需要有一个原因，可以称之为上帝。这类论证的问题在于：万物都是有生有灭，也就是相对的，本质上等于零，而再多的零加起来也不会等于"一"。所以，不可能由万物推出一个永恒的、无限完美的上帝。

3. 设计论证

神学家比较喜欢使用设计论证，甚至像牛顿这样的科学家也认为这个论证说得通。但康德认为，就算宇宙万物充满秩序、让人惊讶，顶多只能证明有一个超级"建筑师"存在，但是那跟宗教里所宣称的上帝也没什么关系。

康德另辟蹊径，他在道德哲学里特别强调，人普遍具有道德经验，这代表人有自由。譬如，我们都有后悔的经验，这代表我曾经"自由"地做了一件事——明明知道不该做而我却做了，因此才会有后悔的问题。如果当初做的时候没有自由，就没有后悔的问题，也谈不上要负什么责任。

"自由"预设必须为后果负责，否则自由只是空话而已。所谓"负责"就是善恶应该有报应；但是人的生命有限，在生命结束之前，善恶不可能实现完美的报应。那该怎么办？

（二）康德由道德哲学去设定上帝的存在

康德在《实践理性批判》中强调，为了使人的道德经验得以成立，需要有三个"设定"。"设定"是专门的术语，代表它不能被证明，但必须被要求。换言之，你先肯定某个事实，为了使这个事实能够成立，需要设定某些先决条件。如果不这样设定的话，这个事实根本不可能出现。

康德认为，人的道德行为是一个客观事实，必须要有以下三个设定：第一，人是自由的；第二，人的灵魂是不死的；第三，上帝是存在的。

1. 人是自由的，否则哪里有道德的行为？

2. 要设定灵魂是不死的。自由代表一个人要为其行为负责，也就是善恶要有报应。但是这样的报应在一个人活着的时候不可能圆满实现；所以人死后，灵魂要继续存在，以便为生前所做的事负责。

3. 与此同时，还要有一个全知的、全能的神，来保障所有善恶报应都恰如其分，也就是德与福一致——康德称之为"圆善"，即圆满的善。如果没有德福一致，所有道德经验都是虚幻的。

康德在《纯粹理性批判》中强调，自我、世界与上帝都不可知。在《实践理性批判》中，他找到一个新的"窗口"，使人的自我得到确认，同时上帝被要求非存在不可，否则无法圆满解释人的道德经验。这就是康德思考的心得。

（三）康德的道德哲学会引向宗教

康德认为，道德不需要先预设宗教信仰。人不需要先信仰上帝才能认识他的义务，因为道德最终的动机是为了义务，而不是为了服从上帝的命令。对于西方世界来说，这是一个重大的转变。西方经过中世纪长期的教化，已经认定要以宗教作为道德的基础，一个人没有信仰就不可能有道德。在西方人的一般观念中，一个人为什么要行善？

因为那是上帝的要求，善恶都会有报应的。

康德认为，道德最终的动机是为了义务，但这样的义务可以与上帝的命令相配合，要承认人的所有义务都是上帝的神圣命令。这样就把人的道德与信仰结合起来了。

康德说："人类普遍具有理性，理性可以给自己立法，因此，所立的法必须是普遍的与必然的，有如至高存在者（上帝）的命令。因为只有源于一个道德上完美且无所不能的意志（上帝），并且与他协调，我们才有希望达成最高的善。这就是道德法则给我们的义务。"

康德为什么要强调上帝在道德上是完美的，而且无所不能？因为只有上帝在道德上是完美的，才能要求人类也追求这样的完美；同时，上帝也必须是无所不能的，他要掌握人类与自然界的一切资源，才能给德行以适当的报应。

康德强调，道德法则要求我们配得上幸福，因为德行应该产生幸福。斯宾诺莎也提到过德行应该产生幸福。康德进一步说，所谓"圆满的善"就是德与福一致；若要德福一致，不能仅凭主观的愿望或幻想，而只能藉由上帝的参与才能达成。换句话说，上帝的意志是神圣的，他要求受造的人类能够配得上幸福，也就是要以德行来配得上幸福。康德也强调，幸福的希望只能从宗教里寻找，否则人死如灯灭，一切都不必谈了。

康德为什么一定要肯定上帝？他考虑的是两点：

1. 道德行动要有终极的结果，行善或为恶不能没有最终的报应；

2. 道德行为与自然秩序有可能协调，且必须协调，否则只有人面
   对上帝，而与自然界完全脱钩，这样不可能实现圆满的善。

康德的结论是："真正的宗教就是针对我们所有的义务来说的，要把上帝视为普遍受尊崇的立法者，把人的义务视同上帝的命令。"换言之，服从道德法则、服从义务就是服从上帝。这是康德将道德哲

学引向宗教的关键。

康德对于宗教的具体内容有不少意见。譬如，他排斥教会的权威和他们对启示的解释，他也不重视宗教的仪式，如礼拜、祷告等。他强调："除了道德行为之外，人类所有自以为能取悦上帝的途径，都不过是宗教的幻想和对上帝的假意崇拜而已。"

这话说得很严肃，同时也响应了《圣经》中耶稣的一句话，耶稣说："你如果不爱那看得见的弟兄，怎么能宣称你爱那看不见的上帝呢？"（《新约·约翰一书》，4∶20）因此，你如果没有在人间实践你的爱，没有表现出道德的行为，又怎能说自己有任何宗教信仰？

更重要的是，康德并不否认原罪的观念，因为在基督徒尤其是新教徒看来，人性根本是败坏的。康德肯定原罪是要反对卢梭的论调，卢梭把人想象成在自然状态下是完美的。康德认为人有自爱、自利的倾向，由此产生自私，这就是"人的根本恶"所在。

总之，康德强调上帝的内存性，从人的道德意识可以引出对上帝的意识。因此，并非道德以宗教为基础，而是宗教必须以道德为验证；因为道德是普遍的，而宗教有可能受时空的影响，出现多元化的现象。康德由此获得一个绰号——住在柯尼斯堡的中国人。这里所谓的"中国人"是指儒家。儒家思想强调修身，在道德上严格地自我要求；儒家谈到天命，但并没有像上帝的命令那么具体。

1. 康德对于在他之前的上帝存在论证全部加以批判，认为它们都得不到证实。

2. 康德的道德哲学肯定人的道德经验是一个客观的事实，这就需要设定人有自由。人有自由就有随之而来的责任，因此灵魂必须不死，以便承受善恶的适当报应。最后，还需要有一个上帝作为报应的执行者来保证圆善，使德与福一致。这就是康德的道德哲学引向宗教的契机。

3. 康德所谓的宗教显然有一种理性化的倾向，他对于宗教的实践，像教会的权威、宗教的仪式等，并不重视。同时，他受到宗教的启发，肯定人有原罪，因为他无法接受"把人想象为在自然状态下是完美的"这样的观念。康德也受到启蒙运动的影响，以致过于忽略宗教的历史事实。

课后思考

听了康德的说法后，你是否认为，不论一个人是否信仰宗教，道德才是最后的检验标准？你能简单说明到底什么是道德吗？

补充说明

这里要谈以下三点。

1. 道德是怎么回事？

由于"人有自由""人是不完美的"这两点，所以出现道德的要求。

人的自由不能脱离人的行为法则或规范。按照康德的说法，行动分两种：一种是"符合义务的要求"，第二种是"出于尊重义务"。

只有第二种才具有道德价值。第一种只是"符合"义务的要求，并不知道你的内心有何动机。第二种"出于尊重义务"，即我的善的意志从内心主动尊重义务，这样的行动才具有道德意义。人有自由可以选择，对于选择的后果就要负责任；否则自由只是一个幻想，根本不能落实。

另一方面，人是不完美的，因为人的认知有偏差，情感有冲动，意志很软弱。在进行道德选择的时候，认知往往会有个人的偏见，使我们无法做出全面的判断。我做出这样的行动，对于其他人会有什么影响？我们无法考虑周全。我们的情感很容易冲动，受不了各种诱惑。在意志方面，正如《圣经·新约》里面保罗所说："我所愿意的善，我反不做；我所不愿意的恶，我倒去做。"（《罗马书》，7：19）说明人的意志非常软弱。

所以，人有自由以及人是不完美的这两点，就使道德成为人性最主要的特色。生而为人，就有这样的道德要求。人的一生中，道德要求始终存在，不会说你达到某种境界或年龄之后，道德就不再构成问题了。

2. 道德有什么难题？

人一生都要与别人来往，道德责任一直存在，由此带来两个难题：第一，我如何坚持一生？第二，我为何要坚持下去？

第一个问题的答案很简单，就是要不断修养自己。随着年龄的增加，你会接触到更多的人和事，责任愈来愈重，相应地就需要有更高的修养，否则很可能出现晚节不保或毁于一旦的结果。

更重要的问题是：为什么要坚持？这时只有两种考虑：

（1）因为我有这样的人性，如果我不坚持，过不了自己的人性这一关。人性和良心在很多地方非常类似。

（2）因为我有某种信仰。信仰包括一种对死后世界的考虑。只谈现实世界不需要信仰，可以按照别人设定的方式活下去。

3. 道德与宗教的关系

康德认为，如果肯定道德有随后的责任，并达到完美的德福一致，就非要设定两点：

（1）灵魂存在，否则谁来接受报应呢？

（2）上帝存在，否则谁来做公平的裁决？

基督教神学家潘能伯格（Wolfhart Pannenberg, 1928—2014）指出：如果按照康德的说法——以道德作为宗教的基础，会带来很大的任意性，每个人都认为自己是善意的，自己的做法合乎道德要求，这样就没有道德判断的普遍标准，这是很大的问题。

其实，康德并没有把道德与宗教两者完全分开。他说："要把一个人在道德上所尊重的所有义务，都当作上帝的命令。"上帝的命令只是一个普遍的说法，人不可能预先知道上帝的命令有何具体内容；每个人在道德实践的时候，都有他的特殊处境，需要自行判断。如果此时缺乏真诚的心和完全的善意、不能出于尊重义务而行动的话，后面就会很麻烦，每个人都可以说"我认为这样是对的"。

《中庸》对此有清楚的说明。《中庸》开宗明义地说："天命之谓性，率性之谓道，修道之谓教"。可以把"天"理解为超越界。"天命之谓性"是说，天的安排或命令就是我的人性。"率性之谓道"是说，顺着我本性的要求去实践，就是我的人生正路。"修道之谓教"是说，我修养自己走在正道上，这就是教化。这提供了不同于西方的另一种解释模式。

美是什么？

本节的主题是：美是什么？在康德看来，《纯粹理性批判》一书要探讨人的理性是如何认知的，《实践理性批判》一书要考察人的意志是如何进行道德实践的，《判断力批判》一书则要讨论人的感受。三本书合起来就构成康德著名的"三大批判"。

人在认知与意志的中间还有感受。感受是怎么回事？它跟美有什么关系？本节要探讨以下三点：

第一，判断力有何作用？

第二，审美判断是怎么回事？

第三，美与道德善有何关系？

（一）判断力有何作用？

康德的《判断力批判》在讨论什么问题呢？首先，康德认为人的心灵有三种能力，就是一般心理学所谓的知、情、意。知是认知能力，情是感受能力，意是意愿能力，即意志。

康德认为人的理性在认知方面有一种建构作用，使外在混沌的质料成为能被人认知的现象，从而使知识成为可能；在意愿方面，理性有一种规范作用，能够为人的意志立法，从而使道德成为可能。

在认知和意志的中间，人还有感受能力或情感能力，它关系到人是否有审美的愉悦。人如果只有认知和意志能力，就好像被一分为二，或是知——知道实然的状况，或是行——有了应然的要求。能联系这两者的就是人的感受，也就是在情感上的审美的力量。

因此，康德在前面两种批判之后谈到《判断力批判》，该书就是对感受或审美的讨论。在认知方面，我们有理解力；在意愿方面，我们有行动力。理解力与行动力要靠判断力来加以连结，使人的整个生命不分裂。这样就形成一个简单的架构。

（二）康德的审美观点

康德依旧采用先验的思考模式，他要问：判断力有没有属于自己的先验原则？它的功能如何？又要如何应用呢？康德基本的思考模式一向如此，关于人的具体作为，像认识、行动或感受，他要探讨人的理性能否提供某种先验的形式，来规范外界纷杂的万物。

何谓判断力？判断力就是按它的先验原则，关联于感受上。简而言之，判断力就是指一种能力，可以把特殊者设想为包含于普遍者之中。这句话听起来有些抽象。譬如一幅画很特别，它是特殊者，请问这幅画能否引起普遍的感受？感受不是属于个人的吗？它有普遍性吗？《判断力批判》就是要讨论这些问题。

康德美学有两个关键术语：第一是"无私趣"（disinterested）——没有个人的兴趣；第二是"不具目的的目的性"。掌握这两个词，就可以把握康德美学的重点。

对审美的判断，康德从四个角度来看，即量、质、关系和状态。

1. 无私趣

从质的方面来看，就是"无私趣"。也就是没有任何私人的兴趣，不涉及任何认知与意愿，而能引起满足感。"无私趣"后来成为广泛应用的术语。譬如我看到一幅画上画了颗苹果，我不想了解它的产地，也不想吃它，纯粹欣赏就觉得满足，就是"无私趣"。

2. 普遍性

从量方面来看就是"普遍性"。美本身没有概念的内容，但它又能普遍使人愉悦。一般的概念可以普遍让人了解，然而美只涉及感受而不涉及概念，但它能普遍使人愉悦。所以，"普遍性"就是让所有人都觉得满足，好像它有某种客观性质一样。譬如，我说某种酒好喝，有人反对，因为每个人口味不同，这就是"私趣"。但当我说"这幅画很美"，我心里想的是：应该所有人都会同意。这里要注意两点：首先，我不能从逻辑上证明一幅画很美，因为审美的判断与认知无关，无法给出逻辑上的证明；其次，当我说"这幅画很美"，我并非把它建立在某种概念上，而是建立在感受上。

3. 不具目的的目的性

从关系上看就是"不具目的的目的性"。即对象本身不具任何目的，但又合于目的性。譬如，你看到一幅画，你并没有特定目的，但这幅画从构思、布局、到光影配合都恰到好处，让人产生和谐而有意义的感受；你无法形容它，因为它不涉及任何概念。又譬如写文章，可谓"文章本天成，妙手偶得之"，有时只是偶然得到了灵感，信笔挥来，一气呵成；如果刻意雕琢，反而不见得精彩。

换言之，"无目的的目的性"是说，当你欣赏艺术品时，不带有特定目的，但这件艺术品所表达的完全合乎目的，让你产生一种有意义的感觉。这里所谓的"意义"不是指"认知"上的意义，而是"感受"到一种深刻的含义或重要性，使人得到某种启发。

4. 必然的满足

从状态上来看就是"必然的满足"。康德说："所谓的美，基本上没有概念可说，但它又是一种必然的满足的对象。"这里所谓的"必然"不是指理论上的客观必然性，因为那是"知"；也不是实践上的必然性，因为那是"行"。这里的"必然"是普遍原则的一个案例，它可以使人产生共同的感受。譬如，我们经常会举例说明，举的例子虽是个别的，但是每个人听了都能了解，这就具有某种普遍的必然性。

接着康德提到审美的"正反论旨"，但这里正题和反题都正确。

先说正题——审美判断不建立在概念上。因为如果建立在概念上，就可能出现争论，甚至还能证明它美不美，但这是不可能的。

再说反题——审美判断建立在概念上。因为如果没有建立在概念上，就会"言人人殊"，每个人的说法都不同，根本无从讨论，甚至连"这幅画真美"都不能说了。

结论是，审美判断不建立在概念上，又建立在概念上，正题、反题都说得通。这反而让人领悟审美判断具有一种很特殊的普遍性。

（三）美与道德善的关系

道德是人生命的一种完成状态，通过尊重义务，理性给自己立法，我在道德上的实践也能配合宇宙最高存在者的意愿，他能保证"德福一致"的最终实现，造成完美的道德善。康德认为美就是道德善的象征。所谓"象征"是指某些方面相同，也有某些方面不同。

美与善的相同之处有两点：

1. 两者都能产生愉悦的感受，你看到美的东西会觉得愉悦，行善时也会觉得愉悦；

2. 美可以让想象力与理解力相和谐而不至于分裂，善可以让普遍的法则与个人的生命相和谐。

两者的不同之处在于：美是在直觉中产生愉悦，任何人在审美中都要保持"无私趣"的态度；善是在概念中产生愉悦，它与人的某些私趣可以结合，但需要特别注意的是，这种私趣是在道德判断之后才出现的。换言之，行善有可能带来愉悦的后果，但不能为了愉悦而去行善。可见，美和善有相似之处，它们都能使人的生命形成一个整体，从而走向完美的目标。

收获与启发

1. 康德的《判断力批判》，目的是要让人的"知"与"行"得以协调，同时也兼顾到人原本就有的感受能力与审美的愿望。

2. 康德对于审美判断提出四种角度，给我们留下深刻印象的有两个：首先，审美是一种"无私趣"的态度，即不能带有私人的兴趣，否则就不可能具有审美的品味；其次，审美是一种"不带任何目的、又合于目的性"的过程，人在欣赏美的艺术品时，不带任何目的，但是又觉得这件艺术品完全合乎目的性，它的设计浑然天成、妙手偶得，让人觉得一切都恰到好处。

3. 美也是道德善的象征，因为它们都能给人带来愉悦，只是这两种愉悦属于不同的心态。

康德终其一生都在不断阐述自己的哲学，并亲身实践，他的人生修养显示不凡的高度。康德去世前一周已经年满80岁，他身体虚弱，但看到医生到来时仍然起身相迎，以不清楚的口齿感谢医生抽空来为他治病。医生劝他坐下，但是康德坚持让客人先坐下，然后鼓起全部的力量，非常吃力地说："对人的尊重还没有离我而去。"医生闻言，感动得几乎落泪。

康德一生过着极其严谨而有序的生活，他的哲学思维产生极大的影响。他生平最喜欢的两句话被刻在他的墓碑上——"在我头上是众星闪烁的天空，在我心中是道德的法则。"自康德之后，外在的自然世界与人心中的自由世界分开了，各有各的领域。

另外，康德有关宗教与审美方面的观念也对后代产生深远的影响。整个 19 世纪的哲学集中在德国的唯心论，都是围绕着康德而不断发展。当时有一句评论非常中肯：上帝把陆地赐给法国（拿破仑在当时征服了大半个欧洲），把海洋赐给英国（英国的海军愈来愈强盛），但是把思想的天空赐给了德国。这句话正显示了康德哲学的重要影响。

课后思考

康德认为美不能用概念来表达。请问：当你觉得一幅画很美时，你要如何介绍给别人？请你做广泛的自由联想，并阐明理由。

补充说明

可以参考三种方法。

1. 用比喻的方式

譬如在《庄子·逍遥游》中，庄子描写有一种鱼叫做"鲲"，大得不得了（不知其几千里也），鲲后来转化为"鹏"，也大得不得了，鹏向上可以飞到九万里的高空。鲲受制于水，变成大鹏鸟便可以到九万里高空自由翱翔。

庄子意在发挥老子的思想。《老子·第二十五章》提到"道大，天大，地大，人亦大"，其中"人亦大"不容易说清楚。庄子就用比喻的方式让你了解，人的生命有特别值得欣赏和肯定的地方，经过提升转化之后可以自在逍遥。

2. 引发共鸣

共鸣就是设法与别人在情感上互相感通。譬如，"庄周梦蝶"的寓言讲述庄子梦到自己变成蝴蝶。庄周可以梦为蝴蝶，蝴蝶也可能梦为庄周，人与万物有相通的部分，可以产生共鸣，可以互相转化。这样就能让我们突破自己生命的局限。

3. 请他再看一遍

正如陶渊明所说："此中有真意，欲辩已忘言。"即这里面有真实、深刻的含义，我想跟你说清楚，却没有适当的言辞可表达。

第 26 章

德国唯心论的鲜明立场

挺身而出的哲学家——费希特

本章的主题是：德国唯心论的鲜明立场。本节的主题是：挺身而出的哲学家——费希特（J. G. Fichte, 1762—1814），主要介绍以下两点：

第一，费希特发表《告德意志同胞书》有何内容？从中可以看出，在国家危急存亡之秋，哲学家能发挥何种作用；

第二，什么是德国唯心论？

（一）费希特发表《告德意志同胞书》有何内容？

1806 年普法战争爆发，拿破仑（Napoléon Bonaparte, 1769—1821）入侵普鲁士。危急时刻，一位学者挺身而出，在法国军队的监管之下，于柏林公开发表 14 篇《对德意志民族的演讲》。这系列文章也被译为《告德意志同胞书》，发表演讲的人就是费希特。

法国自 1789 年大革命之后，经过十几年的动乱与恐怖统治，最后由拿破仑出面收拾残局。反讽的是，法国人除掉了法国国王路易十六，但在大约十年之后，接着上场的拿破仑称帝了。当时的法国国势鼎盛，而德意志地区仍处于分裂状态，三十多个邦国各自为政，自然不是拿破仑的对手。此时的德国人丧失民族自信心，纷纷崇拜法国人。费希特出来发表演讲，旨在呼吁德意志民族振作起来，重塑自信。"德国"的德文是 Deutschland，而 Deutsch 的音译就是"德意志"。这一系列《告德意志同胞书》有何内容呢？

费希特抱着必死的决心发表这一系列演讲，他一开头便说："我所求者乃国人之奋发有为，个人的安危毫不足虑。若我因演讲而死，则我的家族、我的子女可以认我这个殉国之人以为父，这真是无上的光荣。"

费希特用来号召德国同胞的是"新教育"。首先，费希特说明为什么需要新教育，他说："德国之所以亡，是由于德国同胞把自私自利的企图升高到极限的结果。"

接着，他又阐明新教育的前提、本质、目的和内容。费希特说："新教育的前提在于认定，人类根本上会因为做好事而生出一种纯洁的快感。这种快感如果发展到极点，能使人只知道善事必须去做，恶事绝对不能去做。新教育的本质就是要觉悟这种道德心，由此培养庄严尊贵的品格。新教育的目的是要养成一个人的宗教心，这样才能在物质生活之上，建立崇高的灵性生活；才能相信在肉体死亡之后，精神还能永远常在。"

值得注意的是新教育的内容，主要包括以下三点。

1. 训练精神眼

精神眼就是无形的眼睛。肉眼看到一点点脏污，心里就觉得不愉快；看到纷然杂陈、凌乱无章，就会感到痛苦。人的精神眼也一样，只要看到自己与国家陷于纷纭紊乱的状态，就有一种坐立不安之感，欲平之而后快。所以，精神眼的训练是从破灭残败之境重返独立自由状态的唯一法门。

2. 肯定自己是原初民族

所谓"原初民族"，就是具备传统的、活的语言与文字，他们的精神文化源远流长，并且不断与现实生活发生关联；他们具有优越感而富有创造性，全体国民都能用自己的语言文字声气相通、精神感应。费希特为了鼓励德国同胞，说话自然比较夸张，他说："德国以外的国家是地，德国则是包容这些大地的天。德国的精神就像那心意被阳光吸引而朝高空腾升的大鹏鸟，以它强壮而纯熟的羽翼翱翔于空中。"费希特肯定德国是原初民族，所以不需要崇拜法国人。

3. 培养自我精神

他所谓的"自我"，是思想之我、精神之我，这种"自我"的观念，正好是费希特哲学的出发点。他主张由"小我"扩充增益为"大我"。有这样的自我，才能辨别荣辱；有自我的行动，才能克尽职责。

费希特指出缺乏自我精神的可悲，他说："外国人最轻视我们的原因是我们向敌人献媚。我们同胞里有一部分人，一有机会就显出奴颜婢膝的丑态，有说阿谀之言的机会便大胆去做，不顾理性、廉耻、善良风俗是什么，而尽其可悲可笑、使人欲呕的丑态之极致。"相对于此，费希特说："真正有自信心的人认为，同时代献给他的雕像和赞颂以及民众的喝彩都不足道，他只倾听自己心中的审判官无言的判决，同时更信赖后世的历史的批判。"

最后，费希特对全体国民提出一个关键问题，他说："你们想成为一个最不值得尊敬、将来必定被人轻视的民族的最后一代，还是想成为一个意想不到的完美新时代的开端，而希望后世子孙拿这个开端作为他们幸福时代的起点？答案当然是后者。人类的处境只有自己才能塑造，绝不是由外在的力量。"

在第十四讲结束之际，费希特借用历代祖先、近代先烈与未来子孙三种立场，向全体同胞发出呐喊，其中以未来子孙的哀求最值得我们深思。他说："不要使我们不愿意向人家说我们是你们的子孙呐，不要使我们假充外国人的名字、外国人的血统，藉此仅能幸免人家排斥和侮辱的丑态啊。"

德国同胞没有辜负费希特这番苦心，全国上下努力实施新教育，不到几年功夫便一雪前耻，并树立长存至今的国格。这一段西方哲学史上的佳话值得借鉴。

（二）什么是德国唯心论？

德国唯心论是西方哲学19世纪上半期最耀眼的学派，有时也被翻译为德国观念论。在中文里面，有六个词可以互相通用：理性、心、思想、精神、意识、观念。这么多词放在一起，正好构成了解德国唯心论时的最大障碍。所以，下面先对这六个词进行简要的说明。

首先，人有理性，理性就是人的心，它可以思想。譬如，笛卡尔说"我思故我在""我等于思"。所以，理性、心、思想这三个词有同样的意思。

另外三个词用得更多。理性主要表现在思想上，思想的主体称为精神，思想的运作称为意识，思想的内容称为观念。所以，"精神、意识、观念"与"理性、心、思想"基本上意义相通，总之不是物质。因此，德国唯心论也可译为德国观念论。

他们为何会强调唯心论呢？康德在探讨人的知识如何可能的时候，指出：在肯定理性可以认识万物之前，必须先分析理性本身的能力。换言之，在认识外界事物之前，先要了解我的认识能力与结构是什么情况。最后发现，我所认识的都是能够被我认识的。我本身具有特定的认识能力与结构，所以对于外界事物只能认识现象，而不能认识本体或物自体。康德于是强调，物自体不可知。这是很明显的唯心论，亦即万物要按照我的认识能力与结构来被我认识。

因为人的思想具有辩证能力，所以后续哲学家熟练地运用辩证法，来发展唯心论的系统。谈到德国唯心论，一般就是指康德之后的三位德国哲学家，依次是费希特、谢林（F. W. J. von Schelling, 1775—1854）以及黑格尔，他们的哲学分别被称作主观唯心论、客观唯心论以及绝对唯心论。后文会分别加以介绍。

收获与启发

1. 德国哲学家费希特在拿破仑入侵普鲁士期间挺身而出，在柏林大学的前址发表 14 篇《对德意志民族的演讲》，呼吁同胞振作起来，保持民族自信心，不要崇拜法国人，而要珍惜自己的文化传统；同时要提倡新教育，每个人都要肯定自我，觉悟自己的价值与责任。

2. 费希特开启德国唯心论。唯心论的"心"，所指的是理性、思想、意识、精神、观念，等等。所以德国唯心论也可译为德国观念论。

课后思考

费希特读到康德的著作时，觉得自己非常快乐。请问：前面所讲的哪一位哲学家让你觉得非常快乐？

补充说明

学哲学会让人觉得快乐，原因或许可归结为以下三点。

1. 学到新观念

你以前可能从未想过，亚里士多德能够根据宇宙万物的变化，推出"第一个本身不动的推动者"。了解这一观念之后，你可能就不再执着于真理，因为真理是永无止境的，只要把它当作万物的最高点就可以了。

斯宾诺莎的"从永恒的形式下观看"也是一个新观念。你原来可能很少会想到"永恒",也不会以"永恒"作为思考的焦点。掌握这一观念后,你对宇宙和人生会有不同的看法。

2. 解决老问题

譬如,斯多亚学派告诉我们:要接受不能改变的命运,但可以自由选择接受命运的态度。这让我们对于命运问题有了新的看法。再如,康德的先验思维启发我们:对任何问题都不能只看现在的情况,还要问产生这个问题的先验条件是什么;如果条件没有改变,问题仍会层出不穷。这种思维模式也有助于我们重新审视老问题。

3. 参照真体验

譬如,伊壁鸠鲁坦诚地说出自己的真实体验:所有人都希望能获得快乐,但是常常觉得快乐好像不够理想。伊壁鸠鲁告诉我们:首先不必忧虑死亡,不用害怕神明;享乐仍要有节制,要经过适当的计算。

费希特接过康德的棒子

本节的主题是：费希特接过康德的棒子，要介绍以下三点：

第一，费希特与康德的一段交往；

第二，费希特肯定人有知性直观；

第三，哲学的任务是什么？

（一）费希特与康德的一段交往

说到费希特与康德的关系，实在有些偶然。费希特家境贫寒，别人看他天资聪颖，就资助他上学，结果为德国培养了一位哲学家。他大学毕业后找不到工作，先担任家教。有个哲学系学生那时正好要研究康德哲学，费希特由此接触到康德哲学。他后来回忆这段时光说："康德的书既令人兴奋又令人头痛。我在其中发现一种可以充实内心与头脑的活动，让心沉静下来。这是我经历过最快乐的日子，尽管生活困窘，但在那段时间，或许我是全世界最快乐的人之一。"阅读康德哲学能有这样的心得，可见费希特绝非等闲之辈。

费希特比康德小38岁，读过他的书之后，特地去柯尼斯堡旁听康德的课。康德并没有特别照顾这位年纪较大的旁听生，因为康德的生活非常严谨，有自己的学术研究计划与生活规则，不容许有任何例外的状况。

费希特旁听几个月的课，钱用完了，只好跟康德告辞，并向他借钱。但康德根据自身的道德原则，不愿借钱给他。康德考虑三点：

1. 你因为旁听我的课而向我借钱，我如果借给你，那么所有旁听我课的人向我借钱，我都应该借。因为康德的伦理学强调，要把个人行为的格准作为人类普遍的法则。

2. 你今天向我借钱，我借给你，以后你每天向我借钱，我都要借，否则又没有普遍性了。

3. 我明明知道你没有钱才向我借钱，如果我借你，就会使你将来因为无法还钱而不守信用。为了让你不要陷入将来的道德困境，所以我现在不能借给你钱。

这三点考虑完全符合康德的伦理学。但康德毕竟是一位学者，总要爱护晚辈，所以康德对费希特说："如果你有著作，我可以推荐给出版社去出版。"

费希特听完之后，努力在四周之内写了一本书，书名是《对所有启示之批判的尝试》。康德真的推荐给替他出书的出版社。出版社却犯了一个美丽的错误：费希特的书出版时，忘了印作者名字。因为康德前面"三大批判"的书名都有"批判"一词，而这本书的书名也包含"批判"一词，结果所有人都以为那是康德写的书。

当时大家都在等待康德的新著，最著名的学术刊物《耶拿大众文学报》评论说："任何人只要读了这篇文章的一小部分，就立刻可以认出它的伟大作者是谁。这篇文章使得柯尼斯堡那位哲学家对人类做出了不朽的贡献。"隔了两天，出版社宣布："很抱歉，我们忘了印上作者的名字，这本书的作者是费希特。"这让费希特一夕成名，并拿到耶拿大学的聘书。这件事堪称哲学史上最美丽的误会，成为一段佳话。

（二）费希特肯定人有知性直观

为什么说费希特接上康德的棒子？康德哲学在谈到"我能够认识什么"的时候，强调人的理性可分为"感性、想象、知性、理性"四个层次。只有感性具有直观能力，可以直接掌握外在的对象，称为感性直观。感性直观有两个先天形式：时间与空间。这是康德哲学的特色。

费希特认为，人除了感性直观之外，还有知性直观。这就是他的哲学的最大特色。他认为，人之所以有各种经验，都是因为先有一个自我存在。有了这个自我，才可能使宇宙万物都成为自我的对象。如果没有自我，根本没有任何认识的可能，也没有任何经验的可能。所以，要阐明一切经验的基础，最后一定会回到自我身上。

什么是自我？他认为，自我是自由的，是人的意识统一的条件。说得更具体一些，自我是使一切对象化作用成为可能的条件。人在认识世界时，一定先有一个自我，否则是谁在看？是谁把这些纷杂的现象统合为我的对象？所以，自我的存在是一切经验的基础。

这正是康德所倡导的先验哲学。所谓"先验"，就是先于经验并作为经验之基础者。当你有某种经验时，要问：哪些条件使这种经验成为可能？如果没有说清楚这些先于经验的条件，就直接解释这种经验，会永远在结果里打转，而找不到真正的原因。譬如，我看到一辆车，这是我的经验。我的这种经验能够成立，是因为我本身具有某种特定的认识结构。

费希特很有信心地说："没有自我，哪有自我所面对的大千世界？自我必须先存在，否则世界不可能成为我认识的对象。"康德哲学认为，自我不可知；只有通过道德实践，才能肯定自我。但费希特说："哲学的第一个原理就是纯粹的、先验的自我。"

怎样去思考这个纯粹的自我？费希特曾对学生说了三句话：第一

句是"想一面墙壁"，第二句是"想那个在想墙壁的人"，第三句是
"想那个想那个在想墙壁的人"。无论你如何把自我变成意识的对象，
始终有一个超越对象化作用的自我存在着。换句话说，我始终可以把
自我抽离出来，不要同意识的对象纠缠在一起，因为这个自我是使一
切对象化作用成为可能的条件。

接着，费希特换了种方式说："只有通过直观，我才知道是我在
进行各种活动。生命的基础就在这里，没有这种直观就是死亡。"任
何人意识到某个行动是自己的行动，就是意识到自己在行动。

费希特强调，这个先验自我就是直观的对象。我对自由以及自我
活动的直观，是基于我对道德律的认识；只有经由道德律的媒介，我
才能领悟到我自己。这里提到的"道德律"，就是从康德的"我应该
做什么"延伸而来的。换句话说，我是一个可以进行道德实践的主体。
任何道德实践（比如我和人约好明天几点去看电影），都必须先设定
有一个自我，否则你无法与任何人约定任何事。

（三）哲学的任务是什么？

费希特如何界定哲学的任务？他的观念非常清楚，他说："哲学
的任务是要阐明一切经验的基础。"人生有各种经验，譬如，我欣赏
窗外的风景、与朋友约好去旅行，等等。他就是要阐明，所有人生经
验的基础是什么。这个哲学立场使费希特进入到不同的层次。

人之所以能有各种经验，都是因为有一个自我存在。有了自我，
才能使宇宙万物成为自我的对象。如果没有自我，根本就没有任何认
识的可能，也没有任何经验的可能。如果要阐明一切经验的基础，最
后一定会回到自我身上。为什么费希特被称作主观唯心论？原因就在
于他对知性直观的肯定。通过知性直观，可以直观自我的存在。至于
由这个自我如何衍生出其他宇宙万物，下一节再做介绍。

1. 在与费希特的交往中，康德完全遵守自己的伦理学规范，结果阴错阳差，因为出版社漏印作者的名字，而使费希特一夜之间成为全国知名的学者。

2. 费希特认为自己接上康德的地方就在于肯定人有知性直观，知性直观的对象就是纯粹的自我。如果没有对自我的肯定，人活着还是死了有何差别？费希特就从这里展开他的主观唯心论。

课后思考

　　关于对自我的肯定，我们可以再举个例子：第一句"我在吃饭"，第二句"我知道我在吃饭"，第三句"我知道我知道我在吃饭"。一般的动物只能到第二步，譬如狗在吃饭，狗知道它在吃饭，所以它吃饭时最好别惹它。只有人类可以达到第三步"我知道我知道我在吃饭"，由此可以引申出餐桌礼仪。你能理解这样的说法吗？

补充说明

　　"我在吃饭"是一般的行动。一个人吃饭时未必在思考，可能就像其他生物一样，肚子饿了自然就去吃饭。

　　"我知道我在吃饭"代表我对当前的行动有所意识，意识到我正在吃饭。

　　"我知道我知道我在吃饭"比较重要，我知道自己在吃饭，我对这一点有所意识，这时就要考虑：我的行动跟哪些人有关系？会造成什么后果？怎样行动才适当？于是就出现了餐桌礼仪。

　　简单来说，我们在考虑人我关系的时候，对自己要尽量客观，要以别人的眼光来看自己；对别人要尽量有主观的心态，也就是要设身处地为他人着想，做到换位思考。

主观唯心论

本节的主题是主观唯心论，要介绍费希特的思想，内容包括以下三点：

第一，人的本质就是自由；

第二，费希特提出三个基本的哲学命题；

第三，人的道德天职是什么？

（一）人的本质就是自由

费希特认为，人的本质就是自由。康德已经指出，在我心中有道德的法则，这是人的自由的来源。但是康德承认，自我、世界与上帝这三个物自体不可知，代表我们虽有自由，但是要把自由说透彻并不容易。对康德来说，最多只能从道德实践上肯定我的自由、灵魂不死以及上帝存在。对于世界，康德认为世界是不可知的。

但是费希特说："如果自由是人的本质，那么所有与自我一起出现的东西，都必须是自我本身运作出来的。"它们不可能与自我的性质完全不同。换言之，在"自由"这个概念里，除了自我之外，不能另外有一个独立存在的世界。

这是明显的主观唯心论，认为周围的世界其实并不存在，只是自我把它安置在外面的想象的景观，是有创造力的自我在它的自由中构思的世界。换句话说，自我在建构世界时不受任何外力所影响，才能说它是自由的。所以，从"人的本质就是自由"可以推出，外在世界的一切都是由我设定的。

（二）费希特提出三个基本的哲学命题

费希特提出三个基本的哲学命题。

第一个命题，自我以原始的方式安置自己的存在。所谓"原始的方式"，就是不需要别人的提醒或教导。人出生后一开始对自我有所认知，就以一种原始的、不用教就会的方式，安置自己的存在。"安置"是一个术语。怎样"安置"自己的存在？通过知性直观，可以直接肯定纯粹自我的存在。

费希特强调："说到自我，'安置它自己'与'它存在'完全是同一回事。"换句话说，我通过知性直观可以直接掌握到自我，我安置自己，就等于我存在。我的存在不需要找别的原因或理由。我们学过笛卡尔的"我思故我在"，对于费希特的说法应该不会觉得陌生。

第二个命题，非我与自我完全对立。如果宇宙只有一个自我而没有非我，我怎么知道我是自我？所以，一定有一个非我（包括别人以及万物）与自我对立，才能使我意识到我是我，而不是非我。这种对立是为了自我本身而存在的。

第三个命题，我在自我里面安置一个可以分开的非我，作为可以分开的自我之对立者。换言之，把自我与非我分开后，要确定这个非我也是由自我所安置的。

这三个命题听起来很抽象。简单来说，一个人的道德活动需要有一个客观世界，否则就无法从事任何活动，更不要说道德活动了。可见，一切都是从自我展示出来的。

进一步分析可知，自我是相对的、有限的，所以费希特肯定有一个无限的绝对自我，它通过有限的自我，在有限的自我中表现它自己。"通过""在……之中"都是专门的术语。绝对自我本身就是活动，它永远在活动中。所以，自我必须安置非我，让我去加以克服，否则就没有自由的问题了。所谓"自由"，一定是有某种限制，需要去克服，才能使自由得以实现。所以，自由就是活动，也就是奋斗。任何精神、意识或心不可能停止不动，它本身就是活动与奋斗的过程。

那要向着什么奋斗？要设法超越自我所安置的非我。费希特认为：人有一种冲动要执行某些行动，只是为了要执行它们，而与外在的目标或目的无关。换句话说，人的本性就是道德本性，就是要不断去实现某些更高的义务。

（三）人的道德天职是什么？

费希特认为，自由与法则不可分，两者在根本上是合一的。费希特说："当你想你是自由的，你就不得不想你的自由是服从于某一种法则的；当你想某一种法则的时候，你就不得不想你自己是自由的。"换句话说，有一定的法则作为依据，你才可以自由选择或不选择，依循或不依循。

没有法则而为所欲为，只是一种盲目的冲动。譬如，开车不能闯红灯是一个法则。如果没有了这个法则，不仅会造成危险，你也不知道要如何开车了。这个法则可以让你自由地开车，并平安抵达目的地。

既然人有道德天职，那么道德行动的判准是什么？费希特强调：要按照自己的良心去行动。但什么是良心？他说："良心就是对自己确定义务的直接意识。良心本身不可能错误，但可能被蒙蔽或消失。"这是费希特的著名论断。所以他要求：始终实现你的道德天职。

费希特所强调的"绝对自我"或"无限意志"很容易被误会，

以为他主张泛神论或无神论。但他并无此意，只是表达了他唯心论的立场。他说："绝对自我或无限意志，若要通过有限自我来意识到自己的自由，就必须安置自然界。"这与个人的"纯粹自我"所做的是一样的活动。这就使得康德所谓的三个不可知的本体（自我、世界与上帝）都出现了。

换句话说，费希特的主观唯心论不愿意多谈物自体。如此一来，就把康德的批判哲学转变成唯心论或观念论，把存在学的地位与功能都交给纯粹自我。真正重要的不是在现象背后的物自体，而是纯粹自我。

所以，康德前面的三个设定，最后还是要归结为纯粹自我。对于上帝，可以把它称为绝对自我或无限意志；对于自然界，可以把它当成我们实现自由时所需的场地、材料或工具，如此而已。费希特被称作主观唯心论，因为他对客观的自然界不太注意，认为自然界是非我的领域，是为了实现我的义务而存在的材料或工具。在费希特之后上场的谢林，被称作客观唯心论，因为他一再强调自然界的重要。

收获与启发

1. 费希特认为，人的本质就是自由，自由必须排除一切限制。如此一来，外在世界就成了问题，除非把外在世界当成自我放在外面的想象的景观。费希特就是这样做的。

2. 费希特提出三个基本的哲学命题。

（1）自我安置自己，安置自己就等于存在。换句话说，每一个人的纯粹自我都肯定了自己的存在。

（2）自我要有意识，必须有一个非我与自我对立，这个非我主要是指自然界。没有这种对立，就不可能出现对自我的意识。

（3）我在自我里面安置一个可以分开的非我，作为与自我相对立者。这三个基本观念都来自于自我，这个自我还可以向上找到一个"绝对自我"，作为一切的基础。

3. 人有道德天职，人的本质就是自由。所谓自由，就是要克服各种外在阻碍，不断向上奋斗。

所以，费希特的人际关系相当紧张。他有强烈的渴望，要把自己思考的心得表达出来。有人形容他的演讲如狂风呼啸、雷雨爆发，他的声音并不悦耳，但有坚定的原则。他一受到挑战就立刻起来响应，他的眼神充满惩罚的火花。他走路的姿态无所畏惧，因为他想藉由自己的哲学，引导时代的精神。他的演讲像利剑与闪电，对于意见不同的人，简直无法承认他们的存在。

费希特怎么说自己？他说，我只有一种渴求，就是忘我的思考。对知识的爱，尤其是对沉思冥想的爱，最为重要。他的人生交错于激昂奋斗与垂头丧气之间。

课后思考

费希特认为，良心本身不可能错误，但是有可能被蒙蔽或者消失。你认为这个说法能够成立吗？良心如果没有被蒙蔽，是什么样的情况？

补充说明

这里要进一步说明良心的问题。

首先，人都有意识能力，当意识能力牵涉到我与别人之间的关系时，就出现了道德意识。我与别人来往，自然要问：我与别人关系如何？我以何种身份与别人互动？这时立刻牵涉到一个问题：我应该做什么？道德意识一定有它的具体内容，可以通过后天的教育、个人的经验等各种途径得知。

那什么是良心？我们既然学过康德的先验哲学，就要从先验的角度来思考。这个世界上每一个人都有道德意识的经验，虽然具体内容不尽相同；但重要的是，道德意识如何可能？人类这种生物为什么会有道德意识呢？使道德意识成为可能的就是良心。

良心是一种要求，要求你去判断、去行动。它是一种形式，不涉及具体内容；涉及具体内容的是道德意识。可见，有良心的人不等于善人，只等于一直在要求自己行善的人。良心的要求不见得会产生作用，除非你真诚。所以，所有的哲学家谈到这个问题，最后都会告诉你：只要是有理性的人，都可以自己在心中做出判断，真不真诚完全是自己要负责的。

心理学家、社会学家都会告诉你良心是后天的，这是把"良心"与"道德意识"混淆了。如果在哲学思考中不能清楚分辨两者，你就永远无法解释这个问题。对这个问题有明确的认识之后，我们将不再陷于困惑。

我作为人，一定有良心，但如果我不真诚，良心就不会发生作用。当良心发生作用时，我就会按照我当时所知的道德意识去行动。苏格拉底说："按照你所知道的最善的方式去生活"。"你所知道的最善的方式"就是当时的道德意识，它将来可能改变或改善，但是，"按照这种方式去生活"的要求就是良心的要求。

结论是：每个人都有人性，自然就有良心；良心是对善的要求，它要求你分辨善恶并行善避恶，这种要求一直存在；对于善恶的具体分辨，每个人都不同，同一个人在不同的阶段也会不一样，这些都属于道德意识；永远不能忘记要真诚，只要真诚，良心就会不断发出作用，要求你去分辨善恶，并进一步采取道德的行动。

把握哲学的本质

本节的主题是：把握哲学的本质，要介绍谢林（F. W. J. von Schelling, 1775—1854）的客观唯心论，内容包括以下三点：

第一，谢林是哲学界的少年天才；

第二，谢林把握了关键的问题；

第三，客观唯心论在说什么？

（一）谢林是哲学界的少年天才

谢林的父亲是牧师，所以他对宗教有比较深刻的理解。他15岁进入图宾根大学（Eberhard Karls University of Tübingen），是所有同学里面最年轻的。他的同学中有两位最有名：第一位是黑格尔，他比谢林大5岁；第二位是德国著名诗人荷尔德林（Friedrich Hölderlin, 1770—1843）。

谢林是一位早熟的天才，在学习方面表现得非常杰出。他在很年轻的时候就对许多哲学问题做了充分思考，并强调："一个人要有勇气，对所有问题都可以提出自己的创见。"他曾经写信给黑格尔说："年轻人就是要勇于作为，最后一定会胜利的！"

隔了几十年，在谢林年老的时候，学生描写他"上课还是一样充满勇气，精神矍铄，虎视眈眈，面对变得软弱无力的整个时代，发出他的建言"。

谢林与费希特的相似之处，是经常处于一种"向外"与"向内"之间的紧张状态。"向内"就是深入思考，"向外"就是付诸行动。谢林 23 岁就担任耶拿大学的教授，后来黑格尔没有什么出路，谢林还推荐他到耶拿教书。所以，黑格尔最初与谢林的感情非常好，后来还一起合办哲学杂志。

黑格尔早期写过一篇 100 页的论文，主题是探讨费希特与谢林哲学的不同。换句话说，黑格尔早期曾把谢林的著作当作研究的材料。但黑格尔在 1807 年、37 岁的时候，发表他的重要著作《精神现象学》，从此声名鹊起。后来，黑格尔的声名和地位都超越了谢林，这让谢林倍感压力。

所以谢林 36 岁时就想脱离这个世界，不再出书或讲课，甚至还有自杀的念头。谢林的夫人还特别向当时重要的文学家歌德求助，看看怎样能帮上谢林的忙。谢林最后还是活了下来，活到 79 岁。在德国唯心论三位哲学家里，他是活最久的，费希特只活了 54 岁，黑格尔只活了 61 岁。

（二）谢林把握了关键的问题

什么是哲学上的关键问题？谢林强调，哲学是关于事物与绝对者关系的知识。换句话说，哲学就是要设法探讨万物与绝对者的关系。万物是有限的，而绝对者是无限的。从此以后，"绝对者"逐渐成为哲学界的术语。

换句话说，谢林认为，哲学的工作就是要回答一个问题："为什么是有而不是无？"在此之前，莱布尼茨曾经提到过这个问题，谢林则把它作为一个明确的目标。

这个问题非常精准,点出西方哲学一贯以来探讨的重点。当我们面对大千世界,会发现万物一直处在生灭变化之中,万物的本质并不包含存在,它们在根本上是虚幻的。那为什么宇宙万物是存在(有)而不是虚无(无)?虚无比较合理。譬如,一百年前没有我们,一百年后也没有我们,代表我们的本质是虚无的。但我们现在居然存在,这就需要解释。哲学家就要设法解释这一切到底是怎么回事,为什么是有而不是无?

早在古希腊时代就已经提出,哲学起源于惊讶。人为什么会惊讶?因为宇宙万物充满变化,有生有灭,它们为何会存在?这时就要问:万物背后有什么来源与归宿?有什么最根本的力量在支持它们?谢林说,哲学要设法探讨万物与绝对者的关系。绝对者是永恒存在的。万物与绝对者如果没有关系,就不可能出现;现在既然它们出现了,代表应该有某种关系。哲学就是要把这种关系说清楚。

谢林要探讨的是"绝对者"。现在已经不太喜欢用"上帝"这个词了,因为它有明显的宗教含义。谢林说:"我们要去探讨绝对者,也就是要爱慕绝对者,这样才能化解生命里的分裂与矛盾。"人的生命有各种复杂的情况,只有在绝对者里面才能得到整合。谢林的探讨有以下几个步骤:

首先,谢林认同费希特,把人的自我当作哲学的最高原则。自我是唯一真正的存在,它只栖息在自己的自由之中。甚至可以把这样的自我描写为绝对自我,万物只存在于这个绝对自我的想象中。所谓"绝对自我"并不是指上帝或绝对者,而是把自我当作知性直观唯一可以肯定的。既然是唯一的,当然是绝对的。而自然界都是由自我所安置的。

接着,谢林跨出这一步,他要探讨自我的基础是什么。他发现,每个人的自我之中都有一个永恒性,那个永恒性才是真正的绝对者,也就是神性本身。所以，哲学的任务是要了解实在界到底存在的是什么。此时要进一步把自我安置到它绝对的基础上，也就是要从绝对者的观点去看待一切。这时可以发现，不论在自我或在万物，神性是唯一存在的实在，神性等于无限的生命。它不见得是基督宗教的上帝，但它是人类与自然界存在的基础。它一直在万物中发挥它的作用。

可见，谢林受到基督宗教神学观的深刻影响。但不管是神学还是哲学，探讨的问题是一样的，两者都是要问：最终极的存在是什么？宇宙万物与人类真正的基础是什么？

（三）客观唯心论在说什么？

费希特只关注人的自我，认为自我是一切外在事物的基础，由自我来安置所有的一切。但谢林认为，不能忽略还有一个自然界存在。自然界不是单纯的工具而已，它本身也是有意义的。

如果存在自然界，代表它是与我相对的客观这一面。那为何还说谢林是唯心论呢？因为谢林认为自然界依然是观念，它表现了永恒的观念。自然界并不是一个真正客观存在的、本身具有价值的东西，它的基础依然在于绝对者。

从费希特到谢林，德国唯心论的立场非常鲜明。后代对他们的评价分成两个极端。讨厌他们的人，从叔本华到费尔巴哈（L. A. Feuerbach, 1804—1872），说他们是虚伪的哲学，是主观的幻想，是瞎说，甚至说他们是邪恶的心灵，是一出闹剧。肯定他们的人则说，他们带领人类走向一个精神的层次，对人类有一定的贡献。

德国著名学者洪堡强调，谢林是德国最有见解的人。歌德也称赞谢林说："他的思想在极度深邃中，仍然表现出令人愉悦的清晰明朗。"谢林过世的时候，一位王室的朋友在他的墓碑上刻下一句话："这是德意志第一位思想家。"所谓"第一位"，代表"第一流"的意思。普鲁士国王也认为，谢林是上帝所拣选并且被召唤为时代导师的哲学家。但更重要的是：谢林作为哲学家，在爱智之路上为我们提供了哪些重要的参考？

收获与启发

1. 谢林好学深思，15 岁就在大学里崭露头角。黑格尔比他大 5 岁，但是屡次得到谢林的支持与提拔。黑格尔早期还写过一篇论文，专门探讨费希特与谢林的思想。由此可见，谢林确实是一位少年哲学天才。

2. 更重要的是，谢林把握了关键的哲学问题。他说："哲学就是要去了解万物与绝对者的关系。"这个问题普遍有效。如果没有探索万物的根源，怎么可能得到真正的理解呢？他进一步说得更清楚："为什么是有而不是无呢？"这是西方哲学界两千多年来一直在探讨的基本问题。因为"无"比较符合万物的实际状况，但现在居然是"有"（存在），那就需要解释。因此，哲学家们展现各自的才华，建构了各种理论。

3. 人在这个存在的过程里有何意义？德国唯心论沿着这个问题一路发展下去。谢林所代表的是中间的阶段，叫做客观唯心论。

课后思考

谢林提出关键的问题：为什么是有而不是无？请你进一步思考，人的生命的意义与价值可以从这个问题中得到哪些启发？

关于人生的意义，先简单以三个角度去思考。

1. 存在就是制造差异

"差异"的最大化，即存在就是制造差异。为什么是有而不是无？"无"显然比较合理，因为我过去不存在，将来也不存在；但我现在居然存在，那我的"有"是怎么回事？也许我暂时想不明白。但既然我存在，我就要把握它，对于有我存在的这个世界，我就要设法制造差异，努力创造正面的价值。

2. 爱因斯坦的说法

有人会想到爱因斯坦的说法。爱因斯坦是著名科学家，他对于人生其实有很深刻的体会，因为他的背景是犹太人，对宗教有一种出于本能的觉悟。爱因斯坦认为，人类都是按照"有"的逻辑去思考，用"有"去理解"无"，当然不会有答案，那何必浪费时间在没有答案的事情上？还不如把握自己的这一生。以爱因斯坦的背景来看，他这样说就显得有点推卸责任了。为什么？因为"无"是宇宙万物的本质，万物的本质并不包含存在；所以我们自然会问：它是怎么来的？探求万物的来源与归宿是一种很自然的愿望。

如果说"我没有答案，我相信宗教的说法"，这也是一种办法。另一种态度是，继续发展自身的觉悟能力，继续探讨宇宙万物的奥妙何在，为什么本来是无现在却有？这个"有"又是一种什么样的状况？其中有什么重点？

譬如，谈到人生问题就要问：一个人的生命结构是什么？那就是身、心、精神这三个层次。

身的层次一定会慢慢衰老，最后结束。心的层次一定有它的限制，无论多么地有知识、有感情、有意愿，终究有很多局限性。最后要问：精神的层次是怎么回事？精神层次能否让我摆脱个人的束缚，跟人类全体甚至跟宇宙万物可以相通？真正的哲学思考要在这里下功夫。

黑格尔的思想，就是把精神层次无限地延伸扩大，最后要设法跟绝对者相对照，这样才能肯定我们有限生命的价值，理解生命的意义。

3.《齐物论》

对照庄子《齐物论》的思想。庄子在《齐物论》和其他章节，至少三次提到了一个观点，他说：古人的智慧达到了最高的境界，因为他们觉悟了一件事——从来没有东西存在过（未始有物）。

庄子说的就是西方哲学家探讨了两千多年的主题——为什么是有而不是无？"从来没有东西存在过"就代表"无"，万物从来没有真正存在过，因为真正存在的只有"道"。万物变化纷纭，旋起旋灭，而道永远不变。

因此，庄子希望不要执着于物，而要做物的主人，因为人还有精神的层次，要设法驾驭万物，而不要让它反过来控制我。可见，道家的境界绝不是做减法那么简单，而是由智慧的觉悟展现出精神上的自在逍遥。

西方哲学从古希腊一路下来，都以这个问题作为它的基本关怀，后来由莱布尼茨和谢林把它明确地表述出来。这不是一个简单的问题，而是在提醒我们：人生就在时光的流逝中逐渐老去了。时间总会过去，生命终归结束。你要如何思考人生的意义和价值，要从哪一个层次，哪一个角度，哪一个观点去思考？这是非常重要的、不能回避的问题。学哲学的目的就是希望从中得到启发，来给自己的生命定位，知道我在哪里，我要去哪里。

26-5

真与美一致

本节的主题是：真与美一致，要介绍以下三点：

第一，谢林的自然哲学；

第二，谢林的艺术哲学；

第三，谢林如何看待宗教？

（一）谢林的自然哲学

谢林是德国唯心论的第二位代表，被称为客观唯心论，谢林的自然哲学是他的主要特色。所谓"客观"，是指相对于自我，还存在着一个自然界。此前的费希特认为，自然界只是人类实现自我、进行道德活动的一个手段而已，自然界本身没有什么特定的价值。

随着时代的演进，在18世纪启蒙运动之后，19世纪出现了浪漫主义思潮。与谢林同时代的歌德、席勒等人，都是浪漫主义运动的重要作家。他们对自然界有着新的体会，想从自然界本身的活动中了解自然，而不只是审视自然界对人类的价值。同时，他们也想了解神性的创造力如何在自然界里运作。

谢林认同这样的观念，便构思一套自然哲学，这是他早期的重要成就。谢林的自然哲学并不是要解释自然界的概念，也不是要归纳自然科学的成果，而是要把自然界当作万事万物都在其中活跃的唯一的"生物"来加以诠释。也就是说，这个自然界有内在的活力，它不是一个死的东西，也不是被消解的东西。

在谢林看来，人对自然界的认识，就是自然界对它自己的认识。说得简单一点，自然界是睡着的精神，精神是清醒的自然界。说得更简单一点，自然界是可见的精神，而精神是不可见的自然界。"精神、心、观念、思想"，都是可以相通的概念。自然界是可见的精神，也就是显示于外的精神，它形成一个目的论的系统，表现了终极的目的性。

换句话说，自然界是一个有机体。这一点就超越过去机械论的说法。自然界是有生命的，是有机的统一体，是无限绝对者的客观化表现。可见，自然界仍然是观念的，它表现了永恒的观念。因此，谢林被称作客观唯心论。

在费希特看来，非我是自我意识的必要条件，因此，自我实现要经由在世界中的具体行动来达成。现在，谢林的自然哲学有了丰富的内容，他强调：自然界内在生机蓬勃，它主要显现于无所不在的对立性中。譬如，在无机物的领域有磁性与电力的对立，在有机物的领域有雄性与雌性的对立，在自然界的整体中有重力与光的对立。在这些对立性中，自然界使自己在不同的产物中，成为一个巨大的、有活力的发展状态。

自然哲学最后要面对一个问题：这个永不休止的发展状态要走向何方？谢林的回答很具体——要迈向精神。因为自然界的最终产物就是人类，有精神的人类。自然界在回顾中，被理解为迈向精神的发展状态，而精神本身则超越了自然界，并且把自然界的一切带向完美的境地。

对谢林来说，真正存在的是两个持续演变的过程：首先是自然界的无意识过程，接着是人类精神的有意识过程。谢林在人类身上发现那个同样在自然界发生作用的法则：人类的精神也处于紧张与对立中，是在矛盾的对峙与和解中运作的。阐明这一点就是精神哲学的任务。

谢林强调，自然与精神应该被视为一致的过程，所有的现象都是一个巨大有机生物的一部分。所以，谢林也把他的自然哲学称为"同一哲学"，认为绝对者是客观性与主观性的同一，它把主观与客观、把自我与自然界合而为一。

（二）谢林的艺术哲学

谢林的艺术哲学并非去探讨艺术作品的哲学性。他认为，艺术是自然界与人的精神合作发展的结晶，艺术是一个直接源自于绝对者的必要现象，也就是把神性力量在自我与在自然界两方面的不同显示合而为一。

艺术作品是人类自由最精致的行动，因此也是精神领域中最崇高的创作。艺术作品一定有其物质的架构，具备自然界的必要条件；所以在这样的作品中，自然界与精神、必然性与自由获得调和，而神性在艺术中经历自己本身两条路线的分歧后，再度合而为一。

对哲学家来说，艺术是最崇高的，因为艺术向哲学家显示最神圣的一面：永恒与原始在那里结合；在自然界与在历史中被分离的东西，都燃烧在一个统一的火焰中。在谢林看来，艺术哲学是哲学真正的求知工具，因为艺术来自于人的具有生产力的直观，而审美直观显示无意识与意识的统一、实在与观念的统一。自然界与艺术作品都是精神的同一种能力的表现。这同一种能力在产生自然界时，是无意识地行动着；在产生艺术作品时，是有意识地行动着。

艺术作品是自由的表现，是自由的自我把自己显示给自己。艺作品使心灵产生一种终极目的性的感受、无须增减一分的感受、问题已经化解的感受。这里提到三个词：终极目的性、无须增减一分、问题已经化解。譬如，当你欣赏一幅美术作品或聆听一首美妙乐曲的时候，好像所有问题都已经化解，人生各种难题都不再构成困扰，无须增减一分，一切恰到好处，好像完成了终极的目的。

这样的艺术作品是理智自己显示给自己最高的客观化表现。在艺术中，"绝对者是什么"表现得更加明显：绝对者是观念与实在的无差别性，是终极的同一性，它经由艺术而被表现于观念世界中。所谓"艺术直观"，是指在理性的一项有限产品中，直观到无限者。所以，美与真在终极上是一体的。换句话说，人类感官所面对的万物不会直接来自于上帝或直接回归于上帝，中间需要通过人的理性，才能把客观性与主观性整合起来。这就是谢林的艺术哲学。

（三）谢林对宗教的看法

谢林对宗教的看法曾受到批评，因为他强调：上帝等于世界，上帝作为根据，而世界作为结果。上帝是自我启示或自我显示的生命，它所显示的宇宙万物内在于上帝之中，但与上帝还是有所区别。

谢林认为，如果没有一个活动的上帝存在，就不可能有宗教，因为宗教预设人与上帝之间实在的关系。这句话指出宗教的关键，值得认真思考。因为宗教以信仰为其核心，而信仰是人与超越界之间的关系。

宗教徒所需要的是什么？是一位能够启示他自己，并且完成他对人类救赎的神。因此，对于上帝存在的证明，应该显示宗教意识的历史：人如何需要上帝？上帝又如何响应这种需要？这样就会慢慢接近"特定的宗教"，也就是当时欧洲普遍了解的基督宗教。

谢林对于基督宗教的历史有一种比较特殊的解释，他认为基督宗教依次经过三个时期：彼得时期、保罗时期、约翰时期。

1. 彼得时期。彼得是耶稣的大弟子，耶稣走后，由彼得领导教会。彼得时期的特征是法律，代表它有来自先天的部分。这等同于"三位一体"中的"圣父"。

2. 保罗时期。保罗是耶稣死后自动来皈依的弟子，他对基督宗教初期的影响最大。保罗时期从基督教新教的改革开始，这时强调的是自由的观念。这等于三位一体中的"圣子"。

3. 约翰时期。约翰是耶稣十二个弟子中最年轻的，也是《约翰福音》的作者。谢林期待着约翰时期的到来，它把前面的法律和自由结合于基督宗教的团体中。这等于三位一体中的"圣灵"。

这也是一种正反合的表现。德国唯心论对于辩证法的运用非常纯熟，这一点在黑格尔的身上表现得更为明显。

收获与启发

1. 谢林的自然哲学有何内涵？他把自然界当作显示在外的、可见的精神，整个自然界形成一个有机体，逐渐走向精神层次的觉悟，也就是走向人的精神的出现。

2. 谢林的艺术哲学认为，艺术是人的精神通过自然界的某些材料所展现出来的。谢林对艺术有充分的肯定，甚至认为哲学真正的求知工具应该是艺术哲学，因为美与真在根本上是同一的。

3. 谢林认为基督宗教可以分为三个时期。这一观点可供参考。

　　按照谢林对艺术的观点，请你思考一下，你曾经在哪一种艺术作品中（像音乐、绘画或雕刻等）感受到以下三点？

　　1. 问题已经化解；

　　2. 不需增减一分；

　　3. 达成终极目的。

　　这样的感受能让你体会到美与真合而为一吗？

第 27 章

黑格尔：绝对唯心论

黑格尔像海绵一样地求知

本章的主题是：黑格尔的绝对唯心论。本节的主题是：黑格尔像海绵一样地求知。黑格尔认为，他的思想集整个西方哲学史之大成。他建构了西方哲学史上最宏伟的系统，有如建构了一栋大厦，但是这种思想的大厦却不一定适合人类居住。

后代的研究者编了一本《黑格尔辞典》，厚达四五百页，因为黑格尔用的每一个概念都有他自己的定义。事实上，每一位哲学家对自己使用的概念都有特定的理解，但能像黑格尔那样出一本字典的也确实不多见。有人花了五六年时间研究黑格尔早期的神学作品，后来却发现黑格尔到了中期以后，认为自己早期讲的都有问题。

本节要介绍以下三点：

第一，黑格尔是如何成为学霸的？

第二，黑格尔教学与著作的过程；

第三，黑格尔的绝对唯心论在说什么？

（一）黑格尔的学习过程

黑格尔（G. W. F. Hegel, 1770—1831）年轻时表现平平，他在图宾根大学读书，他的同学除了有比他年轻 5 岁的少年天才谢林之外，还有一位是浪漫主义时期重要的德国诗人荷尔德林。

黑格尔的父亲是公务员。黑格尔生性老实，在学习阶段，别人给他取的绰号是老头子。他每天写日记，勤做笔记，把他所能找到的材料全部记下来。他认真反省过哪些问题呢？可以简单举出六个问题：上帝、幸福、迷信、世界、数学、自然科学。这些都是他日记中有系统记载的数据，他后来对这些数据反复思考，再将其整合为一个庞大的系统，具有像百科全书一样的规模。

黑格尔年轻时喜欢希腊悲剧，经常与上面提到的几位同学一起阅读卢梭的书。当时的普鲁士年轻人对法国都相当崇拜。法国大革命成功之际，黑格尔兴奋异常，以后每逢法国大革命的纪念日，他一定会一个人喝一瓶红酒表示庆祝。

另外，他们从德国本土的哲学中，也开始感觉到振作的力量。黑格尔曾对康德进行过深入研究，对费希特也有一定认识。他写过一篇100页的论文，专门探讨费希特与他的同学谢林两个人在思想上的差异，他当时是赞成谢林的。同时，他也受到歌德的影响，他写信给歌德说："我是你精神上的儿子。"当法国侵略者拿破仑来到他所执教的耶拿大学时，黑格尔看到拿破仑在马上的英姿，就说他是世界精神的象征。

黑格尔的学习有个特色，就是持续不断，恒心与毅力过人。他在大学毕业时并不突出，毕业证书上的评语是：对神学与语言学有一定认识，但在哲学方面，知识还不够充分。

（二）黑格尔的教学与写作

黑格尔毕业之后靠同学谢林的帮忙，才在耶拿大学找到教职，后来两人还合办过哲学杂志，当时谢林早已成名。但黑格尔坚持不懈，结果后来居上，陆续发表了大部头的著作。他在耶拿时期就出版了

《精神现象学》这部名著，后来又陆续发表《逻辑学》和《哲学百科全书》。1818 年黑格尔 48 岁时，被聘为柏林大学的教授，达到学术生涯的巅峰。

黑格尔上课时，教室里挤满了学生。他口才并不好，反应也不够快，讲课非常缓慢，但说出的每一句话都让学生觉得很有价值。他很快就成为普鲁士国家精神的支柱，他的哲学也成为官方哲学，立场就慢慢趋于保守了。

相对的，黑格尔也引起很多人的侧目与批判，他在柏林大学有两件事值得一提。第一件事与著名神学家施莱尔马赫有关。据说两人曾经因为对学生的博士论文有不同意见，就在校园里吵了起来，甚至还拔刀相向，实在令人难以置信。后来经过朋友的劝导，两人握手言和。

另外一件事与叔本华有关。叔本华比黑格尔年轻 18 岁。他看到黑格尔声名鹊起，有 30 年之久被当作德国最伟大的哲学家，他完全不能接受，曾经几度公开谩骂，说黑格尔是江湖郎中、史无前例的胡说八道，造成整个时代在知识上的不幸。叔本华认为，整个德国唯心论都扭曲了康德的思想。

（三）黑格尔的绝对唯心论在说什么？

首先回顾一下康德以来德国唯心论的发展。

康德是德国哲学的关键人物，他对理性的深度反思使他确信：人所认识的世界是能够被人认识的世界，而不等于世界本身。人靠理性只能认识现象，而不可能抵达物自体，所以自我、世界、上帝这三个物自体都不可知。这就是唯心论的开始。唯心论并不是说"万法唯心所造"，不是说我的心里怎么想，外界就怎么展现；而是说，万物必须按照人的理性的基本能力与结构，才能被人认识。

康德之后的费希特是主观唯心论的代表，他除了肯定康德所谓的

"感性直观"之外，还肯定人有"知性直观"。他认为，人的自我是一切经验的基础。如果没有先肯定自我的存在，如果人没有对自我的直观，根本就不可能有任何其他的经验。所以，这个自我是所有经验的前提，故称为先验自我。其次，这个自我必须不断追求自由，因为它的本质就是自由。自由必须有一个活动的场所；如果没有阻碍，则谈不上自由。这样的场所或阻碍，就是外在的一切。万物都针对自我而存在，它们也是"自我"安置的，因为你无法想象一个与自我无关、在自我之外独立存在的世界。费希特因此被称为主观唯心论。

接着上场的是比黑格尔年轻5岁的谢林。谢林认为，自然界不只是一个工具而已，它有本身发展的力量与目的。他把自然界当作睡眠中的精神。换个角度来说，精神把自己显示出来，被人看到的就是自然界。自然界是可见的精神，而精神是不可见的自然界。这样就把自然界与精神统合在一起。谢林强调，主观性与客观性两者是同一的。他对自然界特别加以研究，自然界对人来说是客观的，因此谢林的思想被称作客观唯心论。

轮到黑格尔上场了，他认为这两者各有所偏，主观与客观应该合在一起，达到一个最高的统合，称作绝对唯心论。黑格尔从这里出发，建构了一个完美的系统。后文会详细介绍黑格尔的思想。这里先简要介绍一下黑格尔对于一些问题的深刻看法。

关于历史，黑格尔说："人类从历史中学到的唯一教训，就是他们没有从历史中学到任何教训。"这句话引人深思。有些人知道很多历史事件，但是能从历史中汲取教训吗？

关于音乐，一般人只知道尼采对音乐有特别高的评价，但黑格尔说："不爱音乐，不配做人。虽然爱音乐，也只能称作半个人。只有对音乐倾倒的，才可以完全称作人。"大概很难听到有人比黑格尔还要推崇音乐了。在黑格尔的思想里面，这种名言很多，代表他对艺术、历史、宗教各方面都有深入的观察。

关于人性，黑格尔说："众人以为，当他们说人性本善时说出了一种伟大的思想；但他们忘记了，当他们说人性本恶时说出了一种更伟大的思想。"换句话说，他认为肯定人性本恶要比肯定人性本善的层次更高。他这里提到的"人性本善"，特别是指法国启蒙运动的代表人物卢梭的思想。

收获与启发

1. 黑格尔一直在学习、思考、写作的过程中，由此建构了完整而庞大的哲学系统，这是他成为学霸最主要的原因。

2. 黑格尔把康德哲学、费希特哲学、谢林哲学综合起来，配合自己早期对宗教、神学、希腊文化方面的研究，写出百科全书式的著作。

3. 黑格尔并非没有一个核心线索，他把前面的主观唯心论和客观唯心论总合起来，所以被称为绝对唯心论。对于黑格尔的评价，正面、反面都有。这对于哲学家来说，似乎是很难避免的待遇。

课后思考

黑格尔对历史的观点是，人类从历史中没有学到任何教训；对音乐的观点是，只有对音乐倾倒的才可以完全称作人；对人性的观点是，说人性本恶比说人性本善表达了更高的智慧。请问：你觉得这三种看法中哪一种比较有道理？

358　傅佩荣的西方哲学课（第2卷）

黑格尔对历史、音乐和人性都有自己的独特见解，我们还是要把焦点放在人性上。因为历史的材料太丰富，我们未必了解很多历史事件的详细内容，也缺乏专业的背景；对于音乐，每个人的品味也不同。在这两方面，个体的差异性比较大。

人性的问题则不同。每个人都是人，都有自己的经验和心得，因此我们要着重探讨有关人性的问题。黑格尔说，说人性本恶要比说人性本善表达更高的智慧。这句话值得我们重视，可以从以下三个方面来看。

1. 从西方的基督宗教背景来看，中世纪一千多年的天主教以及后来的基督教，都认为人有原罪。这里的"人"指所有人，不只是针对基督徒来说的。就像中国的朱熹主张"人性本善"，也不是说只有中国人才如此，而是说每个人都是"性本善"。

2. 任何一个社会要维持安定和谐，都要制定法律和各种规范。因此，人性本恶听起来比较合理，因为知道权力使人腐化、财富会带来各种问题，所以才需要规范它。如果主张人性本善，则需要更多解释，反而更复杂。

3. 不管主张本善还是本恶，社会上总有善的行为与恶的行为。一个社会说人有原罪、人性本恶，最后社会上仍有很多善行；而另外一个社会说人性本善，但社会上照样有很多罪恶。这样一来，无论哪种主张，对于社会的具体状况并没有太大影响。

因此，对于上述主张，可以有两种态度：

1. 把它们当作宗教信仰，只要信就好，跟社会生活要分开来看；

2. 把它当作一种想象，只要想象就好，跟实际的社会生活无关。

可见，讲人性本善或本恶都有它的问题。讲人性本恶就会牵涉到宗教信仰，而人性本善在某种意义上也是一种信仰。钱穆先生在他的书里就不止一次提到，人性本善是一种信仰。所以，不要认为有些学者讲人性本善是一种学说，其实那也只是宣称他的个人信仰而已。

绝对者就是精神

本节要介绍黑格尔所说的一句话——绝对者就是精神，内容包括以下三点：

第一，绝对者是指什么？

第二，精神又是指什么？

第三，为何说逻辑等于形而上学？

（一）绝对者是指什么？

学习哲学要养成一个习惯：看到重要的概念，一定要先澄清它的意思。与"绝对者"相对的是"相对者"。所谓"相对者"，就是本身没有存在的理由，有开始也有结束，中间充满变化，也就是我们所见的万物。

简单来说，世界与人类都是相对的东西。所以，当你问"绝对者是什么"，等于是问：这一切相对的东西（世界和我）到底有没有来源与归宿？有没有最后的基础？那个最后的基础本身必须是永恒的、无限的，称它为"绝对者"很适合。黑格尔被称作绝对唯心论，因为他对于绝对者有清楚的界定。

德国唯心论强调，心与物是对立的。既然是唯心论，就意味着把物质放在第二序的位置。唯心论的"心"是指"理性"或"思想"。思想的主体是精神，思想的运作是意识，思想的内容是观念。所以，"理性、心、思想、精神、意识、观念"这六个词可以通用，意思就算稍有差异，基本上也属于同一个范畴。

黑格尔的代表作是《精神现象学》，旨在把绝对者或绝对精神的整个内容展现出来。绝对者就是无限者，通常指"上帝"。在黑格尔笔下，"绝对者"一开始并不特别指基督宗教的上帝，但两者最后还是汇合为一，使哲学与宗教可以合流。

进一步来看，绝对者是唯一的整体，是包含一切在内的整个实在界。它是无限的生命，是一个自我发展的过程。黑格尔说："绝对者是它自己的回归历程，是一种预设它的终点作为目的，并以它的终点作为开始的循环。"就像一个圆一样，每一点都是起点也是终点。它是一个循环，因为只有它是唯一存在的。"只有借着它自己的发展，并且经由它的终点，才能成为具体的或实际的。"换言之，绝对者是唯一的，它就是一切。我们今天为什么会看到物质世界和人类呢？这些都是绝对者的一种表现。

（二）精神是指什么？

黑格尔明确地论断："绝对者就是精神，这乃是绝对者的最高定义。发现这个定义，并且理解这个定义的意义与内容，可以说是一切教化与哲学的绝对目标。一切宗教与科学都曾经渴望达到这一点。只有从这种渴望出发，世界的历史才可以被理解。"

黑格尔的这段话是爱智慧达到最高境界才能说得出来的。人活在世界上，就要问：这一切是怎么回事？这个世界以及人类的历史要如何理解？宗教直接通过启示告诉你结论；科学经过漫长的研究，最后未必能找到结论。

黑格尔认为，一切教化与哲学的目标就是要发现：绝对者就是精神。换句话说，宇宙万物是一个唯一的、绝对的、完整的、无限的精神在运作的过程。

这个精神与万物有何分别？整个自然界又如何包含在精神里面？精神与物质是对立的：物质有惰性，本身没有活力；而精神一定是活动的，否则就与物质没有差别。但绝对者是唯一的，也就是说整个宇宙都是一个精神，那么它怎么活动？只有一种方法：先走出自己，再走回自己。

当精神走出自己时称为"异化"，它把自己变成非自己，形成一个有形可见的物质世界，其中也包括人类在内。绝对精神的活动最终还要走回自己。换句话说，走出自己的目的是为了走回自己，它自己既是起点也是终点。

精神怎么走回自己？要靠人类的配合。人是有限的精神，而绝对者是无限的精神，所以作为有限精神的人类只有一个目标，就是凭借理性思想的能力，去了解绝对者就是精神，而不是一般所说的物质。所以，黑格尔绝对唯心论的立场非常明确。

我们可以想象，有一个唯一、真实的整体，称为绝对者，这个绝对者不但是一个实体（Substance），也是一个主体（Subject）。"实体"是与"现象"相对的概念。所谓"主体"，代表它有一个客观对象。绝对者是主体，它的客体或对象也是它自己，因为不可能有一个与它不同的、外在于它的东西。因此，绝对者就是"思想自己的思想"，是"自我思想的思想"。事实上，古希腊时代的亚里士多德就有类似的说法。

换句话说，绝对者就是精神，它是一个精神的自我省思的历程。这个历程要通过人的有限精神，并在人的有限精神之中进行。"通过""在……之中"是专门的术语。宇宙万物中只有人类有理性、可以思考，所以人作为有限精神，要配合整个宇宙的绝对者，最后回归于绝对精神。黑格尔认为，包括宗教、哲学在内的一切教化，都要设法发现绝对者就是精神。达成这个目标就是教化的最高意义所在。

哲学是什么？在黑格尔看来，人类哲学的反省就是绝对者的自我认识。宇宙与人类的历史，就是绝对者的自我展现。整个实在界的历程，是为了"实现自我思想的思想"这个目标的目的性运作。唯有如此，整个宇宙与人类的历史才有明确的目的。

（三）为何逻辑就是形而上学？

黑格尔有一个重要的论断：逻辑就是形而上学。以前从未有这样的说法，他在说什么呢？

所谓形而上学，就是要探讨在现象背后无形可见、永不变化的本体。逻辑是思维的规则，也就是精神运作的法则。如果整个宇宙的本体就是一个精神，也就是绝对者，那么它的运作，不就是逻辑的运作吗？逻辑不就是形而上学吗？所以，黑格尔的整个系统是贯穿在一起的。

黑格尔在这里提到了一组观念：第一是"在己"（in itself），第二是"为己"（for itself），第三是"在己又为己"（in and for itself）。

首先，绝对者是"在己"，绝对者在它自己，也就是逻辑。因为绝对者本身就是精神，而逻辑是思维的规则，等于是精神本身运作的规则。

绝对者同时也是"为己"。所谓"为己"，就是针对自己、与自己相对立。绝对者要觉察自己，需要有一个对象，这个对象就叫做"为己"。整个自然界是绝对精神回归自己的一个中间阶段，所以"为己"就是自然哲学。

绝对者"在己又为己"，构成了最后一个阶段，即精神哲学。等于是"正"与"反"合在一起，达成一种完美的境界。

1. 黑格尔认为，绝对者就是精神。换句话说，宇宙万物就是一个精神的展示过程。

2. 精神与物质不同，精神一定有活力，不断在活动。如果它是唯一的，它要活动只有一种办法：走出自己再回归自己。所以，可以把精神界定为"思想自我的思想"或"自我思想的思想"。精神从自己出发再回到自己，中间需要人类的配合。人有理性，是一个相对的精神，所以人类要设法通过理解，让无限精神通过我们的有限精神而回到它自身。黑格尔的这些想法听起来就像是一出戏剧。

3. 以上述说法为基础，黑格尔强调逻辑就是形而上学。

课后思考

一旦进入黑格尔的系统，要反驳他并不容易。譬如他说，整个宇宙所有的存在都是精神，你能反驳这句话吗？任何一种反驳都要经过思考、使用观念，但思想、观念、意识，等等，都是精神的不同说法。所以站在人类的角度来看，似乎很难避开这一关。

合理的与现实的

本节的主题是：合理的与现实的。黑格尔在 1821 年出版《法哲学原理》，谈到有关法律哲学的根本道理。他在这本书的序里面有两句话广为流传，他说："凡是合乎理性的东西都是现实的，凡是现实的东西都是合乎理性的。"这两句话代表了两种立场，虽然只是两个词前后对调，其含义却有很大差别。

本节要介绍以下三点：

第一，凡是现实的都是合乎理性的；

第二，凡是合乎理性的都是现实的；

第三，黑格尔受到的质疑。

（一）凡是现实的都是合乎理性的

先看黑格尔的第二句话：凡是现实的都是合乎理性的。这类似于心理学上的"合理化"的说法，亦即目前的现实情况一定有它的理由。这等于是给自己找台阶下。有的人找的理由多，有的人找的少；可以推到最近，也可以推到遥远的过去；甚至可以说我的基因如何，我的祖先如何，人类如何……

譬如，我考试没考好，就说我这两天生病了，或者说这次考试的题目老师没教过。总之可以找出各种合理化的借口，来说明自己的现实情况。这样一来，很容易迁就目前的现实，使人无法努力改善现状。当时普鲁士的现实情况并不理想，国家处在纷乱之中，正在努力寻求统一。他们十分羡慕法国人，却找不到更好的办法来解决自身的问题。

黑格尔这句话有时也被译为"凡是实在的都是合理的"，很容易成为一种借口。譬如，第二次世界大战期间，纳粹德国屠杀 600 万犹太人，这是现实的情况，但是你能说这样合理吗？如果这种事也能说得通，那么所有人都会先下手为强，先造成既定的事实，再找各种理由来解释。

与之类似，《庄子·胠箧篇》也提到："窃钩者诛，窃国者为诸侯，诸侯之门而仁义存焉。"意即：偷窃腰带上的带钩的人会被处死（带钩是古代贵族和文人武士所系腰带的挂钩，是身份的象征），偷窃国家的人却成为诸侯，而诸侯门前照样有很多人在歌颂仁义。因为你一旦成了诸侯，就可以论功行赏，让许多人加官进爵。这些人就会替你在历史上说好话，说明你的行为是合理的。

（二）凡是合乎理性的都是现实的

事实上，黑格尔所说的第一句话是：凡是合乎理性的都是现实的。这与"凡是现实的都是合乎理性的"明显是对立的。所谓"合乎理性"，就是不包含矛盾。某种东西即使目前尚未变成现实，但是一定有它的必然性。所谓的"理性"是指精神或思想。精神既然是唯一的存在，显然会按照它的内在逻辑而演变发展，最后产生某种结果。

譬如，你无法想象在同一个平面上，有一个图形既是圆形也是三角形，因为这是矛盾的。反之，只要不是矛盾的东西，就是合乎理性的。这样一来，人类思想就会展现出非常开阔的格局，可以发挥无限的想象与创意，并将它们变为现实。譬如，人类能发明飞机、潜水艇，是因为它们的原理都是合乎理性的。

这种说法具有一种理想性。譬如，如何改良普鲁士当时的制度？首先要从事理性的思考，要设法了解：政治是怎么回事？对人民来说最大的福利是什么？哪些制度可以让国家长治久安？先有理性的思考，后面再慢慢改革，最终就会创造出君主立宪制或其他制度。这就是人类思想的作用。

黑格尔认为，根据合乎理性的原则去改善现实情况，这一切其实早就包含在绝对精神里面。换言之，绝对精神就像一个无限的库藏，人可以不断地从中发掘宝藏，以实现更理想的状况。

由此可见，"凡是现实的都是合乎理性的"显得保守，而"凡是合乎理性的都是现实的"则具有革新精神，能鼓励世人从事思考与创新。

（三）黑格尔受到的质疑

黑格尔的整个系统被认为是失败的，因为事实与他所构想的大有差异，他无法把现实世界完全收纳到他圆满的系统中。

一方面，黑格尔在这个世界上看到绝对精神的直接显现，譬如，完美的有机体生命、道德与礼仪都上轨道的国家、精彩绝伦的艺术创作、感动人心的宗教以及伟大的哲学系统，等等。但在现实中，这些只不过是沙漠里的绿洲，不能把这些少数的成就诠释为上帝的展现。

另一方面，自然界中存在着许许多多无意义与不完美的东西，出现了各种失败的尝试、生命的浪掷与无尽的重复。在人类世界里，存在着各种混乱的因素，在历史中存在着一大堆无关紧要的事实。你无法把这些事实理解为上帝精神的表现，或绝对者迈向圆满自我意识的步伐。

显而易见的是，这个世界并非绝对者的纯粹展现。如果坚持采取黑格尔的立场，从绝对者的角度来理解这个世界，那么最后就必须承认，在各种竞争、斗争、战争中，在偶尔的胜利与不计其数的失败中，上帝变成了这个世界。这样的上帝是一个纯粹精神的上帝吗？或者他是一个非常混乱的、内在充满矛盾的上帝呢？所以，黑格尔的整个体系很快就受到质疑。他在哲学史上只留下一个完美的系统，却很难产生进一步影响。

收获与启发

1. 黑格尔说"凡实在的都是合乎理性的"，这种说法比较接近人类心理上的合理化作用，也就是为自己的所作所为找到合理化的借口。

2. 黑格尔说的第一句话"凡合乎理性的都是现实的"提醒我们：只要是不矛盾的东西，将来都有可能成为现实。我们可以发挥理性的想象力，从事各种发明创造，改善我们的生活。

3. 黑格尔的绝对唯心论坚持认为，完整的存在是一个精神体，也就是绝对者。但是，自然界与人类社会到处充满紧张对立、矛盾冲突，甚至是互相毁灭的情况，又要如何把它理解为绝对者回归自我的过程？

课后思考

我们可以把黑格尔这两句话应用在实际生活中。譬如，从"凡现实的都是合乎理性的"这句话出发，我愿意接受自己的遭遇，把发生在自己身上的一切遭遇加以合理化；另一方面，从"凡合乎理性的都是现实的"出发，可以尽量发挥理性的能力，实现生命中的各种伟大愿望，让自己的生命不断提升。请问，黑格尔这两句话给了你哪些启发？

补充说明

有人把黑格尔的这句话简化成"存在即合理"，我认为，"合理的"与"合乎理性的"这两种说法还是有一定差别的。说"合理"代表它一定对，而说"合乎理性"代表还需要思考一下，看它怎样合乎理性，因为理性是一种思维的能力。

黑格尔说"凡现实的即是合乎理性的"，因此对于现在的情况，你就要问：是哪些因素使现在的情况出现？这些因素本身不可能是矛盾的，它们可能一直存在。你如果没有了解或化解它们，将来还会出现类似的情况。

相对的，黑格尔说"凡合乎理性的即是现实的"，这句话让人感受到一种积极的力量，你只要从理性上找出它的规律，将来就可以从事创造发明，使现实情况得到改善。

有些人认为，黑格尔的说法跟进化论是矛盾的，因为这个世界上存在着各种缺陷。譬如，许多生物都有畸形、突变的情况，人类社会也一直存在着各种误会、冲突、矛盾、战争，这些完全不是人的理性所能理解的。如果绝对者是精神，那为什么作为它的外显——万物和人类会有如此多的缺陷，表现得如此不完美？

这个问题不难回答，因为受造物的不完美来自于受造物的本性。既然是"受造"的，它本身就没有必然存在的理由，所以以它有各种缺陷是可以理解的。因此，"绝对者是精神，宇宙万物是精神的外显"也可以说得通。

也有些人认为：如果没有人类，没有这种有限精神，那么绝对者作为无限精神，要如何走出自己再回归？黑格尔认为，"绝对者"的回归一定需要借着人类有限精神的运作，他由此建构了他的历史哲学，认为人类历史的发展都指向一个最终目的，就是要让绝对者作为精神能够回到它自己。如果没有人类，根本不用担心"绝对者如何回归"这个问题，也根本不会有"绝对者是否存在"这样的问题。

另外有些人会说："该来的就来了，该发生的就发生了。"这就意味着，既然已经成为现实，此前一定有合乎理性的根据，所以事情无所谓对错。但是人作为人，不可能接受事情没有对错。发生的事情有它的理由，并不代表它应该要发生，更不代表它是对的。

最后要强调的是："凡是合乎理性的即是现实的"这句话的确让人振作，鼓励众人充分发挥理性的作用；但不要忘记，人类的理性永远有其限制。每个人只能就自己所知的现象去思考，就算集思广益也只是一群人而已；整个人类的理性思维是无法穷尽的，永远有无限的空间。要找到一种层次和顺序，逐步接近理想的境界，这是很难做到的。

因此我们要问，黑格尔的这句话可以给我们什么启发？至少有两点可以参考：

1. 谁能及早看穿自然的规律，谁就能取得生存优势；
2. 谁能及早看穿人性的模式，谁就能活得比较安稳。

譬如，《三国演义》中的诸葛亮为什么那么厉害？因为他掌握了自然界的规律，才能"借东风"，从而在赤壁之战中大获全胜。自然界的规律一定是合乎理性的，否则哪有规律可言？这里面有很大的进步空间。对科学技术了解得愈透彻，就愈能够掌握自然界的规律，进而取得生存优势。

另一方面是了解人性的模式。"天道酬勤"这四个字就非常好，我的桌案前就摆着朋友送的一小块木头，上面刻着"天道酬勤"。他觉得我非常辛苦，老天一定会帮我的忙。其实，我勤勉做事只是为了心安理得。我做我该做的事，觉得自己做不到的事就不会答应；如果答应，代表我经过理性思考，认为这件事对我来说是合理的要求，我就全力以赴，一定把它做好。事情做成之后再说它合乎理性，就是事后诸葛亮了。

另外，我读书时经常会想：既然别人能理解，我也是人，也应该能理解。学西方哲学最大的困难在于要通过翻译。语言、文化的背景不同，翻译成中文有时真的非常困难。因此在理解时，要经常调整自己使用中文的习惯。

我们不能要求每个人的外文能力都达到某种程度，但理性思考是每个人都具备的能力。语言和文字只是载体，我们不能被载体所控制，重要的是领悟文字背后的智能。当我们用中文学习西方哲学时，要尽量想象自己处在西方的时空背景下，面对着西方人同样的挑战，他们到底在想什么？从古希腊一路下来，顺着理性这一脉络逐步发展，或许能够掌握他们的核心观念。

主人与奴隶

本节的主题是：主人与奴隶。"主人与奴隶"这组概念是黑格尔思想对后代产生很大影响的部分。

黑格尔哲学有一种辩证的架构。他的整个系统分为三个部分，分别是逻辑、自然哲学与精神哲学。

第一是逻辑，是绝对者"在己"——在它自己本身，因为逻辑是思维的规则，而绝对者就是精神，也就是思维。

第二是自然哲学，是绝对者"为己"，绝对者为了回到自己，必须走出自己，成为自然界。

第三是精神哲学，绝对者"在己又为己"，即绝对者回到自己身上。精神哲学当然最为重要，其中又分为主观精神、客观精神与绝对精神。

"主人与奴隶"是黑格尔在谈主观精神里面的"自我意识"这一部分出现的，对我们有比较重要的启发。

本节要介绍以下三点：

第一，争取别人的承认；

第二，主人与奴隶的吊诡；

第三，黑格尔如何讨论善？

（一）争取别人的承认

用黑格尔的术语来说，我之外的别人都称为"异己"。每个人都有自我意识，会对外物产生欲望，要使某些对象属于自己；同时，我们与别人在一起形成一个社会，都要争取异己（别人）的承认，从而带来主人与奴隶的争斗。

黑格尔认为，每一个自我都全神贯注于生存，要努力去占有世界，或者在世界上占有自己的位置。他一开始就会遭遇到构成障碍的异己，也就是当他要取得某些成就时，会看到有别人与他不同，并且处在竞争关系中，这时就会要求异己的承认。这是一场争取承认的斗争，甚至是生死之斗。屈服失败的那个自我并不会面对死亡，而是成为奴隶。这就是黑格尔著名的主人与奴隶的关系。

（二）主人与奴隶的吊诡

所谓"吊诡"，就是矛盾，似是而非，似非而是，与原来想的完全不同。

先看第一步。黑格尔说："一个人对自己的自我的认识，必须以别人对他的自我的察觉作为条件。"换句话说，我如果要肯定自我，必须要有别人察觉到我。如果只有我一个人，没有其他人的察觉与承认，我不可能认识自我。譬如，一个小孩没见过别的孩子，他其实意识不到自我。当有别的孩子使他的意志不能立刻实现的时候，他才会发觉自我的存在。随即就会出现主人与奴隶的关系。

所谓"主人"，就是成功获得别人察觉的人。换言之，别人都察觉到我是一个特定的人，我把我的自我强行作为别人尊重的价值，希望别人承认我的存在，甚至为我效力，那么我就成为主人。

所谓"奴隶"，就是在别人身上见到自己真实自我的人。奴隶一般都要依附于一个主人，以主人的命令作为自己的任务。譬如，一群年轻人混帮派，手下都要替老板工作，他没有什么自我，一切以老板的意志来决定。

再看第二步，主人与奴隶的关系会出现吊诡。原始的情境改变到难以想象的地步，并且必然会如此改变。

先看主人方面。主人由于没有察觉到奴隶也是一个真实的人，而使这个主人得不到对自己自由的察觉。换句话说，奴隶的唯命是从，使主人无法察觉到自己的自由。因为对自由的察觉，需要遇到某些障碍并加以克服，如果完全没有障碍，也就无法察觉到自己的自由。

如果主人像中国古代皇帝那样可以随心所欲，无论怎么说都能得到别人的认同与服从，那么主人就不觉得自己有什么明确的重要性。这样一来，主人就把自己贬抑到一种次于人的情况，就是比人还低的情况。他不再是一个主体，无法察觉自己的自由，因为别人对他唯命是从。久而久之，他就像一个被惯坏的小孩，无论怎么说、怎么做都是对的。他内在的自我没有遇到任何障碍，因而无法肯定自我意识的存在，无法得到成长。这些话很有道理。

再看奴隶方面。奴隶被迫工作，执行主人的意志，但经由改变物质事物的劳动而把自己客观化。奴隶奉命做事，每天耕田、拉车，他的劳动可以改变物质的情况，比如让庄稼丰收，拉车运来货物，等等。他可以把自己当成客观化的东西，由此反而形成了自我，可以上升到真实存在的层次。换句话说，奴隶虽然被迫工作，但从他亲手工作的成果上，逐渐得到对自我的肯定，好像如果我不做这件事，它就无法被完成。

最后的结果如何？当奴隶不断教育自己朝向独立的时候，主人却维持在依赖状态，因为主人不可能凭自己的力量摆脱他所特有的依赖与异化的状态。所谓"异化"，就是他所拥有的一切都与他没有直接关系，因为那些都是奴隶做成的。相反的，奴隶在敬畏主人的过程中，慢慢去掉狭隘的自我认同与自我利益，反而把自己提升到一个可以独立的人的层次。在现实人生中，每个人都可能遇到这样的情况。

譬如，你可能看过《末代皇帝》这部电影，描写中国最后一个皇帝溥仪，他出宫后连自己穿衣服都不会，因为他从未扣过扣子。你能说他是一个真实的主人吗？他根本是一种次于人的情况。事实上，每个人的内在都有一些矛盾，在某些时刻、某些地方像个主人，另外一些时刻、一些地方则像个奴隶。

综上所述，在开始阶段，主人只察觉到在自己身上有自我性和自由，却没有察觉到在奴隶身上也有这些；奴隶在主人身上察觉到有自我性和自由，却没有察觉到在自己身上同样也拥有这些。到了最后，情况颠倒过来：主人永远处在依赖状态，他的自我始终得不到充分的肯定；而奴隶因为在实际劳作中取得各种结果，反而让自己变成一个独立、真实的存在。这就是黑格尔著名的"主人与奴隶的吊诡"。

（三）黑格尔如何讨论善？

黑格尔在《法哲学原理》中谈到道德的时候特别指出，所谓"善"，就是法与福利的统一。"法"就是客观的规范，"福利"就是对别人有利的事，两者统一就是善。简单来说，我一方面要符合法律规范，另一方面要对别人行善、帮助别人。黑格尔认为，不可以违法去行善。

但也有例外的情况。譬如，当你的生命受到威胁，偷一片面包就可以活下去，黑格尔认为这样做是可以的。当一个人面临死亡威胁而不让他求生，等于把他置于人类的法律之外。法律本来是要保障人的生命与自由的，如果生命被剥夺，自由亦随之被否定。没有自由，何来法律？这是黑格尔对社会行为的观察。

德国唯心论者基本上都受到康德的影响，主张让个人行为的格准成为人类普遍的法则，一件事所有人都可以做，我才能做。但黑格尔认为，这样说仍过于抽象。黑格尔也把"善"转到良心上，他说："良心表现了主观的自我意识的绝对权利，也就是在它自身，并由它自身知道什么是权利与义务。除非自己知道某事为对，否则不以它为对。并且，肯定自己知道及意愿它为善的，也确实正是权利与义务之所在。"

"个别的意志"与"意志的在己"结合起来就是善。"个别的意志"是指每个人自己的意志。"意志的在己"是指理性的意志本身。把自我的意志与人类普遍的意志结合起来，那就是善。这是自由的实现，是这个世界终极目的的实现。黑格尔有很多话都说得冠冕堂皇，但谈到具体的操作，反而显得有些抽象。

黑格尔把良心分为形式的良心与真实的良心。所谓"形式的良心"，就是个人绝对的自我的确信，它与普遍的道德原则可以相结合。所谓"真实的良心"，是个人在主观与客观的统一上、特殊与普遍的统一上才可实现的，但它的具体内容不易说清楚。

黑格尔有一句话值得参考，他说："唯有人是善的，只因为他也可能是恶的。"换句话说，善与恶是无法完全区隔的。

1. 人在社会上都要得到自我意识，要对自我有某种理解与肯定，他与别人之间的互动就变成争取异己承认的一种斗争。

2. 这种斗争相当激烈，造成主人与奴隶的关系。每个人小时候都可能是奴隶，到生命的某个阶段都可能成为主人。但吊诡的是，主人有依赖性，他如果没有察觉到奴隶也是一个自我，那么主人就永远不可能产生明确的自我意识；而奴隶对主人唯命是从，他负责实际的劳动，接触到具体的世界，在此过程中反而使他逐渐肯定自己生命的特色。这就是黑格尔著名的主人与奴隶的吊诡。

3. 黑格尔谈论善并无特别之处，只是用了许多复杂的名词。简单来说，就是把善当作法与福利的统一。法是法律上客观规定的，福利是有利于别人的行为，两者的统一就称为善。

课后思考

我们不必过多考虑主人与奴隶的吊诡情况，只要问一点，在争取别人的承认方面，你有过什么样的经验？

艺术与宗教

本节要介绍黑格尔的艺术观与宗教观。黑格尔的整个思想呈现出一种辩证的结构，对于任何范围的探讨，他都会从正反合三个层次来说。

譬如，黑格尔的整个系统分为三个部分：逻辑、自然哲学与精神哲学。精神哲学又分为三个方面：主观精神、客观精神与绝对精神。绝对精神显然位于最高层次。在最后的结论部分，他提到三种人类文化的特殊成就，依次为：艺术、宗教与哲学。

所谓艺术，就是通过感性的形式来掌握精神的内涵；所谓宗教，就是通过图像式的概念来表达精神的内涵；所谓哲学，就是纯粹用概念来展现精神的内涵。

黑格尔的这些观点，理论性很高，系统性很明确，但是未必都有学术上的价值。因为他都是先有框架，再填充相关的内容，对于涉及的艺术与宗教的材料，并没有进行深入的理解与探讨。所以用培根的比喻来说，黑格尔做学问是标准的"蜘蛛吐丝"——先构思一个基本架构，吐出一个完美的蜘蛛网，再把人类的各种知识全部囊括进去。

本节主要介绍以下三点：

第一，黑格尔的艺术观；

第二，黑格尔的宗教观；

第三，对黑格尔哲学观的简单评论。

（一）黑格尔的艺术观

黑格尔认为，艺术的主题是美。由于宇宙万物都是绝对精神的展现，所以没有"自然美"的问题。自然界只是一个过程或阶段而已，自然界的美都是精神所显示的意义与内涵。

换句话说，美就是精神以感性的方式显示出来。因为美一定牵涉到感官能力，称为"美感"，像我们看到颜色、听到声音，等等。黑格尔强调，美就是精神的感性外貌，要把理想的内容与它的具体表现加以配合并统一。简单说来，就是要兼具内容与形式。内容属于精神性的、理想性的，形式则属于感性的，因为艺术必须通过可以感觉的方式来表现。两者相互渗透，形成内在的和谐与统一，那就是艺术品。接着，黑格尔把艺术分为三个阶段。

1. 感性形式超过了精神内涵，显得有些神秘。

具体的代表是象征艺术，如建筑。譬如，埃及有人面狮身像斯芬克斯（Sphinx），它本身就是一个谜语。狮子来自于大自然，它与人结合成为一个整体，就像一个人想从狮子的身躯里挣脱出来，代表人还没有办法摆脱大自然的包围，凸显自己的个性。因为有个性才有精神，所以这样的象征艺术只能暗示精神的存在，而无法将其表现出来。

2. 感性形式与精神内涵相融合，成为和谐的整体。

作为代表的是古典艺术，最著名的是希腊的雕刻。希腊雕刻所呈现的都是俊男美女，它们以完美的人作为模特，目的是通过对人的掌握而掌握到神。希腊人的神就是人的完美化。这个阶段的艺术要把精神与有限的身体尽量配合，人的身体成为精神的清楚表达。人的身体具有个体性，代表人的理性与精神得到展现。人的精神虽然是有限精神，但绝对精神在其中显示出它的个别性。

3. 精神的内涵超过感性的形式。

具体的代表是浪漫艺术。浪漫艺术所要表现的是精神的无限性超过感性的形式，显示出精神的光辉。浪漫艺术所关心的是精神的生命，它是运动、活动与冲突，精神必须死亡才得以重生。换言之，它必须过渡到非它本身之处，才可以再次成为自己。黑格尔认为，最足以代表浪漫艺术的是绘画、音乐与诗，尤其是诗。因为诗用文字来表达，而绘画与音乐还需要某些具体的条件。所以，诗是最高的境界，让人可以通过文字，感受到精神的力量。

（二）黑格尔的宗教观

黑格尔认为，宗教主要靠图画式的语言，让人通过图像式的故事去想象宗教的境界。他认为，宗教可分为三种类型。

1. 自然宗教

自然宗教里的神由于与物质世界有某种配合，所以上帝就是一切，一切就是上帝，这显然是泛神论。黑格尔认为，这种宗教比较原始。他又把自然宗教分为三种：

（1）原始的崇拜，包括巫术或魔术在内；

（2）信仰一个具体的神明，包括佛教所信的佛陀；

（3）像拜火教一样的善恶二元论。

黑格尔对中国宗教的认识显然有限。他认为，中国宗教崇拜自然界，希望在这个世界得到好的报应。这样的宗教水平有限，因为它缺乏超越的性格，真正的宗教应该设法让人走向精神。

2. 精神个体性的宗教

这样的宗教已经显示出具有精神的个体，可分为三种：犹太教、希腊宗教以及罗马宗教。犹太教表现了崇高，希腊宗教表现了优美，罗马宗教表现了实利（实际的利益）。譬如，罗马的神祇朱庇特是要保护帝国的安全与主权的，其他的神都有各自的功能，可以称为功能神。

3. 绝对宗教

黑格尔认为，那就是基督宗教，因为基督宗教的神是既超越又内存的。一方面，他完全超越世间；另一方面，又能肯定世界的存在。何以如此？因为有耶稣这个关键的角色。耶稣本身是"道成肉身"，也就是神取得人的身体，所以他是一个神人。由于他的中介，才能把人类整个提升上去。因此，绝对宗教的典型是精神运作的结果。这样的神完全符合精神的要求，可以从有限回归到无限，由特殊回归到普遍，从而完全克服现实世界的各种分裂状况。

我们对黑格尔的宗教观要做一个简单的评论。黑格尔认为，东方的宗教（如中国宗教）崇拜自然现象，缺乏超越性。他显然是通过翻译作品来了解中国的宗教，因而所知有限。事实上，无论哪个民族，在艺术与宗教方面的表现一定是多元化的，且会随着时代而不断调整与改善，不会像黑格尔所说的那样可以简单地加以分类。

黑格尔是西方典型的哲学家，为了系统而忽略许多细节。对黑格尔的学说进行批判并不难，从他的书中几乎每个章节都能找到一些欠妥的说法。他的系统是他个人的创见，把人类历史上、文化上的一切成果都收纳进去，以为这样就能构成一个弥天盖地的系统。难道自然界与人类的历史都是按照他这张图表在发展的吗？

黑格尔代表西方哲学的一个重要阶段，他的学说一方面可谓集大成，另一方面又无法进一步发展。他建构了一栋哲学的大厦，但并不适合众人居住，黑格尔本人也不见得住在里面。譬如，他的系统有很多地方都迁就于普鲁士当时的特定状况。同时，西方人长期受到基督宗教的耳濡目染；但不管基督宗教有多完善，都不足以让黑格尔的观点得到充分的确证。

（三）对黑格尔哲学观的简要评论

最后，黑格尔把最高的位置保留给哲学，认为哲学纯粹是用概念来表达精神的内涵。那什么是哲学？就是黑格尔自己的哲学。他把过去所有的哲学全部了解之后，做了一个完整的综合。黑格尔认为，他的思想代表西方哲学的完成。

黑格尔之后出现两种情况。第一种情况是，在他之后立即出现黑格尔左派与右派两种不同的立场，接着对黑格尔的反动层出不穷。另一种情况是，很多人谈到西方哲学，直接把黑格尔哲学当作他自己想象的系统，认为它对西方哲学发展的贡献并不大。

不过，黑格尔的思想依然有它的价值。因为哲学就是爱智能，如此完美的系统难得一见。我们不一定要接受他的全部观点，但是可以参考他是如何建构系统的。从费希特、谢林到黑格尔的德国唯心论，在西方哲学史上是不能被忽略的一段历程。

课后思考

活着并不难，难的是理解活着的意义。学习德国唯心论一系列的说法之后，你对于活着的意义这个问题有何种新的体会？

第 28 章

悲观主义的解药

28-1

新哲学的转折点

本章的主题是：悲观主义的解药，要介绍叔本华的思想。叔本华（Arthur Schopenhauer, 1788—1860）对德国唯心论的三位代表（费希特、谢林与黑格尔）都提出严厉的批判，有时甚至出言不逊，就像谩骂一样。他的反应为何如此激烈？这种反应又有什么影响？

本节的主题是新哲学的转折点，要介绍以下三点：

第一，叔本华自以为继承了康德哲学；

第二，叔本华对学术界的失望；

第三，求生存的意志及其影响。

（一）叔本华自以为继承了康德哲学

叔本华反对德国唯心论，他认为自己继承了康德哲学。其中的关键在于：康德认为物自体不可知，而叔本华认为物自体是可知的，那就是意志（Will）。西方哲学从此有了一个新的转折点。

长期以来，理性都是哲学家的主要凭借，爱智慧就要从理性的角度着手。到了启蒙运动时期，卢梭强调情感哲学；与他同时的休谟认为，理智是为情感服务的。到了叔本华，焦点则转向意志，认为意志要取代理性，理性在根本上是为意志服务的。

康德哲学在探讨"我能够认识什么"之后，就转到"我应该做什么"，即实践理性方面的问题。实践理性就是意志，因为意志与人的道德实践不可分。

叔本华认为只有他继承了康德哲学，因为他把焦点放在意志上，认为物自体就是意志，整个宇宙是一个大的意志的表现。

叔本华说："你如果想知道什么是宇宙万物的本体，就要从你自己的内在去找。任何时候你都不可能没有一种欲望。""意志"的具体表现是"欲望"，说出来就是"我要"。意志、欲望、我要，这几个词的意思一样。这样一来，就构成一种新的转向。

叔本华以意志作为本体的看法，受到印度教的启发。他年轻时认识一位印度教的师父，接触到"玛雅"（maya）这个观念。"玛雅"就是面纱，面纱背后才是本体，而那个本体是一个无限的生命力量。我们都是通过面纱，才看到这个力量的各种表现。

当时生物科学一直在发展之中。1859年，叔本华过世前一年，达尔文（Darwin, 1809—1882）出版《物种起源》（*The Origin of Species*），代表整个时代思潮已经有了生物学的转向。叔本华把这些观念整合起来，提出一套意志哲学。

（二）叔本华对哲学界的失望

叔本华在念大学时就立志成为哲学家，他说："人生是一件悲惨的事，我已经决定用一生来思考它。"1818年，叔本华30岁时出版代表作《作为意志和表象的世界》。他自认为这是世界名著，结果只卖出230本。叔本华的朋友很少，他的理由是：天才几乎都不善于交际，因为还有什么对话能像自己独白那么充满智慧而令人愉悦的呢？

同样在1818年，叔本华有机会到柏林大学开课。同一年，48岁的黑格尔也来到柏林大学，当时黑格尔已经名满天下。年轻的叔本华为了和黑格尔竞争，特地选在黑格尔旁边的教室上课，课程名称叫做《哲学大全：世界与人类心灵本质的理论》。他本想与黑格尔在教学上一较高下，结果惨遭失败。黑格尔的教室坐了300多人，叔本华的教室里只有5个人，他对黑格尔心怀不满也就不难理解了。

叔本华对整个哲学界完全失望，他说："一般而言，不是每个人都重视哲学，哲学教授就更不必说了。"也就是说，他认为哲学教授最不重视哲学。他还做个比喻说："一般而言，没有人对基督宗教的信仰会比教宗所信的还要更低的。"他认为教宗是最没有信仰的人。这些话充满反讽的意味。

叔本华到晚年终于成名。他63岁时出版一本论文与格言的选集，结果大为畅销。到1853年叔本华65岁时，有三所大学的哲学系教授都在开课探讨叔本华的哲学。1860年，叔本华72岁，这是他生命的最后一年，他说："我可以忍受不久之后身体将被虫子吃掉的想法，但是一想到将来有许多哲学教授慢慢啃食我的哲学，我就不寒而栗。"可见，叔本华是哲学界相当特别的人物。

（三）求生存的意志及其影响

对于"意志"（will）这个词，叔本华特别用来指"求生存的意志"（the will to live）。他认为，宇宙万物没有例外，都表现了求生存的意志。这种观点影响了许多人，包括后来的克尔凯郭尔、陀思妥耶夫斯基（Fyodor Dostoevsky, 1821—1881）、尼采以及托马斯·曼（Thomas Mann, 1875—1955）等人。

尼采把"求生存的意志"接过来，调整为"求力量的意志"（the will to power），一般译为"权力意志"。美国宗教哲学界的重要人物威廉·詹姆斯（William James, 1842—1910），又将其改写为"求信仰的意志"（the will to believe）。求生存的意志、求力量的意志、求信仰的意志，这三种说法在当代哲学界独树一帜，成为独特的立场。

哲学界都知道，叔本华所主张的是意志哲学。但一般人听到"叔本华"的名字，都认为他是悲观哲学家。他有很多观点让人觉得人生乏味，以至于陷入悲观而无法自拔。

收获与启发

1. 叔本华比黑格尔年轻 18 岁，但他认为自己得到康德的真传，掌握到"意志"这个核心观念，由此超越整个德国唯心论。康德认为物自体不可知，而叔本华认为物自体是可知的，也就是意志，从此转向新的思想架构。

叔本华受到印度观念的影响，印度的《奥义书》是他平日必读的书之一。他把人间的一切都当成幻象，是面纱背后的一个无限的生命力所表现出来的幻象。

2. 叔本华对学术界非常失望，他教书比不过黑格尔，出的书很少有人在乎，直到 60 岁之后才开始受到文化界的注意，他觉得十分委屈。

3. 他扣紧"意志"这个观念，提出"求生存的意志"。他认为，宇宙万物的存在就是一个意志的力量在运作，一切都是为了求生存，由此会引发各种复杂的问题。叔本华所说的"意志"，它的表现就是"欲望"，说出来就是"我要"，是一种无限的"我要"。这种学说影响后代许多学者。

课后思考

按照叔本华的说法，万物的本质就是意志。以人来说，我的本质就是我的欲望，也就是"我要"。从这个观点来看，每个人都在力求个人的生存，那么在社会中还有可能与他人和平相处吗？

悲观哲学家叔本华

本节的主题是：悲观哲学家叔本华。叔本华受到康德的启发，认为宇宙万物的本体就是意志，从而摆脱了德国唯心论的窠臼，发展出一套悲观哲学。

本节要介绍以下三点：

第一，意志到底是什么？

第二，如何了解人生的幸福？

第三，悲观哲学的发展。

（一）意志到底是什么？

叔本华的代表作一般翻译成《作为意志和表象的世界》（*The World as Will and Idea*），这个书名不太容易理解，需要简要说明一下。这本书的主题是世界，第一句话就是"世界就是我的观念"。这个书名是要强调世界有两面：一面是作为意志的世界，一面是作为表象的世界。换句话说，作为意志，是世界的本身，世界的本体就是意志；而作为表象，是人类所了解的世界的观念，所以叔本华才会说"世界就是我的观念"。

"观念"（Idea）有时译为"表象"（representation），即表现出来

的现象。譬如，我看到一辆车，看到车的当下，我知觉到这辆车的现象，对它形成明确的印象。当我离开现场，再回忆起这辆车时，这辆车就重新成为现象，称之为"表象"。表象与现场的呈现是不同的，因为它已经在我的脑海里成为我的观念，再重新展示出来。我们认识世界的时候都要通过观念。整个世界就是我的观念，也就是我的表象。

如何肯定物自体就是意志？叔本华认为，寻找物自体，要由人的自我着手。我由内在意识而察觉：我身体的行动跟随着意志。事实上，身体与意志并无分别，身体是"被客观化"的意志。譬如，看到一个人的身体，那是他内在的意志表现在外的客观化的东西。所以，身体是成为观念或表象的意志。一切现象都是那唯一的、形而上意志的表现。

意志与理智不同。意志不具有任何知识，它是盲目而不停止的冲动，是无止境的追求。所以，意志的具体表现是欲望，说出来就是"我要"。

（二）如何了解人生的幸福？

叔本华如何说明人生的幸福？他明确地说："意志也可以称为求生存的意志，那就是人的本质。"从这个立场出发，难免会陷入悲观主义，因为意志总是在追求而从未停止。

意志就是欲望，欲望代表需要和缺乏，那不是痛苦吗？快乐永远只是欲望的暂时中止，幸福只是痛苦的暂时解除。换言之，不可能从正面说"我得到了什么快乐"，只能从负面说"我暂时消除了什么痛苦"。

叔本华清楚地说："人有一种天生的错误想法，以为活着是为了幸福。事实上，人的生命意志，只是人类这个物种本能求生存的一个手段而已。只要物种的意志得到满足，个人的生命就成为它的手段。"

叔本华特别解释爱情和婚姻里的各种幻想。很多人热烈追求爱情、歌颂婚姻，事实上那只是人类求生意志的表现。一旦达成目的，后面就是另一回事了，所以人生不可能有真正的幸福。

叔本华的许多话都展现了他的悲观哲学。他说："所有的幸福与欢乐都是消极的，都是对痛苦的解除，对欲望的取消。"他又说："对自身不幸最有效的慰藉，就是去发现比我们更不幸的人。"这类似于我们常说的"比上不足，比下有余"。

关于历史，叔本华说："历史不外乎战祸与动乱，和平的岁月永远只是偶然的停顿、短暂的插曲。就算有一个乌托邦，其中万物都保持和谐，人也不愁吃穿，可以自由地相爱；让你进入这样的乌托邦，一定很多人很快就无聊得要死，或急于自杀，不然就挑起争端、互相残害，结果造成比自然界原先给人的苦难更多的灾难。"

叔本华认为，人如果要对自己的生存状况感到满足，只有一个办法，就是让自己麻木不仁。人生总在钟摆两端摆荡，一边是有欲望而痛苦，另一边是欲望满足后的无聊。所以，生命的本质是痛苦。

更麻烦的是，由于意志是本体，万物都会为了自己的存在而牺牲其他的一切，这个世界成了冲突的场所，意志表现为自我折磨与互相折磨的本性。因此，叔本华认同英国哲学家霍布斯所说的"人对人而言就像豺狼一样"。

叔本华如何描写基督宗教所宣称的"原罪"？他说："正因为他是恶劣的，所以他才是自然的；也正因为他是自然的，所以他是恶劣的。"换句话说，一切都是意志的表现，都会牺牲其他事物来满足自己的欲望。

（三）悲观哲学的发展

悲观哲学有何出路？叔本华认为："最高的道德就是自杀。"谈到道德，就是要与别人好好相处。但人的本质就是意志，是一种与别人互相竞争的欲望。所以，你要对别人好，干脆自杀算了。

但是叔本华本人并没有自杀。他认为，宇宙万物的本体是意志，我们只要看透一点就成功了：我们每个人也属于这个完整的、唯一的本体。这样一来，我们对于其他人或生物都会产生一种同情，进而推出各种爱的行为。让人惊讶的是，叔本华虽然对万物感到悲观，但他也强调："一切真实而纯粹的爱都是同情。"

他进一步指出，人的行为有三个来源：

1. 行为出于利己，只追求自己的幸福，这种行为与道德无关；

2. 行为出于邪恶，希望别人遇到灾难，这也谈不上道德；

3. 行为出于同情，因为我与别人属于同一个意志、同一个生命，所以希望别人也能得到福利。

同情主要表现为两个方面：一方面是《圣经·旧约》告诉我们的"不可伤害别人"，这符合法律所要求的义务，也就是公正；另一方面是《圣经·新约》启发我们的"要尽力帮助别人"，这是一种道德义务，也就是仁爱。可见，叔本华有敏锐的眼光，他指出两个最基本的道德原则：公正与仁爱。这样一来，就把他的伦理学与形而上学（以意志为核心）联系了起来，作为意志主义的一条出路。

叔本华认真思考：如何化解人类这种悲观的情况？他提出两种做法：一是培养审美的直观，二是学习宗教的禁欲。下一节会介绍。

1. 叔本华的代表作是《作为意志和表象的世界》。他强调，人所见的世界有两面：一面是作为意志，一面是作为表象。由此显示出他的哲学的发展线索。

2. 叔本华认为，人的幸福在根本上是消极的，少受点苦就是万幸。

3. 意志作为本体，永远都要表现欲望，表现"我要"，于是造成悲观的结果。但是，这种悲观哲学仍有出路，否则，叔本华也算不上是一位有系统的哲学家。

课后思考

叔本华说过一句话经常被引用，他说："人就像寒冬里的刺猬，互相靠得太近会觉得刺痛，离得太远又感觉寒冷，所以人必须保持适当的距离才能过活。"对这句话，你是支持还是反对？

补充说明

每个人都知道，人与人相处要找到合理的"度"，但偏偏这个"度"是最难找的。可以从以下两个方面来看：

首先，就自己来看，一定要知道自己不要什么，才能够掌握自己要什么。要从收敛自己做起，首先学会说"不"。我年轻时喜欢同侪团体，跟大家一起做了许多有趣的事，但也耗费大量时间和精神，也不清楚那些事是否真的是自己想做的。当然，人不轻狂枉少年。随着生命慢慢成长，就要学会说"不"。如果想把握好"度"，就要问自己：我正在做什么事？这是针对现在；接着要问：我这一生有没有整体的目标？生命需要有整体的规划。

其次，与别人来往时，要问自己：我与别人是什么关系？我该如何尽到自己的责任？我只能尽自己这方面的责任。不能因为我尽了责任，就要求别人也要尽相同的责任，这是过度的幻想。"我与你"之间有一种关系，其中有三个要素：我、你和关系。我要负责其中的三分之二："我"以及这个"关系"。对于"你"的那一部分，只有你自己负责。虽然"关系"一定是双方面的，但是我可以多负责、多承担一些。人生永远在取舍之间，只要掌握到自己该负责什么，就要勇敢负责，至于能否做到"无怨无悔"，不到生命尽头，实在不敢断言。做到这四个字谈何容易！

叔本华如何化解悲观主义?

叔本华认为,宇宙万物的本体是求生存的意志,人的理智只是意志的工具。但他也强调,理智有一个特色,除了满足身体的当下需求之外,还会有一些"多余的能量",可以让我们想出其他东西,如艺术活动、宗教信仰,等等,使我们有可能摆脱意志的奴役。

本节的主题是:叔本华如何化解悲观主义?要介绍以下两点:

第一,如何通过审美来化解意志的压力?

第二,如何通过禁欲来化解悲观?

(一)通过审美来化解意志的压力

人的理智有多余的能量。如果理智只是为了满足身体当下的需要,就会产生利害关系;否则就没有利害关系,可以称之为"无关心"(disinterested),即康德所谓的"无私趣",不牵涉个人的兴趣或利益。譬如,一幅画上画了个苹果,我看到它的时候,如果引起我的食欲,或者我想知道这个苹果的产地,这叫做"有关心"(interested),因为它牵涉到我个人特定的兴趣或利益。所谓"无关心"是说,这幅画没有引起我的任何欲望,我既不想得到它,也不想了解它,但是我对它并非不感兴趣。

所谓"审美的直观"（aesthetic contemplation），就是要让一个人成为"无关心"的、但又并非不感兴趣（uninteresting）的旁观者。一方面，我们与现实世界或与其他人之间没有利害关系；另一方面，我们对于其他人的遭遇又并非不感兴趣。

直观当然要有它的内容。出人意料的是，叔本华在此提到柏拉图的理型。"理型论"是柏拉图最重要的思想。"理型"不是由我们想象出来的，它不是主观的，而是客观的，因为我们不是去"发明"理型，而是去"发现"理型。但在实际应用时，很难避免把"观念"和"理型"当作类似的东西，因为一旦牵涉到实际事物，便会与理型脱节，而观念至少是理性所能掌握的形式。

叔本华借用柏拉图的观念来说明他的想法。一个艺术天才是如何成为天才的？叔本华认为，首先要了解理型，也就是正确的观念，然后把它表现在作品里面。譬如，他要画一颗苹果，首先要掌握这颗苹果的本质，让所有人一看就知道他画的是苹果。换句话说，艺术家能够把握永恒的观念，并用艺术的手法将其表现出来。

一般人也能在欣赏艺术的过程中获得审美的直观。最重要的是，在欣赏过程中，要掌握住某个对象的观念（理型）。如此一来，就可以让自己摆脱当下欲望的控制，不再有什么得失心，可以像旁观者一样采取纯粹欣赏的态度。这时的心态是"无关心的"，而并非"不感兴趣"。

叔本华为艺术下了一句断语："艺术与哲学以不同的方式，说明人把痛苦转变为观念，让人了解。了解之后，痛苦就可以化解。"这与斯宾诺莎的"不要哭，不要笑，要理解"的说法类似。

（二）通过禁欲来化解悲观

禁欲（asceticism）与宗教有关，就是压抑并且禁止自己的欲望。

禁欲与节欲不太一样：节欲讲节制，还有一部分允许；禁欲讲禁止，要完全消灭欲望。叔本华认为，人如果设法否定意志的本性，就要对它表示厌恶并排斥它，所以要禁欲。

所谓"禁欲"，就是提防自己的意志，让它不要与任何事物发生纠葛。换言之，我不再有任何欲望，我的意志与任何事物都脱离了关系。对万事万物要保持高度的漠视，表现出一种不在乎的心境。这就是叔本华所谓的禁欲方法。

禁欲涉及个人在道德上的立场，叔本华也特别提到意志自由的问题。他认为，自由都是消极的，只能去除障碍，而不能积极地通过自由去做成什么事。

叔本华认为自由有三种。

1. 身体上的自由。你可以自由活动，不受外在物质的阻碍。譬如，前面没有山挡住你，你可以自由往前走。

2. 理智上的自由（思想上的自由）。人的行动，是他的意志对他的思想或者动机做出反应的结果。你的思想中有各种念头，你的意志对各种念头做一个选择。如果这个选择可以不受阻碍地表现出来，就代表你有理智的自由。

3. 道德的自由，它是由自由的意志在决定的。但问题是：意志本身是自由的吗？叔本华强调，他所谓的"自由"是指不受必然性所控制，是一种绝对的偶然性。

有没有积极意义的自由？这不太容易说清楚。因为自由是自我意志有一个要求，想要如何如何，而这个要求以求生存为最主要的原则。我通过观念会知道：不能为了求自己的生存而伤害别人，因为伤害别人就是伤害自己，每个人都是整个大意志的一种表现。若想通这个念头，就会慢慢由悲观转为乐观。换言之，我与所有人都在一个整体之中，牺牲别人会让整体受到伤害，这样一来，我也受到了伤害，因为我也是整体的一部分。这就是思想转换的关键。

所以，真正的同情是对他人无关心的爱。也就是爱一个人的时候，不存在任何功利的思想或利害的考虑。这类似于某些宗教化解"我执"的立场。叔本华早期受到印度教的影响，由此可见一斑。

收获与启发

1. 为了化解悲观主义，叔本华提出从审美的直观入手。他受到康德的启发。康德强调所谓审美是一种"无私趣"的态度，不涉及目的，又合于目的性。叔本华认为，对任何事物或任何人，若能采取"无关心"的态度而又并非不感兴趣，就可能改变求生意志的运作方向，关键在于调整自己的观念。他提到柏拉图的理型，即要从对个别事物的执着，提升到普遍的认知层次。

2. 禁欲接近宗教的修炼。要让自己的求生意志停下来，但是又不能走上自杀的路。要对所有人保持一种无关心的态度，不牵涉利害，但也不是毫无兴趣。

3. 叔本华的意志哲学在道德方面转变为一种同情的哲学，从而使他的悲观主义有可能转化为乐观主义。

叔本华思想最大的困境在于，如果意志是宇宙万物的本体，而人在修炼中要让意志否定自己，你会发现：我们的世界、一切的恒星与银河都是空虚无物。你永远都是"我要"，得到后又有一种新的"我要"，所以在我们面前其实只有虚无。

叔本华的结论还是不能让人乐观，他说："哲学必须接受一个结论，就是没有意志存在，没有表象存在，也没有世界存在。"他的代表作是《作为意志和表象的世界》，现在"意志、表象与世界"统统不复存在。他显然认为，虚无比存在更为优先。也许他心中一直渴望的，是所有存在都归于寂灭的涅槃境界。

(课后思考)

叔本华化解悲观的方法是通过艺术和禁欲来实现，你有这方面的经验吗？你有别的更有效的方法吗？

席勒"与美游戏"

本节的主题是：席勒"与美游戏"，要介绍以下三点：

第一，席勒与歌德、康德的关系；

第二，什么是与美游戏？

第三，人的自由是什么？

（一）席勒与歌德、康德的关系

谈到 19 世纪的德国哲学，不能忽略一位重要的美学家席勒（J. C. F. von Schiller, 1759—1805）。美学是哲学的一个分支，所研究的是：如何获得审美感受？如何判断什么是美？康德的《判断力批判》就是专门探讨美学问题的。

席勒是作家，也是歌德在文坛上最好的朋友。席勒比歌德小十岁，但只活了 46 岁。他小时候常听母亲讲述宗教诗歌与《圣经》故事，这对他后来的创作颇有启发。他年轻时学过医学、神学与法律，但心不在焉；私下里认真阅读德国狂飙运动文人的作品，对于法国卢梭与德国歌德的思想深有共鸣。

俄国文学家陀思妥耶夫斯基，年轻时深受席勒的影响，还曾想把席勒的所有著作都译成俄文。席勒写过一首诗叫做《欢乐颂》，号召人类团结友爱，充满英勇豪放的乐观主义精神。这首诗打动了贝多芬（Ludwig van Beethoven, 1770—1827），使他创作出《第九号交响曲》。1788 年，康德出版《实践理性批判》，那一年席勒 29 岁。此后，席勒便受到康德很大的影响。

席勒不能算是系统性的哲学家，但哲学的范围并非只限于逻辑、认识论或形而上学这些内容，也应该包括伦理学与美学在内。席勒曾把自己与歌德做过比较，认为"歌德是一位直观的天才，而我是哲学家，是推理的人物。直观的天才以纯洁而忠实的感觉去寻找经验，哲学家以主动的思考能力去寻找法则。两者会在半路上相遇，将来必然得到结合"。席勒与歌德后来果然成为至交。席勒过世之后，歌德写信给朋友说："我认为失去的是我自己，现在我失去了一位朋友，同他一起也失去了我生命的一半。"

（二）什么是与美游戏？

席勒有一个重要的观念就是"与美游戏"，什么是与美游戏？

席勒深受康德的影响，把握了康德自由批判的精神。席勒美学的出发点，是把美联系到人的心理功能的自由活动和人的道德精神。在康德哲学中，区分了知识与道德、本体与现象、理性与感性。席勒现在想用"美"把这些区分整合起来。

传统哲学认为，人有感性与理性，可称为两种冲动。席勒认为，人除了理性冲动与感性冲动之外，还有游戏冲动，想要从真实世界中制造出假想的一面，让大家一起游戏。

关于游戏，一般观点认为：游戏本身就是目的，无须另外设立目的。甚至可以说，游戏是生命的本能表现，连花草树木都会游戏。譬如，一棵树的树阴超过它根部所需的庇荫范围，因为树叶需要游戏。一支蜡烛的火光跳动也是一种游戏。所以，游戏是生物的本能表现，是生命力过于丰富的显示。游戏给人自由的感觉，因为它没有目的，所以不受拘束。另一种观点认为：对于人类来说，游戏是我们制造出来的想象世界。譬如，象棋可以模拟战争，人在下棋时可以进入假想的世界，暂时忘记现实的烦恼。

对席勒来说，游戏冲动是人性内在具有的冲动。这种冲动的目的是要将感性与理性联系起来，显示人性发展的正确方向。席勒进一步说明游戏的三个特色：

1. 游戏本身是严肃的，不是一般的玩耍而已，不能随便放弃；

2. 游戏本身就是目的，让人可以享受它的过程；

3. 游戏有不断创新的可能，让人有重新开始的希望与机会。

席勒要设法连结感性冲动与理性冲动。感性注意到实质，理性注意到形式。游戏冲动可以化解双方的规定，使感性和理性各自松动，然后自行互通。

游戏冲动的对象是美。席勒的游戏观念与"美"是结合在一起的，这就是"与美游戏"。"与美游戏"会产生一个"活的形象"（lebendige Gestalt），也就是"有生命的形式"。"活的形象"是席勒的专用术语，这个词听起来是矛盾的："形象"是抽象出来的形式，怎么可能是活泼变动的？一个活泼的东西，又怎么会有固定的形式？如果有形式，就会让活泼的生命受到限制。

"完形"（Gestalt）是指完整的形式，在心理学上有所谓的"完形心理学"（Gestalt psychology）。譬如，看到矮墙上有两只牛角，你就知道墙后应该是一头牛，代表你从部分可以领悟到全体。

一般来说，形式或形象是不变的，但你不能只关注形象而忽略其中有生命的部分，那样会执着于永恒而不能介入变化的世界。反之，你如果只关注万物的变化，就找不到任何固定的形式去规范它。

席勒的"活的形象"的意义是：生命不再是感觉的、变迁的过程而已，生命也成为理解的对象。换句话说，生命无时无刻不在变化，而形式是不变的；通过形式，生命成为可理解的对象。另一方面，这种形式又不是完全的抽象，它因为规范个体而变得活泼。感性冲动与理性冲动原本在各自的范围里，现在松动它们的界限，使两者可以自动相洽，使无限与有限可以沟通。

所谓无限，就是永恒的形式部分；所谓有限，就是变化的实质部分。人或多或少都在进行此两者的沟通。席勒强调的沟通在于"均衡"：如果让人好好发展游戏冲动，就会显示出平衡和谐。因此，他特别强调审美教育。席勒受到一位贵族邀请，写了《审美教育书简》27篇，于1795年发表。这本书有些基本观点非常深刻。

（三）人的自由是什么？

人的自由是什么？在西方哲学的探讨中经常会遇到这个问题。总结前面章节的内容，至少有四种关于自由的看法。

1. 想象力的自由。譬如，我在数学考试中回答不出来，就想象自己在迪士尼乐园游玩。这种自由是每个人都能做到的。

2. 没有任何外在限制，可以为所欲为的自由。譬如，一个人走路不看斑马线、不看红绿灯。这种自由只能算是任性，真正的自由是把规则内化，使其变成一种本能。

3. 康德所说的自由。即理性为自己立法，由此形成自律，有自律就有自由。我有理性，可以给自己提供一套法则，使我个人行为的格准适用于整个人类；同时，不能把道德行为当作实现别的目的的工具。

4. 席勒所说的自由。席勒认为，当一个人具有审美心态时，他无所求，也无所待；没有欲望，也没有目的。席勒显然受到康德美学的启发，因为康德认为"美就是不带有目的又合乎目的性"。这样一来，可以让自己在感性与理性之间，在变化与形式之间，调节得恰到好处。

席勒进一步强调，人的自由是他最根本的特色。这种自由是人人都具备的，因为人对整体世界的说明，必须超越个人有限的经验。没有一个人活在世界上能够不对整体世界做出说明的，这就是他的世界观。但个人经验总是有限，不足以充分提供说明的材料。因此，当一个人对整体世界做某种说明时，他已超出了个人经验，即他是自由的。换句话说，自由的意义在于超出个人生命经验的范围。我们的世界观一直在改变，谁能提出这些世界观，就是那些能把自己从现存世界观中解脱出来的人。事实上，所有世界观都无法找到最后的根据，因为它们是人制造出来的，而不是被给予的。

席勒在《审美教育书简》中，提出许多关键的想法。他说："感性的人不可能直接发展成为理性的人，他必须首先变成审美的人。人在审美状态中已经得到净化提高，因而可以按照自由的法则，从感性的人发展成为理性的人。因此，文明修养最主要的任务之一，就是使人在纯物质生活中接受形式的支配。为此，人在受自然目的支配时，同时要训练自己适应理性目的的要求。"最后，席勒总结道："当你从事审美游戏时，最初会以外界事物为乐，最后会以自己为乐。开始是通过属于人的东西，最后是通过人本身。"

1. 席勒是受康德影响很深的一位美学家，他是德国狂飙运动以及浪漫主义运动的代表人物，与歌德也有深厚的交情。他从康德那里得到启发，在文学界、哲学界都有一定的地位。

2. 席勒的观点叫做"与美游戏"。他认为，人有感性冲动与理性冲动，两者本来是分开甚至对立的，但是人还有游戏冲动。游戏冲动不仅是去联系而已，它还能使两种冲动化解固定的边界，并且自动得到调和。

3. 席勒的《审美教育书简》共 27 篇，主题可归结为：审美游戏的目的是要恢复人的自由，使人再度成为一个完整的生命。

课后思考

席勒说："只有当人游戏时，他才完全是人。"这样的说法能带给我们怎样的启发？

补充说明

我试用现象学的方法，来描述一下所谓"游戏"的大致内容和具体结构，最后再转到席勒本身的观念。所谓"现象学的方法"，就是尽量采用纯粹描述的方式。譬如谈到游戏，一开始很难界定游戏到底指什么，我们可以把除正常工作与衣食住行之外的所有活动，都暂且当作游戏来思考。

1. 游戏有哪些种类？

（1）自己可以进行的。譬如打电玩、看动漫、看电影、追剧等。

（2）与别人互动的。譬如大家一起下棋、打牌、打球等娱乐休闲活动。

（3）社会群体进行的运动比赛。这往往需要专业的运动员，但它会吸引很多支持者的关注。甚至英国人说足球就是他们的宗教，这属于比较极端的情况。

（4）把上述游戏变成赌博。这会造成很多复杂的问题。全世界只要有赌场的地方，大都生意兴隆。事实上，很多人一生的梦想都葬送在里面。

2. 游戏有怎样的结构？

（1）游戏可以让人重新开始。譬如电影能让你转换视角，看到不同的人生经历。人生最大的烦恼就是不能重新开始，你要带着过去的伤痛，承受现在的压力，慢慢走向无法确知的未来；而游戏有开始、有结束。在游戏时，你可以体验到每个人心中最自然的愿望——希望重新开始。

（2）游戏有不同于现实人生的新规则。譬如象棋，不管你是帝王将相还是贩夫走卒，是老板还是员工，游戏规则都是一样的、公平的。你可以通过提升技术加上随机应变，在规则里寻找制胜之道，但有时难免要靠运气。所以，想在游戏中获胜，往往还要靠技术、聪明和运气。

（3）游戏能带来新的希望。每次游戏结束之后，不论前面结果如何，又是一个新的开始，这给人带来兴奋之感，可以把人生的无奈或烦闷暂时放在一边。

（4）但是不断地去游戏，最后会上瘾；上瘾后会不自由。"不自由"一出现，就把游戏带来的一切优点全部取消。

3. 席勒的观点

因此，席勒才会建议"与美游戏"。人都有理智，因而要去求真；人都有意志，因而要去行善。两者的范围都很明确，表现是好是坏非常明显，给人很大的压力。因此，两者之间需要用感性来协调，这就是"游戏冲动"。

席勒所谓的"美"是指什么？人在游戏过程中，会发现"有生命力的形式"——这是席勒的专用术语。只要谈到他的游戏观或美学，就会涉及"有生命力的形式"这一观念。它是什么意思呢？

人的任何活动都需要有一定的形式，譬如文章要有起承转合，戏剧亦有基本的结构模式。通过这些不变的形式，能让你领悟某些深刻的含义。"有生命力"则代表充满变化，世界上的事不会重复，艺术创作可以用不同方式显示同样的内涵。后来尼采便认为，希腊悲剧是日神阿波罗（Apollo, 代表形式）和酒神狄奥尼索斯（Dionysus, 代表生命力）合作的产物，它们让希腊人走出悲观的人生，勇敢面对人生挑战，承受生老病死所带来的各种考验。

歌德的浪漫主义

本节的主题是歌德的浪漫主义，要介绍以下三点：

第一，歌德对于德国哲学的发展有充分的接触；

第二，歌德与康德的思想有何关系？

第三，歌德的艺术观如何？

（一）歌德对于德国哲学的发展有充分的接触。

歌德（J. W. von Goethe, 1749—1832）说："我自己对哲学一向敬而远之。"但这并不代表他对哲学缺少看法。谈到 19 世纪浪漫主义思潮，不能忽略歌德的重要作用。

歌德的年代是 1749 年至 1832 年，当时的德国文化界（尤其是哲学界）正处于黄金时代。康德已经发表了他的重要著作，接着上场的是德国唯心论的三位代表：费希特与歌德曾在耶拿大学共事；谢林得到歌德正面的评价；黑格尔甚至尊称歌德为精神上的父亲。歌德在文艺界最好的朋友是席勒，席勒是受康德影响的艺术家与美学家。席勒过世之后，歌德认为自己的生命有一半已经随他而去了。由此可见，歌德对于当时的哲学界有相当深入的认识与交往。

歌德是一位作家，25 岁就写了《少年维特之烦恼》。据说这本书拿破仑念了九次，而拿破仑比歌德小 20 岁。所以，歌德的角色非常特别。

当时德国仍处于诸邦林立、一盘散沙的状态，魏玛公国是其中之一。歌德在魏玛担任过文化部长，造成文化上的狂飙运动，后来演变为浪漫主义思潮，这些都与歌德有关。

（二）歌德与康德思想的关系

康德比歌德大 25 岁。歌德承认自己不是专业的哲学家，但经由席勒的介绍，他也关注过康德的著作。他说："康德从来没有注意过我，但我却自己走上了一条与他类似的道路。我写过《植物变形记》，这本书完全符合康德思想的精神。"这句话让人觉得诧异。歌德作为艺术家，早期的兴趣集中在自然界方面，他为什么说自己写的《植物变形记》与康德的想法类似呢？

这里首先要说明歌德与康德最大的差异。康德推崇牛顿物理学，而歌德一再批判牛顿物理学。因为牛顿物理学是用机械论的方式来了解自然界，而歌德主张用机体论的方式来了解自然界。当时整个欧洲思潮的发展趋势，已经由机械论转向机体论，两种观念开始互相激荡，进化论逐渐流行。客观唯心论的谢林就认为，自然界是有机体，一直在变化发展之中。

歌德又说，他直到念了康德的《判断力批判》，才找到自己哲学上的粮食。歌德说："《判断力批判》到了我手中，使我度过了一生中最快乐的时光之一。在这本书里，我看到用同样的方法处理艺术与自然界的问题。艺术与自然界这两者的内在生命各自独立又互相影响，艺术讲的是审美，而整个自然界是有目的性的，这两种判断可以互相辉映。"

这就是康德《判断力批判》给歌德的启发。他认同康德所说的：

"只从自然界的机械原理不可能充分了解有机物。如果不谈目的与设计，不可能明白生物的出现是怎么回事。"

换言之，一方面有自然界，一方面有人所创造的艺术品，两者有内在的关联。康德的美学思想有一个主要观念是"不含目的的目的性"，也就是艺术作品不含目的，但又合乎目的性。而自然界本身有它的目的，它与艺术作品不是一样吗？所以，艺术与自然界可以对应。

歌德在《植物变形记》里所谈的就是有机物的形态与变形，他的重要观点是：在变迁中显示永恒。歌德为此还创造了"形态学"一词，英文叫做 morphology，就是要从植物的形态中找出它原始的情况。他想说明的是：植物一直在演变发展之中，自然界不是机械的，而是机体的。

歌德提出"原始植物"一词，自认为是一个创见。但他的好友席勒说："原始植物只是一个观念而已，不可能得到验证。"席勒所谓的"观念"是指康德式的观念，它并非独立、客观的存在，而是一种规范性原理，是人在运用经验时必不可少的。这种规范性原理与经验相辅相成，才能使经验构成一个完整的系统。

歌德接受了席勒的说法，他说："那就把原始植物当作象征来看吧。"

歌德说："生命具有无限丰富的表面，这已经足以让我喜悦了，所以用象征的方式来描述生命就够了。"他继续说："原始植物就是一个象征。真理与神性其实是一体的，它不会让我们直接认识。我们只能在反省个案与象征中，在个别的、相关的表象中，见到真理或神性。"

歌德是文学家而不是哲学家，所以他无法欣赏没有形象的东西。他说："我们天生就是要看，注定就是要看。不能让我观看，就不能够让我领悟及了解。"歌德甚至对数学有一定程度的反感，他说："没人比我更怕数字，任何数字记号我都避之唯恐不及，因为它是没有形象的，令人沮丧的。"

（三）歌德的艺术观

歌德认为，艺术与科学这两个领域并没有明显的分别，艺术是人创造出来的，而科学是要去探讨自然界的。归根结底，歌德是要把艺术与自然界连在一起。他说："一切的美都是真。美来自于艺术，真来自于自然界。"他说："美的事物是隐秘的自然法则的呈现。没有这种呈现，自然法则将永远隐藏起来，不会让人发现。凡是能够领悟自然界秘密的人，必定不可抗拒地渴望它的最佳诠释者，那就是艺术。"

歌德一再强调，美与真是一致的，艺术与科学是一致的。这些思想都来自于他早期所写的《植物变形记》，他通过探讨而领悟：自然界是有一种内在创造力的伟大过程。这就连上了此前的谢林、斯宾诺莎与布鲁诺的思想。歌德推崇斯宾诺莎，要从"所产自然"（Natura naturata）领悟到"能产自然"（Natura naturans）。"所产自然"就是眼前所见的大千世界、宇宙万物；由此往上提升，可以领悟到"能产自然"，也就是回到那生生不息的本体层次。歌德的这些思想非常具有哲学性。

歌德的思想对于整个浪漫主义运动有风向目标作用。歌德所领导的自然哲学运动，试图把经验观察与精神直觉统合为一种自然科学。他强调，不能再用机械论的方式，而要用机体论的方式去了解自然。只有使我们的观察与想象的直觉密切配合，才能洞察自然现象，发现它的本质。换言之，人要在个别事物中认识到普遍之物，使个别与普遍统一。在歌德看来，自然界渗透每一样东西，包括人的心灵与想象。因此，自然界的真理并非独立而客观的东西，而是显示于人的认识行动之中。

歌德认为，人的精神并不像康德所说的那样，只是把自己的秩序强加于自然界。相反的，自然界的精神通过人而产生它自己的秩序，人只是自然界自我显示的器官。自然界并非有别于精神，它本身就是精神。自然界不仅与人不可分离，而且与上帝也是不可分离的。上帝并非作为自然界很疏远的统治者而存在，它是紧紧地贴近自然界的胸脯的。因此，自然界的演变过程，所呼吸的是上帝本身的精神与力量。歌德在对自然界的分析中，统一了诗人与科学家，由此开启浪漫主义的思潮。

收获与启发

1. 18 世纪中叶是德国文化的黄金时代，以魏玛为核心，以歌德为主要人物。歌德与许多哲学家都成为朋友，彼此之间有深刻的互动。

2. 康德的一个基本观点让歌德深受启发，并使他后来开创了浪漫主义运动。

3. 歌德的艺术论强调：自然界与艺术，一个是真，一个是美，真与美不可分，两者永远是合一的。歌德说："我因为人类的不一致所感到的痛苦，在自然界的一致中获得了安慰。"人的世界纷纷扰扰，有许多无法预测的情况；而自然界遵循自然定律，永远是一致的。歌德作为一位重要的文学家，经常受到别人的批评，他还详细地说明"多少人批评我""为什么批评我"。歌德在人的世界中饱受困扰，但是他从自然界齐一的面貌中获得很大的安慰。

苏格拉底强调"认识你自己",但是歌德多次公开承认:"我就是不认识我自己。"请你思考一下,人有可能真正认识自己吗?

这两句话表面上是矛盾的,但苏格拉底的话可以说是一种期许或要求;而歌德很诚实,他努力认识自己,但最后发现,还是没有办法了解自己。所以,我们要谈两个方面:第一,自我为何难以认知?第二,如何了解自我?

1. 自我为何难以认知?

(1)自我一直在变化、发展、成长之中,因此怎么可能清楚地界定"自我"?你对自我的认识会把"自我"固化,好像它不能再变化一样。

(2)人除了可见的言行表现之外,还有难以了解的潜意识。歌德的时代还不知道什么叫做潜意识,但是觉得自己的内心有复杂难解的一面,则是自古以来就有的,否则就不用强调"认识你自己"了。

(3)每个人都可能在某种情况下顿悟——对于从前认为理所当然的事情,忽然产生怀疑。

前文介绍过,柏拉图曾是一名文艺青年,具备各种优越条件,20岁时创作了悲剧,准备参加悲剧作品的竞赛。他在去剧院的途中看到一群人在聊天,他凑上前去,听到苏格拉底与其他人的对话,于是立刻觉悟:原来追求真理才是自己真正的愿望。从此以后,他每天只做一件事,就是上街寻找苏格拉底。

每个人都可能像柏拉图那样,某一天忽然觉悟,"昨日种种,譬如昨日死；今日种种，譬如今日生。"从前就像昨天一样过去了，当下正是全新的开始。既然如此，你又怎么可能说已经认识"自我"了呢？

2. 如何认识自我？

认识自我有一种简单的方法。人有过去、现在和未来。对于过去，你可以通过看日记、与朋友一起回忆，或者听父母讲述你小时候的故事，很容易就能对自己的过去有所认识。对于现在，你可以用心思考：自己每天接触哪些人群？上班做哪些工作？每天有哪些休闲活动？这样就会对自己的现在有大致的了解。

最重要的是未来。对未来的构想决定了你现在的思维和行动，所以孔子经常会问学生有什么志向。志向就是对未来有某种憧憬，给自己定一个目标，这样才有明确的前进方向。

认识自我还有许多其他方法。譬如每天反省十分钟。每天睡前花十分钟，把自己当天说过的话、做过的事、与别人互动的过程都回想一下。一个月下来，你会对自己言行的效果一清二楚。慢慢地，你就不会再说一句废话、再做一件无用之事，你的言行表现全在自己的掌握之中。

另外，我们每天看到各种新闻和消息，你要常常问自己：什么事令我感动？什么人让我羡慕？一个是事，一个是人。从这两方面着手，会帮助你了解内心中有哪些单纯的愿望。

第 29 章

马克思：共产主义的理想

19 世纪的英法哲学

本章要介绍马克思的哲学思想。在介绍马克思之前，先简要介绍 19 世纪的英法哲学以及唯物论思想家费尔巴哈的哲学。19 世纪的欧洲，是德国唯心论与浪漫主义运动发展的时代，法国和英国都声光黯淡，但是当时的代表人物仍然值得介绍，他们的思想也可以接上反对宗教与肯定唯物论的立场。

本节要介绍两位哲学家：

第一，法国的孔德；

第二，英国的斯宾塞。

（一）法国的孔德

孔德（Auguste Comte, 1798—1857）是 19 世纪法国哲学的代表。18 世纪启蒙运动时期，法国思想曾达到辉煌的境界。作为百科全书派的两位主编之一，科学家达朗贝尔曾经倡议科学化的哲学，要求哲学合乎科学研究的规范。达朗贝尔的学生是圣西门（Henri de Saint-Simon, 1760—1825），孔德是圣西门的学生。孔德的思想有三个重点：实证主义、知识三阶段论、人道宗教。

1. 实证主义

孔德认为，科学进步之后，就可以取代哲学与宗教，为我们提供知识上的保障，提高我们对自然界的掌控力。而所谓的"实证主义"（Positivism），就是一切都要以可感觉的事实作为出发点，并且限于描述可感觉的事实及其规律。

实证主义不同于科学上的实证方法。实证方法是一种方法，要对科学上的各种假设进行验证，从而得到科学理论。而实证主义认为，只有直接表达感觉经验的陈述，或间接与这一类陈述有相同意义的命题，才有意义。换句话说，一个人说的话，如果不能直接表达感觉经验，或不能间接的与这种感觉经验的说法有关，那就是没有意义的。实证主义受到很多批评，因为这个论断本身就与感觉经验无关，而纯粹是一套理论。

2. 知识三阶段论

孔德认为，人类知识的发展有三个阶段，依次是神学阶段、形而上学阶段以及科学阶段。这是孔德最知名的主张。

在神学阶段，所有自然界的现象都可以由神话或者是超自然的神明行动来加以解释。这个阶段后来被哲学所取代，出现了形而上学阶段。

孔德认为，西方两千多年哲学的发展属于形而上学阶段，即用抽象的元素或普遍的本质来解释自然界的现象。譬如，为什么星辰按照圆周运行？因为圆是最完美的图形。这就是一种抽象的解释。

现在到了科学阶段，要由实证科学产生统一的、普遍的规律，以此来解释自然界的现象。哲学此时有什么用处？孔德认为，哲学要协调各门科学来改进人类的生活。孔德心目中的哲学，是要以科学的实证态度来探讨一切问题。

3. 人道宗教

孔德有一个特别的想法，他要创造一种新的宗教——人道宗教。他选择历史上对人类生活有杰出贡献的人来取代宗教的圣徒，要把自然科学的研究方法运用到社会、道德等各个领域中。

孔德推崇人道，想藉此增强人性中微弱的利他性。他设计了一整套制度，参考天主教的架构，填充新的内容。他还提倡一种新的日历，把原来圣徒的名号或神明的纪念日统统去掉，换上为人类进步做出突出贡献的人物，例如苏格拉底、西塞罗等人。而这种人道宗教显然是一种主观的幻想，因为这些对人类有贡献的人物，彼此之间存在着各种矛盾与争议。

（二）英国的斯宾塞

斯宾塞（Herbert Spencer, 1820—1903）是英国 19 世纪最知名的哲学家，他没有受过什么正规教育，他承认自己在 40 岁时阅读荷马史诗《伊利亚特》，读到前六篇就读不下去了。他的秘书后来也说，他从来不曾读完一本科学著作。但是他非常聪明，他的著作包括生物学、心理学、社会学、伦理学。大概是他了解了黑格尔的庞大系统之后，想要取而代之。

斯宾塞的学问如此分散，怎么可能成为哲学家？这是因为他有一个核心观念——进化论。斯宾塞参加过一个俱乐部，他利用与成员聊天的机会，吸收他们全部的专业知识。其中有一位是当时最著名的进化论支持者赫胥黎（T.H. Huxley, 1825—1895）。达尔文曾说："英国最热烈捍卫生物演化原理的主将就是赫胥黎。"赫胥黎所写的《天演论》由严复翻译成中文，对当时的中国产生很大影响。

斯宾塞在学问上吸收有限，但建构很多。他提出一个庞大的系统，就像培根所谓的"蜘蛛吐丝"。他 40 岁时承认自己的生活可以用"杂"这个字来形容。他把进化论用在每一门学问上。他的代表作名为《综合哲学》，顾名思义，就是把哲学的所有问题都整合起来加以处理。

斯宾塞的思想有两个重点。

1. 他认为在宗教上与科学上，根本的观念都是不可知的、不确定的。要调和这两者并不难，就是在谈宗教的时候不要肯定绝对者，因为那只是神话；在谈科学的时候也不必否认上帝，甚至不必直接宣称自己是唯物论者。等于大家各退一步。斯宾塞认为，真正存在的是一种不可思议的力。这个力是宗教真理与科学真理的核心，也是一切哲学的起点。

2. 他说："既然这一切都不可确知，所以哲学应该转向可知之物，它的任务就是要汇合及统一科学上的各种结论。"当时的主要思潮是进化论，他的哲学就以此为基础，提出一个广大而普遍的原理来说明一切。他认为，进化是物质的结合与分散的过程，中间经过四个阶段：混同、分化、平衡、衰亡。具体细节不再详述于此。

斯宾塞野心很大，他希望通过《综合哲学》这本书来说明物与心的演化。他从太阳、星云谈到人类是怎么回事，从野蛮人谈到莎士比亚的智能，试图把一切统统整合起来。

在伦理学方面，他要为人类找到一种合乎自然的新伦理，用来取代那种与宗教纠缠的伦理。换句话说，他要用自然的保障取代超自然的保障。他认为，新道德必须建立在生物学的基础之上。如果一种规律不能抵挡自然选择与生存竞争的测试，则毫无用处。

行为的善恶如何判断？行为的善恶在于能否适应人生的目的。一个行为是否合乎道德，要看它能否使个体或团体得到结合与凝聚，以产生更强的适应力。因此，伦理规范都是相对的，根据各地区、各时代、各民族的情况而调整改变。

　　斯宾塞承认自己对于人性的具体方面是一个不太高明的观察者，因为他很容易陷入抽象的思维，重视主观的演绎，想象力过于丰富，而不太理会反面的例子。进化论的代表人物达尔文也是英国学者，他与斯宾塞有过多次接触，他这样评论道："斯宾塞这个人过于自私自利，是一个自我中心主义者。尽管他的书可以让人感受到非凡的能力，但内容其实没有严格的科学意义，并没有表述什么自然的规律，只是一些简单的定义罢了。"达尔文认为斯宾塞对他没有什么帮助。

收获与启发

1. 很多哲学家都喜欢建构庞大的系统。法国的孔德把整个人类知识的发展分为三个阶段，认为现在到了实证阶段，要以科学为主。这种单向式的发展，把人类生命的丰富表现都化约为简单的东西。他到后期还想建构一种人道宗教，结果引来了批评与讪笑。

2. 斯宾塞也是典型的喜欢建构系统的哲学家，他以进化论来解释人类社会各方面的现状，甚至连道德都要建立在生物学上。生物学讲究物竞天择、适者生存，所以一个人有无道德要看他能否适应竞争，进而让整个社会凝聚起来。他也用生物进化来解释人类的知识系统与整个社会的发展。可惜的是，他对进化论的知识连达尔文都不敢苟同。可见，他是为了建构系统而建构系统。所以到了 20 世纪之后，英国哲学界就把斯宾塞当作过时的哲学家，很少再有人认真看待他的学说。

3. 19 世纪英法哲学的两位代表，反映出哲学进入一个新的阶段。随后的 20 世纪将再度出现百家争鸣的场面。

19 世纪的孔德与斯宾塞都急于针对当时的思潮，建构一个完整的系统，但都没有成功。甚至斯宾塞对进化论的错误认识，让他沦为过时的哲学家。请问：你认为哲学家应该如何思考问题，才是严肃而有价值的？

不是上帝造了人，而是人造了上帝

本节的主题是费尔巴哈所说的一句话："不是上帝造了人，而是人造了上帝。"

费尔巴哈（L. A. Feuerbach, 1804—1872）年轻的时候听过黑格尔的演讲，但是印象不深。他也研究过基督宗教的神学，结果大为失望。他说："神学把自由与依赖、理性与信仰拼凑起来，根本是一种大杂烩。它与我所认定的真理，即要求统一、果断、绝对性的心灵，始终都互相违背。"费尔巴哈取得博士学位之后也教过书，但学生反应不佳。他说："我没有资格成为哲学教授，正因为我是哲学家。"

本节要介绍以下三点：

第一，回归自然界；

第二，以人类学取代神学；

第三，人类的未来何在？

（一）回归自然界

费尔巴哈是黑格尔绝对唯心论最明显的反对者。当时有所谓的"黑格尔左派"，就以费尔巴哈的无神论与唯物论作为代表。他的唯物论把黑格尔的绝对唯心论整个翻转，认为真正存在的、重要的是自然界；无神论则彻底颠覆了基督宗教，不是上帝创造了人，而是人创造了上帝。

费尔巴哈认为，真正第一序的存在是具有时空特色的自然界，人的思想或意识是第二序。我们有时也说"第一性、第二性"，但用"第一序、第二序"比较适合。因为"性"接近"性质"，是一种附属的东西；而"序"代表排序或序列。

费尔巴哈并没有进入黑格尔的系统去反驳他，而是从外面来说，认为黑格尔的整个系统根本无法成立。真正需要的是一个具体的实在界，也就是自然界。

存在本身应该是自然界，而非观念或者思想，自然界才是人的根基所在。他说："人所依赖的，以及人所感受到自己所依赖的，在根源上只是有形可见的自然界。而感觉是人的本质，也就是真理之所在。"

费尔巴强调："真理、实在与感觉，是同样的东西。"真理与实在值得肯定，但是由感官所获得的感觉也是真理吗？费尔巴哈就是要强调：不用去想什么现象背后的东西或抽象的东西；凡是超越感觉之上的一切，都应该烟消云散；宗教也根本站不住脚。

费尔巴哈如何批判有神论呢？他的方法是解释神这个概念是怎么来的，藉此解决并取消有神论的问题。他说，宗教的主要对象其实是自然界，古人把自然界神格化，把自然界当作神，因为人对于外在可感觉的实在界有一种依赖的感受。

"依赖的感受"一词当时正在流行，它是由著名神学家施莱尔马赫提出的，他与黑格尔发生过争执。施莱尔马赫认为：宗教在本质上是我们对于无限者依赖的感受。

费尔巴哈接过施莱尔马赫的说法，将其调整为：宗教是我们对自然界依赖的感受。可见，费尔巴把自然界当作第一序的存在，与黑格尔针锋相对。

（二）以人类学取代神学

费尔巴哈要以人类学取代神学。他认为，"神"根本就是人类自己的投射。人的本质有理性、情感、意志三种能力（费尔巴哈只谈人的身与心，而刻意避免谈到灵的层次）。在心的层次有三项内容：理性可以认知，情感可以审美或同情，意志可以行动。把知、情、意三种能力设想为不受任何限制的完美状态，就产生了"神"的概念。说神是全知的、全善的、全能的，其实就是把人的各种能力限制取消，再提升到无限的完美状态并投射出去，就形成了一神论的神。神的本质就是人的本质。如此一来，整个基督宗教或类似的一神论系统就全被颠覆了。

费尔巴哈要重新界定宗教。他说：宗教源自于人对于自然界的依赖感受，再经过人的自我投射，就形成"位格神"的概念。自然界可以满足人的物质需要，也可以满足人的自由想象，使人以为自然界是为人而存在的、具有某种内在目的，并且是有智能的创造者的产品。所以就要另外弄个创造者出来，然后称之为上帝。

费尔巴哈认为，人类这种自我投射其实显示了人与自己的异化。他说："宗教是人与自身的分离。人把神当作对立的东西，神是人所不是的，人是神所不是的。"神是无限的存在，完美、永恒、全能而神圣；人则是有限的存在，不完美、短暂、无能而有限。结果神与人变成两极：神包含一切正面的东西，是一切实在界的本质；人成为负面的，只有虚无的本质。

费尔巴哈要彻底推翻这样的观念。他认为，人只要明白"神"是人自己被理想化的本质，是被投射到超越领域时的名称，就克服了宗教中所包含的自我异化。所以，不是上帝造了人，而是人造了上帝。

这些观点对于传统的西方哲学界来说，显然是完全另类的。

费尔巴哈拒绝黑格尔主义以及一切宗教，尤其是基督宗教，他的代表作就名为《基督宗教的本质》。他说："人类必须放弃基督宗教，才能够成为人类。"

费尔巴哈接着说了一句经常被引用的话，明确表达了自己的立场，他说："无信仰取代了信仰，理性取代了《圣经》，政治取代了宗教与教会，俗世取代了天堂，工作取代了祷告，物质上的困窘取代了地狱，人类取代了基督徒。"换言之，被取代的都是与基督宗教有关的，如信仰、《圣经》、教会、天堂、祷告、地狱，等等。

（三）人类的未来何在？

费尔巴哈认为，人类学取代神学之后，人成为自己的目的，但这并非利己主义，因为人在本质上是社会性的存在。人不是个别的，而是与别人同在的。所以，哲学的最高目标是人与人之间的合一，是表现在爱里的合一。既然只有自然界与人类，而没有所谓的上帝，那么人与人就要好好相处，彼此相爱。

费尔巴哈强调爱，他说："只有爱能为你解开不死之谜。"这种爱可以带来永恒的感受。但是他并没有说清楚那是怎么一回事，有的时候还要借助宗教的观点来解释。他说："我与你（任何一个人）的会合处，就是上帝。上帝就是一个人的内心与灵魂。"换言之，你只要真心与别人来往，两个人彼此都把对方当作上帝，就可以好好相处。

所谓的"大家"不能脱离政治的现实。费尔巴哈最后说："政治必须成为人的宗教。"他在一系列批判之后，对政治表示了肯定。费尔巴哈进一步强调，既然谈到政治，当然要强调国家。于是国家成为绝对者。

黑格尔认为绝对者就是精神，最后他也不能脱离基督宗教中的上帝。现在费尔巴哈说："人是国家根本的本质。国家是被实现、被发展的人性，是人性明显的整体。"换句话说，只有在国家里面，人性才能恢复完整。

费尔巴哈一方面把唯心论转变成唯物论，认为我们所见的自然界才是唯一存在的东西；另一方面，他认为宗教使人严重异化，所以要用人类学来代替宗教。他提出唯物论和无神论，后来演变成马克思与恩格斯的辩证唯物论与经济史观。

收获与启发

1. 费尔巴哈强调要回归自然界，因为自然界才是第一序的存在。至于人的思想和意识，只是对自然界反思之后第二序的东西，所以人要掌握自己的感觉。他有一句话令人印象深刻：真理、实在与感觉，是同样的东西。将"感觉"等同于"真理"，"感觉"从来没有被提升到如此高的位置。事实上，英国的经验主义提出过类似的观念，不过费尔巴哈进一步加以落实，连宗教也可以如此解释。

2. 费尔巴哈要以人类学取代神学。只要把人类了解透彻，就可以充分理解神是怎么回事。换句话说，不是上帝造了人，而是人造了上帝。

3. 人类未来只有一条出路，就是回到人类自己的世界，人与人好好相处，建构一个理想的政治结构，组成理想的国家，去追求人生的幸福。

> 费尔巴哈要以人类学取代神学，认为把人类了解透彻就能明白神
> 是怎么回事。你能想象这样的神是何种情况吗？

补充说明

对于这个问题，可以从以下四点来看。

1. 肖似人类的神

费尔巴哈的思想让人联想到古希腊时代的色诺芬尼。色诺芬尼认为，古希腊时代的神根本是拟人化的神。这些神肖似人类，兼具人的优点和缺点，只是人的完美化表现；而且完美化的是人的身体、生理、心理这些部分（身与心）。后人在批评宗教时，很多人都会参考色诺芬尼的观点。

2. 用人与人之间的爱取代基督宗教的博爱

费尔巴哈把神放在一边，用人与人之间的爱来取代基督宗教的博爱，这样过于夸大了人类爱的力量。因为人间不仅有爱，还有恩怨情仇等各种复杂的状况。爱这个字是最美的，但老子说得好："信言不美，美言不信。"意即真实的话不动听，动听的话不真实。

3. 推展到群体

费尔巴哈再推展到人的群体，认为将来要靠政治、国家来取代宗教里的神明。这固然不错，但又夸大了政治的作用。自古以来，没有哪个国家或族群的政治是完美的。

4. 费尔巴哈并非独断论

"独断论"是指，在缺乏明确证据的情况下提出某种说法。费尔巴哈属于"无神论"，它针对基督宗教的"有神论"，批评那个神是人编造出来的。无神论不是第一序的观点，它本身没有立场，要

通过批判别人的有神论，才能凸显出自己的否定性。如果有人主张无神论，别人会说："请你先界定一下什么叫做神，再来否定。"他怎么可能界定一个他认为根本不存在的东西？所以，无神论可以作为一种批判的反省力量，但它本身不能构成明确的系统，永远要针对别人既定的信仰结构去加以质疑。这种质疑的好处是：让人不要迷信，不要一头栽进宗教的某些说法，以为那就是真理了。

不管有神还是无神，重要的是我们要真诚地面对自己。我的"身"终究会老化，最后会结束。我的"心"总有限制，永远处于"需要"的状态：我们要不断求知，不断改善与别人的关系，不断行善。请问：最后你要如何理解人生的意义呢？难道人生结束后真的什么都没有了吗？我这一生对精神层次的向往、对真善美的追求，难道最终会落空吗？

我这里只是提出一个问题让大家思考。对于别人的宗教信仰，一个人只要出于真诚的心，努力去实践自己人性的正向潜能，都值得我们尊重。至于自己相信与否，则要靠某些机缘。也许某一天，你发现宗教都是假的，但也许会发现反面的情况。所以，我们要保留一定的空间，知道有许多西方哲学家跟我们一样，都在思考这一类问题，大家各有不同的心得和体会。在谈到存在主义时，这一点表现得更为明显。

哲学要改变世界

本节的主题是：哲学要改变世界。在西方哲学史上，马克思有一句话受到广泛注意，他说："哲学家们只是用不同的方式解释世界，而问题在于改变世界。"要想改变世界，就要付诸行动。付诸行动之前，在观念上一定要有明确的立场。本节要介绍马克思对唯物论的看法，他用唯物论来解释人类整个历史的发展。

本节内容包括以下三点：

第一，马克思主张唯物论；

第二，他对唯物论有新的看法；

第三，他的唯物史观是怎么回事？

（一）马克思主张唯物论

马克思（Karl Marx, 1818—1883）是犹太人，但他的父亲改信基督教路德教派，于是马克思六岁时变成了基督徒。他进入大学后成为无神论者，因为如果犹太人信仰基督宗教，会同时受到两种宗教的巨大压力。

马克思博士论文的题目是《德谟克利特的自然哲学与伊壁鸠鲁的自然哲学之比较》。德谟克利特主张原子论，他是古希腊时代标准的唯物论者；后来伊壁鸠鲁受到德谟克利特的启发，把唯物论应用在人生哲学上。马克思研究这两位古代唯物论者的思想，自然深受启发。

马克思读大学期间，正是黑格尔哲学成为德国官方哲学的阶段，绝对唯心论成为主流思想。但是物极必反，黑格尔过世之后，他的哲学很快分裂为左派与右派：左派称为青年黑格尔学派，右派称为老年黑格尔学派。这两派思想有何差异？

老年黑格尔学派认为，哲学就是宗教，国家与君主政体有其宗教基础，而普鲁士（后来的德国）是绝对精神发展到最后阶段的具体表现。可见，老年黑格尔学派与国家主义紧密结合，与当时的宗教立场也可以协调。

青年黑格尔学派不以为然，他们要发挥黑格尔辩证法的创新精神，反对把哲学等同于宗教，也反对用黑格尔哲学替普鲁士政府辩护。他们认为，国家应该以理性为基础，只有脱离宗教，才能形成公平的社会秩序。

马克思年轻时参加由青年黑格尔学者组成的"博士俱乐部"，受到大家的注意，因为他有很多创新的思想，其中包括他对唯物论的一些新观点。

（二）马克思对唯物论的新看法

上一节介绍的费尔巴哈是明显的唯物论者，要以自然界作为第一序的存在。马克思进一步质疑费尔巴哈："难道他没有注意到人对自然界的创造及改造的作用吗？"马克思宣称："从前的一切唯物论，包括费尔巴哈在内，它们主要有一个缺点，就是对于事物、现实与感性，只从客观的角度或直觉的形式去了解，而没有把它们当作人的感性活动或当作人的实践去了解。"

马克思认为，真正的唯物论不应该把万物当作一个与人类无关的对象去观察与了解。在观察自然界的时候，不能把人的活动撇开。真正的唯物论应该把自然界以及人类在自然界中的各种活动配合起来看。

人对自然界的认识只有通过人的实践才有可能。譬如，在农耕社会，如果没有实际下田耕作，怎么可能认识自然界？同时，正是由于过去人类的实践，才使自然界有了人的味道，成为人化的自然界。我们看到农田密布、沟渠穿流、连绵屋宅，都是人类实践及创造的成果。

马克思进一步强调，人是在特定的社会关系中，有意识地进行这样的活动。他把过去狭隘的唯物论加以扩充，加入人与社会的因素，使之成为更全面的思想体系。这是马克思的新见解。

马克思以这种唯物论为基础，提出有关劳动生产与劳动创造的观点，这些都与人性有关。马克思在《政治经济学批判》的开头说了一句非常著名的话："物质生活的生产方式，制约着整个社会生活、政治生活与精神生活的过程。不是人的意识决定人的存在，而是人的社会存在决定人的意识。"换言之，你所处的时代和你所从事的工作，决定了你有什么样的想法。所以，马克思的唯物论发展到最后，焦点就转向人类具体的社会生活。

人的社会存在决定人的意识，这是他的主要观念。从渔猎社会到农耕社会一路发展下来，物质生活的生产方式、经济条件与经济结构，决定了上层的政治、社会与精神生活的表现。

(三)马克思的唯物史观

马克思的历史唯物论又被称为唯物史观。马克思认为，历史发展的根源，在于生产力与生产关系之间的矛盾。所谓"生产力"，是指人所拥有的一切条件，这些条件可以在生产活动中作为工具使用。所谓"生产关系"，是指在劳动过程中所包含的人与人之间的社会关系。生产力与生产关系之间始终存在着矛盾。马克思以此为基础，把历史的发展分为五个阶段。

1. 原始的共产社会，以早期的亚洲为例。在古代是氏族组织，众人共同拥有土地，联合生产，没有私有财产。后来随着财产私有和冶铁技术的发明，出现了大规模的战争，战争的俘虏变成奴隶，被大量投入生产活动中。

2. 奴隶社会，可以用希腊与罗马时期为例证。

3. 封建社会，以中世纪为代表，中产阶级在其中逐渐发展。

4. 资本主义社会，这是马克思身处的历史阶段，其中存在着各种问题。马克思认为，要通过革命才能实现无产阶级专政。

5. 共产主义社会，马克思相信，未来一定会出现这样的社会。

历史唯物论是马克思很有特色的观念。这种观念也许会受到某些历史学家的质疑，但不可否认的是：马克思对社会与历史问题采取新的态度，进而为人类的知识打开新的途径。

1. 由于独特的成长背景与个人遭遇，马克思对于西方传统的宗教与政治，甚至对于传统的人生观与价值观，都提出很大的挑战。他接受传统的唯物论思想，认为黑格尔的唯心论在根本上是无法成立的。他赞成费尔巴哈的观点，要把物质（自然界）当作第一序的存在。

2. 他对唯物论有新的看法：他不再只是客观地看待自然界，而要把人的元素加进去，把人在自然界里不断实践的过程加入唯物论的范畴。马克思并不否认人有心智。自然界在由量到质或由质到量的转变中，人的心智可以作为"质"的因素出现。不过，人的心智与意识是由其社会或经济条件所决定的。换句话说，辩证运动首先出现于自然界中，而人的思想中的辩证反映了自然界的辩证运动。所以他的思想也被称为辩证唯物论。

3. 马克思提出的唯物史观虽然有一定的参考数据，但是要以如此简单的五个阶段来解释人类社会在不同地区、不同民族中的发展，难免有想象的成分。

课后思考

马克思有一句批判宗教的名言："宗教是人民的鸦片。"请你思考，你个人有没有像鸦片一样的东西，可以让你暂时避开烦恼与痛苦，而不去积极地改善现况？

马克思的人文主义

本节的主题是：马克思的人文主义。马克思是德国人，他在德国取得博士学位之后，由于思想不合当时的主流，所以无法找到教职，只能在《莱茵河日报》担任编辑。后来因为许多观念不为当时社会所接纳，他被逐出巴黎，前往布鲁塞尔。1848 年，马克思 30 岁，他在那一年发表了《共产主义宣言》。第二年他流亡到英国，在英国一待就是 34 年。他活了 65 岁，生命中有一半以上的时间都是在英国度过的。他在英国每天都在学习、研究和创作，后来写成了他的代表作《资本论》。

本节内容包括以下三点：

第一，人不等于动物；

第二，人性是怎么回事？

第三，共产主义的理想。

（一）人不等于动物

马克思直接用比喻来凸显人的特色。他说："再好的蜘蛛所结的网或蜜蜂所做的蜂窝，都比不上一个最差的工人所盖的房子。"蜘蛛与蜜蜂是自然界的生物，只能按照本能求生存。工人盖房子则可以通过思考而逐步改善，使房子愈来愈合乎人的需要。

马克思进一步指出人与动物的三点不同。

1. 人可以不受身体当下的需求所限制，主动进行生产活动。动物只注意到身体当下的需求；或者只能按照本能进行分工合作，谋求整个群体的生存与发展。

2. 在生产活动中，人可以让自然界再生（即改变自然界的风貌），也可以自由对待自己的劳动产品。譬如，种植五谷杂粮，可以自由对待收获的粮食，拿来与别人交换或送给别人。动物则不可能如此。

3. 人可以用任何方式进行生产，代表人有理性可以思考及选择；并且，人可以由其内在需求去运用他的生产成果，如此就有了审美与行善的可能。

由此可见，马克思对人的特色有相当精准的观察。

（二）人性是怎么回事？

马克思认为，人在面对自然界的时候，自然界也面对着人。人性有两个方面：一方面是普遍的、经常的欲望，如食与色；另一方面是相对的欲望，那是人在生命过程中逐渐形成的。换言之，马克思认为："人性是人自己在历史发展的过程中制造出来的。"

人有自我意识，当他发现世界与他对立的时候，就着手改造世界，进行某种生产活动，使世界成为人的世界。譬如，人通过农耕、渔猎等生产活动，在世界上取得生存资源。同时，人也在生产活动中塑造了自己的人性。因此，人性、自然界与人的生产活动是互相影响的。

人的活动就是劳动（"劳动"一词是马克思的术语）。劳动是自我实现的过程，具有创造性，它本身就是目的，而不是达到其他目的的手段。换言之，人在进行创造性或生产性的劳动时，就是在自我实现，因而也应该是自由而快乐的。但是马克思观察到，19世纪中叶以后，整个社会的现状却并非如此。

在当时的工业社会中，大多数工人的劳动都出现了"异化"（Alienation）现象：工人劳动取得的成果与他本身是分离的，成果属于资本家或工厂老板。譬如，一个产品的售价是十块钱，工人的薪资可能只有两块钱，剩余价值都被老板剥夺了，这就是异化现象。换句话说，工人努力劳动，却只获得微薄的工资；老板反而愈来愈富有，成为工人的对立面。

人在工作中不但没有实现自己，反而导致自我否定。工人最后变成无产阶级，他们的劳动力在劳动市场上被交易买卖，听任顾客摆布。无产阶级的内心世界变得愈来愈空洞，他们的人性特质与尊严也逐渐消失。为了改变这种情况，马克思提出了"共产主义"的理想。

（三）共产主义的理想

马克思年轻时就非常熟悉犹太教与基督宗教的传统，知道"弥赛亚"（救世主）的观念能给世人带来很大的希望。他提出的"共产主义"也具有类似的性质。共产主义要积极扬弃私有财产与人类的自我异化。它通过人类，也为了人类，使人类获得真正的本质。人类为了自己而回归成为社会人，也就是成为具有人性的人。共产主义要化解人类与自然之间、人类与人类之间的矛盾对立，要消除自由与必然性之间的斗争。

马克思心目中的理想社会是什么情况？他认为，在理想社会中，每个人都可以做他愿意做的事。今天当猎人，明天做渔夫，后天变诗人，才是真正快乐的人生。任何人都不只是某种职业的工人而已，才能保证人格的完整性。这与《圣经》描写的乐园有些类似：所有生物都和谐相处，相互之间没有任何威胁与伤害。

马克思这种理想其实包含在更广义的社会主义观念中。他心目中的社会主义是什么情况呢？他说："这种社会应该设定某种生产模式或社会组织，使人在其中可以克服异化。"换句话说，社会主义是为了使个人完成他的生命理想。社会上有各种阶级，但是阶级中的人不是整合的；只有消除经济上、社会上、宗教上的自我异化，人才可能成为完整的人。最后，人性的伦理将取代阶级伦理，建立真正的人文主义社会。

马克思的人文主义理想虽然难以实现，但它对于 20 世纪的哲学产生了可观的影响。马克思有几点独到的见解。

1. 实在界（真实的一切）具有历史与辩证的性质，而不是单纯的外在物质而已。

2. 哲学与经济及政治之间有本质的关联。他有一本代表作就叫做《政治经济学批判》。

3. 要以深刻而完整的方式去理解个人与社会的关系。

4. 哲学是一种行动的形式，而不再只是玄思冥想。

马克思提出的"共产主义"对世界的影响有目共睹。哲学家应该要切入现实人生，而不应该只关在象牙塔中沉思。这种观点已经被现代哲学普遍接受。不过，如果哲学与现实结合得太紧密，就可能随着时空条件的改变而过时。20 世纪后期，欧洲出现新马克思主义，要设法修正和重新诠释马克思的思想。社会主义国家也结合时代需求，修订具体政策，向着马克思所揭示的人文主义社会而前进。

1. 马克思对人性的看法独具特色。他指出，人与动物在根本上是不同的：动物完全受制于自然界的条件；而人可以施展才干，使自然界成为人的一部分。人可以通过劳动或生产活动来改造或再生自然界，并在这一过程中肯定自己的存在与发展。

2. 人性是人自己在历史过程中制造出来的。人的社会难免会有各种阶级，有时甚至可以说人性就是阶级性，但是这个事实终究会被超越。

3. 马克思对于人生提出"异化"的观念，就是我与我真实的生命脱节了。异化可能出现在经济、社会、宗教等各个方面。同时在工作上，我也与我的产品脱节了。共产主义的理想是要恢复人的完整性。从这个角度来说，马克思表现了一种人文主义，对 20 世纪哲学有深刻的影响。

课后思考

马克思的人文主义希望恢复人的生命完整性，使人成为一个完整的人。如果你可以安排一天的生活，请自由想象一下能充分显示你的自我完整性的三种职业。

总结近代哲学的发展

本节将简要总结近代哲学的发展。在近代哲学之前，有古希腊哲学与中世纪哲学。近代哲学从 15 世纪中叶发展到 19 世纪中叶，只有短短 400 年的时间；但是它的演变却超过前面两千多年的发展，并且改变的脚步也愈来愈快。

本节的内容包括以下三点：

第一，近代哲学经过四种运动；

第二，近代哲学经过三重革命；

第三，近代哲学让我们进入到现代世界。

（一）近代哲学经过四种运动

从 15 世纪开始，西方世界每个世纪都有一个主要的思潮，依次为：文艺复兴、宗教改革、科学革命与启蒙运动。启蒙运动最终引发了 1789 年的法国大革命。

15 世纪是文艺复兴。文艺复兴伴随着人文主义而出现。"人文主义"（humanism）也可翻译为"人本主义"。所谓"人本主义"，就是以人为基础，作为理解一切的根据。与之对照的还有神本主义或物本主义。古希腊时代是西方人爱智慧的初级阶段，当时还没有清楚地分辨心与物，属于比较朴素的阶段，并没有明显的"物本"思想。中世纪是明显的"神本"立场。文艺复兴旨在恢复古希腊与罗马初期的朴素观念，以人的立场来思考各种问题。文艺复兴结合时代因素，对于当时的宗教与政治提出重大挑战。

16世纪是宗教改革。宗教改革并不是要把过去一千多年的天主教完全清除，而是要去掉后来人为所添加的成分。对于原始的《圣经》、教义，以及对上帝与耶稣的信仰，并没有什么改变。宗教改革让很多人开始松动传统的信仰，哲学家则坚持个人所体验的真理。一般说来，西方近代哲学家都把宗教信仰当成了思想的背景与预设的事实。由家庭所传下来的信仰，个人就把它当成一种习俗来接受。近代哲学家其实是用"上帝"这个观念来说明万物的来源与归宿。

17世纪是科学革命。科学革命使人类的宇宙观从地心说转变为日心说，让人类眼界大开。再配合西方发现新大陆，更让这一时期显得多采多姿。所谓"西方世界"主要以西欧为主。西方世界今天能领先其他族群，就与科学革命密切相关。为什么科学革命会在西方出现？后文介绍怀特海的思想时，将对此做进一步的说明。

18世纪是启蒙运动。启蒙运动以理性为主，要挑战及扬弃传统的宗教权威与政治结构，由此带来乐观进步的观念。但理性运用过头就会出现反动，接着上场的是19世纪的浪漫主义运动。

近代哲学的发展，呈现为欧陆理性主义与英国经验主义并驾齐驱的景象。发展到最后，两种思潮分别走向独断论与怀疑论的结局。独断与怀疑，都是思想上的致命陷阱。随着康德的出现，整个近代哲学达到高峰。康德是西方哲学的一个重要转折点。

康德提出先验哲学。所谓"先验"，就是先于经验并且作为经验之基础者。无论你有任何经验，都要问：这样的经验如何可能？亦即寻找使经验成为可能的先决条件。如此一来，康德把焦点转向人类主体的特定情况，他要问：我能够认识什么？结果发现，人只能认识现象，而不能认识本体。所以康德论断：世界、上帝与自我都不可知。

康德第二步思考更为重要，他要问：我应该做什么？人除了在自然界中受到各种自然规律的支配以外，他还有一个自由的世界。人的自由在"我应该做什么"这个问题里得到了肯定，所以人的道德有三个先验的设定，即人的自由、灵魂不死与上帝存在。

西方哲学由此进入唯心论的领域。在康德之后，没有人可以绕开康德。对于任何经验，都要问有何先验条件。这种思维模式对人类构成明确的限制。所以，在过度重视理性之后，进一步发展的是强调意志与情感方面的学说。

（二）近代哲学经过三重革命

心理学家弗洛伊德综观近代思潮的发展，提出"三重革命说"，即天文学、生物学以及他本人所代表的心理学的革命。

天文学革命就是前面所谈的科学革命。

生物学革命主要以1859年达尔文出版的《物种起源》一书为标志，认为人的生命与其他生物一样，在面对外界的刺激与挑战时，为了生存而产生适应能力，再逐渐演化而成。这样一来，就把原来"人类由上帝所造"的信念，调整为人类与其他生物都是由演化而产生的。

心理学革命是指弗洛伊德的心理学，又称为深度心理学。莱布尼茨曾认为，人的内在自我是统一而明确的，其实未必如此。弗洛伊德心理学用无意识（潜意识）来解释人的自我。

这三重革命给人类带来重大改变。天文学革命改变了人的宇宙观，生物学革命调整了人的人生观（把人类当作生物之一），心理学革命则颠覆了人的价值观。

如今，人的价值观很难形成共识。随着三重革命以及浪漫主义运动，人类从 19 世纪跨入 20 世纪。

（三）近代哲学让我们进入到现代世界

现代世界有何特色？首先，现代世界在思想上多元并存，不但唯心、唯物各有支持者，而且大家开始从理性、意志、情感等不同角度去了解人生。但重要的问题依然没有改变，人还是要问：人生有意义吗？有何意义？所谓"意义"，是指理解的可能性。当你选择自己的人生之路时，必须先清楚选择的理由是什么。

其次，个人的自我慢慢摆脱宗教、政治、经济、社会等各方面的控制，获得相对的独立性。没有任何宗教可以得到众人的普遍信赖，没有任何政治体制可以完全掌控社会的稳定，也没有任何群体可以让一个人完全失去自由。

自我解脱之后出现了新问题。以前的"自我"是一个小我，只要跟随群体就能实现发展，因而少了很多烦恼。现在则要独自思考：我活在世界上要如何选择？一方面，你无法避免群体对自己的影响；另一方面，你又有相对的独立性，有完整的生命要求。

哲学就是爱智慧，智慧不能脱离"完整"与"根本"这两个角度。如果把人生视为一个整体，你会如何抉择？当你面对人生的根本问题时，你会如何看待自己的人生？于是，哲学变得愈发重要。现在学习西方哲学，可选择的范围非常广泛，显示了开放性与多元性。但我们在思考时难免先入为主，或只以个人经验作为唯一的参考。因此，思想需要有再整理、再出发的机会。

后续章节将要介绍现代哲学。现代哲学从 19 世纪后半期发展至今，虽然只有一百多年，但其内容非常丰富，比起前面两千多年不遑多让。

1. 近代哲学大约有两百多年的时间，发生了四大运动、三大革命，才使人类进入到现代世界。我们会发现，人类的发展未必等于进步，但人类的历史就是这样在一步步地向前迈进。

2. 每一次革命都会给人类带来新的挑战，如心理学革命、基因学革命、虚拟现实的革命。

3. 相对于过去，现代世界的人更加自由，但自由也带来选择的困难，人应该何去何从呢？你或者接受某一种哲学，或者要慢慢建构属于自己的思想系统。

课后思考

你觉得自由所带来的最困难的选择是什么？你在面对选择时又是如何思考的？有哪些哲学家的观点可以帮上忙？

伦理学的争议

第 30 章

价值观的探讨

30-1

宇宙观是如何形成的？

本单元的主题是：伦理学的争议。因为伦理学是价值观的主要部分，所以本章要先对价值观加以探讨。学习哲学到最后要建立"三观"，即宇宙观、人生观与价值观。本节的主题是：宇宙观是如何形成的？内容包括以下三点：

第一，宇宙观与科学的关系；

第二，宇宙有目的吗？

第三，宇宙观与人生观的关系。

（一）宇宙观与科学的关系

哲学家是爱智慧的人，他们表现出的特色是：其"三观"可以形成一个完整的系统。宇宙观会随着科学的进步而逐渐接近宇宙的真相，因此会出现两种看法：

1. 古代的宇宙观是落后的，因此古代的哲学系统也必然是落后的、过时的。

2. 因为科学不断地在进步，所以没有任何哲学系统是稳定而可靠的。

我们很难接受上述说法。随着科学的不断进步，人类对宇宙的认识不断在改变，所以宇宙观不可能单纯建立在科学上。从古希腊到近代，确实有许多哲学家兼具科学家的身份，但这并不代表只有科学家才能成为哲学家。并且，如果"科学家"是指宇宙的研究者，那他们之间并未达成共识。今天，最好的科学家也承认，人类并不了解占整个宇宙96%的黑暗物质与能量。如果要完全了解宇宙才能建立宇宙观，恐怕遥遥无期。但是，从古希腊第一位哲学家开始，每个人都有他的宇宙观，这是怎么回事？

（二）宇宙有目的吗？

宇宙观必须基于科学，但是宇宙观从来不局限于科学。所谓"观"，就代表有完整的理解与解释。宇宙观表面上是要说明四个概念，事实上则是要追问另外两个问题。

宇宙观表面上要说明四个概念：空间、时间、物质与运动。空间与物质是一组，时间与运动是另外一组。人类看到这个世界，首先掌握到的是万物皆在空间中，什么是空间？同时，时间是从运动的角度来看的，因为万物皆在变化发展之中。而物质与运动正好是古希腊时代亚里士多德"四因说"中的两个因：物质是质料因，运动是动力因。

事实上，世人要问的是另外两个问题。

1. 人有理性，有认识能力，所以要追问形式因。所谓"认识一样东西"，就是要认识它的形式。

2. 人还有想象和愿望，配合人的认识能力的发展，一定会追问目的因。目的因才是人类探问宇宙的关键所在。

探问宇宙的目的因，就是问：宇宙有目的吗？这时只有两种选择：一个是有目的，一个是没有。如果选择宇宙没有目的，则一切皆为偶然，人生难免无奈，每个人只能自求多福。如果选择宇宙有目的，情形就完全不同了，你会认为有一个力量在对宇宙进行设计。要如何解释这个力量？目前有三种解释受到广泛的注意，即创造论、进化论与流衍论。

创造论认为，有一个力量创造了宇宙，它设计、安排这一切。创造论的目的性最明显。进化论认为，宇宙万物包括人类在内，都是慢慢演化而成的。这两种看似极端的立场，事实上是可以协调的。流衍论认为，由"太一"逐渐流衍出万物。在理论上可以把它看作创造论与进化论中间的一种协调说法。这是新柏拉图主义的基本主张，里面有太多折衷性和想象成分，暂且可以不论。

所以，目前主要是创造论与进化论的对峙。创造论的支持者大部分是有宗教信仰的学者，他们如今大都接受了进化论，形成新的解释。他们肯定，最初有一个创造的力量在设计一切；在时间过程中，这个原始设计所确定的目的，将以演化的方式来完成。所以，有很多人一方面相信位格神，另一方面也接受进化论。

近代哲学随着科学的进展，出现了自然神论。亦即相信上帝创造世界之后不再监督管理，而让人类在自然界里自己去做研究。所以，自然神论并不等于无神论。譬如，近代科学革命的四位代表——哥白尼、开普勒、伽利略与牛顿，都肯定上帝的存在，事实上他们的立场都接近自然神论。

对于"宇宙有目的吗"这个问题，可以说：就算宇宙本身的目的无法被理解，但是因为人在思考，所以人也会要求宇宙有目的，以便理解这一切。

（三）宇宙观与人生观的关系

宇宙观是人生观的背景和基础。许多科学家主张不可知论，认为我们无法了解宇宙有没有目的。但是，如果要建立自己的人生观，必须要求宇宙有某种目的，否则人生观要如何建立？如果宇宙的目的和你想的完全不同，那么你这一生发展到最后，等于是与宇宙的目的完全脱节了。为什么很多人欣赏斯多亚学派？因为他们认为宇宙按照自然的规律在运作，人的理性与这样的规律是合拍的。这样一来，就把人生的过程与宇宙的规律结合在一起，让人这一生可以平稳地发展，不管顺利还是不顺，都可以安心接受。

因此，宇宙的目的不可知，但是人要求它有某种目的。在此基础上，才能进一步探讨形而上学。形而上学是由亚里士多德所开创的学科，"形而上学"原本是指"在自然学之后"的一种学说。如果把"自然学"界定为研究有形可见、充满变化的万物，那么形而上学就是要探讨无形可见、永不变化的本体。有这样的本体，才能解释我们所见的宇宙万物。

亚里士多德是标准的哲学家，他有明确的"三观"，他的宇宙观与形而上学是密切配合的。他的形而上学推到最后是"第一个本身不动的推动者"，宇宙万物都有其目的，都是从潜能走向实现，目标是纯粹的实现或纯粹的形式。在这样的宇宙观下，人生观就很明确：要设法把人的形式（人的理性功能）充分发挥。所以亚里士多德认为，人生的最高境界是从事理性的"观想"，因为宇宙最后的力量是"思想之思想"。这样一来，两者才能适当对照起来。

收获与启发

1. "三观"是指宇宙观、人生观与价值观。人的生命寄托于宇宙中，自然会思考三观的问题，并且要设法形成一个系统。没有系统则称不上"爱智能"。由于科学在不断发展，所以宇宙观的建立可以基于科学，但不局限于科学。

2. 宇宙有目的吗？答案是：即使宇宙的目的不可知，人也要求它有某种目的，否则无法建立人生观。如果有人说，何必非要建立人生观？那就不必谈爱智慧的问题了。

3. 宇宙观是人生观的背景与基础。为什么亚里士多德的形而上学直到今天仍是许多哲学家探讨的题材？原因就在于此。

课后思考

如果有人主张宇宙没有目的，但人生有意义，那么你该如何表达你的意见？

补充说明

这是个很大的问题。

首先，我们看宇宙是否有目的。有些人认为，宇宙最后难免归于寂灭。从科学的角度来看，的确如此，因为有开始之物必有结束。后面将会介绍一位叫德日进（Pierre Teilhard de Chardin, 1881—1955）的哲学家，他专门从科学的角度思考，认为宇宙的目的就是让人类出现，以扭转宇宙灭亡的命运。这是很好的思考方向。

有些人认为，假设发生彗星撞地球之类的天灾，或核子战争之类的人祸，地球彻底毁灭，宇宙有何目的可言呢？如果真的如此，也确实没有什么好争论的，人生就是一场闹剧、一场梦幻。但这样的情况尚未发生，而且世人也尽量避免让它发生。

所以在今天，在没有发生天灾人祸之前，我们还是要问：人生有意义吗？我如果想要理解人生是怎么回事，就必须设定宇宙有某种目的，可以让人生存与发展。如果你说宇宙没有目的，请问：为什么经过一百多亿年的演化，最后会出现人类？在时间的过程中，我们可以认为，后来出现的结果就是原来存在的某种目的，或至少是某种指向。人有理性，当然可以这样去解释。

"宇宙的目的"这个问题太大，不易把握，我们不妨换个角度来看，譬如问：历史有目的吗？历史是由人类的各种作为造成的，它在时间上是连续发展的。如果要界定历史的目的，要从两个角度着眼。

1. 从全人类的角度着眼，个人在历史中显得无足轻重。譬如中国历史上的帝王将相，在当时固然是不可一世，但从整体看来，只是一个简单的过程而已。

2. 由历史发展的终局着眼。最差的结局是人类与地球一起毁灭，所有的努力全部落空。

看透这两点，你才能理解现在，理解每一个人生命的意义到底是什么。

因此，之所以问宇宙有没有目的，是因为人在思考这个问题。人为了理解人生的意义，所以要求宇宙有其目的。但是我们无法从人的角度来看宇宙的目的，就像探讨历史的目的一样，作为个人，你只能立足于整个历史过程的某一点上，而无法看到全貌。对宇宙目的比较合理的说法是"不可知"，说"不可知"并不代表宇宙没有目的，而是说这个目的必须存在。否则，其他的一切都不用谈了。

其次，我们要肯定人生的意义。意义是理解的可能性。譬如，我现在讲一句希腊文，如果你听不懂，就觉得这句话毫无意义。人有理性，总是要求理解，他一定会问：我这样过这一生，能够说个道理出来吗？能够理解才有意义。

为什么一定要问人生的意义这样的问题？因为人可以思考，就要求理解；人有意志，就愿意负责；人有情感，就希望快乐。所以，"我要理解""我要负责""我要快乐"就是人生的实际状况。每个人都有这三种属于人的心智方面的自然要求，理智、意志、情感都有某种自然的指向，因此人生必然有某种意义可以被我理解。

伦理学有不同的派别，各有不同的观点。伦理学属于人的价值观的一部分，而且价值观与人生观不能分开，人生观又必须依托于某种宇宙观。有了这样的认识，就可以将很多问题暂时搁在一边，不用再钻牛角尖。

因此，你要为自己的人生负责。你可以思考、可以选择并付诸行动，那么你就面对自我，活出自己的人生吧！你认为怎样适合就怎样去做。当然，我们会受到各种条件的限制，只能在某些方面得到较为明确的结论。

我们学习西方哲学要知道，在西方有许多勇于思想、勇于抉择的学者，他们留下很多个人的心得。大多数能上台面的西方哲学家，他们的思想都系统完备、自成一格，一般人不易反驳。但是你也不用全盘接受，因为各有特定的时空背景，以及个人生命的特殊条件和遭遇。因此，在了解生命的各种可能之后，关键要问自己：今天是我在生活，我要对自己的生命负责，我要选择哪些前人的智慧作为我的参考？

最后的结论是：宇宙是为了人而存在的。而人又是为了什么而存在呢？许多事情是偶然发生的，但偶然发生不等于没有原因，只是暂时还不知道它的原因，因此要保留一个开放的探讨空间。

宇宙和人生为什么紧密相连？因为如果宇宙没有目的，那么人生的意义可能都是自己想象出来的。有些人说，就算人生没有意义，人也要设法创造意义。这种态度值得肯定，因为人生本来就有其特殊之处。

从宇宙观到人生观

本节的主题是：从宇宙观到人生观，要讨论以下三点：

第一，两套形而上学；

第二，如何探讨人生观？

第三，从人生观到价值观。

（一）两套形而上学

在西方哲学发展的过程里，出现两套比较明确的形而上学。

第一套是由古希腊的亚里士多德所提出的，又称为"自然学之后"，就是要探讨无形可见、永不变化的本体世界。但是，从有形可见的万物出发，去探讨它背后的基础，推到它的源头，事实上是不可能的。万物充满变化，万物的本质并不包含存在，所以万物的本质是"0"，再多的"0"加起来也无法得到"1"。"1"就是那个真实存在的源头。亚里士多德推出"第一个本身不动的推动者"，它与宗教里的"上帝"完全不同。这个"推动者"对人并不关心，人也不能向它祷告。

第二套形而上学是由康德提出的。康德认为，人有形而上学的自然倾向，每个人都倾向于设定一个本体的世界；但作为科学来说，形而上学不能成立。亦即，亚里士多德"自然学之后"的形而上学是不能成立的。

康德回到源头。他发现，面对宇宙万物，只有两个领域存在：一个是自然界，另一个是人类。提出问题的是人类，是人类要探讨宇宙根源的问题，所以在向外追求自然界的原因之前，还不如先回头问自己几个问题。

康德提出四大问题。第一个问题是：我能够知道什么？结论是：人只能知道现象，不能知道本体。所谓"本体"，是指自我、世界与上帝。这样一来，传统的形而上学就不能成立了。

接着康德转弯问了第二个问题：我应该做什么？作为一个人，不管我能够知道什么，我还是要有具体的行动。既然谈到"应该"，代表我有选择的可能，由此出现所谓的道德行为。每个人都有后悔的经验。如果没有一个自我可以自由选择，那么是谁在后悔？又何必后悔？后悔代表人要负责任，所以人在选择之后应该要有适当的善恶报应，否则责任是空话。但人的生命是有限的，善恶在生前显然没有圆满的报应，怎么办？

为了使道德行为能够成立，康德提出三个设定（预先设定的条件），否则道德行为只是一种幻想。这三个设定是：

1. 我是自由的；

2. 灵魂是不死的，这样才能在死后继续接受适当的报应；

3. 最重要的是，上帝是存在的，由他来负责完成德福一致的圆满的善。

这样一来，康德就把传统形而上学中三个不可知的本体恢复了两个——自我与上帝。至于世界，就让科学家继续去研究吧。人只要与上帝建立了某种关系，就可以应对日常生活了。

亚里士多德的形而上学，英文称作 Metaphysics，意为"在自然学之后的"。而康德的形而上学可以理解为"在伦理学之后的",英文称作 Metaethics。如果采取亚里士多德"自然学之后"的路线,就要通过自然界的万物去探寻本体;如果采取康德"伦理学之后"的路线,则要通过人的道德实践去探寻本体。换言之,如果要对人的道德经验做出彻底的说明,就要设定上帝的存在。

可见,在谈到宇宙观的时候,可以不涉及任何特定的宗教,不管是有神论还是非神论。有神论肯定有一个位格神,如基督宗教。非神论肯定有一个超越的境界,如佛教所说的"涅槃"。同时,宇宙观会强调宇宙有一个目的,可以让人类的生命得以存在及发展。因此,要由宇宙观进一步探讨人生观的问题。

(二)如何探讨人生观?

人类生于天地之间,是万物之灵,发展到最高的层次。人与万物的差别在于人有理性。有理性才会探问意义,想要理解这一切。所谓"意义",就是理解的可能性。也有人认为,不能忽略人的情感、欲望与意志。但是如果没有理性,这一切都不能被理解。因此,所谓人生观,就是一套系统的、完整的道理。你要问自己:我对人生有什么基本看法?它的根据是什么?我是如何推出这种结论的?这种人生观与我实际的生命抉择有何关系?

人生观可以来自个人的经验、别人的说法、书本的知识,最重要的还要结合个人的思考。建立人生观要有正确的推理,可以从两个角度来看:第一,人的生命的静态结构;第二,人的生命的动态发展。

人的生命的静态结构可以分为身、心、灵三个层次。"身"就是身体,包括有形可见、可以量化的各种成就,如身体的健康状态、食衣住行各方面的需求、科技的发展等。"心"就是心智,表现出认知、情感与意愿这三种功能,即知情意。再往上还有一个"灵"的层次,就是一般所谓的精神层次，它无形可见，但是包括理想与观念，可以决定一个人身心活动的发展方向。

人的生命结构可以概括为三句话：

1. 身体是必要的，没有身体怎么谈人生？

2. 心智是需要的，人只要活着，就一直会有更新的、更高的可能性出现；

3. 灵性的层次是重要的，"重要"这两个字牵涉到意义。你要如何解释人生？关键就在于灵的层次，它可以说明人生的意义何在。

另一方面，从生命的动态发展来看，包括从生到死的整个过程，从少年、青年、中年到老年，一生的变化是非常丰富的。人在一生中会遭遇到自然界与人间的各种变化，整个人生都在时间的动态发展之中。

静态结构与动态发展配合起来思考，才能形成人生观。简单来说，随着生命的发展，从年轻到年老，人要不断往上提升——从身到心，再到精神的层次。由此接上宇宙观，使个人精神的发展与宇宙的目的可以相呼应。

（三）从人生观到价值观

人只要活着，就一直在做选择。任何一种选择都或隐或显地体现某种价值观。如果有人说"我是纯粹的生物，我放弃思考"，这样就没有哲学问题了。如果不放弃思考，人的任何行动，包括说话在内，都预设了某种人生观。康德认为，人有追问形而上学问题的自然倾向。这表明，人生观背后一定有某种模糊的宇宙观。有的哲学家会说：人生没有意义，我要揭穿这个幻觉，希望大家不要再做梦了。他这样说其实也是在追求真理，一方面他认为没有真理，同时他又要去追求真理，这岂不是自相矛盾吗？

自古以来，一直都有消极、负面的思想。譬如，古希腊哲学家泰奥格尼斯（Theognis of Megara, 约 585—540 B.C.）说："人最好不要出生，不要看到阳光。万一出生，就只好尽快穿过死亡的门槛。"他到处宣传，造成很多人自杀。我们可以问泰奥格尼斯：你为什么不立刻结束自己的生命？

有一个关于弗里吉亚王米达斯（Midas）的神话故事，也表达了类似的观点。米达斯有一次遇到森林之神，追着问他："人生的究竟智慧是什么？"森林之神只好勉强回答："人呐，何必问这个问题呢？人最好不要出生。如果出生，最好早点死亡。"这两段话都会导致虚无主义。

事实上，诅咒人生的人照样有某种价值观，只是他自己不一定知道，这会导致他的观点自相矛盾。由此可见，人生观与价值观的关系是非常密切的。

收获与启发

1. 哲学史上有两套形而上学。第一套是亚里士多德所说的，要探问自然学背后的本体；第二套是康德所说的道德形而上学，从人的道德经验推到最后的设定。不管这两套形而上学能否证明上帝存在，这个"上帝"与宗教信仰中的"上帝"没有什么关系。哲学家探讨上帝，旨在寻找"万物的来源与归宿"——以此作为哲学家的上帝的标准定义，显然是比较恰当的。

2. 探讨人生观，要从空间的结构与时间的发展两方面来看。在空间的结构上，人的生命可分为身、心、灵三个层次；在时间的发展上，人从年轻到年老，从内到外有各种复杂的遭遇。人生观的建构要把人的结构与发展结合起来，随着生命的发展，在结构上往上提升，从身到心，从心到灵，由灵再接上"宇宙的目的"，从而构成完整的系统。

3. 人生观与价值观的关系非常密切。人每天都在做选择，里面就含有价值观。后文会继续探讨价值观的问题，而伦理学是价值观里最重要的部分。

课后思考

如果有人主张人生没有意义，你要如何与他讨论？

补充说明

一个人可能会说人生没有意义，但只要他还活着、还愿意思考、还在做某些选择与行动，就代表他一定有某种预设，只是他自己未必了解。学哲学的目的就是要设法"化隐为显"，把隐含在他言行里的内在根据清楚显示出来，即使他自己尚未察觉。

我们能看到的是自然界、人类社会和自我这三方面，但是在问"人生有没有意义"这个问题时，一定要涉及第四个方面——超越界。否则自然界、人类社会以及"自我"，难免有开始、有结束，你无法举出充分的证据来说明人生有何意义。因此，要从超越界的角度去思考。

为什么人生一定要有意义？平常本来不用想这个问题，你按照传统或流行的生活方式过日子就好。但是人生难免会遇到关键时刻，这就是后来存在主义所说的"界限状况"。当你的生命遇到某个临界点时，你必须选择要不要真诚地面对自己。你的抉择对历史或整个宇宙而言可能没有多大影响，但作为一个人，就是会有一种负责的心态。

所以，一个人说"人生没有意义"，代表他还是有某种论断，你可以跟他进一步讨论，这时便能发挥哲学"化隐为显"的作用。

价值主观论在说什么?

人生是由各种选择组成的,有选择就有价值的问题。譬如,家中窗帘的设计、台灯的品牌,今天要吃什么、穿什么,选择什么职业、交什么朋友,以及个人的兴趣、志向与信仰,都要经过你的选择而呈现出价值,每样东西都代表你的某种价值观。

本节的主题是:价值主观论在说什么?要介绍以下三点:

第一,价值是什么?

第二,价值主观论的立场;

第三,主观论必须兼顾客观论。

(一)价值是什么?

人的世界充满了价值。人有理性可以思考,有意志可以选择,也必须选择。我们在选择的时候表现为一种评价活动,使被选择的东西呈现出价值。

价值有四点特色。

1. 价值需要一个携带者。譬如,我选择吃苹果,苹果就携带着某种价值。所以,任何价值都不可能是独立的,它需要依附在一样东西上面。

2. 价值有非实在性。我选择苹果，会增加苹果的价值，但没有增加苹果的实在性。这代表价值是非实在性的。

3. 价值有两极性，有被选择和不被选择这两极。体现在道德上就有善与恶，体现在审美上就有美与丑，这都是我的选择造成的。所以，选择一定有正面、负面这两极。

4. 价值有层级性，由低到高构成一个层级。有时会为了更高的价值而放弃较低的价值。

（二）价值主观论的立场

价值主观论（Subjectivism）主张：因为我对于一样东西有欲求，所以它才有价值，价值是由人来估定的。相对的，价值客观论（Objectivism）则主张：一样东西本身有价值，所以我们才会欲求它；价值不是由每个人随意估定的，价值本身有其可贵之处，所以值得我们重视。

在西方哲学家之中，价值主观论者非常多。英国哲学家霍布斯在他的《利维坦》里面就说："所谓的善恶全依个人的喜好，事物本身无所谓好坏。"

休谟在他的《人性论》里面进一步强调："当你判断某种行为或品格是邪恶的时候，那只是你心里面有一种谴责的情绪而已。邪恶完全在于你心中的判断，而不在于对象上。"换句话说，所谓的善恶，就像冷热、声音、光线一样，它们都不是事物本身的性质，而只是人心中的知觉而已。

不仅经验主义持此种观点，就连理性主义的斯宾诺莎也说："一样东西是善的，是因为我们欲求它，它才是善的。"所以，价值主观论看起来声势浩大。

西方的逻辑经验论以及语言分析学派的著名学者，如卡尔纳普

（Rudolf Carnap, 1891—1970）、艾耶尔（A. J. Ayer, 1910—1989）、罗素与维特根斯坦（Ludwig Wittgenstein, 1889—1951），他们都主张价值主观论。

他们主要用两种方式来阐明立场。

1. 价值是由个人欲望、情绪或兴趣所决定

也就是说，人在主观方面的心理感受、欲望、情绪或兴趣，决定了一样东西的价值。人的兴趣强度如何、偏好如何、涵盖范围如何、能否得到多数人赞成，都可以进一步研究。但问题在于，人的兴趣与情绪是主观的，最后到底以谁的兴趣与情绪为准？如果以多数人的意见来决定，那么少数人的意见该如何考虑？

2. 从语言学的角度提出论证

他们认为，善或恶纯粹是一种情绪的表达，并没有涉及任何客观的东西。譬如，对照下述两句话。第一句话说"这是红色的"，"这"指涉了红色的东西。第二句话说"这是善的"就不知所云，因为"是善的"三个字只是表达了你个人喜欢它而已，并不代表客观上有一种像红色那样的东西。换句话说，没有客观上所谓的善。这就是语言学的策略。

他们进一步说，价值判断的语句都没有认知意义，非真非假，因为它们都无法验证。譬如，说爬山好或游泳好，只是表达我个人喜欢爬山或游泳的情绪而已，并不代表一种客观的立场。又譬如，我说"这幅画真美"，只是表达我个人的感受和情绪，我怎么证明这幅画到底有多美？只有事实的问题才可能被争论。甚至有人说，"偷钱是错的"这句话也没有实质的意义，这只是个人的感受，表示他不赞成偷钱。

罗素也是价值主观论者，他的理由很简单："因为很难找到有效的论证去证明某物本身有价值，所以我无法接受价值客观论。"但是，

"很难找到论证"只代表目前如此，不代表将来也找不到。罗素事实上也承认自己的矛盾。因为如果支持价值主观论，就不必给别人提供任何建议，尤其是在道德方面。但是罗素经常给人建议，他承认："道德评价是主观的，但是我对道德问题有各种意见，因为我无法以虚伪来掩饰我的矛盾。"罗素宁可矛盾也不要虚伪，这听起来很真诚；但他仍然是矛盾的。

价值主观论者依然相信有某种正义、尊严的存在，但是要如何肯定这些价值？如果以个人的欲望、兴趣或快乐等心理现象来决定价值，则根本无法分出好坏。世界上每个人都是主观的，都可以选择自己的价值，这等于是万物都有价值，也都没有价值；或者是今天有价值，明天不一定。所以，价值主观论很容易就变成相对论与怀疑论。

（三）主观论必须兼顾客观论

德国 19 世纪末有位学者叫做布伦塔诺（Franz Brentano, 1838—1917），他的思想对于价值问题的讨论影响很大。他本来是研究心理现象的，发现人的意识一定有意向性。"意向性"是非常重要的术语，直接影响布伦塔诺的学生胡塞尔（Edmund Husserl, 1859—1938），使他由此建构了现象学。所谓"意向性"是说，意识就像箭头一样，总是指向一个客观的物体。任何意识都有它意识到的物体，也包括内心里主观的对象。

布伦塔诺有两个学生，一个叫迈农（Alexius Meinong, 1853—1920），一个叫埃伦费斯特（Paul Ehrenfest, 1880—1933），两人关于价值的讨论非常经典。他们原本支持价值主观论，后来慢慢融合了客观论的说法。他们的讨论相当复杂，在此只做简单的描述。

首先，价值不能脱离人而存在，要靠人的评价才能使一样东西的价值呈现出来。这确实是一种心理学上的事实，属于情感世界的领域。

但是布伦塔诺提出，人的意识都有意向性，都指向一个客观存在的东西。所以，人的情绪或兴趣也一定有它的对象。你必须承认它存在，至于它有没有价值，是第二步的问题。

一般来说，只有存在的东西才有价值。一样东西存在，才能让我产生愉悦的感觉，产生兴趣和欲望。然而，不存在的东西依然是有价值的。譬如，这个世界上没有完美的正义，没有道德的至善，但我们依然会给它们很高的评价。

另一方面，一样东西的价值也不能完全基于它是否被我们欲求，因为我们欲求的往往是尚未得到的东西；而我们判断一样东西是否有价值，往往是针对我们已经拥有的东西。譬如，我有一幅画、有很多朋友，我就认为它们有价值，值得珍惜。所以，把欲求与价值连在一起，不容易说得通。

那应该如何解释呢？其实也不难。我们认为已经拥有的东西有价值，是因为知道如果这样东西不存在，或是还没有拥有它，我们将会对它有所欲求。换言之，不存在之物照样可以被我欲求，虽然它当时不存在，但事实上它是以一种将来可能存在的方式被我欲求。这样一来，还是可以把欲求与价值连在一起。因此，价值主观论必须注意到价值客观论，亦即存在之物本身有某种价值，它才会被我欲求。

经过几番讨论，两位学者的结论是：价值是一种主客之间的关系，这种关系借着对客体有清晰而完整的图像，顺着从乐到苦整个感觉的领域，在我们身上决定了一种情绪，使我们认为有它要胜过没有它。简单来说，有一个客观物体存在，我对它有所欲求，我与这个物体之间的关系就产生了价值；就算物体不存在，这种关系仍然会使我对它有所欲求。这就是价值主观论经过修订之后的结论。

1. 价值需要有一个携带者，它不是被我无中生有想象出来的。价值本身是非实在的，当我说一样东西有价值，我并没有增加这样东西的客观实在性。价值一定有两极性，有正面就有负面。价值还有层级性，由下往上构成一个层级系统。

2. 价值主观论的立场在西方根深柢固，很容易得到大家的认同。它认为，一样东西有价值，是因为有人在欲求它、对它有兴趣或有正面的情绪反应。所以价值完全是主观的。

3. 德国两位哲学家本来支持价值主观论，后来受到布伦塔诺的启发，发现不可能有意识而没有意识的对象。我主观上喜欢一样东西，它才有价值；但如果没有客观存在的东西，价值从何而来？所以主观论与客观论要互相协调。

课后思考

价值主观论者认为，一个人的价值判断主要是根据个人的情绪、欲望与兴趣，你能否举几个例子来支持这种观点？

价值客观论在说什么？

本节主题是：价值客观论在说什么？内容包括以下三点：

第一，价值客观论源远流长；

第二，价值客观论的代表——德国哲学家舍勒；

第三，对价值客观论的评论。

（一）价值客观论源远流长

柏拉图《对话录》中有一篇叫做《尤西弗罗》（*Euthyphro*）。尤西弗罗是个中年人，苏格拉底曾经与他对话，探讨怎样判断一个行为是善的，有两种观点：第一，一个行为神喜欢，所以是善的；第二，一个行为本身是善的，所以神必定喜欢。第一种观点代表价值主观论，第二种代表价值客观论。从中可以看出，价值主观论与客观论的差异何在。

价值主观论认为，一样东西的价值完全由我主观的欲望、兴趣、情绪来决定。价值客观论则认为，一样东西本身有价值，所以我自然就会欲求它。如果加上两个字，说"一样东西有价值，所以你'应该'欲求它"，就会涉及道德上的问题。

苏格拉底之后，整个中世纪的西方哲学基本上都主张价值客观论。中世纪有明确的宗教信仰，直接规定某些行为或事物的价值，规定可做与不可做。价值本来就有正负两极，正面的就应该做，负面的就不准做。所以，当时普遍认为价值是客观的，某些行为或事物本身就有价值。

价值客观论很难讨好，它随着西方宗教的变迁而受到批判。如果主张有客观的价值，别人就会质疑：这个价值是谁规定的？当人有宗教信仰时，可以说"是上帝规定的"或者说"是宗教权威所设定的"，一般人还可以接受。但是当宗教信仰受到挑战时，说一样东西有价值，它怎么可能本身就有价值呢？如果离开人类，谁来选择它、评价它？因此，价值客观论仍需做进一步的探讨。

（二）价值客观论的代表——德国哲学家舍勒

德国哲学家舍勒（Max Scheler, 1874—1928）是价值客观论的代表。一般认为，他是胡塞尔最杰出的学生之一，可惜他享年不久，很多精彩的观点没有得到充分的发挥。

舍勒主张价值客观论，他提出五项标准来判断价值的高低，分别为：持久性、不可分割性、基础性、深度满足性以及非相对性。

1. 持久性

愈能持久存续的，价值愈高。譬如，一本流行小说一年之后就被遗忘了，而一本文学经典可以流传几百年，所以文学经典的价值更高。又如，喝酒会让我觉得快乐，但是感官享乐的价值比不上健康的价值，因为健康更为持久。

2. 不可分割性

愈不可分割的，价值愈高。譬如，把一块面包切成两半，每一半的价值是原价的一半。把一幅世界名画分成两半，每一半的价值到不了原价的一半。可见，画的价值更高。这说明物质上的价值可以分割，容易让人产生争夺；而精神上的价值不能分割，只能让人共同享有。

3. 基础性

如果甲是乙的基础，那么甲的价值更高。譬如，饮食要以健康作为基础。如果不健康，就不能吃喝。所以健康的价值高于吃喝。舍勒对于宗教的看法比较传统，他认为，所有的价值最后都基于宗教的价值。宇宙万物一直在变化中，但它的基础是不变的，这个基础的价值显然更高。

4. 深度满足性

愈能让你深度满足的，价值愈高。譬如，喝一杯啤酒与听一首音乐所得到的满足，显然是不同的。如果你觉悟了某种真理，会对自己的生命感到满意，这当然更有价值。

5. 非相对性

也就是不可替代性。相对性愈明显的，价值愈低；相对性愈小的，甚至接近绝对的程度，价值就愈高。为什么黄金比石头有价值呢？因为石头到处都有，而黄金比较难得。再往上推，愈是不可替代的、没有相对性可言的，价值就愈高。

舍勒提出价值的五项判准之后，进一步表现价值客观论的立场，他从低到高界定了四种价值。

（1）感官愉快的价值，包括看什么、听什么、吃什么、喝什么等等。这种价值可以直接让你在感性上觉得愉快，是最基本的价值。

（2）生命感受的价值，包括你是否活得健康、心情愉快。

（3）精神品味的价值，包括三种：第一种是认知了真理，第二种是了解了正义，第三种是肯定了美。"真理""正义""美"类似于"真""善""美"，属于精神品味的层次。

（4）宗教价值，亦即你能否体会到什么是神圣的，这是最高的价值。人在信仰中所获得的密契经验、对爱的体认等，都属于宗教价值。

从人的生命结构来看，感官愉快价值与生命感受价值属于"身"以及身心之间的层次；精神价值属于心的层次，涵括真善美；宗教价值属于灵的层次。需要强调的是，我们不一定非要信仰某种特定的宗教，照样可以有灵的层次的体会。

舍勒没有特别提到道德价值。事实上，在精神价值里面，正义与不义就属于道德价值的范畴。舍勒认为，道德价值是一个人面对较低价值时，能够选择较高价值的结果。当你面临选择时，会对价值高低有所判断；你选择了高的，就代表你实现了某种道德价值。

（三）对价值客观论的评论

舍勒提出价值判断的五项标准与四种具体的价值层次，如此明确的说法当然会受到很多严厉的批评与检验。

对于价值判准中的持久性，一个年轻人会觉得他的初恋是终生难忘的，但这不妨碍他一两个月之后又交了新朋友。所以，持久性没有客观的标准。又如，说一个雕像有持久性的价值，前提是具有大理石这样特定的材质。如果把同样的内容刻在木板上，这个材质就会给它的持久性带来很大限制。

对于不可分割性，因为价值不具有空间性，所以愈不可分的，价值就愈高。但是我们不能忽略，在物资极度短缺时，一块布料比它平时的一半，价值绝对不止高出一倍而已。

再看基础性。可以说"有健康作为基础，你才能活得快乐"，但是快乐也能促进健康。

对每个判准都可以做进一步的讨论，到最后可能根本找不到定论。最主要的问题是，舍勒所提出的价值表（如五项判准、四个层次）都是先验的，它们并非经验上的结果，而是在有相关经验之前就要问：你为何会有价值判断？价值判断是怎样做出的？

如果进一步追问这些先验观念的根据是什么，舍勒只能说，是根据一种特别的认知行动，也就是每个人的特定偏好，这种偏好往往是一种直观。但是要以谁的偏好或直观作为标准呢？偏好或直观会随着一个人的性别、年龄、文化而有所不同，又要如何分辨偏好的对错？这就是价值客观论最大的问题。

收获与启发

1. 价值客观论的立场源远流长。从古希腊时代就已认定，一种行为或一样东西本身有价值，所以值得我们去追求它。中世纪有明确的规范，价值有稳定的基础。到了近代，随着西方宗教逐渐瓦解，价值上也出现各种挑战。

2. 当代价值客观论的代表是德国哲学家舍勒，他提出五项判准、四个层级来说明价值客观论，他的观点值得参考。

3. 舍勒的问题在于，他的观点都来自于先验的思考，一旦用经验加以检验，就会出现许多难题，不容易得到大家的认同。

课后思考

请你参考舍勒的五项价值判断标准，找一两个例子来说明这些判准的有效应用。

从价值观到伦理学

本节的主题是从价值观到伦理学，内容包括以下三点：

第一，价值观确实重要；

第二，要考虑到情境；

第三，价值的完形观点。

（一）价值观确实重要

讨论价值观的目的，是为了衔接上伦理学。伦理学主要探讨善恶问题。人的心智有三种基本能力：一是认知，针对的是真理；二是情感，针对的是审美；三是意愿（意志），针对的是善恶。

首先，认知所追求的真理可以说是客观的，至少以客观性为主，而不是爱怎么说就怎么说。其次，情感所针对的审美偏向于主观。最后，意志所针对的善行是主观的还是客观的？如果把善恶当作客观，就要指出有某些行为，所有人都认同它是善的或恶的；如果把它当作主观，个人认为善的就是善的，认为恶的就是恶的。可见，价值观的探讨非常重要。如果没有把价值观了解透彻，后面关于人生的各种问题就很容易混淆。

价值客观论或主观论都有问题。价值主观论者认为，因为人对一样东西有欲求，它才有价值，价值是由人决定的，尤其是个人。价值客观论者认为，因为一样东西本身有价值，所以人才会欲求它。

我们很容易就会发现，在比较低的价值层次上，主观成分确实居多。譬如个人喜欢吃什么、穿什么，主观成分居多。愈往高层次走，如在道德价值方面，客观成分就会增多。譬如，一个法官是否公正，不能仅凭个人主观判断，而必须有客观的标准。这说明人的生命有不同层次，有的层次的价值偏向主观，有的层次偏向客观。

（二）要考虑到情境

价值不能脱离情境（situation）而存在。情境就是某种情况或处境。在价值问题上，首先要克服主客对立。换言之，思考价值问题不能用简单的二分法，好像不是主观就是客观。个人兴趣、欲求或情绪，都属于主观的心理经验，是掌握一样东西价值的"必要"条件，而非充分条件。"必要"条件就是"非有它不可，有它还不够"。一样东西当然要有人去选择，它的价值才能呈现。但你有这样的主观心理经验，并不能排除还有客观的元素——必须先有一样东西存在。若客观上没有东西存在，只有主观上的欲求，是没意义的。所以，任何价值都同时有主客两面，它是主客之间的关系。

价值一方面存在于主客关系上，另一方面主体还要采取某种活动，才能与客体产生关系。这时就会出现某种情境。情境有主观因素、客观因素、社会因素与文化因素。

譬如，我对啤酒的评价有主观因素，我口渴时喝与喝饱水后喝不一样，生气时喝与高兴时喝又不一样。另外还有客观因素，啤酒本身有它的本质，它与水是不一样的。但这个本质是不变的吗？啤酒有各种品牌，每种品牌的口感都不一样。

更重要的是社会因素与文化因素。我与朋友喝或与陌生人喝，共饮或独饮，在国内或在国外喝，在大饭店或小酒店喝，评价都不一样。同时，个人的经验和鉴赏力、啤酒的品牌和口碑等，也会影响我对一杯啤酒价值的判断。

换句话说，我要把啤酒本身的物理、化学性质，转化为我在舌尖上愉快的经验，把客观转化为主观。关键在于：我是"转化"而不是"创造"，我把在客观上存在的东西转化成我选择的价值，而不是去创造价值。这样就排除了主观论与客观论各自坚持的立场。

主观论者有一点是对的：如果没有人做评价，则根本没有任何价值的问题。一个人的评价，会受到个人经验和当时状态的影响，这些确实是主观的。客观论者也有一定道理：如果没有客观的物体，就没有评价的问题。评价是人的意识的一种选择，一定具有意向性，因而必须先肯定物体的存在。你欣赏一种价值，怎能不考虑它的携带者呢？譬如，你看到一座雕塑很美，它的美离不开大理石的材质。你看到一座教堂很美，它的美离不开宗教的背景。你看到一套家具很美，它的美离不开它的实用性。

可见，一样东西的价值存在于主客之间的关系上。这种关系不是简单的、静态的，而是复杂的、动态的，因为构成这种关系的评价者（某个人）与被评价之物，两者不是单纯的、同质的，所以它们之间的关系自然是复杂的、动态的。因此，价值观有可能改变。

所谓"情境"，是指个人的、社会的、文化的、历史的因素与情况的综合体。价值只在某种特定情境中才能存在，并具有意义。

（三）价值的完形观点

价值不能离开经验，又不能化约为经验，因为价值具有完形（Gestalt）性质。"完形"原本是心理学术语，是指当你看到物体的某一部分，就能推断出整体是什么。价值具有完形性质，代表价值不是一种非此即彼、互相排斥的模式。它一方面有经验的、自然的性质，另一方面也有非经验的、可由直觉掌握的、非自然的性质，甚至有相反而成的性质。完形有以下四点性质。

1. 完形是殊多的统一，它具有各个组合的部分所找不到的性质。换句话说，全体大于各部分的总和。譬如，一个交响乐团显然比单独某位团员更具有感染力。

2. 完形是具体而真实的存在，它兼具形式与内容，而非纯粹抽象的形式。

3. 组成它的各个部分之间是整合的，也是相互依存的，有结构上的统一性。譬如，一盆插花就构成一个完形，各个花朵之间有相互依存的关系。同时，每一朵花也构成一个完形，它有结构上的统一性，所以才能说这朵花比那朵更美。

4. 组成它的各个部分不是同质的。譬如，把一块黄金切成两半，每一半仍然是黄金，代表构成它的每一部分是同质的。但人不能分成两半，因为组成他的各个部分不是同质的。

因此，价值具有完形的性质，它综合了主观、客观双方的特色，只有在具体的人类情境中才能存在，并具有意义。同时，价值与真实世界有双重关联：一方面，价值来自人生经验；另一方面，价值又不能化约为经验。换言之，价值与价值物体不能划等号。譬如，美是一种价值，而美的画是价值的物体。世界上有许多画，但不一定都美。价值与价值物体两者相合，才能构成美的画。

价值可能随情境而改变。譬如一幅世界名画，天下人都认为它很美，但你不一定要同意。价值的层级也不是垂直发展、固定不变的，舍勒说的生命感受价值一定比精神品味价值层次低吗？那要看在什么情境下、什么人做选择。所以，价值观具有开放及发展的可能。

1. 价值观非常重要，周遭所见的一切都可与价值观结合在一起。价值有高低不同的层次。价值观的重要性，特别表现在追求真、美、善的过程中。追求真的时候，以客观性为主；追求美的时候，偏重于主观性；追求善的时候，是主观与客观相结合。人生最关键的问题在于对善恶的判断，所以在介绍完价值观之后，要进一步探讨伦理学的问题。

2. 价值不是纯粹主观或纯粹客观的，而是一种主客之间互动的关系。这种互动不能脱离个人、社会、文化、历史的因素和背景。在具体的情境中，价值才能呈现。

3. 价值具有完形性质，它由经验而来，又不能完全化约为经验。每个人随自己生命的成长，对价值判断有开放和发展的可能。

课后思考

你能否找到一首你认为好听的歌曲，然后设法用完形的观念来说明它的价值？

补充说明

对于价值观，既然是人在选择，当然有主观的成分，但既然你选择的是某样东西、状态或境界，当然也有客观的成分，它不是你凭空幻想出来的。我们的问题是：你能否从一首歌曲里面找到一种完形价值？所谓完形价值，一定是把主观、客观配合起来，找到某种在它本身不太明确、但确实能被你掌握到的价值。

当你肯定某样东西有价值，一定要就人的身、心、灵三个层次来区分。譬如，健康、运动属于身的层次。求知学习、情感互动、行善以及各种艺术杰作属于心的层次。

"生命诚可贵，爱情价更高，若为自由故，两者皆可抛。"很多人觉得这句话很有启发性，因为这句话涉及到价值层级。若你认同价值层级，代表你不是完全的价值主观论者，一定有某些客观论的成分。因此，谈到价值观时，完形观念是非常重要的。

第 31 章

善恶问题难解

亚当·斯密《道德情操论》

本章的主题是：善恶问题难解。上一章讨论价值观的问题，本章要由价值观转向伦理学的题材，主要的问题是：善恶判断是怎么回事？伦理学对人生有何具体作用？本章先介绍几位非哲学家的观点，包括经济学家亚当·斯密（Adam Smith, 1723—1790）、心理学家弗洛伊德与斯金纳（Burrhus Frederic Skinner, 1904—1990），以及社会学家马克斯·韦伯（Max Weber, 1864—1920）等。

本节要介绍亚当·斯密的《道德情操论》一书，内容包括以下三个重点：

第一，亚当·斯密怎么看待同情？

第二，亚当·斯密所谓的"公正旁观者"是什么意思？

第三，亚当·斯密对于良心与德行有何看法？

（一）亚当·斯密怎么看待同情？

亚当·斯密是 18 世纪的英国学者，他与启蒙运动的代表人物都有过交往。他在 1776 年（美国独立那一年）发表《国富论》，该书是他在经济学方面的代表作。

亚当·斯密原来是探讨道德哲学的专家，《道德情操论》是他在这方面的杰作。事实上，书名译为"道德情操论"不是很恰当，因为"情操"在中文里表示高尚的情感，需要经过后天培养和努力修炼才能获得；亚当·斯密的"道德情操"是指人的一种与生俱有的天赋，所以译为"道德情愫论"可能更适合。

亚当·斯密的思想在 18 世纪颇有代表性。他首先谈到"同情"。每一个人都会关心别人，把别人的幸福看成是自己的事，这种本性就是同情。这是人类的原始情感通过设身处地的想象而形成的。我们想象别人的遭遇或情感状态，如喜怒哀乐，虽然会有程度上的差异，但性质上是相同的，所以我们会产生相似的感应。

亚当·斯密认为，引起同情主要有两种方式。

1. 来自于对别人情绪的观察。譬如，我看到别人号啕大哭，会觉得他很可怜。后来发现他因为考上了理想的学校，心情激动才号啕大哭的。原来是我会错意了。

2. 来自于对别人处境的观察。你观察到别人处于某种情况，而对方却不一定有这样的情感。譬如，妈妈听到婴儿的哭声，觉得他恐惧无助。事实上，婴儿只是肚子饿而已，并没有什么恐惧。

所以，基于对别人的情绪和处境的观察，人就会设身处地想象别人的情况，而由此产生同情。亚当·斯密认为，这种同情就是道德的起源在感情上的基础。因此，他的学说被称为"情感主义的伦理学"。

（二）亚当·斯密"公正旁观者"的观点

亚当·斯密接着提出"公正旁观者"的说法。他认为，人对感情与行为的评价有两种：一种是对他人，要做一个公正的旁观者；另一种是对自己，要有良心。

同情是人的天性，人与人之间自然会产生同情心，所以你要设法从"公正旁观者"的立场，去判断一个人的行为是否合适。行为是否合适，要由感情是否一致来决定。高兴的时候做高兴的事，悲伤的时候表现出悲伤，这叫做"一致"。

一般来说，我们对于悲伤与对于快乐的同情是不一样的。对悲伤的同情，我们比当事人要少一点；对快乐的同情，则比较容易接近当事人的情况。其次，在对于成就或处境的同情方面，我们发现，一个人若是富有就会夸耀，贫穷就会隐瞒。对于富者和名人的同情，往往表现为钦佩那些有钱、有名的人，但是比较少人钦佩有智慧、有德行的人。

亚当·斯密认为，一个行为由动机与感情所组成，再表现为外在的动作。可能每个人的外在动作都相似，但是后面的发展如何，则要靠机运。所以，要尽量对别人的言行采取公正旁观者的态度，采用与自己利害无关的客观规范作为判准，而不要滥用同情心或者过于随意。

（三）亚当·斯密对于良心与德行的看法

亚当·斯密的"良心说"是针对自己的。要努力从别人的眼光来看待自己的言行表现；换言之，还是要做一个公正的旁观者，把自己当作被审查、被评判的人，此时良心就变成最高的审判者。他认为，每个人心中都有一个半神半人的良心，也可称为理性或道义感。等于是我们心中有一个法官或仲裁者，可以评判我们的言行。但是，人有时因为自爱、自私或自欺，不再从公正旁观者的立场来看待自己，从而失去良心的作用。

有人会问：良心是先天的还是后天的？亚当·斯密是英国人，受到经验主义明显的影响，所以他不认为有任何先天的良心。他说："并不存在一种先于对行为之赞同或责备的不变准则。"换句话说，对行为肯定或否定的准则，建立于我们在各种场合赞成或反对什么的经验之上。亦即由各种经验的归纳，才得到目前所支持的普遍准则。要尊重这样的普遍准则，这就是人的责任感。也就是说，人有责任要尊重普遍的准则。

事实上，在人的社会里面，这种准则更注重的是避免受责备，要超过希望受赞赏。譬如，看到老人摔跤，你有两个选择：去扶他，会受到赞赏；不管他，也不会被责备。通常情况下，大家就不去管摔跤的老人了，因为心里都有一种避免受责备或少找麻烦的心态；很少有人为了受到赞赏而去扶他。所以，人类社会的存在需要依赖这两个原则——避免受责备与希望受赞赏，然后才能相安无事。

换言之，责任感是行为的唯一准则。这种准则是造物主的指令与戒律所安排的，此外还有最终赏罚。亚当·斯密没有特别说明造物主是什么，因为当时天主教、基督教依然盛行，无须多做解释。

进一步来说，从良心到德行当然需要某些修炼。亚当·斯密特别提到三方面。

1. 审慎。要小心谨慎，关心自己的安全，包括身体健康以及保持财富、地位与名声，同时还要发展自己的明智，指向更高尚的目标。

2. 与别人来往要有仁慈与正义。仁慈是由自己选择的，可以得到赞美。缺乏仁慈不会受到惩罚。相对的，正义则强调不许伤害别人，要由外在的约束来维系。你如果做正义的事，不会得到什么报答；但如果违反正义，就会受到处罚。可见，仁慈与正义是不同的：缺少仁慈不会受责罚，违反正义就会受到处分。

3. 要培养自制，约束自己。一个人如果不能自我约束，即便有审慎、仁慈与正义，还是不够理想。简单来说，没有自我约束的自制，就没有德行。同时，你在自制的时候，不能忽略公正的旁观者。你能否做到自制、言行是否合宜，要由别人的角度来评判。

亚当·斯密对于经济学有一定的贡献；在道德观念方面，他总结了当时强调情感的伦理学的观点。

收获与启发

1. 亚当·斯密认为，道德的基础在于同情。所谓同情，就是通过观察别人的情绪或处境，设身处地想象自己处在别人的情况，从而在内心里面引起一种情愫。

2. 我们与别人来往，要尽量把自己当作"公正的旁观者"。先不要考虑自己与别人有什么利害关系或交往经验，不要有个人的期望，这样才能做一个公正的旁观者。

3. 对待自己要采用良心原则。等于是把"公正的旁观者"搬回内心，做心中半神半人的裁判，来对自己进行判断，要求自己履行责任。亚当·斯密认为，责任感就是对普遍准则的尊重。但没有先天的普遍准则，所有准则都是我们从经验中学习、归纳出来的。人生要不断进行德行修养。首先，自爱会要求我们审慎。其次，与别人来往有两个原则：仁慈与正义。第三，由"公正旁观者"的角度评判自己：能否做到自制、言行是否合宜？这就是亚当·斯密对道德情感来源的看法。

从经验出发去探讨道德问题，始终有一个关键问题，不论说"公正旁观者"还是"良心"，最后都要问：从谁的角度来评判？世界上有那么多人，每个人的遭遇都不一样，如果由经验来归纳，最后的结果可能相当主观。你觉得亚当·斯密这套观点可以用来维持一个社会的道德水平吗？

弗洛伊德对于道德的看法

本节的主题是：弗洛伊德对于道德的看法。弗洛伊德主要是一位心理学家，但他不以此为满足，还要进一步解释人类社会其他层次的问题。

本节内容包括以下三点：

第一，弗洛伊德在心理学上有何主张？

第二，文明压抑了人性；

第三，良心是什么？

（一）弗洛伊德在心理学上的主张

弗洛伊德（Sigmund Freud, 1856—1939）是现代重要的心理学家，他早期是研究神经症（neurosis）的。这与一般所说的神经病不一样，它研究的是人在某些方面有什么样的反应。他的重要著作《梦的解析》，通过研究人类做梦的事实，找到人的"无意识"（the Unconscious）。

"无意识"有时也被译为"潜意识"。人的意识就像冰山在海面上可见的部分，约占六分之一的体积；潜意识就像在海面下看不见的部分，占六分之五的体积。既然是在意识底下，译为"潜意识"比较容易理解，译为"无意识"反而可能引起误会。譬如，一个人昏倒时就处于无意识状态，但那显然不是弗洛伊德的意思。弗洛伊德提出的心理分析理论，也被称为深度心理学。在他之前的心理学家往往只注意到人类的意识层次或外在的行为表现。

弗洛伊德是犹太人，非常关心人类的文化。他早期出版《梦的解析》，后来把他的观念推广到文化、历史等方面。他特别强调人类文明与人性本能的关系。弗洛伊德于1930年出版《文明及其缺憾》，书中的主要观点就是：文明意味着对人性的压抑。

（二）文明压抑了人性

文明是如何压抑人性？人活在世界上，目标是要追求幸福，但人生中难免遇到痛苦、失望等负面情况，感受到各种各样的压力。譬如，身体的压力是它会老、会病、会结束，自然界的压力是各种天灾的威胁。更复杂的是人际关系的压力，这正好是文明或社会进步所造成的。

弗洛伊德认为，化解痛苦有三种方法：转移注意力、寻找替代性满足以及麻醉自己。

1. "转移注意力"就是把本能加以升华。譬如，艺术家与科学家专心工作，就不太会注意到生活与身体上的烦恼。很多人喜欢玩游戏，因为游戏也能转移注意力。

2. 其次，"寻找替代性满足"就是去关心别人，在爱与被爱中得到满足。但是，爱上一个人也会有烦恼，在防备痛苦方面会比其他时候更加束手无策，你可能被所爱者操纵，在失去所爱者时会更痛苦、更孤独。

3. 最后就是"麻醉自己"，譬如培养审美情操，使人有一种微微喝醉的感觉。至于真正去酗酒或吸毒，就等而下之了。

弗洛伊德强调，文明标志着人类的进步，但同时也压抑了人性。

他早期研究神经症，认为它的来源就是文明给人的各种挫折。文明当然有其优点，弗洛伊德认为文明有四种作用，可以让人类超越动物生活的层次。

1. 实用性。文明让人使用工具、控制火、建造房屋，活得更安全。
2. 改善性。文明让人的生活条件不断改善，活得更清洁、更有秩序、更富于美感。
3. 思想性。文明让人能有各种精神活动，建构各种思想的学说、宗教的体系、人的理想等。
4. 社会性。任何的文明到最后一定会建构社会制度，产生各种行为规范。

前三种作用对人都有正面的价值，但最后归结到社会制度上，则会压抑人性的某些方面。换言之，为了使个人与群体彼此协调，个人要牺牲某些他认为的自由与正义，群体才会给你爱的力量，让你的本能得到发展，包括组织家庭以及安排人与人之间的相处方式。群体文明对个人的压抑，最主要体现在两个方面：性本能与侵略本能。

关于文明对性本能的压抑，弗洛伊德提到三点。

1. 一个人组成家庭之后，个人与他所属的更大群体会有冲突。他属于家庭，还是属于更大的社会？人很难容忍家庭成员参与更广阔的生活圈。
2. 妇女处在文明的对立面。男人投入更大群体的机率较高，所以妇女的地位就降低了，她们被男人疏远。这种情况在古代比较明显。
3. 文明服从效益原则，其中有各种禁忌、风俗、法律等，都会压抑人的性本能。

换句话说，文明虽然可以让众人好好相处、彼此相爱，但它会牺牲人的性本能。

另外，文明还会压抑人的侵略本能。弗洛伊德分析宗教里面的金律——爱人如己，要爱你的邻居如同爱你自己。事实上，邻居是陌生人，恰恰是由于你的邻居不值得爱，他甚至可能是你的敌人，所以你应该爱他，有如爱你自己。由于我对别人以及别人对我都有敌意，所以弗洛伊德归结出人的本能有一种"侵略性"。这个词有时也译为"进攻性"，就像英国经验主义学者霍布斯所说："人对人而言就像豺狼一样。"如果让人的感情自由发展，超过理性的利益的话，文明就有崩溃的危险。所以，人的侵略本能是文明最大的障碍，文明必须压抑这样的本能。

（三）良心是什么？

弗洛伊德把人的自我分成"本我、自我、超我"三个部分。

1. "本我"其实就是天生的本能，只要活着，就有一种基本的驱动力，要求欲望立刻得到满足。
2. "自我"是"本我"与外在世界的媒介，可以让我与别人好好相处。
3. "超我"是我从小学到的社会规范，良心是"超我"的一种功能。

文明使人的侵略性转向内部，以良心的形式出现。良心的作用在于监视个人的侵略欲望。一个人只要想做坏事，就会产生内疚感，让人产生对惩罚的要求，并且自己惩罚自己。事实上，对自己内心的压抑力量是人格的一部分，弗洛伊德称之为"超我"。所谓"内疚"，就是严厉的"超我"与受制于超我的"自我"之间的紧张关系。

人在做坏事时会感到内疚，并不代表人天生就有判断是非的能力。事实上，做坏事对我未必不利，有时我还喜欢做坏事。那我为什么还会内疚？弗洛伊德认为那是后天的影响，是因为我害怕失去爱。譬如，我做坏事时，父母教训我"再不听话就不理你了"，我害怕失去爱，所以只好听话。弗洛伊德重新定义什么是坏事："坏事"就是足以威胁一个人失去爱的东西。做坏事自然会产生焦虑，小孩子怕失去父母的爱，成年人怕失去更大群体的肯定。

最初，人只怕做坏事被发现，只要不被发现就继续做。后来，外在权威内化为超我，使得"做坏事"与"想做坏事"这两者没有区别。人瞒不过自己严厉的超我，邪恶的自我受到焦虑感的折磨，并且设法寻找机会，要通过外在世界来惩罚自己。所以，如果一个人的良心很敏感，就会给自己带来各种困扰。

弗洛伊德除了说过"做坏事与想做坏事没有区别"，他还说过另外一句话："许多人因为罪恶感而犯罪。"这句话值得思考。人本来在犯罪之后才会有罪恶感，但许多人还没有做坏事就有了罪恶感，最后干脆去做坏事，这就是因为罪恶感而犯罪。

弗洛伊德认为，做好人很辛苦，一个人愈正直，对自己的行为就愈严厉，也愈不信任。最后恰恰是这些最圣洁的人，指责自己罪恶深重。如果要追究内疚感的先天因素的话，弗洛伊德将其归结为"俄狄浦斯情结"（Oedipus complex），即男孩从小就有恋母仇父的情结，对父亲既爱又恨。

弗洛伊德指出，文明与内疚感紧紧联系在一起，强化了内疚感。文明不仅是个人自我的超我，也是人类集体的文化超我。如果要谈伦理学，在每一个文明中都很容易认识到人类最痛苦的处境，因此应该尝试着做出治疗。弗洛伊德反对文化超我的伦理要求，他要降低文明给人的压力。他的结论是：文明对人是无用的。

弗洛伊德的分析相当深刻，他把一个人行善避恶说成是某种压抑造成的，是文明为了稳定和谐而压抑了个人。他认为，解决这个问题最根本的办法就是取消对文明不必要的恐惧，这只有通过他的心理治疗才能实现。

1. 弗洛伊德是一位心理学家，他通过梦的解析，发现人类的潜意识，认为人类表现出来的一切都受潜意识的状况所决定。他发现人生是艰难的，人都会设法转移注意力、寻找替代性满足或麻醉自己，但效果有限。文明标志着人类的进步，但是难免会压抑人性。
2. 文明所压抑的是人的性本能与侵略本能。
3. 弗洛伊德的"本我、自我、超我"三分说广为流传。他认为，文明压抑了我们的侵略性，使它转向我们内部，造成内部的监视者。超我就表现在良心上。

课后思考

伦理学讨论道德问题，不能错过对善恶判断的理解，但是有的学者把这个问题解释不见了，而不是解释清楚了。请问，弗洛伊德把善恶判断解释为文明对人性的压抑，他的做法是把善恶解释不见了，还是解释清楚了？

31-3

斯金纳的行为主义心理学

本节的主题是斯金纳的行为主义心理学。在心理学家中，我们以弗洛伊德与斯金纳为代表，因为他们不但研究心理学，还把研究成果普遍应用到人类社会。他们探讨人的道德问题，涉及人的良心、自由与尊严等方面。斯金纳（Burrhus Frederic Skinner, 1904—1990）在哈佛大学担任 26 年的心理学教授，他代表的是行为主义心理学，或称作行为科学心理学。本节要介绍以下三点：

第一，行为主义心理学在说什么？

第二，环境决定一切吗？

第三，人是什么？

（一）行为主义心理学在说什么？

斯金纳是行为主义心理学家，简称为行为主义者。行为主义强调，不要再研究那看不见的心灵、意识或灵魂，而要研究能够看到的人的外在行为。这个学派在他之前有两位重要人物。

一位是俄国心理学家巴甫洛夫（Ivan Petrovich Pavlov, 1849—1936），他对狗做了一个著名的实验。他每次喂狗之前先摇铃，狗听到铃声就知道马上会有食物，便开始分泌唾液。这个实验有三个要素：

一是摇铃，二是喂食，三是狗分泌唾液。重复几次之后，只摇铃但不喂食，狗照样分泌唾液，代表它的行为反应是制约反射的结果。所谓"制约反射"，就是在某种情况或条件下，一个生物会有某些特定反应。通常把这些情况或条件当作"制约"来理解。

该学派的另一位重要人物是华生（John Broadus Watson, 1878—1958）。他认为，在决定行为方面，环境比遗传更重要。遗传的只是简单的生理反射动作，其他的都来自于环境与学习。换句话说，人除了有生理反射的本能，还有学习的能力。

华生这段话很具代表性："给我 12 名健康婴儿，给我一个专门培养他们的环境，我保证任意选出一个婴儿，不管这个婴儿的品行、能力、爱好如何，也不管他的祖先是什么种族，我都能把他培训成任何领域的专家，如医生、律师、艺术家等，或某种特定的人，如企业家，甚至乞丐或小偷。"可见，行为学派要降低遗传的影响，完全通过后天环境与学习来改造一个人；要通过制约反射作用让人学习，因为人的行为就是他对所处环境之制约反射作用的结果。

斯金纳进一步认为，科学的目的不仅是预测世界，还要控制世界，所以不用谈抽象的东西。信上帝没有科学基础，宗教只是操纵人类行为的社会机构之一。所谓人性，那是无法观察的部分，没有什么解释的效力，所以不用谈自我或灵魂的问题。遗传基因的成分在实验分析中也没有太大价值。这是斯金纳的出发点。

他认为，一个生物的生理状态，只是在环境对它的行为发生影响的时候，起了媒介作用。换句话说，心理学要研究的是联系环境与行为的规律。他肯定人的行为是由某些科学规律所支配，亦即人的行为是被决定的。这些科学规律说明了环境因素与人类行为之间的因果关系。"因"就是外在环境因素的条件，也就是制约的情况；"果"就是人类的行为。

（二）环境决定一切

斯金纳认为，所有行为都是环境作用的结果。这种说法受到了挑战。有实验指出，一对双胞胎分开养育后，两人能力水平的相似度极高，远超过任意两个孩子之间的相似度。这证明遗传也有作用。

在巴甫洛夫的实验中，有铃声刺激，有食物做诱因或强化物，狗就会有分泌唾液的反射动作。斯金纳做了进一步实验，强调制约不见得这么呆板。他说："动物在未受刺激的情况下也能自发地做出行动。"譬如老鼠按压杠杆可以得到喂食，鸽子把头伸到某种高度也可以得到喂食。所以，只要安排某种环境，随着动物的某种行为给它某种强化物（如食物），这个行为的频率就会加快。

斯金纳由此推论，人的一般行为也是如此，可以把这个结论应用在人与机构的关系上。所谓"机构"，包括政府、宗教团体、心理治疗及教育等领域。换言之，如果一个孩子有好的表现就给他鼓励，他的表现会愈来愈好。问题是，人的世界恐怕没那么单纯。

斯金纳把该理论运用在人类行为的许多重要领域，包括语言学习方面。他说："所有的人类语言，都是由于说话者的环境对他产生制约作用的结果。"譬如，婴儿听了许多英文之后，可以准确说出一句英文，他得到强化物的支持，很快就能学会英文。事实上，学习语言没这么单纯。难道婴儿学习语言也需要喂食吗？

知名语言学家乔姆斯基（Chomsky, 1928—至今）说："斯金纳忽略了一点：当我们学会使用母语之后，还会继续主动学习。"事实上，在学习母语的过程中，开始可能会有一些制约反射的情况，孩子由于得到某些鼓励，会更乐于学习。但掌握基本能力之后，就算没有明显的鼓励，孩子也会继续扩展他的语言表达能力。

乔姆斯基认为，人类语言的创造性以及语言结构的特点，使语言与已知的任何一种动物行为都有本质上的差异。譬如，了解某些字词和语法之后，就可以说出并理解从未听过的句子；或在听到别人说出特殊句子时（如朗诵诗词），也能有一定程度的理解。换言之，掌握字词和语法之后，可以进而了解各种创新的用法。

所以，行为主义心理学家积极从事动物实验，尤其是白老鼠与鸽子实验，然后把结论应用到人身上，却忽略人与动物有本质上的差别。不可能用动物实验的结论来分析人类的语言，因为没有任何动物可以学会类似人类语言的东西。人类本身有一种天生的、根据某些规则加工语言的能力。人类行为的许多重要方面都不是从环境中学会的，人具有某些与生俱来的、由遗传得到的能力。

斯金纳后期的代表作《在自由与尊严之外》，有时也译为《超越自由与尊严》。但是"超越"两个字容易引起误会，不如译为《在自由与尊严之外》，因为该书主旨是要否定人类有自由与尊严。

斯金纳在这本书的结论中说："人类为自由而奋斗，不是因为人有自由意志，而是因为人这种有机体的行为，本来就有一种躲避或逃脱环境中不利因素的倾向。"换句话说，为自由而奋斗，不是因为有自由意志可以追求理想，只是因为要摆脱环境中的不利因素而已。人的自由在于不被别人的蓄意安排所控制。今天这个时代，这种控制已经少之又少，因而现代人没有太多自由的空间。换言之，斯金纳排除了过去心理学家所肯定的人的"自我"，"自我"就包含了"自主"的观念。斯金纳认为，人完全受环境所控制。

（三）人是什么？

斯金纳这本书最后归结为一句话：人是环境的产物。人的心理状态、知觉作用、认知能力、思维方式以及哲学见解，都由环境复杂的相关性所决定。换言之，人的行为完全取决于他的环境条件。

斯金纳又说："人并不是因为具有某种特殊性质或德行才成为道德的动物；相反的，是因为人创造了一种促使他以道德方式来行动的社会环境。"换句话说，社会环境决定了我们要以某种道德的方式来行动。若果真如此，则根本谈不上人的自由。如果没有自由，哪里有尊严可言？

斯金纳举了一个例子，有一定道理。他说："一个人受到的肯定与他行为的明显程度成反比。"你做一件好事，如果有明显的原因，就不会受到太多肯定。譬如，与帮助一个朋友相比，你帮助一个陌生人会受到更多的肯定。没有明显原因的善行最能得到称赞，像不求回报的爱情，不迎合时尚的作品。一旦把原因搞清楚，就毫无尊严可言。每个人都是在制约的情况下做某些事，如此一来，也谈不上高尚的道德情操了。

1. 在心理学方面，行为科学心理学派的影响很大。该学派又被称作行为主义，代表人物是斯金纳。在他之前的学者通过研究动物的行为，发现动物经由刺激会有反射动作。斯金纳把动物实验的结论用于理解人生的问题。

2. 斯金纳用"环境决定一切"来解释人的行为与社会现象，又进一步用小孩学习语言的过程来说明人类确实如此。他的说法有不少漏洞，受到很多专家的批评。

3. 斯金纳认为，人根本没有真正的自由，所以也没有什么尊严的问题。按照他的说法，我们就没有办法再谈道德了。因为道德不能脱离人的良心、自由选择以及随后的责任，人在这个过程里才能确立自己的尊严。所以，斯金纳的说法是心理学家对于道德问题最负面的一种批判。

课后思考

人的行为有原因，不代表他被原因控制，不代表他不是自由的。这种想法能否缓和斯金纳的学说，使它不要走上太极端的路线？

伦理学对人生的具体作用

本节的主题是伦理学对人生的具体作用，要介绍德国社会学家马克斯·韦伯（Max Weber, 1864—1920）的一本重要著作——《新教伦理与资本主义精神》（*The Protestant Ethic and the Spirit of Capitalism*），看看他如何把现代资本主义与传统宗教伦理结合起来。

本节要介绍以下三点：

第一，什么是新教伦理？

第二，新教伦理有什么内容？

第三，它如何造就了资本主义精神？

（一）新教伦理

"新教伦理"（The Protestant Ethic）有时候会被译为"基督教伦理"。前文介绍过，基督宗教分为一教三系：最早出现的是天主教，后来分裂出东正教，到 16 世纪马丁·路德宗教改革之后，出现"新教"。Protestant 从字面上来看，指的是反对派，他们所反对的就是天主教。韦伯在此说新教伦理，是要强调不是指传统天主教的伦理观。

马克斯·韦伯这本书于 1905 年出版。在此之前，很少有人在乎新教伦理或宗教的伦理观了，这一类题材几乎被打入冷宫。韦伯这本书针对时代问题做出深入考察，引起广泛的注意，使"新教伦理"一词重新受到大家的重视。

韦伯首先考察历史。他从后果进行反省，分别从新教与天主教对资本主义社会的关系，来说明这两种伦理观的差异。他指出两点事实：

1. 加尔文在日内瓦的专制统治，居然还能造成经济发达。这是他探讨的重点。

2. 新教徒大多数成为工商领袖、企业家、高技术工人、管理人员等。天主教徒大部分学习文科，接受人文教育，比较少接触到新时代在经济方面的发展，比较忽视"经济理性主义"。资本主义就是一种经济理性主义，用理性来思考经济的合理发展。

（二）新教伦理的具体内容

根据韦伯的研究，新教伦理主要有三点内容：第一是天职观，第二是预定论，第三是入世禁欲主义。

1. 天职观

所谓"天职观"，就是肯定一个人的职业是上天给他的任务。因此要把完成世俗工作的义务，当作他道德行为能力所能达到的最高形式。因此，不要把道德与现实工作分开。上帝给人的唯一生活方式是让他活在这个世界上，而不是让他去参与苦修的禁欲生活。事实上，世俗的道德没有什么不好。加尔文所强调的天职，就是要完成自己在世俗生活中应尽的责任与义务。

马丁·路德是宗教改革最重要的代表，他强调"因信称义"——只要相信，就可以得救。这与天主教的观念已经不同了。如果只要相信就能得救的话，那么你可以继续从事世俗活动，做一个好公民，尽一个好人的责任。

加尔文进一步指出，世界的存在是为了荣耀上帝，基督徒必须全心服从上帝的诫命才能荣耀他。所以要投入世界，使世界变得愈来愈美好，在事业上取得成功，这就是荣耀上帝的最好方法。因此，基督徒在现实世界上要努力奋斗、争取成就，以此作为自己的使命，这就是天职观。

2. 预定论

预定论是加尔文教派比较特别的主张。预定论强调，一个人的命运在他出生之前已经由上帝决定了，无论他这一生怎么修行都无济于事；但是他可以从上帝的召唤中感觉到一些信息，可以按照自己在这个世界上的表现，去揣摩自己是不是上帝的选民。这纯属于宗教性的观点。既然上帝预定了我的命运，我又何必那么辛苦呢？但是问题在于，我永远不会知道上帝所预定的内容，不知道自己是否被选中了。

加尔文强调："上帝不是为人类而存在的，人类的存在完全是为了荣耀上帝。"因此，不管命运如何，都不用抱怨。如果作为人而抱怨自己的命运，就好像动物抱怨自己没有生而为人一样。

加尔文这种说法显然违反人情与人性。但愈是违反人性的，愈是荒谬的，反而会使信徒觉得它更有深刻的含义。因此，信徒在面对上帝时有一种特殊的孤独感，他被迫孤独地沿着自己的道路，去面对那永恒的、早已为他决定的命运。谁也帮不了他，教会机构、宗教仪式、神职人员都帮不上忙，由此反而强化了信徒的主体自觉与自律，每个人都要为自己负责。一个真正的信徒，必须把自己看成上帝的选民，不要有疑虑，要全力以赴，在世俗生活里得到充分的自信。

3. 入世禁欲主义

所谓禁欲，当然是要禁止自己欲望的发展。而所谓"入世"，代表它不是"出世"的。天主教提到"禁欲"会强调"出世"，要从这个世界隐退，拒绝这个世界的各种享乐，也不再承担对世界的责任。古希腊时代发展出来的犬儒学派与斯多亚学派，都有类似的观点，讲禁欲都偏向于出世。

加尔文教派最大的贡献就是提出入世禁欲主义，也就是在现世之中把行为合理化，肯定这种禁欲是合理的，也是为了来世的考虑。这种禁欲主义使基督徒的职业观得到明确的指示：要在世俗生活中通过禁欲活动来建功立业，以此作为宗教生活的完美典型；同时，也不要以为财富是万恶之源，而要以财富作为荣耀上帝的手段，赚了钱之后仍要节制欲望。

上述三种新教伦理产生了什么效果？它们让一个人有合乎经济要求的理性主义，由此确立资本主义的精神。

（三）新教伦理如何造就了资本主义精神？

韦伯说，所谓的"资本主义精神"，简单来说就是美国开国元勋富兰克林（B. Franklin, 1706—1790）所说的"时间就是金钱，信用就是金钱，金钱可以产生金钱"。由此会进一步遵守工作纪律，倡导勤劳节俭，强调严谨生活，反对奢侈怠惰，肯定现世的正当经济活动有它的价值。这样才能用前所未有的道德使命感，兢兢业业地从事世俗的经济活动，履行自己的天职，以世间的成功，来证明对上帝的信仰，以此荣耀上帝。这就是由新教伦理造就的资本主义精神。

资本主义是怎样形成的？如果它的背后没有一套伦理学或某些基本的伦理观念，就不可能让一个地区的人全面表现出这种经济理性主义，从而使资本主义得到顺利发展。

1. 对于今天世界上最流行、最普遍的经济活动模式——资本主义,我们要问:它背后有没有伦理观作为基础?韦伯1905年出版的《新教伦理与资本主义精神》深入分析了这个问题。

2. 韦伯认为,新教伦理有三点主要内容:天职观、预定论与入世禁欲主义。这三点合起来可以让一个人充分发挥能力,又不至于耽溺于世俗的享受。

3. 基督徒赚了钱之后要努力改善社会,使各方面不断进步,由此造成资本主义社会的成功。

课后思考

韦伯的观点告诉我们,一个成功的企业家需要有某种天命观,对自己有某种使命感;同时还要有约束自己欲望的能力。至于他是否被预定得救,则属于宗教信仰的问题,暂且不论。你能否举例说明,哪些企业家由于意识到自己的天职,同时采取了某种程度的禁欲主义,从而获得了成功?

对马克斯·韦伯观念的进一步探讨

本节要进一步探讨马克斯·韦伯的观念，包括以下三点：

第一，资本主义精神有何具体内容？

第二，别的文明没有新教伦理，就不能发展出资本主义吗？

第三，对韦伯的观念做一个简单的评论。

（一）资本主义精神的具体内容

韦伯的年代是 1864 年至 1920 年，在他所处时代的前后，已经有一些学者开始探讨与资本主义社会相关的问题了。譬如，德国学者桑巴特（Werner Sombart, 1863—1941）先对资本主义做了一个表面的描述：社会上的市民阶级都信守契约，勤劳节俭，为了谋利发财而脚踏实地地工作。他进一步认为，资本主义精神显示出以下三点特色。

1. 肯定诚实的价值。诚实之所以有用，是因为它可以保证信用，能够让一个人守时、勤劳、节俭。换句话说，诚实可以成就一个人的德行。诚实也代表要认真负责、言行一致，至少在外表上要做到一个人该做的事。久而久之，他会觉得自己确实在遵守某些规范。

2. 资本主义的本质是让一个人追求金钱，但把赚钱与人的天职联系起来则是资本主义的特色。事实上，赚钱的欲望古已有之，但是资本主义精神把合理谋利与尊重伦理的生活态度结合了起来。一方面，我要合理合法地赚钱；另一方面，我的这种伦理观是合乎道德价值的。

3. 资本主义精神是理性主义整体发展的一部分。资本主义是一种经济理性主义，它强调以合乎道德的手段经商谋利，以合乎理性的方式组织劳动，把勤劳节俭当作天赋使命。所以，它本质上是一种理性精神加上伦理的原则，使一个人能够节制、讲信用，又精明能干。

资本主义有什么后果？在韦伯看来，资本主义会使一个人做到诚实的谦逊，而不是虚伪的谦逊。所谓"诚实的谦逊"，就是一个人的财富仅仅为他带来做好本职工作的极不合理的感觉。换句话说，一方面我觉得这些工作是我该做的，另一方面我居然发现自己赚了钱。这在基督徒看来是极不合理的，因为很多人像我一样努力工作，却不一定赚到钱。这是一种诚实的谦逊，知道这一切都是神赐予的，而不是我该得的，所以不敢放纵欲望去挥霍享受。这就形成了资本主义的精神。

（二）其他文明不能发展出资本主义吗？

韦伯通过认真考察，发现只有新教伦理才可能发展出资本主义。他分析过儒家、印度教、佛教、伊斯兰教、犹太教以及天主教，这些宗教或哲学都有密契主义与禁欲主义，但它们的禁欲主义是出世的。你要节制欲望，就要与人群隔绝，不再承担现实世界的工作或责任，好像闭关修行一样。

所以，其他宗教或哲学都缺乏新教的天职观与入世禁欲主义。新教的这两种伦理之间有一种紧张关系，它使信徒可以按照上帝的指令，理性地支配及改造世界，不排斥现存秩序，努力尽自己的责任，使世界变得更好，更适合人群居住。

韦伯特别提到，中国因为缺乏新教伦理，所以没有出现像西方那样的资本主义。韦伯认为，儒家有以下五点特色。

1. 儒家信仰非人格化的宇宙秩序——天。

2. 儒家强调人与人的和谐，表现一种和平主义。

3. 在人与自然界、人与神之间，缺乏应有的紧张与对立。新教有一种"紧张与对立"，如果没有好好做，或者没有做到某种程度，就不能得救。中国人讲究和谐，缺乏这种紧张关系，因而不会全力投入工作。

4. 儒家没有新教的原罪意识，因而没有救赎灵魂的需要，更不会把世俗的成功当作上帝给人的天职。

5. 儒家主张修养自己、陶冶人格，而不是要克服内在的罪恶。它要求人与永恒的宇宙法则以及社会法则做理性的协调，接受现实世界的情况，而不必操心去改变它。换句话说，韦伯认为，儒家是以理性的态度去适应这个世界，而不是像新教那样让信徒去改善这个世界。

这种说法后来受到挑战，因为从 1970 年代以后，东亚地区也出现了现代化。日本学者福山（Francis Fukuyama, 1952—至今）特别指出：如果按照韦伯的思维模式，任何现代化或资本主义社会的成功背后都有某种伦理，那么东亚现代化背后的伦理基础就是儒家，因为儒家是东亚国家共同的文化背景。

但问题是：西方的基督宗教存在两千多年，到 16 世纪宗教改革之后，出现了一种新的诠释，才使新教伦理影响许多人的工作态度，最后造就了资本主义精神；而儒家并没有出现像宗教改革那么大的变动，它是比天主教还要长久的传统，为什么也可以拿来作为现代化的基础？是否所有资本主义社会的发展都要有某种类似新教的伦理？这是一个很大的问题。

所谓资本主义化或现代化，是这个世界上一直在进展的现象。儒家能否作为东亚现代化背后的伦理基础？要考虑两个方面：一个是必要条件，一个是充分条件。

首先要像西方社会那样，整个社会的教育水平发展到一定程度，工业化、技术化进展到某个阶段，这是必要条件。没有这些必要条件，就不可能出现资本主义社会。

所谓充分条件，就是当一个社会进步到某个阶段，具有该条件就能发生进一步蜕变，展现出资本主义精神。韦伯认为儒家不具备这样的条件；但从东亚现代化的进程来看，不用儒家伦理学很难解释得通。

韦伯认为，新教伦理有三点特色：天职观、预定论与入世禁欲主义。这三点至少有两点与儒家有关。

1. 基督教有天职观

一个人知道自己有上天赋予的任务。如果认真研究儒家，就会发现孔子有天命观，他说自己"五十而知天命"。他的天命观让他先是投入鲁国的政治活动，后来又周游列国。孔子要在现实世界中尽好自己的责任，设法完成上天所赋予的使命。事实上，孔子的天命观较少受到学者的探讨。

2. 入世禁欲主义

孔子强调对言行方面的约束，所以儒家不可能主张去享受现实世界的富贵荣华。由此可见，儒家具备与新教类似的态度，让一个人努力取得现实世界的成就，又不要耽溺在世俗享受中。

按照韦伯的思考模式，我们可以说儒家是造就东亚现代化的伦理基础，否则找不到其他理由。将儒家与新教伦理进行对照，我们发现儒家也有它的天职观和入世禁欲主义，但是谈不上预定论。

（三）对韦伯观念的简单评论

如今，所谓"现代化"几乎就等于西方化，资本主义全面的发展使得西方非常强势。资本主义社会所取得的正面成果固然很多，但对整个人类社会来说，也有许多明显的后遗症。同时，西方很多大企业家取得很大的成就，但他是否还奉行韦伯所说的新教伦理？这些企业家赚了钱之后，也许将来会把钱捐给社会，但是他们现在所过的生活恐怕谈不上什么禁欲主义。

收获与启发

1. 资本主义主导当今世界的经济活动，它的背后有新教伦理作为支撑，这一点在西方是一个客观事实。但是这种资本主义能否推广到非西方社会？这是我们要思考的问题。

2. 韦伯把资本主义精神与新教伦理建立关联之后，进一步研究其他文明、宗教与社会，发现它们都无法孕育出资本主义精神。资本主义出现在欧洲与北美是一个客观事实，所以韦伯的论点在某种程度上是可以成立的。不过，他认为儒家的伦理不可能导致理性的资本主义；事实上，亚洲的全面现代化也是一个客观事实。所以有学者认为，儒家也有天职观与入世禁欲主义，同样可以造成资本主义社会。

3. 资本主义社会并非完美的社会，也不是一种完善的理想，它出现很多严重的后遗症，并且仍不断发生。

韦伯认为，新教伦理有三项重要内容：天职观、预定论与入世禁欲主义。你觉得这三项中的哪一项值得你个人参考？

(补充说明)

许多人认为天职观与入世禁欲主义比较容易实践，很少有人提到预定论。也有人认为预定论就是上帝赋予我某种使命，或者认为预定论是一种悲观的论调，如果结果都预定了，为什么还要那么辛苦？这些都是明显的误解。

韦伯所谓的新教伦理，最关键的恰恰就是预定论。预定论与天职观是不同的。预定论是说，我不知道上帝对我最后的安排或底牌是什么，我这一生只能像过了河的卒子一样全力以赴。这里面存在一种很明显的紧张状态，这是促使一个人奋斗一生最主要的理由。这里并不存在什么悲观、乐观的问题。要想了解西方人的思维模式，预定论是关键所在。

这其中，"诚实的谦逊"是一个重点。一个人若想在事业上成功，一定要有"诚实的谦逊"，要知道很多人像我一样努力，甚至比我更努力，但没有成功。我今天可以成功，代表天时、地利、人和配合得很好，所以我要真诚的、由内而发的谦虚，不能认为自己有什么了不起。

至于佛教的影响，佛教或禅宗对某些企业家的影响往往偏重于个人修养的情调或审美的趣味。譬如学习禅宗后，练习静坐，穿黑色衣服，内心充实而自信，等等。

谈到儒家，有些人会想到"修身、齐家、治国、平天下"，要按照个人的角色进行努力。事实上，儒家讲"天命"只有一个答案，就是每个人都应该成为君子。但君子的问题相当复杂，背后有人性论作为它的基础。

第 32 章

从效益论到义务论

西方伦理学简介

本章的主题是：从效益论到义务论。本节的主题是：西方伦理学简介。前文已经介绍过，价值介于主观、客观之间，有一定的情境与完形作用。价值观里最重要的部分，就是人的意志在做选择时所涉及的善恶问题，亦即伦理学的观念。西方哲学从诞生以来，一直关心这个问题。

本节要介绍以下三点：

第一，伦理学是什么？

第二，西方有哪三派重要的伦理学？

第三，如何做道德判断？

（一）伦理学是什么？

伦理学是大学哲学系的一门必修课，英文叫做 Ethics，来自于 ethos（习俗）。从古至今，任何一个族群都有自己的"习俗"，即风俗与禁忌，规范大家应该做什么、不应该做什么。"伦理学"设定人与人之间的规范，重视群体中稳定的秩序。

伦理学又称为道德哲学，即从哲学的角度对道德加以反省。道德涉及个人的自由选择，有其内在的基础。伦理与道德这两个词，在中文里可以交换使用。一般讲"伦理"会侧重外在秩序,讲"道德"会强调内在基础,但两者都指涉人在行动时必须遵守的规范。

伦理学主要讨论两个问题:第一,如何界定善恶?第二,为何要行善避恶?由此可见,伦理学与人直接相关。

(二)西方三派重要的伦理学

西方有三派重要的伦理学,包括效益论、义务论与德行论。由于西方哲学当中有很多"主义",容易造成混淆,所以本书将这三派伦理学统一译为"某某论"。

1. 效益论(Utilitarianism)

"效益论"通常被译为"功利主义",但中文里的"功利"含有贬义,有急功近利的意思。譬如,应该排队上车,这与"功利"完全无关,译为"效益"比较符合原意。"效"是"效果","益"是"利益"。效益论认为,善在于效益,要考虑行为的结果。"谋求最大多数人的最大幸福"是效益论的主要标签。一般说来,英语系国家从英国经验主义之后,都比较推崇效益论。效益论在建构社会秩序与制定政治措施方面有明显的作用,其具体内容值得我们参考。

2. 义务论(Deontology)

义务论在康德的主张中表达得最清楚。事实上,在康德之前的西方宗教,谈到道德几乎都是义务论:人要遵守上帝的诫命,所有的道德规范都是义务,没有什么好商量的。康德在探讨"我应该做什么"这个问题时,清楚地采取义务论的立场:判断一个行为是不是善的,不看该行为的结果或效益;而只看一个人的动机,也就是"善的意志",简称"善意"。只要你有善意去做一件事,这件事就有道德价值。结果好坏往往难以预料,有可能好心办坏事,所以有好心才是关键。

3. 德行论（Virtue Theory）

古希腊时代的亚里士多德强调德行论。德行论认为，善既不是效益论所说的行为结果，也不是义务论所说的行为动机；善在于人生的修养过程。换句话说，不要问"善在什么地方"，而要问自己：我应该成为什么样的人？我如果成为善人，我的行为自然都是善的；我如果没有任何修养，那么我做善事恐怕只是碰巧而已。

这三派伦理学有各自明确的立场，你接受哪一派，就会有后续的行为表现。

一般而言，效益论在政治领域比较受重视，广泛用于公共政策的制定，因为它考虑的是大多数人的现实需求。义务论比较适合个人的行动，它强调行为要出于对义务的尊重，有良善的动机。德行论在教育领域有较大影响，它注意到整个生命的过程，强调要养成遵守规则的习惯，让自己成为一个善良的人。所以，这三派伦理学各有所长，在理论与实践上有各自的价值。

（三）如何做道德判断？

道德判断首先要肯定人有自由。人有自由，才有所谓"该做"与"不该做"的问题，以及随之而来的责任问题。为什么人要做道德判断？因为人的理性有限，同情心也有限。

首先，理性的作用是有限的。有许多事应该做，但是你不见得知道；即便你知道，还是倾向于满足眼前的、强烈的需求，无法做长远的考虑。其次，同情心也是有限的。你满足自己的需求之后，还能关心多少人？顶多是周围的一些亲友而已。所以，在理性有限、同情心有限的情况下，道德判断是必要的。

另外，人还有一种自然的倾向，可能去伤害别人或幸灾乐祸，也就是霍布斯所说的"人对人而言就像豺狼一样"。如此一来，道德判断就更有必要了。

在做道德判断时候，首先要记得各派伦理学都强调四个"不可"。

1. 不可有偏见。不能根据一个人天生的因素来下判断，比如根据一个人的性别或种族，就认为他在道德上比较低劣。有些社会对于女性、黑人、犹太人往往会有偏见。

2. 不可有感情反应。在做道德判断时，个人要克制自己的喜怒哀乐等感情反应。

3. 不可完全考虑实用观点，以此评判道德的高下。比如，因为同性恋无法生育下一代，就判断这种关系有道德问题。

4. 不可按一个宗教信仰的权威来下判断。很多人在信仰宗教之后，就有了特定的成见，会以宗教的教义或教会的观点来判断其他人的行为表现。

这四个"不可"名正言顺，大家应该都可以接受。

收获与启发

1. 伦理学属于哲学里一门应用的学问。西方哲学首先用逻辑与认识论探求世界的真相；接着进入形而上学的层次，包括宇宙论、人性论以及对本体的探讨；然后落实在应用的范畴，包括伦理学、美学以及其他应用哲学。伦理学主要探讨人的自由行动，要了解如何界定善恶以及人为何要行善避恶。

2. 西方伦理学有三个主要派别，就是效益论、义务论与德行论。

3. 为什么要做道德判断？因为人的理性有限，同情心也有限，并且人心还有某些不良倾向。在做道德判断时，要记得四个"不可"。

我们对西方伦理学有基本的认识，知道道德判断有四个"不可"。请你思考一下，需要减少或增加什么？

效益论的基本原则

本节的主题是：效益论的基本原则，要介绍西方效益论的创始人——英国学者边沁（Jeremy Bentham, 1748—1832）的思想。

本节内容包括以下三点：

第一，什么是效益原则？

第二，如何计算苦乐？

第三，道德在于效益。

（一）效益原则

效益论是由边沁首先提出的。边沁是英国学者，他先是受到休谟的启发，发现效益的观念，就是做任何事都要看它最后的结果和利益，简称"效益"。后来他又学到另一位学者所说的"最大多数人的最大幸福"的观念。边沁在 1789 年法国大革命这一年，出版了《道德与立法原理导论》，标举出"最大多数人的最大幸福"的主要内容。

什么是效益原则？效益论建立在西方传统的快乐主义之上。快乐主义认为，人都追求快乐。自然界把人置于两个至高的主人——快乐与痛苦之下，所以人类行为的最终目的就是求乐避苦。从快乐主义可以延伸出效益原则：效益是一个行为使当事人得到求福避祸的效果。

"福"包括利益、快乐、幸福、善等，"祸"包括损失、痛苦、不幸、恶等，这两个系列分别代表善与恶。任何行为都有利有弊，要如何判断效益？一个行为的利大于它的弊，超过了另一个行为的利大于它的弊，这个行为就称为善的。

采取任何行动的时候，都要考虑这个行动能在多大程度上增加或减少当事人的幸福。所谓"当事人"，既可以指个人，也可以指一个政府。效益原则在这两方面是通用的。换句话说，每个人都考虑个人的利益，要选择能获得最大利益的行为。

在社会上，没有一个人的幸福与别人无关，所以要考虑最大多数人的最大幸福，简称为"最大幸福原则"。在计算最大幸福时，人人平等。这里牵涉到平等原则，因为一个人的利益不可能离开别人的利益来考虑。

简单比较一下道德与法律。道德是利用人追求快乐及赞赏的心理。你有道德的行为，别人就肯定你、称赞你。法律是利用人避免痛苦及惩罚的心理。你害怕惩罚与痛苦，所以就遵守法律。这些都是标准的经验主义的观点。

有三种行为表面看来违反效益原则，其实不然。

1. 禁欲主义

就是节制、禁止我的欲望。为什么要禁欲？因为我已经了解，在一个特定环境下所获得的快乐，久而久之就会伴随着超过快乐的痛苦。譬如，一个人整天吃喝玩乐，最后发现有很多痛苦的后果，最后干脆禁止欲望。边沁认为，这是对效益原则的误用，因为禁欲的目的还是为了自己的快乐，它事实上并没有摆脱这个原则。

2. 同情与反感原则

我对别人的行为有时候同情，有时候反感，以此来判断是非。同情与反感是我个人主观的想法，我并没有考虑对方本身幸福与否。然而，同情与反感原则自身不是一条实在原则，它只是对其他原则的否定，因为个人的情感没有标准，不能作为判断的根据。事实上，该原则常常与效益原则一致。

3. 神学原则

就是以上帝的意志作为是非判断的标准。但上帝的意志是神学家按照自己的好恶来解释的，根本上也不能脱离效益原则。

结论是：效益原则是唯一正确的原则，也是在政治学、法律学、道德规范方面的普遍原则。这就是边沁效益论的观点。

（二）如何计算苦乐？

一个行为所带来的效益，是要追求快乐、避免痛苦。但是，苦乐如何计算？要按照苦与乐的数量进行计算与比较，才能充分运用效益原则。这听起来有点抽象，所以边沁指出，要计算苦乐，就要先知道苦乐的来源以及决定苦乐的条件。

边沁认为，苦乐的来源有四种，即所谓的"四种制裁"。

1. 最基本的是自然的制裁。在世界上按照自然的规则，承受自然界造成的结果，就称为自然的制裁。譬如，吃多了就会生病，老了就会身体衰弱。因此，吃东西要有节制，要锻炼身体以保持健康。

2. 政治的制裁。政府的法律、鼓励与惩罚措施会导致苦与乐。很多人不愿意违法，是因为它会带来痛苦的后果。

3. 道德的制裁。这其实是一种公众制裁。周围的人对你言行的称赞或厌恶，会造成你的苦与乐。

4. 宗教的制裁。设定一个超越的神明，在你今生或死后给你一种肯定或惩罚。

苦乐来自于这四种制裁，具体要怎样计算？边沁提出，人计算苦乐时要考虑以下七点。

1. 强度。这个行为造成苦乐的强烈程度如何？

2. 持久性。苦乐持续时间的长短如何？

3. 确定性。苦乐感受是确定的，还是不确定的？

4. 远近性。苦乐感受是遥远的，还是眼前就要碰到的？

5. 派生性。它是否会派生出其他苦乐？

6. 纯粹性。会不会苦之后有乐，或乐之后有苦呢？

7. 范围。苦乐所影响的人数有多少？

以上七个条件都有一定的变量，恐怕只有计算机才能算清。如果做任何事都要如此计算的话，实在太麻烦了。

边沁在苦乐的计算上，只注意到"量"，而没有考虑它的"质"，因为考虑"质"的话就更复杂了。但是只考虑"量"的话，就会出现一些问题。譬如，一个人去赌博或听音乐，在苦乐的量上，说不定赌博的价值更高。如此一来，又该如何判断？

（三）道德在于效益

边沁认为，道德在于效益，亦即在于行为的结果。哪些因素会影响行为的结果呢？边沁提出六个因素：动机、意向、意识、客观环境、一般习性、行为本身。在这六个因素里面，最引人注目的是动机和意向。由此可见，具体的行为不是那么单纯的：在内心里有动机和意向，对外要意识到处于什么样的客观环境，再加上一般的习性，然后才有行为本身。行为造成后果，后果就可以拿来计算。

边沁专门对动机加以讨论，因为他反对义务论特别强调动机的观点。前面介绍过，不是只有康德提出义务论，传统的宗教都强调义务。具体的动机包括：名声、财富、权力、地位、交友、社会关系、宗教信仰，等等。可以分为：个人的动机、社会性的动机与反社会性的动机。边沁指出，所有的动机都是中性的，都有任意性或不确定性。按照动机来判断善恶是不可能的，毕竟有很多动机是不可知的。所以，重要的还是行为的后果，效益才是人能够考虑的。结论是：道德只是达到效益的手段；效益在于后果，只能按照客观的、外在的标准来判断行为的后果。

人难免会有罪恶，边沁如何解释罪恶？他说："罪恶只是对机遇的失算。"我的行为有各种时机与遭遇，我算错了就是罪恶。所以，道德行为的过程就是计算以及取得最大效益的过程。他的这些说法出现在西方资本主义开始盛行的时期，个人利益最大化的现实情况在道德领域中也反映了出来。

收获与启发

1. 所谓效益原则，就是一个行为要设法让当事人求福免祸。不仅考虑个人的福与祸，还要考虑社会上大多数人的最大幸福是什么。效益原则通常用于一个社会公共政策的制定。

2. 比较复杂的是如何计算苦乐。边沁提出：苦乐来源于"四种制裁"，计算苦乐要考虑七种条件。但是他只注意到苦乐的"量"，而没有考虑它的"质"。

3. 边沁肯定道德在于效益，有六个因素会影响行为的结果。边沁指出，动机是中性的，他反对义务论对动机的过分强调。

课后思考

我们行动的时候，不可能不顾及效益，这一点问题并不大。边沁对动机提出不少批评，你认为他的说法可以成立吗？

是要做快乐的猪，
还是要做痛苦的苏格拉底？

本节的主题是：要做快乐的猪，还是要做痛苦的苏格拉底？要介绍效益论第二位重要代表密尔（John Stuart Mill, 1806—1873）。他的姓也被翻译为"穆勒"，如果配合英文发音的话，还是译为"密尔"比较适合。

密尔在 1863 年出版《效益论》，从这本书可以学到以下三点：

第一，人的幸福超越了动物；

第二，幸福的丰富与验证；

第三，幸福也可以自我牺牲。

（一）人的幸福超越了动物

密尔在《效益论》中强调，他要超越边沁，更有系统、更严谨地论述效益论的学说。他认同古代的两个快乐学派——施勒尼学派以及伊壁鸠鲁学派，他要在边沁的基础上继续往前发展。

首先，密尔认为，人类的幸福超越了动物。边沁在他的效益论主张里，只关注到"量"，而不愿意讨论"质"的问题。因为他认为，快乐就是快乐，一旦讨论到"质"，问题就过于复杂了。但密尔认为，一定要考虑到"质"的问题。

念大学的时候，老师让我们思考一句话：你要做一头快乐的猪，还是做一个痛苦的苏格拉底？这个问题其实来自于密尔书中的一段话，其完整表述为："与其做一头快乐的猪，不如做一个不满足的人；与其做一个满足的傻瓜，不如做一个不满足的苏格拉底。"事实上，如果说猪是快乐的、满足的，就像庄子说"鱼是快乐的"一样，不容易说清楚。另外，苏格拉底痛苦吗？他看起来不太像是痛苦的样子。

密尔认为，效益原则（最大幸福原则）是道德生活的根本。一个行为愈能够增进幸福，就愈正当、愈应该做。人生的目的就是要得到快乐，避开痛苦。这种快乐不仅仅是指动物的或生理上的快乐而已。密尔说："人不会放弃人类的快乐而去寻找动物的快乐。"即人与动物的快乐应有不同的层次。他又说："谁也不会甘愿愚蠢，而不愿意聪明；谁也不会甘愿做卑鄙的人，而不做有良心的人。"这就是密尔超越边沁的地方，他肯定人的生命与动物有不同的性质，所以人可以选择更高层次的快乐。

一个人如果没有受过太多教育，就没办法欣赏某些艺术品，如音乐。可以享受高层次快乐的人，可能因为诱惑而选择低层次快乐，但这并不代表快乐是一样的，只代表这种人有性格上的弱点或缺乏修炼，很容易被诱惑。只有充分理解高等与低等两种快乐的人，才有决定权。如果对高等与低等快乐的意见不一样，只能以大多数人的判断作为最后的标准，因为你找不到其他标准。这是明显的效益论的立场。

（二）幸福的丰富与验证

幸福是很丰富的，要如何验证它？人生的终极目的是要免除痛苦，增加快乐，让自己在"量"与"质"两方面都可以享受生活。

密尔强调，幸福的内容很丰富。首先，他提到"宁静"与"兴奋"这两点。他说："在宁静中有轻微的快乐，就可以得到很大的满足。"譬如，我现在生活平静，岁月静好，听到一些好消息，有轻微的快乐，就会觉得很满足。关于兴奋，他说："一个人在高度兴奋中，可以承受相当程度的痛苦。"譬如，一个人中奖了，他奔跑中把脚摔伤了，他会由于过度兴奋而没有什么太大感觉。

密尔还强调，同情别人的人永远对生活充满热情。因为同情别人，你的心胸是开放的，态度是包容的。另外，有修养的人对任何事物都会产生兴趣，会对自然界、对历史、对人类社会的文化产品（如诗歌、艺术）等都会感兴趣。这样一来，快乐自然就比较丰富，也比较容易获得。

幸福如何验证？密尔说："人的一切作为都是在追求幸福。"有人会说："也有很多人在追求德行啊！"密尔的回答是："人原来并不是在追求德行，只因为德行有助于快乐，尤其是它能够抵抗痛苦。"换句话说，追求德行将产生无私的心态，这种心态可以让一个人更为幸福。

密尔的结论是：除了幸福，别无可求之物。人欲求的一定是两者之一：要么它本身是幸福的一部分，要么它可以作为手段来达到真正的幸福。除了让人快乐的东西，以及让人能够获得快乐或避免痛苦的手段之外，对人来说，没有任何东西是善的。这就是效益论非常明确的表达。

（三）幸福也可以自我牺牲

密尔的效益论也强调自我牺牲，甚至把自我牺牲当作最高的德行。你如果认为效益论是对的，代表一个行为的判断标准不只是为了行为者自身的幸福，而是为了一切相关的人的幸福。所以，行为者必须像一个无私而仁慈的旁观者一样，在自己的幸福与别人的幸福之间做到严格的公平，不能为了自己的利益而伤害别人。这类似亚当·斯密的"公正旁观者"的观点。

密尔在此提到"金律"。所谓金律，就是耶稣说过的"你们愿意人怎样待你们，你们也要怎样待人。"（《马太福音》，7:12）以及"要爱护你的邻人如同自己"。密尔认为，金律与效益论的理想是一致的。因此，一个社会要做到两点：

1. 法律与社会组织应该协调个人利益与全体利益；

2. 教育与舆论应该联系个人幸福与全体幸福。教育要设法让一个人知道：他做出的某些牺牲是为了全体的利益。

如果有人不遵从效益论，要如何约束？约束的力量从何而来？密尔提出，效益论的最后裁决有两个方面：外在的和内心的。外在的裁决在于社会舆论以及宇宙主宰。我们与别人之间有互动关系，对宇宙主宰有一种敬畏，外在裁决的效果就体现在这些方面。此外还有个人内心的裁决，一个人破坏了义务就会产生痛苦。

密尔强调，人除了有良心之外，还有与别人互动的社会情感，因为人总是与别人相处在一起。如果把这种社会情感作为一种宗教以及作为教育、舆论和社会制度的力量源泉来加以传播，那么这样的制裁应该足够充分，不一定非要提到死后的审判。

收获与启发

1. 密尔的代表作是《效益论》，可以说，他建构了效益论的完整系统。密尔强调，人的幸福不能只考虑"量"，还要考虑"质"，这样可以使人超越于动物之上。他的名言是："与其做一头满足的猪，不如做一个不满足的人；与其做一个满足的傻瓜，不如做一个不满足的苏格拉底。"以此凸显幸福有不同层次。一个人觉悟到更高层次的幸福，就会超越较低的本能层次。这方面可以参考德国学者舍勒所列的价值层级表。

2. 幸福是丰富的，并且可以验证。幸福绝不是短暂的满足、享乐而已。密尔讨论了宁静与兴奋、对别人同情、自己有修养、对任何事物都感兴趣，等等，可见幸福是非常丰富的。如果要验证的话，还是要强调效益论的原则：连德行修养在内，人的一切作为最后都是为了得到某种快乐。追求快乐确实是人类表现出的明显愿望。如何对快乐加以界定？快乐除了有性质上的差异之外，有没有完全不同领域的快乐呢？这些问题都需要再进一步讨论。

3. 密尔进一步强调，效益论还可以支持自我牺牲。作为一个无私而仁慈的旁观者，主张效益论就要追求大多数人的最大幸福，因此他会为了多数人着想而愿意牺牲个人幸福。密尔认为，两句金律与效益论的理想是一致的，这在西方传统里可以得到相当大的支持。

课后思考

效益论的基础在于快乐主义。人活在世界上，都要活得快乐，追求幸福。你认为"爱人如己"的理想与效益论的"追求个人幸福"，这两者之间真的可以得到协调吗？

补充说明

听到效益论，就要想到两点。

1. 它认为善恶在于结果，要看它的效益如何。

2. 效益的结果需要计算。因此，"爱人"也需要经过计算，爱到最后还是对自己有利。

接着，我们分析一下什么叫"爱人如己"。

1. "爱人如己"中的"人"是指谁？如果是指亲人、朋友或认识的人，还有可能做到。

2. "爱人如己"是说爱别人要像爱自己一样，这就很主观了。这个世界上有哪一个人爱别人就像爱自己一样？父母对子女的爱，情人间、夫妻间的爱，也许在某个阶段能做到"爱人如己"，但恐怕难以持久。另外，你能做到爱人如己，必须在物质上具备一定的条件。但是，物质上的帮助不见得是别人真正需要的。

爱人如己可能会引发哪些后果？

1. 你的过分爱护可能会使别人养成依赖心理，这对他的成长反而不利。

2. 你帮助人之后，别人未必会感恩，也未必能把你的爱推扩给其他人。

因此，真正的爱一定要配合智慧的判断。否则，你的爱对别人来说不一定是好事，那并非真爱。

"爱人如己"的说法出自《圣经》。耶稣所谓的"爱人如己"是让人不要区分亲疏。他的原则只有一个：要爱你的近人。"近人"有两个条件：第一，在你身边出现；第二，正好需要你的帮助。只要在你身边出现、正好需要你帮助的人，就是你的近人，你爱他要像爱你自己一样。如果"爱人如己"的"人"是指天下所有人的话，又有谁能做得到？就算是爱你身边的人、你认识的人，也很难做到。

同时，"爱人如己"不能太主观，它需要智慧的判断，要清楚怎样做对他来说才是最好的。否则，你对别人像对自己一样，有些人可能会觉得不够好，有些人可能会觉得太过头而难以承受。

因此我个人认为，"爱人如己"这四个字最好放在宗教的领域去说。在教堂、寺庙里说爱人如己，没有人会反对；离开那种环境，在人与人相处的世界上说爱人如己，可能只是理想的口号，或是对自己的要求和期许，实际上根本做不到。我有时经过公园，看到有人衣衫褴褛地在乞讨，我都不敢伸出援手，因为我一旦帮忙，他可能每天都会等我出现。一个社会应尽量避免出现类似的现象，不要让一个人的爱心总是面临考验。

如果你只是强调行善，到最后可能就像《论语》里孔子所说："好仁不好学，其蔽也愚。"喜欢行善却没有多加学习，不了解人情世故，那种流弊就是愚昧上当。《礼记·经解》里面也提到，一个国家或地区如果用《诗经》来教化百姓，会使百姓温柔敦厚，但它同样有个弊端，就是使人愚昧。百姓温柔敦厚，正好让一些坏人有机可乘。

因此，当我们好心行善时，一定需要智慧的配合。要很清楚地知道，为什么要做这件事，怎样才能帮助别人，帮他忙之后，他可能会有怎样的正面发展。判断清楚之后，再去尽力帮忙。

有关"爱"的问题非常重要，也非常复杂。后文会介绍德国学者舍勒，他对于"爱"谈得比较完整，届时再做进一步的反省。

只要谈到效益主义，就不能忽略对结果的计算。像"爱人如己"这种口号，真的实践就会发现，恐怕只是说说而已。我们要记得老子说的话："说得太动听的话不真实，真实的话并不动听。"（信言不美，美言不信。）

善是什么？

本节的主题是：善是什么？要特别介绍英语系哲学家摩尔的代表作《伦理学原理》。

摩尔（G. E. Moore, 1873—1958）对伦理学有独到见解。他深入分析伦理学的概念，细致入微。后来由他的说法演变出"分析伦理学"，与近代西方流行的语言分析或逻辑经验论有相近的立场。分析伦理学又称为"元伦理学"。"元"代表最初的、最根本的，元伦理学旨在说明伦理学本来应该是什么样子。

摩尔认为伦理学应该关注两个基本问题：第一，为什么某种行为本身是善的，或有内在价值？第二，我们应该采取何种行为，或者哪种行为是义务的或正当的？摩尔认为，这两个问题要分开讨论，否则容易造成混淆。过去的伦理学之所以有问题，就是因为没有分清楚这两点。

本节内容包括以下三点：

第一，善不可定义；

第二，自然主义的谬误；

第三，对分析伦理学的简单评论。

（一）善不可定义

摩尔在伦理学上的基本立场是：善不可定义。他认为，伦理学研究的是有关德行、邪恶、义务、正当、应该、善恶等的判断，所以首先要确定"善"是什么。此时有三种可能的回答。

1. 描述许多个别的善的行为，由前人值得赞扬的行为中归纳出善。摩尔认为，这些都是个案而已，不可能告诉我们善到底是什么。

2. 一般性的回答，譬如直接告诉你"快乐就是善"。事实上，行善有可能会得到快乐，但是不能说快乐就是善，两者不能等同。如果说快乐就是善，难免会有感觉主义的嫌疑，或者表达了传统所谓的快乐主义，那就无法继续深入探讨。

3. 先给善下个定义。这是摩尔讨论的重点。摩尔说："如果有人问我'什么是善？'我的回答是：善就是善，答案到此为止。或者如果有人问我'怎样给善下定义？'我的回答是：不能给善下定义，并且这就是我所要说的一切。"

为什么摩尔坚持认为不能给善下定义？因为他认为，定义要用来描写一个词所指涉的对象或概念的真实性质，而不仅是告诉别人这个词有什么作用。定义最重要的意义在于，陈述那些必定构成某一个整体的各个部分。譬如，我要定义"马"，就要把马的身体结构的各个组成部分统统地加以描述，才能清楚界定什么是马。

但是，善是单纯的、独特的、不能分析的概念，它没有"部分"，正如黄色的"黄"是一个单纯的概念一样。你不可能对一个天生的盲人阐明什么是黄色，因为黄本身并没有组成的部分。同样的，你也不可能对事先不知道什么是"善"的人阐明什么是善，因为善也不能被分析为许多单纯的部分。

摩尔说,虽然善不能分析也不能下定义,但是它直接呈现给人的心灵,心灵可以凭直觉把握它。你直接问自己的内心:快乐是善吗?助人是善吗?你在心里都可以找到一个对象叫做善。这属于直觉主义的说法。

善是一个单纯的、不可定义的、不能分析的思想对象,但是伦理学研究的其他概念必须参照善而被定义,所以伦理学首先就要设法理解善的含义是什么。摩尔花了大量篇幅来讨论这个问题。

(二)自然主义的谬误

只要谈到伦理学中善的概念,大家都会想到"自然主义的谬误",这是摩尔最主要的贡献。摩尔说:"学者们在探讨伦理学时犯了一个错误,就是用自然客体的某一种性质来代替善。"譬如,生而为人,有手、有脚、有头,你说"一个人身体健全就是善",这就犯了自然主义的谬误。事实上,身体健全只代表健康正常,这与道德上的善没有什么关系。

所谓"自然主义的谬误",就是把善与另外一样东西连起来,说它们之间有一种确定的关系。"另外一样东西"可能是自然的客体(自然界存在的某个物体)或者是超感觉界的客体。譬如,说"人性是善的"就明显犯了自然主义的谬误,因为"人性"是人生下来就具有的自然状态与性质,把人性与善连在一起,就混淆了事实与价值。

举例来说,张三是某人的儿子,然后你说"张三应该孝顺"。你分析"儿子"这个概念,只能说他是由父母所生,他是一个男生,但是得不到"孝顺"这个概念。张三是某人的儿子是事实,而"孝顺"(善)是价值,两者不能连在一起。因为这个世界上作为儿子而不孝顺的人并不少,他们照样度过了一生。因此,说人性是善的,是把自然客体的性质与善混在一起,用自然客体的性质来代替善,这是一个明显的谬误。

摩尔在这方面贡献很大，他分辨了许多观点。譬如，他批判斯宾塞进化论的伦理学。斯宾塞认为，善就是更发达，更能适应社会，使社会发展得更好。他显然犯了自然主义的谬误，因为"更发达"可能只意味着物质方面的进步，而人与人之间的关系则属于另外一个领域。

摩尔也批评了密尔的效益论。密尔把快乐当作善，其他东西，如行为、知识、生命、德行、自然界、美，都因为它们能带来快乐而是善的。密尔也犯了同样的错误，他把"值得欲求的"与"所欲求的"混同了。所欲求的是主观的，值得欲求的是客观的，两者不能等同，否则就会陷入价值主观论的困境。

摩尔进一步分析，快乐主义有两种：第一种是利己主义，第二种是效益主义。这两者是矛盾的。你如果主张利己主义，就会以个人的最大快乐作为唯一的善；但如果主张效益主义，则要以全体的最大快乐作为唯一的善。问题是：个人与群体之间如何协调？利己主义是手段还是目的？如果快乐主义是正确的，那么效益主义的目的就不是你所想象的最好的目的，而是我们最有可能提倡的目的，它只是暂时性的。

摩尔除了批判自然主义的谬误，也批判属于形而上学的谬误。他认为，先界定形而上学存在的万物（包括人），再由此推导出伦理学，这样也是不行的。因为形而上学只能判断什么是确实存在的东西，这与伦理学对善恶的判断是两回事。

（三）对分析伦理学的简单评论

摩尔属于经验主义，因为他最后强调："什么是达到善的手段？只能用经验考察法来解答。"他说："某种行为是义务，是它比其他选择都会在人类社会产生更多善的行为，所以义务是最大可能的善的总和。"这显然是效益论的立场。同时，他也不反对德行的修养。他说："你要实行做义务行为的习惯性的气质。"这个说法有点接近亚里士多德的德行论。摩尔的贡献在于分析善的概念，但是要构成一个系统还是有困难。

进一步来看，自然主义的谬误有没有问题呢？我们要知道，定义至少有两种。

1. 本质性的定义

本质性定义确实像摩尔所说的，某样东西是单纯的就不可能下定义。如果一定要定义善的话，结论可能是：善是恶的反面，恶是善的反面。这就变成了循环论证，不可能成立。

2. 操作性的定义

既然大家都在使用善的概念，这个概念一定有它的可用性、操作性或功能性。由操作性来看，你可以说"善是从动机开始，一直到行为的结果"，你可以从它的每一部分或从整体来看，对善做一个描述，由此达到沟通的效果，让一个社会对于善能形成某种共识。

收获与启发

1. 效益论有三位代表人物是：边沁、密尔与摩尔。摩尔认为，善是不能定义的。他最大的贡献是提出"自然主义的谬误"。

2. 定义有两种：一种是本质性的定义，那确实如摩尔所说，不可能用在"善"这个概念上；另外还有操作性的定义。既然有很多人在使用善的概念，那么善一定有某种操作上、功能上的定义。我们对善不能做本质性的定义，但是可以对善做某种操作上的定义。

长期以来，我们在学习儒家的过程中，都会受到朱熹的影响，以为人性是本善的。请你分析一下，人性本善与摩尔所说的"自然主义的谬误"之间的对立点是什么？

补充说明

学习西方哲学的目的之一，就是希望能够与中国哲学互相对照，以此来检视自己是否关起门来讲儒家思想，讲到最后别人都听不懂，不知道你的说法有什么意义。自然主义的谬误是学习西方哲学一个非常重要的收获。要讨论以下三点：1. 朱熹的"人性本善"犯了"自然主义的谬误"。2. 我通过研究认为"人性向善"。3. 对"自然主义的谬误"的反思。

1. "人性本善"犯了"自然主义的谬误"

我列举一些人的说法作为代表。譬如有人说："人性本善来自于孟子所说的恻隐之心。"事实上，孟子说的"恻隐之心"与"人性本善"是两回事。孟子从未肯定过人性本善，《孟子》一书中提到过两次"性善"，但"性善"与"本善"无关。

需要补充一点，第一个把孟子的"性善"说成"人性本善"的是荀子，他比孟子大约晚50年。荀子就此对孟子痛加批判：如果人性本善，那人为何还要接受教育？为何还需要法律？荀子的质疑是有道理的，但是他把孟子的"性善"说成"人性本善"是一种误解。

也有人说："人性本善是先验的。"这种说法是不对的。所谓"先验"是说，人有某些善恶的行为表现，是因为人在这些经验之前具备某些人性特质。譬如为什么人有善恶？因为人有理性可以思考，人有意志可以选择，理性与意志是天生的，不是后天经验才有的。只要是人，就会思考，就会选择，这种能力可以说是"先验的"。一般讲"先验"是针对某种能力来说的。譬如，康德认为人在认识的时候，先验的条件是人与生俱有的感觉、想象这些能力。

有的人提到："儒家讲本善是一种假设，它假设一个人生下来就有善的性质，跟摩尔所批评的谬误是不一样的。"其实，人性本善与摩尔所批评的谬误是一样的。

有的人举例说："狼孩子回到人间，如何判断善恶呢？""讲人性本善是有教化意义的，要多包容别人，给他教化的机会，让大家都朝这个方向走。"狼孩子之所以无法再融入社会，就是因为他没有"教化"的机会。人通过教育才能懂得什么叫做"善"，知道"善"之后才能去实践。

也有人以孟子的一段话为例。因为无法直接看到人性，所以孟子用水做比喻："人性之善也，犹水之就下也。人无有不善，水无有不下。"这确实是孟子说的很重要的一段话。但是由此把这句话解释为人性是善的，并且是某种事实，那就显然违背了孟子的原意。

完整的对话是这样的。告子说："人性就像湍急的水，在东边开个缺口就向东流，在西边开个缺口就像西流。人性没有善与不善的区分，就像水没有向东与向西的区分。"孟子说："水确实没有向东与向西的区分，难道也没有向上与向下的区分吗？"孟子接着说："人没有不善的，水没有不下的。水除非受到外力的作用或阻挡，才会使它改变向下这个方向。"将这两句对照来看，就知道孟子用水做比喻的目的，是要表明人性是一种动态的力量，人性是"向"善的。这才是孟子的原意。

还有人认为："程朱理学把人性分为天地之性、气质之性。这不算是犯了这一谬误。"其实，这是为了逃避这个谬误而勉强做的区分。朱熹把人性分为两半，认为气质之性与身体有关，动物也有身体，所以这不能算人性；真正的人性只有"天地之性"或称为"天理"。这种说法令人不知所云。一个人可能没有身体而存在吗？身体有所谓的"气质"，有它一定的条件、特色或倾向，你完全不管这些，而说人性是纯粹的"天理"，实在令人难以理解。

所以，"人性本善"不是孔子、孟子的思想，而是以朱熹为代表的宋朝学者在注解《四书》时所推广的一种思想。朱熹作为哲学家，可以有自己的一套说法，我们没有意见。但是，不能说那就是孔孟的思想，是儒家原始的思想。我们学会了自然主义的谬误，如果不能用这样的思考来修正自己的观点，那何必要学西方哲学？我们如果还是关起门来讲朱熹的思想，又怎么对得起孔子、孟子？

事实上，清朝就有几位学者发现朱熹的注解有问题，它背离了人性的实际状况。清朝学者并不知道"自然主义的谬误"这个词。你不见得非要知道这个词，但是这种思想具有普遍性。也就是说，对于一个人生下来就具备的某些性质（即人性，包括人的生理结构、心理机能等），不能把它与价值（善或恶）直接等同。如果把它们直接连在一起，说"人性是善的"，就犯了自然主义的谬误。

有人可能会问：为什么西方人可以说人生下来就有原罪呢？这是个好问题，因为"原罪"是基督宗教的说法。宗教与哲学不同：宗教本来就有教义，你可以不接受；但是儒家是一种哲学，必须要禁得起理性的检验，否则这种哲学无异于个人的信念。

因此，儒家不可能主张"人性本善"，因为"人性本善"很明显犯了自然主义的谬误。所有讲人性本善的学说，从来没人对于"善"有明确定义。如果不能清楚界定什么叫善，"人性本善"这四字有何意义？其实"善"是可以定义的。如果说人性本善，有个最简单的问题：孝顺是善吗？当然是。但有谁本来就孝顺呢？

2. 人性向善

自然主义的谬误也有它的问题，因为按照摩尔的说法，把人性与善完全分隔开来，那为什么要行善避恶？难道都是社会上后天的要求吗？这样一来，"善"就没有普遍性了。

同时，对于"善"虽然不能做本质性的定义，但是可以做"操作性的定义"。我仔细研究《论语》和《孟子》后发现，孔子、孟子对于"善"的界定是：善是我与别人之间适当关系的实现。譬如孟子说：在尧舜的时代，老百姓吃饱穿暖，生活安逸而没有受教育，就接近禽兽。圣人为此忧虑，就教导百姓"五伦"（五种人与人之间的适当关系）。所以，孔子、孟子对于"善"都有这样一种理解：善是我与别人之间适当关系的实现，这需要通过教育，更需要人的真诚由内而发。这样界定"善"之后，就不会说"人性本善"，而只能说"人性向善"。

3. 对"自然主义的谬误"的反思

最后再来批评一下自然主义的谬误。自然主义的谬误有它的贡献，人性与善确实不能混淆。但是它忽略了一点：宇宙万物之中，只有人类有分辨善恶的要求，所以人性与善恶必然有某种先天的关联。

由此可见：一方面，人性不能直接等同善或恶；另一方面，人性不能与善恶完全没有关联。所以，"人性向善"是唯一合理的解释。这当中的关键就是真诚。当一个人真诚时，才是真正以人的身份在思考、在行动，这时就会出现孟子所说的"心之四端"。当你看到别人受苦时，心里便会觉得不忍，这正是"恻隐之心"。心里觉得不忍只是"向善"，当你把"不忍"化为行动，实现出来，才叫做行善或行仁。这才是儒家真正的思想。

西方哲学中有许多复杂的观念，很难一下子全部理解。但是了解"自然主义的谬误"之后，我们要知道：孔孟思想要换一个角度去思考，就是由真诚肯定力量由内而发。人性是动态的，包括理性和意志的运作过程，所以你行善则心安，为恶则心不安。但一定要预先了解什么叫善恶，否则没有心安不安的问题。

我们要了解摩尔的"自然主义的谬误"，因为他的说法逼着我们重新反省古代对儒家思想的诠释。最后发现，原来儒家所说的并不是"人性本善"这么简单的论断，而是从真诚引发"向善"的力量，再努力"择善固执"，最后"止于至善"。

义务论的关键在于善的意志

本节的主题是：义务论的关键在于善的意志。西方哲学在伦理学方面的代表有效益论、义务论与德行论。效益论判断一个行为该不该做，要看该行为所产生的效果与利益能否促成最大多数人的最大幸福。但问题是效益很难计算，外在环境与个人的需求或感受常在变化之中。义务论恰恰与之相反，它只看该不该做，只考虑一个人对义务的尊重，而不看行为的后果是否有效益。

本节要介绍三点：

第一，义务论的一般说法；

第二，义务论的关键在于善的意志；

第三，举例说明义务论。

（一）义务论的一般说法

西方哲学谈到义务论，通常都以康德的学说作为代表。事实上，西方至少有三派义务论：

第一派以神的意志为最终标准，基督徒通常采取这种观点。一个人行善是为了服从神的意志，遵循神的命令就是他的义务。他不去考虑这个行为的结果如何，或是否符合公众的利益。

第二派认为，人有理性，理性要求人应该要行善，康德就属于这一派。

第三派认为，在绝对公平条件下所达成的社会契约，是大家共同接受的，因而是大家共同的义务。譬如，有些人服兵役是因为社会有这样的约定。他不是为了利益，而是为了使命感或责任感。

在这三派义务论当中，以"人有理性"的说法最能得到大家的认同。如果以神的意志作为义务的来源，有很多人不信神，又该怎么办？一个人不信神并没有什么明显的后果，如果讲到死后的报应，又太过遥远。再看社会契约。所谓"绝对公平的社会契约"只是一种想象，社会契约最多到宪法的层次，而宪法在必要时也可以加以修订。

所以，从宗教信仰或社会契约两方面来看，都存在相对的情况，可能调整或改变。只有从人的理性来看，才具有普遍性。有理性的人都应该行善，行善是尊重他的义务，这就是康德的主张。

（二）义务论的关键在于善的意志

义务论强调，世间所谓的善，都是相对而有条件的。有些人具有良好的天赋，如聪明过人、反应灵敏、坚韧不拔，也有些人拥有丰富的后天资源，如权力、财富、荣誉与健康；但是这些都可能用于恶的目的。譬如，我聪明过人，但我可能去欺负别人；我有权力、财富，但我可能破坏社会正义。所以这些优良的条件并不是本身就是善的。

康德认为，这个世界上唯一的、无条件的、在它本身可以称为善的，只有"善的意志"，简称为"善意"。每个人都有理性，一个人清醒的、完全出于尊重义务而采取行动的时候，那个行动就是善的。因为他不是为了结果或个人情感，也不是为了别人的称赞，而是把义务当作自己的责任，由此出现善的动机，进而采取行动。

善意一般是扣紧"动机"来说的，所以康德的学派也被认为是动机主义。动机是行动之前在内心里就具有的，相对于效益论完全看结果，两者针锋相对。换句话说，义务论认为，一个行为的道德价值不在于行为的目的能否实现，而在于行为的动机是否出于善意。只要完全出于善意，这个行为就是善的。

这是标准的义务论，它认为理性是人类所共同具备的，理性可以产生普遍的要求。一个人不管在任何情况下，都可能有善意或好的动机去做他该做的事。

（三）举例说明义务论

譬如，有三个人都把粮食送到发生灾荒的国家，但动机各不相同。第一个人是政府官员，动机是让自己得到良好的政绩，将来可以继续升官。第二个是商人，动机是获得经济利益。第三个人是出于义务，既不是为了升官，也不是为了发财，而是认为这件事情是他该做的。我们通常会认为第三个人更为高尚。因为如果是为了自身利益，一旦遇到阻碍，可能半途而废；如果是出于义务，为了兑现自己的承诺，往往会坚持到底。

义务论可以进一步分为两种：第一种是规则义务论，第二种是行为义务论。

1. 规则义务论

规则义务论认为规则不能改变，它完全不考虑行为当时的特定情况。譬如，"应该说真话"是一条规则，不管别人能否接受真话，都要按规则去做。小孩子生病时拒绝吃药，如果你骗他说这是糖，他就会吃药，病也能痊愈。但规则义务论认为，就算最后结果是好的，也不能调整规则；就算说谎可以救一个人，也不能说谎。康德显然属于规则义务论，他非常严谨，完全不考虑个别情况的差异，所以显得非常严格，一板一眼。

2. 行为义务论

行为义务论则认为，一个人在采取行动的时候，要诉诸良心，进行善恶的判断；只要我当下认为自己是出于善意的，就可以在做法上稍做调整。问题是，调整的底线在哪里？譬如，如果你为了对方的健康而骗他，那么将来与别人来往时，是否可以为了你认为正当的各种理由而欺骗一个人？有很多人认为，只要我的动机是善的，就应该有点弹性，做法上可以适当变通。但如此一来，一步步后退，到最后可能完全没有底线了。这就是行为义务论的明确挑战。

义务论另一个问题是善意这个概念。善意是一个人的动机，完全由自己负责，不考虑外在情况，只就自身去做真诚的反省与抉择，有时会显得不近人情。比如我去看望生病的朋友，这是基于我对朋友的责任与义务，而不是基于我与他的交情。如果基于交情去看望朋友，自己觉得快乐，将来就有可能为了快乐而行善，而不是为了应该行善而行善。这种想法非常严苛，甚至有些不近人情了。

收获与启发

1. 义务论并非只有康德一个人在主张，西方至少有三种义务论。

（1）传统的基督宗教，信徒以神的意志为最高标准，行善是要服从神的意志，履行神的命令就是个人的义务。

（2）认为每个人都有理性，理性有普遍的要求，所以每个人都为了尊重自己的理性而去行善。康德属于这一派，他的说法较为完整。

（3）认为有一个公平的社会契约，个人为了契约中的义务去做该做的事，而不去考虑做这件事的效果如何。

2. 在义务论中，动机是关键。康德认为，唯一的、真正的、无条件的、本身就是善的，只有善的意志，也就是善意。所以这个学派也被称作动机主义。事实上，所有义务论都把重点放在动机上，而不去考虑行为的结果。

3. 进一步分辨两种义务论：规则义务论和行为义务论。规则义务论非常严格，是就是，不是就不是，没有中间的可能性；行为义务论要考虑每一个行为的具体情况。如果主张行为义务论，自然会考虑行为的后果如何，那就不是标准的义务论观点了。

课后思考

假设朋友生病，你去医院探望他。请问：你是比较接近效益论，想到这位朋友将来对你也会很好？还是会考虑到义务论，认为这是我的朋友，所以我应该去看他，而不考虑他将来对我好不好？在这两者之间，你能找到一个比较合理的说法吗？

补充说明

康德为何主张义务论？因为没有人能准确预测和掌控一个行为的后果，并对其完全负责。所以判断一个行为是否有道德价值，只能看是否出于尊重义务。也就是我的动机纯粹是为了义务，我认为该做就去做，这合乎理性的自我要求。康德主要的目的是让人了解，道德价值是人类生命一种纯粹的特色，不应该与情感或其他方面相混淆。

义务论非常严格。譬如你有五个最好的朋友，一个人生病了，你去探望，这代表其他四人生病时，你也要去探望；同时，你今天去看他，代表后面你有空也要去看他。如果其他朋友生病时，你因为太忙而不去探望；或者开始去看他，后来不去了：这都不符合义务论的要求。请问：你能对所有朋友秉持同样的原则吗？你吃得消吗？

这是康德义务论的重点。康德认为，只有克服上述困难，排除自己情感方面的需要，纯粹出于尊重义务，一个行为才真正具有道德价值。

第 33 章

从义务论到德行论

义务论显示人的尊严

本章的主题是：从义务论到德行论，本节的主题是：义务论显示人的尊严，要进一步介绍康德的思想，内容包括以下三点：

第一，人的二元性；

第二，实践理性与道德要求；

第三，伦理学的三个设定。

（一）人的二元性

康德在《实践理性批判》一书中，专门探讨伦理学的问题。康德把理性分为"纯粹理性"与"实践理性"，"纯粹理性"是指理性的认识功能，"实践理性"是指理性的实践功能。换句话说，人只有一个理性，但是理性还具有认识与实践两种功能。人除了用理性去认识事物之外，还需要用理性来指导行动，这时所涉及的就是实践理性。

康德认为，人始终具有一种"二元性"。人类是有理性的存在者，他的存在始终处于二元对立之中，可以用以下这四组概念加以说明。

1. 先验自我与经验自我。所谓"经验自我"，就是你现在处于特定的情况，有特定的想法与感受。"先验自我"则是作为基础或条件，使你能够产生现在的经验。

2. 本体与现象。表现在外、能够被看到的是经验自我，也就是现象。无法被看到的是先验自我，也就是本体。

3. 自由与自然。很多人对这两个词印象深刻，因为在康德的墓碑上刻了两句话。第一句是"在我头上是众星闪烁的天空"，这就是自然界，它有一定的规律。第二句是"在我心中有道德的法则"，道德法则与自由紧密相连。没有规则就谈不上自由，那只是盲目冲动而已。

4. 纯粹理性与感性经验。后天发生的一切都是感性经验，而纯粹理性是每一个人与生俱有的。

这四组概念可以划分为两大类：一方面，先验自我就是本体，就是自由，就是纯粹理性；另一方面，经验自我就是现象，就是自然，就是感性经验。因此，人具有双重的生命：一方面有自由的本体，一方面有自然的现象。每一个有理性的人的身上，都存在这种二元对立。

再进一步，纯粹理性作为道德实践的本体，虽然无法认识它，但还是要在一切道德行动中肯定它。所以，实践理性要与道德要求配合起来。

（二）实践理性与道德要求

首先，理性的实践功能要高于它的认识功能。譬如，你对世界、对自我、对上帝认识多少，只是程度问题，因为你永远不可能认识到本体。但是作为一个人，理性要求你表现实践的功能。在这一点上，康德的立场很明确，他说："人的本性并不是历代哲学家所强调的理性以及知识。"从亚里士多德以来，就把人界定为有理性的动物。但康德强调，理性并非人的本性所在。人的本性是人能够不受自然界的束缚，去追求自己设定的目标。换句话说，人的本性并不在于能够认识以及理解，而在于他有自由。自由牵涉到人的意志，也就是实践理性。

"意志"在伦理学里具有关键的地位。如果没有自由意志，人怎么做选择？怎么为后果负责任？人的行为又怎么会有道德价值？实践理性作为意志，影响到包括叔本华在内的后代一系列重视意志的西方哲学家。

换句话说，自由意志可以肯定人的尊严。康德认为，人之所以为人而高于动物，以及人所特有的尊严，都充分体现在自由的道德实践上。这种自由的道德实践之可能性，才真正确立人在宇宙中的主宰地位。人作为万物之灵，就在于人有自由行善的可能性；而人的尊严，也正是在这一点上得到实现。这就是实践理性与道德要求的相关性。

康德认为，一方面，人有自然的身体，有形可见，与自然界的万物没有什么差别，属于现象的层次；另一方面，人还有自由的本体，也就是实践理性。换句话说，纯粹理性作为先验的道德本体，就变成实践理性，可以展现理性的实践功能。

凡是有理性的人都会给自己立法，即自己定规矩，自己遵守。这就是意志上的自律，而不是他律，不是上帝的命令、政府的规定或别人的要求。理性能够给自己立法，代表每一个理性的存在者（每一个人）都只能作为目的，而不能仅仅作为手段。

把人的实践理性当作本体，是要摆脱所有现象的干扰。实践理性作为本体，有以下四点特色。

1. 先验的而非经验的。以实践理性作为先验的原理，人在经验世界中才有可能做出道德的行为。

2. 义务的而非效益的。实践理性强调，一个人的行动完全出于尊重义务，认为该做的就去做，而不考虑外在的、可以计算的效益。

3. 形式的而非实质的。实践理性只强调要为了义务而去行善，这是形式的规定；但没有说出义务有何具体内容。所以，康德的伦理学常被称为形式伦理学。因为关于义务的内容一旦有明确的说法，就会落入特定的社会现状、历史脉络、文化背景、人际关系当中，无法摆脱现象的干扰。

4. 自律的而非他律的。

因此，在运用实践理性时，必须排除一切被感性条件所决定的东西。有理性的人都会给自己立法，并把人当作目的。这种自由是绝对的，它摆脱一切经验和现象的干扰，真正显示出人的自由的崇高本性。

（三）伦理学的三个设定

康德伦理学有三个设定：人的自由、灵魂不死与上帝存在。

1. 如果人不是自由的，就没有道德的问题。

2. 所谓"自由"，代表要为所做之事负责任；否则，就谈不上是自己选择的自由行动。"责任"意味着善恶有适当报应，这种报应在一个人的有生之年不可能完全实现，所以人的灵魂必须一直存在，以便接受后续对善恶的圆满报应。

3. 圆满报应的实现需要有一个超级的力量才能保证，他必须是万物的来源与归宿，并做完全、公平、客观的判断，那就是上帝。只有上帝才能保证德福一致的圆善（圆满的善）。

这三个设定是康德伦理学的最大特色。

换句话说，康德的义务论不仅强调要有善意，全靠动机；还强调人与动物的关键差别在于人有自由。自由来自于人的理性从认识功能转移到实践功能，使人可以采取道德上的行动。这种自由要排除所有自然现象的干扰，因此理性必须给自己立法，形成自律的伦理学，人与人互相尊重，由此可以显示人的尊严。

1. 在康德看来，人有自由的本体，同时有自然的现象。前者指的是人的心，后者指的则是人的身，这就是人的双重性。在伦理学的探讨中，这种双重性的说法并不是很复杂。

2. 实践理性与道德要求紧密相连。所谓实践理性，就是理性在实践上的功能。人在进行道德行动的时候，自由是他最独特的价值，也是他与生俱有的尊严所在。

3. 康德伦理学引申出三个设定，即人的自由、灵魂不死以及上帝存在，由此显示完整的系统。这些都合乎逻辑推论的要求，体现了康德义务论的特色。

课后思考

康德义务论的伦理学强调人的自律，也就是自己要求自己。请你思考一下，有哪种道德行为是完全自律而没有涉及他律的？或者说，任何一种自律，其实最初都来自于他律，后面自己做决定时，再转变成更高程度的自律？

补充说明

大多数人认为，自律往往是从他律慢慢演变成的。为什么康德主张自律？因为非自律，则无道德可言。没有自律，只是按照别人的要求，则谈不上自己的尊严和责任。"自律"两个字只用在道德的选择上。其他方面是否自律与道德的关系不大。人都是由他律走向自律的，这毋庸置疑。哪里有人一生下来就是自律的？所以，对于自律和他律都可以做进一步的思考。

义务论与人文主义原则

本节的主题是：义务论与人文主义原则，要对康德的义务论做简单的总结。"人文主义"（Humanism）有时也被译为"人本主义"，它的内容是什么呢？

本节要介绍以下三点：

第一，个人与别人的关系；

第二，目的与手段的关系；

第三，对康德说法的简单评论。

（一）个人与别人的关系

一般认为，康德的义务论有两个基本公式：第一个公式偏重于形式，强调原则；第二个公式则偏重于实质，强调实际应用。

第一个公式是：我应该永远如此行动，使我的行为格准成为一个普遍的法则。

格准是我个人的，而法则是共同的、普遍的。如果我要做一件事，我就要允许任何人在同样情况下都可以这样做。譬如，我要以诚实作为个人行动的格准，就要问：诚实能否作为人类普遍的法则？如果每个人都应该诚实，我就要做到诚实。

如果一件事只允许自己做，而不允许别人做，代表这只是我个人的行为格准，而不能成为普遍的法则，那么我就不应该做这件事。譬如，我在危急时刻可以说谎吗？那就要问：所有人在危急时刻都可以说谎吗？如果可以的话，那么人与人之间的互信显然会出现问题。因此，我即使在危急时刻也不能说谎。又譬如，一个学生想要毕业，就在情况危急的时刻作弊。如果你接受他的做法，就要允许所有人在情况危急的时刻都可以如此。这一步退让，将来就很难再有什么底线了。

康德的第一个公式偏重于形式上的考虑，也就是要问：人类是否都可以如此？事实上，你只能在自己的理性中思考。它的作用比较接近耶稣所说的"金律"，即"无论何事，你们愿意人怎么待你们，你们也要怎样待人。因为这就是律法和先知的道理。"（《马太福音》，7：12）也就是所谓的"己之所欲，施之于人"。

孔子所说的"己所不欲，勿施于人"，一般被称为"银律"。金律代表积极主动地去做某事；银律代表收敛自己，消极地不要去做某事。一个积极，一个消极，其实两者的意思是一致的，都涉及一个人的行为格准能否普遍推广的问题。如果不能普遍推广，我就不要去做。

（二）目的与手段的关系

第二个公式是：你应该如此行动，把每一个人当作目的来尊重，而绝不仅仅把他当作手段来利用。

康德第二个公式强调实质，可以具体落实。这两个公式配合起来，成为康德伦理学的核心观念。譬如，我乘坐出租车，司机虽然是我达到目的的手段，但是我绝不能只把他当作交通工具来利用，我同时也要尊重他是一个完整的人。看到他眉头紧皱，表情痛苦，我应该关切地问他：你是不是感冒了，不太舒服？对出租车司机来说，我虽然是他赚钱的手段，但他也要尊重我是一个完整的人。他的耐心等候、安全确认、简单问候，都会使我感到人性的关怀。如此一来，人与人之间都要以平等、互相尊重的方式来对待。

另外，康德还从整体的角度提出有关伦理的观点。他强调，每个人都是有理性的存在者，当他使用意志去做抉择的时候，这个意志对每个有理性的存在者都有立法权，这就是自律的道德。既然每个有理性的人都可以通过立法而给自己下命令，那么每个人都应该作为目的，人的世界就形成一个目的王国。"目的王国"这个词听起来很美。人与人之间互相尊重，就构成人文主义的基础。

我们与别人相处，彼此是平等的。每个人在理性上都具备给自己立法的先验条件。所以，我们要做到上述三点。首先，我个人行为的格准必须对所有人都适用，成为人类行为的普遍法则。其次，我与别人相处，不能只把别人当作手段来利用，同时也要尊重他是一个目的。我们可能在许多事情上都需要合作，但就算是互相利用，仍要尊重对方是一个主体，他本身是一个目的。如此一来，就形成一个目的王国。可见，康德伦理学具有正面的意义。

（三）对康德伦理学的简单评论

康德上述说法受到很多人的批评，其中有一位重要的代表人物就是叔本华。叔本华大力批判德国唯心论，他自认为得到康德的真传，把康德的实践理性作为意志接过来，发展出他的意志哲学。事实上，叔本华对于康德的三个说法都有明确的批判。

首先，康德强调个人的格准要作为人类普遍的法则。叔本华认为，这其实也是一种利己主义的道德原则，也在考虑是否对自己有利。不管一个人多么开诚布公、替别人设想，最后也只能从自己的角度去考虑问题。

其次，康德强调，我与别人互动，要把别人当作目的来尊重。事实上，整个人类社会的表现就是人与人互相利用、互相需要，这是很自然的。如果把别人当作目的，假如有两个人同时需要你的帮忙，但他们的需求对你来说是矛盾的，那要如何衡量？并且，别人不见得希望你把他当成目的，自古以来有许多这样的例子。所以，这条原则其实很抽象，甚至不合情理。

再者，谈到目的王国，康德强调每个人都应该接受理性的立法，形成自律的道德，好像有一个普遍的、具有立法权的意志。也就是说，不能按照兴趣，只能按照义务感去行动。但叔本华说："没有兴趣，怎么会有行为的动机？没有动机的行为，会产生完全符合公正、仁爱的义务感吗？所以，康德的目的王国显然是一种道德的乌托邦。"他的批评有一定道理。

换言之，在目的王国里的人永远都在意愿着，却没有对任何实际事物的意愿，他对实际事物没什么兴趣。譬如，你去看望生病的朋友，你不能因为自己关心他、对他有所肯定而去做这件事。义务论在这点上很难做出妥善的回答。你可以说义务论只考虑两点：一方面要自我决定，代表道德的实践要由自己决定；另一方面，每个人都要尊重原则，这对人有一种普遍的尊重，由此形成人文主义。

除此之外，对于义务论还可以提出以下几点质疑。

1. 道德自律的要求是为自己立法，这在经验与理论上都做不到。在实际生活中，人不可能完全自行其是，不考虑社会上大多数人的意见。同时，理性为自己立法，完全不承认其他任何权威，这在理论上也做不到。

2. 道德行动者是自律的。若接受这种说法，代表你已不是自律的，只有不接受这个说法才是自律的。这显然是矛盾的。

3. 人生充满各种矛盾与挣扎，不是只靠善意就可以立刻决定的。如果你与别人在同一个问题上有不同意见，两个人都说自己出于善良意志，要如何判断谁对谁错呢？所以，把善意当作唯一的标准、唯一的善，最后难免会流于主观。

最后，如果一个人行善纯粹出于义务，可以完全不考虑效果吗？如果你的行为给对方造成了灾难，那行善不是一句空话吗？如果说行善与它的效果完全无关，实在令人难以想象。

收获与启发

1. 康德义务论首先强调，我个人的行为格准可以成为人类的普遍法则，我才能依此而行动。这偏重于形式上的要求。

2. 在实际与别人互动时，要把每个人当作目的，而绝不能仅仅把他当作手段来利用。这一点成为西方人文主义的基本原则，由此推出"目的王国"的观念。

3. 对于义务论，除了叔本华的批评之外，还可以从其他角度提出质疑。可见，这种学说有很好的用意，但在应用上流于形式化。所以，康德的学说经常被称作"形式伦理学"。

课后思考

我们常听人说"好心办坏事"，一个人本来有好的动机，结果没有把事情做好。请问：好心办坏事的问题出在什么地方？请你从康德的角度思考这个问题，看看有哪些方面是可以改善的？

补充说明

假如别人是好心，但是他最后把事情做错了，你会赞同他吗？你恐怕还是会批评他。好心办坏事的问题出在什么地方？在于我们的理性有限。我们对别人的需求了解不够，所知道的方法有限，同时对方如何反应更是不可预测。

譬如，一个人犯了错，我出于好心，该怎么办呢？我有两个选择，第一是安慰他，第二是责怪他，但结果完全不能预测。有些人你安慰他，他就改过自新了；有些人你愈安慰他，他愈变本加厉。责怪也一样，有些人你责怪他，他就破罐子破摔，变得更坏；有些人你责怪他，他就改过迁善了。

不要说你对别人的了解不够，其实我们对自己的了解都不够。所以，好心办坏事的情况常常出现。康德只强调好心，而效益论只看结果，哲学思辨要求精确，但在实际生活中，很难如此精确。每个人在现实生活中，都会在动机与结果之间游移不定，需要自己加以协调。

进一步思考：会不会有人坏心办好事？一个人做了坏事，但阴错阳差，反而救了人？这种事也可能发生。一般对于坏心办好事的人，大家不会因为他做了好事，就对他予以肯定。但你怎么判断他是出于坏心呢？人的心思、动机本来就很复杂。

哲学有时不能给你提供明确的答案。历代重要的哲学家在爱智之路上走得很远，他们是替人类在做思考。他们经过一生的深思熟虑，才提出一种主张，我们要尊重他们的思考。

我们自己做事的时候，要经常提醒自己保持高度的自觉，不能全靠动机论，也不能全看效益。我们没有必要像哲学家那样，有时显得偏激或极端，对于跟自己主张不同的观念水火不容。当然，这并不代表我们没有自己的主张，也不代表我们否认有一种明确的、客观的、合乎人性要求的真理存在。

真正的困难在于：不管你知道多少真理，最后还是要自己做出判断。虽然说太阳底下没有新鲜事，但也不能两次把脚踏入同一条河流。所以，培养智慧是关键。智慧可以帮助你全方位地衡量各种情况，使你的表现更灵活。这是一种高度自觉的人生，你的生命将会变得敏锐，你在生命的每一天、每一刹那都会活得踏实。

德行论在主张什么?

本节的主题是：德行论在主张什么？要介绍以下三点：

第一，德行是什么？

第二，德行需要修养；

第三，德行是中道的表现。

（一）德行是什么？

有人把西方哲学所说的"德行"（virtue）翻译成"德性"；但在中文里，"德行"与"德性"的意思是不同的。

西方哲学从古希腊时代就有"德行"这个词，希腊文是 arete，意为"杰出的品行"。一个人的人品与行为超过一般人，就称作德行。所以，德行与一个人的修养密切相关。最明显的例子是苏格拉底所说的"知识就是德行"。如果一个人对德行没有正确的认识，那么他的德行是碰巧出现的，恐怕不会坚持到底。所以，人一定要先知道德行，才能去实践德行。柏拉图在他的理型论中，把德行当作最重要的理型。亚里士多德则认为，德行是一种均衡状态。他的伦理学就被称为"德行论"。

中文的"德性"一词最早出自《中庸》第二十七章"君子尊德

性而道问学"，意即：君子要遵从天生的本性，并且努力请教及学习。"德"代表与生俱来的某些禀赋，"性"代表本性，"德性"就是指"天生的本性"。所以，对于西方哲学的德行论，在翻译时不能与"德性"相混淆。

德行论作为一种伦理学理论，它与效益论或义务论有完全不同的思考模式。效益论与义务论都在考虑：我应该做什么？都是对具体行为的判断。效益论考虑的是行为的后果，义务论考虑的是行为的动机，两者针锋相对。而德行论关注的是：我应该成为什么样的人？它把焦点转到人的身上。你成为什么样的人，后续就会有相应的行为表现。

德行论有两点基本的考虑：第一，任何德行都不是生来具备的；第二，任何德行都是由人性的自然状态经过修养而成功的。

（二）德行需要修养

亚里士多德有一套完整的哲学系统。首先，他分析人的心灵有三种状态：情感、潜能以及质量。所谓情感，就是一个人喜怒哀乐的具体表现；所谓潜能，就是能产生各种情感的一种潜在能力；所谓质量，是指一个人对待情感的态度。请问：德行在哪里？是在情感上，在潜能上，还是在质量上？亚里士多德的答案很清楚，德行在于质量。

1. 德行不等于情感

因为一个人被称为高尚或卑下，不是就他的情感来说的，而是就他的德行来说的。换句话说，人不会因为情感而受到称赞或谴责，只有德行才会如此。有一部分情感是未经选择就出现的，例如恐惧、愤怒；而德行一定需要选择。在情感上，你可以说是被感动的；但是一个人在德行上是好是坏，不能说是被感动的，只能说是经由某种行动的过程而得到的。由此可见，德行不属于情感。

2. 德行也不属于潜能

一个人被称作善或恶，不是就潜能来说的，因为每个人天生都有潜能，但你不能说他生下来就是善或恶。

因此，德行只能是一种质量，它是经过长期修养而形成的一种习惯。亚里士多德对德行有清楚的界定：德行是个人固有的气质，经由培养训练，而使德行的活动成为习惯。如此一来，"我应该成为什么样的人"就成为思考的主轴。

（三）德行是中道的表现

亚里士多德特别强调，德行是中道的表现。"中道"一词在中文里显得很神圣，它经常被译为"中庸"。但《中庸》是中国古代"四书"中的一本，"中庸"一词有特别的含义。现在谈到"中庸"，一般是指态度温和，不坚持己见，让各方都能接受。

亚里士多德的"中道"是指不要过度，也不要不及。譬如，谈到勇敢，过度就变成鲁莽，不及就变成怯懦；节制，过度就变成放纵，不及就变成冷漠；慷慨，过度就变成浪费，不及就变成吝啬；大方，过度就变成炫耀，不及就变成小家子气；自重，过度就变成虚荣，不及就变成自卑；忠实，过度就变成吹嘘，不及就变成自贬；机智，过度就变成戏谑，不及就变成呆板；知耻，过度就变成害羞，不及就变成无耻。

每一种德行都处于两个极端的中间。譬如勇敢，过度是鲁莽，不及是怯懦。与鲁莽比起来，勇敢显得有些怯懦；而与怯懦比起来，勇敢又显得有些鲁莽。这就是他的中道思维。

亚里士多德进一步强调，德行决定情感与行动的质量，它与中道结合在一起，所以要参照理性来加以确定。亚里士多德有一句名言："中道就是适中，不要过度，也不要不及。在适当的时间，就适当的事情，对适当的人物，为了适当的目的，以适当的方式，来产生情感或发出行动。"换句话说，一个人表现在外的情感与行动，要考虑时间、事情、人物、目的、方式这五个方面。这样一来，一个人在情感方面就会表现得温和而适当。

美国1996年出版一本书叫做《EQ》（*Emotional Intelligence*，即情绪智商），非常畅销。这本书在扉页上引用了亚里士多德的一段话："生气谁都会，但在适当的时候，对适当的人，就适当的事情，为了适当的目的，以适当的方式来生气，那是非常困难的。"生气是一种情感，所有情感与行动都要考虑这五个方面适不适当，这需要高度的修养才能做到。

德行修养有两个特色：第一，自愿性；第二，抉择性。德行一定是自己愿意的，这样才能得到称赞或谴责。一般来说，小孩与动物都有自愿性，他希望自己做出选择；但是他没有抉择性。抉择一定要经过理性思维，不能只靠情绪、欲望、想象或意见。因为意见有真有假，但没有善恶；而抉择一定有善恶之分，需要理性的思维。这就是德行论最主要的代表亚里士多德的思想。

德行论强调人应该成为什么样的人。自古以来，无论身处哪一个社会，人都要面对这个问题：我要成为什么样的人？因此，德行论适合一个人整个生命发展的要求。

1. 有许多人把西方哲学中的"德行"（virtue）翻译成"德性"。所谓"德行"是指有超过一般人的某种质量，表现出适当的言行。德行并不是指天生的本性（nature），所以译为"德性"是不适合的。

2. 德行需要修养，它不是一个人天生具备的，德行的培养也不是违反本性的。

3. 德行是中道的表现。这种中道不容易衡量，还需要高度的理性思维。

课后思考

亚里士多德所谓的"中道"，是说在适当的时间，就适当的事情，对适当的人物，为了适当的目的，并以适当的方式，来产生情感或发出行动。你能否用一件你曾经做过的事来说明这种观念？或者你认为还有更好的思考方法？

进一步探讨德行与幸福

本节的主题是：进一步探讨德行与幸福，要介绍以下三点：

第一，分辨英雄与圣人的不同；

第二，幸福是什么？

第三，对德行论做简要的反省。

（一）分辨英雄与圣人的不同

亚里士多德的德行论在西方影响深远，它肯定了古希腊时代的一种共识：人活在世界上都要追求幸福。但各家各派对于幸福可能有不同的定义。譬如，伊壁鸠鲁学派主张快乐主义，斯多亚学派则强调个人的义务与责任。亚里士多德对于德行与幸福的关系有独到见解。根据他的看法，我们可以分辨两种人格典型——英雄与圣人。英雄与圣人究竟有何差异呢？

首先看英雄。在每个领域都会有一些杰出人士令人刮目相看，想要起而效法。所谓的英雄，就是在关键时刻做了一件正确的事。古往今来，英雄辈出：国家兴亡之际，他们挺身而出；社会危急关头，他们起身示范；朋友有难之时，他们鼎力相助。英雄往往能在非常之际，表现出过人的本事，甚至不惜牺牲自己。因此，一个人在一个特别的时机，做了一件正确的事，由此造福人群，就会成为英雄。

但圣人与之不同。圣人具有完美的质量，终生奉行高尚之事。英雄是在关键时刻做了一件正确的事，但他不能保证在每件事上都能做出正确的抉择。所以，在战场上、运动场上或企业竞争中，只要在某一方面、某一件事上出类拔萃，就可以成为大家心目中的英雄。但这些英雄在其他方面可能问题重重，甚至连基本的社会规范都不见得遵守。事实上，这也是英雄的特色之一。

因此，我们更希望成为圣人，因为每个人都有同样的能力与机会成为圣人，而成为英雄则需要特殊的才华或机缘。只要顺从自己的天性，努力修养自己，最后就有可能超凡入圣，一切行动都表现出极高的质量。换句话说，无论何时何地，圣人都可以展现出英雄的光彩。

（二）幸福是什么？

亚里士多德认为，每个人都要修养自己的德行，目标是达到圣人的圆满境界。这时就要问：幸福是什么？如果成为圣人可以确保幸福，那正好是我们的目标。

亚里士多德受到他的老师柏拉图的启发。柏拉图把城邦的人分为三种：爱利者、爱名者、爱智者。亚里士多德把生活方式也分为三种。最低的阶层是一般百姓，希望享乐，爱好利益，考虑对自己有利的事，发展了情绪与欲望。中间的阶层是从事政治的人物，追求荣誉，爱好名声。但是，这两种生活方式都无法保证人生的幸福。如果追求享乐，僧多粥少，人与人之间互相竞争，很容易出现尔虞我诈的情况，最后反而陷于危险与不安之中。如果追求名誉，取决于别人是否给你、是否称赞你，你永远没有主动权，也没有任何保障。所以，最好的生活方式是爱智的生活，要进行思辨活动，让自己慎思明辨。

亚里士多德强调，幸福有两点特色：第一，它是终极的；第二，它是自足的。首先，幸福是终极的，是一切活动的最后目的，而不能被当作达成其他目的的手段；反之，其他的一切都是手段，目的都是要达到幸福。同时，幸福也是自足的，只靠它本身就足以使生活有价值，而没有任何匮乏。

怎样才能得到终极而又自足的幸福？亚里士多德认为，学习任何技艺，它的善都在于它的功能。功能有效，就代表这项技艺值得追求。而人的功能与其他生物的不同之处就在于理性。亚里士多德将人定义为"有理性的动物"，所以人的善就在于人的理性能否充分发挥出来，使言行合乎理性。这就是追求幸福的方法。

结论是：要产生一种合乎德行的心灵活动。换句话说，理性与德行要结合在一起，并且要终身实践德行。"知识即是德行"是苏格拉底、柏拉图、亚里士多德的共同看法。如果一个人没有理性的认知与判断，根本就不知道什么是德行。亚里士多德进一步把德行当作中道，这更需要充分发挥理性，否则无法判断是否适当。

如果行为合乎理性又能够实践德行，这样的活动本身就有快乐。事实上，任何人都能在他喜爱的事物中找到快乐。譬如，马使爱马者快乐，戏剧使戏迷快乐。合乎德行的行为本身就有快乐，因为人的所有行为还是要回到人的理性上。

亚里士多德认为，人的慎思明辨是最完美的幸福。他列举六个理由来说明慎思明辨的重要性。

1. 思辨是最高级的。因为理智是人最高级的元素，是人类与其他动物的区别所在。

2. 思辨是最持久的。到户外运动或去上班上学，很容易就会感到劳累，但思考可以经年累月，乐此不疲。

3. 思辨是最快乐的。它经常会让你得到启发，觉悟某些真理。

4. 思辨是最自足的，因为思辨本身就是价值。不需要向外追求，思辨本身就会让你觉得圆满自足。

5. 思辨是悠闲的。你将没有其他的烦恼或是考虑，思想本身就会让你得到安顿、感到悠闲。

6. 思辨是神圣的，因为理智是人身上最肖似神的部分。这是亚里士多德的基本观点。一个人若能发挥理智，认真思辨，他的表现就接近神明。

（三）对德行论做简要的反省

德行论关注的不是一个人应该"做"什么，而是一个人应该"成为"什么样的人。要通过修养品德，使德行的活动成为习惯，做你该做的事。德行论的问题在于：品德修养的标准由谁来决定？人的修养有可能倒退吗？譬如，古希腊是城邦时代，个人的德行要与城邦的要求相配合。另外，很多人德行修养不错，但可能晚节不保，因此德行也可能倒退。

德行论的优点在于：它强调人生是不断发展的过程，希望我们变得愈来愈孝顺、谦虚、善良、公正、有爱心等；而不仅仅是做出一件或一些有德之事，或在适当时候做出重大事件而成为英雄。如果一个人使德行的活动成为习惯，成为有德之人，他所做的每一件事都会合乎规矩。如果一个人只是做几件有德之事，有朝一日遇到重大的挑战或考验，就可能反其道而行之。德行论的目标和利益符合众人的实际生活状况。现实生活中的好人偶尔也会做坏事，这提醒我们：要成为有德之人，需要一辈子不断的修炼。

1. 分辨英雄与圣人的不同。英雄需要特殊的条件，譬如在某一方面有过人的天赋或本事。

2. 成为圣人将达成人生最高的境界，获得最大的幸福，这是人人都可以做到的。顺着本性努力修炼，就可以获得德行。

3. 幸福必须是终极的、自足的，这样的幸福只存在于合乎理性的行为上。合乎理性与合乎德行，两者不能分开。所以，真正的幸福是一种思辨活动，亦即观想。它可以使人不断提升，达到接近神的境界。不同的时代对德行的要求未必相同，因此修养的方法与目标也会有所不同。

课后思考

伦理学上的德行论，强调一个人要努力地成为他所应该成为的人。请你思考一下，自己应该要成为什么样的人？需要考虑哪些因素呢？

补充说明

自己应该成为什么样的人？要考虑哪些因素？这是一个很大的问题。说"要成为什么样的人"，代表人生是一个成长发展的过程。如果生命的发展没有目标，任其自由发展或随波逐流，到最后就有可能像陀螺一样，看上去转得很快，但停下来时还在原地。为了避免出现这样的情况，人生一定要有目标。

谈到目标，我们通常都会效法某些典范人物，目标的选择有其时代性和社会性。我们举一些例子来说明选择典范人物的重要。

从中国古代的历史来看，常见的典范大多是在台面上的人物。譬如，孔子曾说："我实在太衰老了，竟然好久都没有梦见周公了。"（子曰："甚矣吾衰也！久矣吾不复梦见周公。"《论语·述而》）。从这句话就知道孔子崇拜周公，因为周公制礼作乐，使周朝初期得以安定，并让周朝长期维持稳定。周公崇拜谁呢？在《孟子》书中提到，周公崇拜他的父亲周文王，因为周文王是周朝真正的创始人，到文王的儿子周武王才诉诸武力，推翻了商纣的统治。孟子比孔子晚179年，孟子崇拜谁呢？他公开说："乃所愿，则学孔子也。"（《孟子·公孙丑上》）意即：至于我所希望的，则是学习孔子。

这几位古人并未充分说明为何要学习别人，通常只是强调为社会造福、成就圣贤功业这一方面。所以，一般谈到目标的时候，往往会集中在生命的某个阶段或某一方面。但重要的是，对于整个人生而言，有没有一种普遍的、每个人都要设定的目标呢？

要思考的是，到底怎样才算是完整的人？人的生命有身、心、灵三个层次。掌握人生的问题，要记住三点：第一，人的生命有层次；第二，人的生命有重点；第三，人的生命有方向。在身、心、灵三个层次中，其关键在于心。因此，我们要对"心"的三种潜能——知、情、意，再做进一步的说明。

1. 知

人有认识能力，但是"知"要分辨三个方面：信息、知识以及智能。诗人艾略特（T. S. Eliot, 1888—1965）在《岩石》中写道："我们在信息里面失落的知识到哪里去了？我们在知识里面失落的智能到哪里去了？"简单的两句话，就把信息、知识、智能三个层次区别开来。

我们每天会接收到各种信息，听到各种新闻，令人眼花缭乱，但是其中缺乏系统性的知识。知识是对某一专业领域的系统性认识，它会给你带来专业的能力与自信。智慧则是完整而根本的理解。所以，我们要提升认知的层次，不断朝智能前进。

2. 情

在情感方面，简单说来就是从"利己"到"利他"。人先是利己的，这是人的情感自然的表现，后面再到利他。在审美方面，则要超越利害方面的考虑。情感最后要发展到"博爱"，即完全超越利己与利他，不再区分每个人的具体条件，而是能普遍地关心别人。

3. 意

意志代表你可以自己选择，它强调自主与自由，而自主与自由是要让你行善。意志方面的表现一开始只是程度上的不同，累积到一定阶段就会产生性质的改变。这时不必再立志去行善，而是自然为之了。

孔子说自己"七十而从心所欲不逾矩"。"从心所欲"代表"自然"去做的，"不逾矩"代表不会违背规范，也就是符合"应该"做的。所以人生的最高境界之一，就是在意志方面能够做到"自然"与"应该"完全配合：我自然做的都是我应该做的，我应该做的都做得很自然，如行云流水一般。

"心"的知、情、意虽然有各自的发展，但方向都指向"灵"的层次。"灵"是重要的，它的特色是"打通人我之际"。"灵"具有一种穿透性，能让我与同代人彼此互动和沟通，打破人我之间、种族之间、国家之间的差异。在心理学上，这属于"超个人心理学"或"超人格心理学"的发展。达到这种层次，才会觉得自己是一个完整的人。

有这样一种理解之后，具体该怎样着手？每个人的情况不同，基本上你要立足于当下的情况，从与家人和朋友的互动开始修炼自己。这种修炼是一辈子的事，不可能达到完美的境界。因为你只能负责"自己"以及你与别人的"关系"这一部分，对于"他"那一部分无能为力。

譬如对于父母亲，我们怎么可能去改变他们？没有父母就没有我们，我们感恩都来不及。对于子女，我们总想着要改善子女，想给他最好的物质条件和思想观念，但我们不要太主观。子女有自己的生命成长历程，他要自己去面对。我们只需负责保护他们，不要太过冒险以至于受到严重伤害就好。你如果事事都要关心，子女就成了温室里的花朵，恐怕一辈子都不能真正成长，无法承受生命中的各种考验。

我们跟任何人来往，都是一种个人的修炼。我们要设法提升修炼的"质"。回顾一下自己过去的十年，别人对你的评价是不是慢慢改善了？年轻时，别人可能会指出你有这样或那样的问题；后来，众人会愈来愈多地说你在哪方面表现很好、做得不错。

因此，我们要有高度的自觉，让自己成为应该成为的人，成为完美的人的典型。这是人生最有趣、最奇妙的一种挑战，充满无限的可能性。只要你不限制自己，没有任何其他限制。你在生命的每一刹那都会觉得，有一种力量要让你重新开始。

德行论的现代思考

本节的主题是：德行论的现代思考，要介绍当代哲学家麦金太尔（Alasdair MacIntyre, 1929—至今）。他是德行论在当代的代表，他在 1981 年出版代表作《德行之后》。

本节要介绍以下三点：

第一，今天的道德危机；

第二，参考传统的德行论；

第三，新的德行论在说什么？

（一）今天的道德危机

麦金太尔认为，今天有许多争执无法解决，都是道德上的困境，譬如战争。这个世界上不应该有战争，因为会伤害太多无辜的人，但是为了阻止潜在的侵略者，又要准备战争。这就是战争所带来的分歧意见。

第二个例子是人工流产。母亲有权利决定自己是否要流产，但是每一个人都不愿意在母胎中就被流产，这个问题要如何解决？

第三是教育与医疗的权利。公民应该享有平等的教育和医疗权利，所以应该废除所有私立的学校与医院。但另一方面，每个人都有按自己的能力选择教育与医疗的权利；并且身为老师与医生，也有权利选择去哪里工作。

这些都是当代社会很难解决的争议，由于无法确定统一的坐标系统，最后难免会进入一种无序状态，形成道德危机。真正的原因是大家走向情感主义，这是从西方启蒙运动一路发展下来的。所谓"情感主义"是指，所有评价性的判断，尤其是道德判断，都不过是爱好、态度或感情的表述而已。情感主义的自我以自己作为道德评价的标准，判断任何事物都从自己的角度出发，并且自由选择他想要的生活方式。

麦金太尔认为，除非回归亚里士多德的传统，否则这个问题不可能解决。道德学说应该拥有具体的社会观点及文化观点。这个世界上不存在纯粹就道德而言的道德，脱离人的社会与文化，并没有一种抽象的、普遍的道德存在。

（二）参考传统的德行论

麦金太尔把传统的德行论归纳为三个要素：

1. 人有人性，但人性是生下来就具备的，不是人可以选择或考虑的，所以只能说"每个人都有偶然出现的人性"；
2. 要考虑德行论的伦理学，当然要有合理的伦理戒律；
3. 最重要的是认识自身的目的，形成一种"必然形成的人"的概念。

简单说来，我们碰巧生而为人，都有理性及自由可以做选择，我们需要合理的戒律，要认识人生的目的，最后形成一个必然的人性的概念。这里预设人是有理性的动物，也预设人生的目的就是要充分实现理性，使自己有适当的行为表现。

麦金太尔认为，德行论就是要让人知道：如何从一个偶然形成的人，变成一个认识自身目的而必然形成的人。换言之，我生而为人，具有理性，就会思考：我应该成为什么样的人，才能符合我的人生目的？

但问题是，从启蒙运动以来，从根本上取消了认识到自身目的而必然形成的人。换言之，不要谈人共同具有某种目的；也不要说每个人生下来都不够完美，需要不断努力修养德行，才能成为真正的人。把这些都去掉后，剩下的只有偶然形成的人：人与人各不相同，随着时代、地区、社会的不同，伦理上的戒律也有所不同。

麦金太尔深入分析西方传统的德行论，列出四个阶段。

1. 英雄时代

在许多史诗和神话中都提到：一个人有他固定的位置、明确的责任与权利。判断一个人，就是判断他的行为是否符合他的要求。

2. 雅典阶段

从家庭、家族演变为城邦。城邦里的德行包括明智、勇敢、节制、正义、友谊，等等。所以，做一个好人就等于做一个好公民。

3. 亚里士多德所建构的德行论阶段

亚里士多德认为，人的本性有他的目的，追求善可以让一个人得到幸福。人为什么要追求善？因为人偶然生而为人，每个人都有理性，这是生物的特性，最后要认识到自己的目的而成为必然形成的人，也就是成为应该成为的人。这种人知道自己的目的，朝着目的不断奋斗，最后找到了幸福。譬如，人天生是政治的动物，人的善就存在于一个有共同目标的团体里面，这时就要特别强调友谊、正义，等等。核心的德行是明智，因为德行实践的直接后果，是选择了正确的行为。在这个过程中，就要判断什么叫做适当。

4. 中世纪

中世纪继承古希腊时代的四大德行——明智、勇敢、节制、正义，再加上三种宗教里面的德行——信、望、爱，合成七个德目。中世纪不同于过去的王国或城邦，显示了一种由宗教信仰而呈现出的超自然的善。换言之，中世纪在人之外发现了德行实践的目的与意义，最后与"人得到救赎"的信仰联系起来。

（三）新的德行论在说什么？

麦金太尔提出一套新的德行论，希望藉此解决当前的伦理学争议。他认为，要找到一个新的、统一的、可作为核心的德行观念，至少要考虑以下三个方面。

1. 要由实践的角度来界定什么是德行

空谈理论是没有用的。实践代表一种活动，这个活动必须是连贯的、复杂的，但又具有社会的稳定性，可以找到一种人类协作的方式。在追求达到这个协作活动本身的过程中，可以实现每一个人内在的利益。

人在实践德行的过程中，有外在利益，也有内在利益。外在利益是指名声、财富、地位等外显的价值。这种价值的获得一定要经过激烈的竞争，人与人是互相排斥的。

此外，还有内在的利益，可以肯定个人所独有的价值。同时，你的作为对于整个群体来说，也有互相增长的价值。譬如，画家可以藉由他的作品得到名声、财富、地位等，但是这些东西也可以由别的途径获得。对于画家来说，更重要的是在绘画过程中发现生活的意义，这是他独有的价值。并且，这幅画对于整个社会也有不断增加的利益。

因此，德行是一种后天获得的质量。你如果拥有并实践它，就会使你得到内在的利益，最重要的是发现生活的意义。如果缺乏这种德行，就无法得到这样的意义。

2. 要从整体个人的角度来界定德行

在现代社会中，每个人的生活都慢慢碎片化，不同领域的人有各自的规范。做到这些规范，可能会在某个领域内得到肯定。但是，德行绝不能只限于某一个领域，必须要从一个人的生活整体来考虑，要问自己：有没有贯穿一生的德行？换句话说，德行不是一种使人在某种特定类型的场合中获得成功的质量，而是要从整个生活中表现出来，使人不断地充实成长，并克服各种诱惑与压力。

3. 要从传统与群体的角度来界定德行

人不可能只从个人的角度来寻求善、追求幸福或是实践德行。每一个人都是历史中的自我，是一个共同体的成员，与环境、社会都是互动的。人是传统的承载者，不可能脱离传统。德行的实践可以维持并且强化传统，否则就会让这个传统不断受到侵蚀，而逐渐失去作用。

麦金太尔也指出，西方目前是一个唯利是图的社会，拜金主义盛行，并且充斥着个人主义。强调群体就有官僚主义的倾向，好像群众占有支配地位，德行慢慢被边缘化。强调德行则好像要倡导利他主义，以对付利己主义。事实上，利他与利己两者之间并没有必然的冲突。

麦金太尔著作的英文书名是 *After Virtue*，这个词既可以翻译为"德行之后"，也可以翻译为"追求德行"。他认为现在的处境正是如此。

1. 今天这个时代，道德上出现危机，有许多两难的争论，每一个人都可以为自己的行为找到某些理由。许多有名的专家提出各种理论，使得一切都莫衷一是，陷入无秩序的状态。

2. 麦金太尔提醒我们，要参考传统的德行论。德行论在西方源远流长：从古希腊时代最早的英雄社会，到雅典的城邦社会，到亚里士多德时整合出一套完善的德行论，再到中世纪宗教信仰盛行的时代，甚至把德行与来世的赏罚结合在一起。

3. 麦金太尔提出一套新的德行论，其中有些观点值得参考。德行的观念必须考虑三点。

（1）德行是一种实践，不能空谈理论。这种实践会达成一些外在利益，对群体有一定帮助；但最重要的是达成人的内在利益，这是个人所独有的，可以让人肯定活着的意义。

（2）要从个人整体的角度去界定德行。德行不能只在某个特定类型的场合、特定类型的工作上，使人获得成功；而必须从个人整个的生命出发，让生命不断充实成长。

（3）要从传统与群体的角度思考德行问题。人不能脱离他的社会、历史与文化背景。

麦金太尔的德行论，强调思考德行时有三种角度——实践的角度、个人整体的角度，以及传统与群体的角度。请问：这三者对你现实生活的道德实践有怎样的启发？你认为哪一点是你现在最需要的？

麦金太尔提出了思考德行的三种角度，事实上，这三者都不能偏废。

1. 实践是关键

没有实践，哪有道德可言？后续会谈到存在主义，存在主义的学者们都讨厌名实不符，譬如挂名的基督徒。基督宗教在西方广为传播、影响深远，对于《圣经》中的故事和教训，大家都耳熟能详。如果不去实践，则只是个挂名的信徒而已，不会得到大家的认可。

2. 均衡考虑内外

个人的整体，即要均衡考虑"内"和"外"。你可以得到外在的名声、地位、财富、权力等，但关键要问：我从事的这个修炼工作，能否使自己的内心得到成长？

3. 不要忘本

传统与群体，就是让我们不要忘本。我们现在说"不忘初心"，好像"初心"只是自己年轻时的心意；但是年轻时的"初心"往往只是一腔热血、一股冲动。所以，要向圣贤与英雄看齐。其实，传统经典才是我们真正的初心所在。我们要学习自己的传统经典，西方人也一样在学习他们的经典。